- 本教材第三版曾获首届全国教材建设奖全国优秀教材
- “十一五”普通高等教育本科国家级规划教材
- 国家级精品资源共享课寿险精算配套教材

U0498107

# 寿险精算

## （第四版）

SHOUXIAN JINGSUAN

卓志　编著

西南财经大学出版社
中国·成都

图书在版编目(CIP)数据

寿险精算/卓志编著 .—4 版.—成都:西南财经大学出版社,2024.2
(2025.7 重印)
ISBN 978-7-5504-6002-7

Ⅰ.①寿… Ⅱ.①卓… Ⅲ.①人寿保险—保险精算—高等学校—教材
Ⅳ.①F840.622

中国国家版本馆 CIP 数据核字(2023)第 210055 号

寿险精算(第四版)

卓志 编著

责任编辑:金欣蕾
助理编辑:王 琳
责任校对:冯 雪
封面设计:墨创文化
责任印制:朱曼丽

| | |
|---|---|
| 出版发行 | 西南财经大学出版社(四川省成都市光华村街 55 号) |
| 网 址 | http://cbs.swufe.edu.cn |
| 电子邮件 | bookcj@swufe.edu.cn |
| 邮政编码 | 610074 |
| 电 话 | 028-87353785 |
| 照 排 | 四川胜翔数码印务设计有限公司 |
| 印 刷 | 四川五洲彩印有限责任公司 |
| 成品尺寸 | 185 mm×260 mm |
| 印 张 | 18.375 |
| 字 数 | 425 千字 |
| 版 次 | 2024 年 2 月第 4 版 |
| 印 次 | 2025 年 7 月第 2 次印刷 |
| 书 号 | ISBN 978-7-5504-6002-7 |
| 定 价 | 45.00 元 |

# 前 言

1987 年，南开大学正式引进现代精算科学教育体系，通过与北美精算协会合作，于 1988 年开始在南开大学联合培养保险精算硕士，开创了中国现代保险精算教育的先河，当时南开大学－北美精算协会（简称“南开－北美”）联合培养硕士班所使用的所有精算课程的教材都是北美精算协会提供的英文原版教材。随着我国保险业的不断发展、保险市场主体的不断增加，我国对精算的认识不断深化，对精算人才的需求也随之增大，这对高等院校培养精算人才提出了时代命题和更多期许与殷切希望。继南开开创现代精算教育先河后，在 20 世纪 90 年代中期，为数寥寥的几所高校也开始开设精算课程培养精算人才。我 1991 年“南开－北美”首届保险精算硕士毕业，来到西南财经大学任教，并着手备课自编讲义，于同年秋季学期开设了寿险精算课程，西南财经大学也因此成为国内高校中较早开设寿险精算课程的大学。20 世纪 90 年代前期，我国仍没有系统介绍和研究现代寿险精算的教材和著述。鉴于教学科研的需要、精算人才培养的需要、业界对精算的需要，以及保险法律制度的要求等，我克服当时巨大的如精算符号排版打印的困难和看不见精算重要性的诸多阻力等，边板书教学、边手写教材、边自设封面，甚至自己找赞助以便出版，终于在 1995 年出版了《寿险精算的理论与操作》一书。美国天普大学风险管理与保险教授段开龄博士为该书作序并评价为“是西方精算科学引进中国后，卓君对中国保险精算及其教育的重要贡献”。所幸的是该书出版后逐步得到业界学界的广泛使用与认可和赞誉，后来陆续获得了如中国人文社会科学经济类二等奖等多个国家级、省部级奖项。进入21世纪，随着保险市场的发展变化，随着高校对人才培养要求和规格的提高，随着精算越来越受到重视，我在《寿险精算的理论与操作》一书的基础上，结合多年来的教学实践经验和寿险精算的研究成果，不断修改、补充和完善相关内容，编著出版了《寿险精算》一书。该书保留性地继承了《寿险精算的理论与操作》的基本框架和基本内容，同时不断与时俱进，较为系统地反映了寿险精算基本原理和知识体系，展示了寿险精算实务与监管规则的最新变化。多年来，很多高校将其选用为教材，业界将其作为精算重要的参考书或培训教材，本书受到学界与业界广大读者的肯定和好评。与此同时，我们依据《寿险精算》开设的寿险精算课程于2007年成为西南财经大学精品课程，于2008年成为四川省精品课程，于2009年成为国家精品课程，于2013年成为国家级精品资源共享课。《寿险精算》（第三版）于2021年荣获首届全国优秀教材（高等教育类）二等奖，这是一项来之不易同时令我倍感珍惜的殊荣。

习近平总书记指出："防范化解金融风险特别是防止发生系统性金融风险，是金融工作的根本性任务。"保险是金融的重要组成部分，是分析风险、经营风险、管控风险的重要机制。保险精算是保险的核心技术工具和制度，其在保险经营过程中，尤其是防范化解风险中的地位越发重要、作用日益凸显。与此同时，保险机制本身并非完美，保险本身也面临着风险。寿险主要涉及长期性业务，风险及其跨期、长尾和久期等情况复杂，精算人员利用精算技术、遵循监管规则与精算原则，不断创新保险产品，确保保险经营更加稳健，防范化解风险，更好地满足广大人民群众日益增长的保险需求，始终是保险与精算的使命和追求的目标。当今世界正处于百年未有之大变局，气候变化、环境生态、经济发展、社会变化、人口老龄、地缘政治、科技发展、产业革命等议题，都要求必须用动态眼光、国际视野、系统思维等来看待发展变化和洞察趋势，在此背景下，寿险业的发展也呈现出很多新特点、新现象和新变化，寿险精算也面临着新的机遇和挑战，这是我们考虑在第三版基础上进行修订的直接动因。

本次教材修订以习近平新时代中国特色社会主义思想为指导，全面深入贯彻党的二十大精神，立足新发展阶段、贯彻新发展理念、构建新发展格局，推动高质量发展，坚持立德树人根本任务，将寿险精算一般原理方法与中国特色寿险制度和法规及其精算原则等相结合，把握寿险及其精算的演进和新发展，洞察日新月异的现代科技与现代产业变化等的新机遇与新挑战。在总体保持原有教材基本框架的基础上，本次教材修订侧重于对以下内容进行补充或完善：

一是在原有教材（第三版）的基础上，结合寿险精算的变化与发展趋势，将一些新的研究成果、寿险精算新的监管规定和实务规则，以及新的技术在寿险精算中的应用等内容纳入教材之中，新增了个别章节，补充修订了有关内容。具体而言：新增了第十五章寿险精算与现代科技；在寿险精算概论、生存年金、人寿保险、实际责任准备金、资产份额与利源分析等章节中，分别对涉及精算师资格考试的有关内容进行了更新，同时增加和更新完善了长寿风险、新型寿险产品、准备金评估实务、“偿二代”、寿险精算控制循环理论等内容。二是补充或更新了一些用词用语，并对原教材中的一些语句与提法进行了修正，使其更严谨与更具有可读性；改正了教材中的个别错误尤其是符号错误；新增或更新了教材中的一些例题与习题。

我负责并牵头本次教材的修订，并与同事张运刚教授、郑文渊副教授一起讨论，结合第三版教材在教学过程中的使用和寿险精算的发展情况，形成修改共识并列出修订大纲，然后一起参与了教材的修订。2021 级保险学（精算方向）研究生林露、秦鹤菲、王瑀诗、朱慧琳在教材修订过程中参与收集与整理一些资料、重新检查与更新个别例题与习题等基础性工作。此版修订得到了西南财经大学出版社冯卫东、金欣蕾等同志支持，以及西南财经大学中央高校教育教学改革专项建设资金的支持。在此，对参与者、帮助者和支持者一并致谢。

尽管我们花了大量时间对教材进行了更新、修正与补充，但是百密难免一疏，恳请广大读者批评指正，以便将来更进一步完善。

**卓　志**

2023 年 11 月

# 目　录

# 1 寿险精算概论

## 1.1 寿险精算的内涵

国内外对精算的定义,仁者见仁,智者见智,尚未形成完全统一标准的描述。结合现行对精算的一般描述,所谓精算,就是运用数学、统计学、金融学、保险学以及人口学等学科的知识和原理去定量解决与风险有关,涉及资金流入流出等问题,尤其是保险经营管理中的实际问题,进而为决策提供科学依据的一门应用型学科。精算与保险的结合形成保险精算,保险精算是精算的重要组成部分。保险精算一般被描述为运用数学、统计学、科技、金融学、保险学以及人口学等学科的知识和原理,去解决商业保险与各种社会保障业务中需要对风险有关项目进行计算的问题,如死亡率的测定、生命表的构造、费率的厘定、准备金的计提以及业务盈余分配等,以保证保险经营的稳定性和安全性的一门学科。

精算与保险精算是属概念与种概念的关系。精算的外延比保险精算的外延更宽、更广。传统意义上,精算要解决的商业与社会问题涉及生命、健康、财产、意外及退休养老等意外事故(件)的经济方案,亦即保险精算的范畴。然而,第二次世界大战结束以来,精算的应用范围逐渐扩大。精算可以与投资活动结合,形成投资精算学。除处置负债方面的意外事件外,精算也渗透到了资产领域的风险界定和分析。精算也用于人口问题中的有关计算,有人口精算学之说。当然,保险尤其是人寿保险与养老金等业务所负保险责任的长期性和动态性决定了保险精算与精算具有密不可分的关系。

一般而言,保险精算通常可分为寿险精算和意外险精算两大类。寿险精算主要研究以生存和死亡为两大保险事故而引发的一系列计算问题。通常情况下,与生存有关的问题由生存年金来处理,与死亡有关的问题由寿险(主要指死亡保险)来应对,或者生死事件由生存与死亡保险的结合来解决等。生存和死亡保险事故涉及单生命(single - life)时,这时的主要精算问题是单生命保障的保险费计算、准备金提存等问题。生存和死亡保险事故也涉及多生命(multi - life),与此对应的精算主要讨论连生年金和连生保险的保险费、准备金等的计算。意外险精算与寿险精算在具体的研究对象上各有侧重,有所不同。意外险精算又称为非寿险精算,主要研究自然灾害、意外事故的出险频率和损失幅度的分布,以及由此而产生的一系列计算问题。意外险精算包含两个重要分支:一是损失分布理论,研究在过去已有统计资料的条件下,未来损失的分布状况以及损失与赔款的相互关系等问题，并以此作为预测的依据与基础，提高经营决策的科学性。二是风险理论，即通过分析出险频率与损失幅度的分布，研究这种出险次数与每次损失大小的复合随机过程，以期洞察保险应具备多大规模的基金，方可不至于发生破产；若有可能发生破产，评估这一破产概率的大小等。

由于寿险精算是保险精算的一个构成部分，保险精算又从属于精算科学，而精算与数学、统计学具有密切的内在联系，因此从这种意义上讲，寿险精算具有经济计算和应用数学的学科性质，寿险精算也就必须将应用数学、计算数学作为数理基础。随着现代经济金融的发展和深化，以及精算自身的完善和领域的扩展，寿险精算已突破了简单的对风险的分析，还会涉及寿险原理及其他多种学科，并形成一门崭新的以数学为基础，结合经济、金融、保险甚至科技的交叉和边缘学科。

## 1.2 寿险精算的起源与发展

寿险的前身是欧洲中世纪的基尔特（Guild）制度。据记载，世界上最早的寿险保单之一，是在 16 世纪末，由一群海上保险承保人在伦敦对威廉·吉本（William Gibbon）签发的一年保险期限、保险金额为 382.68 英镑的定期保单。

18 世纪中期以前，英国早期的寿险组织中，资格最老的要数于 1706 年在伦敦特许成立的协和保险社。1721 年经特许成立的皇家交易保险公司和伦敦保险公司同年开始经营寿险业务。此外，还有一些捐助团体和联盟协会也经营寿险业务。概括起来，这些互助协会、保险公司以及其他团体经营的寿险业务具有如下几个特点：①寿险仅为火险、海险的副产品，尚未大规模独立地经营寿险。②寿险业务所承保的对象限制较多。互助协会承保会员人数有限，主要局限于商人、企业合伙人；特许保险公司经营的寿险，将病人、老年人及天花病人等一概拒之门外。③寿险的保险费采用赋课式，未将年龄大小、死亡率高低等与保险费金额大小挂钩。④寿险经营缺乏严密的科学基础，表现在有关计算单一、粗糙，所考虑因素较少。这样的寿险经营导致的是寿险业不景气，保险技术停滞不前。也正是在这种经营思想的指导下，协和保险社在 1756 年以詹姆斯·道森（James Dodson）年龄偏大（那时道森实际年龄仅 46 岁）为由，拒绝吸收其为保险社会员，其争议结果成为寿险精算兴起的导火索。

按照协和保险社的经营之道，承保对象年龄与保险费无关，保险费采用赋课式。倘若吸收了年长者，那么无疑会增大自身的风险。詹姆斯·道森鉴于此事，意识到寿险经营的这种狭隘性，研究了该如何为永久的保险设立保险费和提取准备金，提出了保险费应与死亡率挂钩，保险费基于投保人年龄和预期寿命应有所差异等新观点和新方案。这就是现代寿险精算科学的雏形，也就是现代精算科学的雏形。

但是，限于道森当时所处的社会与经济环境，他的建议在其有生之年并未得到协和保险社以及特许保险公司等的重视和赞同，却遭到了无情的抗议和否定。1757 年道森死后，整个寿险经营已面临严重窘境，道森的赞同者，如爱德华·罗威·莫尔斯（Edward Rowe Mores）纷纷采纳了道森的方案，并于 1762 年创立了伦敦公平人寿保险社，简称“老公平”。“老公平”于1764年正式开业。“老公平”采纳了道森的方案，依英国政府公布的1728—1750年伦敦市死亡情况统计编制了死亡率表，按照被保险人年龄及保险金额收取保险费，并制作了第一套保险费率表。这样，“老公平”就能够签定长期寿险契约，能够接受和调整范围广泛的各类风险，寿险经营从此打开了新的局面，同时寿险业务开始步入科学经营之路。就这样，现代寿险精算科学正式地从“老公平”的寿险经营中诞生了。

寿险精算及寿险精算学的产生，并不是偶然的，相反，它具有自身的理论渊源。第一，在1530年的伦敦，因负责统计瘟疫和其他原因死亡的人数，约翰·格朗特(John Graunt)于1662年出版了《基于死亡证明书的自然与政治的观察报告》。格朗特认为：“……一些是关于贸易和政府，另一些则是关于大气、国土、季节、收成、健康、疾病、寿命及人类性别、年龄间的比例。”更重要的是，他给出了一张有100个人的死亡表，认定36人将在头6年内死去，并假定了此后每十年死去的人数，直到最后一人死于86岁前。这张表成为现代生命表的先驱，其对死亡规律的研究也是最早的。第二，道森的有关计算方案的思想，直接受其老师、法国数学家亚伯拉罕·棣莫弗(Abraham de Moivre)(1667—1754)的影响。棣莫弗曾对死亡率及其模型做过大量的研究，在1724年提出了一个死亡法则，即将一定年龄对应的生存人数看成这一年龄的函数，用式子可表示为 $l_x = k(\omega - x)$。式中，$x$ 表示年龄，$12 < x < 86$；$\omega$ 代表终极年龄；$k$ 为比例常数；$l_x$ 为活到 $x$ 岁的生存人数。他运用自己的死亡法则，成功地计算和简化了当时颇为棘手的年金问题。第三，英国数学家、天文学家埃德蒙·哈雷(Edmund Halley)(1656—1742)在1693年利用布雷斯劳(Breslau)市纽曼·卡斯珀(Neuman Casper)所搜集整理的该市1687—1691年按年龄分类的死亡记录，统计出按不同年龄和性别分类的死亡人数和出生人数，编制了一份完整的布雷斯劳市生命表。哈雷在其中对死亡率、生存率以及死亡率随年龄不同而异等概念的研究，为后来精算的产生奠定了科学基础，甚至一些学者将这个生命表的出台视为精算科学的真正开始。第四，无论是棣莫弗对死亡规律的研究，还是哈雷生命表的编制等，均不同程度受益于17世纪帕斯卡与费尔马之间关于赌金分配问题的通信而建立起的概率论的基本原则。事实上，18世纪、19世纪的精算先驱正是那些对精算问题感兴趣的十分著名的科学家和数学家。这些科学家和数学家们纷纷参与这门学科的建设并做出了重大贡献。

到了19世纪初期，随着工业革命的完成，精算技术也逐渐被人们重视。到了19世纪中叶，随着各国经济的快速发展，各国对保险业的经营也相继采取直接或间接的监督管理办法，使保险业逐渐走向正规化，精算事业正是在这一时期发展成形的。1848年，世界上最早的精算学会——英格兰精算师协会在伦敦成立。随后，精算技术逐渐传到美国、日本、加拿大等国。受英格兰精算师学会的影响，许多国家开始成立自己的精算组织。1868年德国成立了精算组织，1889年美国成立了纽约精算学会，该会于1949年与芝加哥精算学会(成立于1909年)合并并改名为北美精算师协会(SOA)。1895年，由美国、比利时、德国等五国发起的首届国际精算师大会顺利召开，并成立了国际精算师协会。国际精算师协会在推动世界精算教育和精算技术等方面发挥了重要的作用。此后，世界各国陆续成立了精算师职业组织。如1899年日本精算师协会成立,1900 年俄罗斯精算师协会成立,1991 年匈牙利精算师协会成立,1999 年埃及成立了精算师职业组织。2007 年 11 月,中国精算师协会成立。

## 1.3 寿险精算的地位与意义

寿险精算学是涉及寿险经营风险及数理的学科。从历史发展与逻辑视角来看,寿险精算起源于寿险业。随着寿险经营的不断扩大和发展,寿险精算愈发显现其重要性。寿险的科学运行离不开精算,寿险精算可以确保寿险经营的科学化程度,维持经营的稳定性和安全性。国外保险业界流行着"精算乃保险经营之科学基石"的说法。无疑,学习和研究寿险精算学,对寿险经营具有重要的理论意义和现实意义。

第一,寿险经营的对象是风险,确切地说,主要是活得太久与死得过早这样两类风险。这些风险总是与损失相联系的。一般来说,它们具有三个基本性质:①风险是客观存在的。对一个人而言,生和死二者必居其一,生与死是不以人的意志为转移的。②风险具有不确定性。就一个人观察,存活多久或者何时死亡、死亡或生存的时间、死亡或生存对应的年龄,事先均不能精确地知晓,从而表现出不确定性。③风险的可预测性。在拥有大量具有相似风险对象的信息的前提下,我们可以测定、评估风险的值。具体地说,就是以过去群体观察到人的生与死的可能性,来推断现在、未来相似群体的人的生与死的概率。为确保寿险经营正常、科学运行,准确地评估生与死的概率及其派生出的一些概率,便成为寿险经营中极其重要的一项工作。在实际经营中,预期的生与死的概率几乎难以与实际的生与死的概率吻合。不吻合是绝对的、一般的和普遍的。这表明寿险经营不可避免地存在一定的风险。要减少或缩小这一风险,理想的要件是满足大数法则的条件:①承保人数应尽可能地多,同时又要避免出现自身难以承受的局面。这样做就可以自动减少相对风险,使出险频率和损失幅度更具稳定性。②同一年龄组的人,尽可能满足同质性,即生与死的概率在各年龄组间应尽量一致或接近,表现为合理选择各年龄组的被保险人。③被保险人之间应当尽量满足相互独立性,即一个人的生或死,不会必然引起他人的生或死。令人遗憾的是,理想的要件在实际中往往得不到满足。具体表现在:首先,参加保险的人毕竟有限,从而决定着相对风险并不为零,风险是客观存在的。其次,同一年龄组的人,要完全做到同质性,也是苛刻的,一方面受技术的限制,不能办到这一点;另一方面即便办得到,也将使寿险功能受到抑制,否定保险的基本内涵,动摇大数法则的科学性。最后,寿险经营中的风险可能罕见,但不排除几年、几十年甚至上百年间遭受突发性大灾,如战争、洪水、地震等,造成大面积被保险人死亡的可能性。随着医疗条件的改善,人存活的平均寿命可能普遍提高。凡此种种,要求保险公司在寿险经营中必须考虑到这些风险的存在,除采取积极措施以防范道德风险及逆向选择外,还得用定量方法进行风险加成或安全附加,以防备实际与预期的偏差所造成的不良影响和风险。进一步,为应对巨灾和巨损,保险公司还应逐步积累总准备金,提高自身的偿付能力。而无论风险加成,还是总准备金积累,都离不开精算的方法或技术。

第二,寿险经营的成本与一般工商企业的产品成本的差异,表现在一般产品成本发生在过去,且由不变资本和可变资本价值决定。而寿险经营的成本却发生在未来,考虑到经营对象的不确定性,当前收取的保险费与未来实际发生的现实成本存在支付的时间差和额度差。显然,要缩小这一差距,科学地测定保险费成本或保险费率,便是保险经营中极为重要的一项工作。在寿险保险费厘定中,需要考虑的主要因素为预定死亡率、预定利息率及预定费用率;有时还须考虑预定解约率、分红规定等。这样,如果考察从现在年龄到死亡年龄为止的那段时间长度或者从出生到死亡为止的那段时间长度,那么寿险的纯保险费就是关于这些时间随机变量函数的数学期望值。

第三,由于寿险资金运用乃寿险保险费中考虑预定利息率的内在要求,寿险保险费中也存在闲置资金,所以寿险经营中存在投资要求。寿险投资既可以弥补预定的利息,又可以增强公司的经济实力。而且,投资额度的匡算、投资风险的分析、投资项目的选择、收益率的计算、投资综合效应的评估等,也与精算有关。此外,随着风险的变化,一定时期内相对稳定的费率终将变化。也就是说,生命表每隔一定时期应做一定的修正,甚至为了适应新业务的发展,有时还需构造新的生命表。

第四,由于参加保险的被保险人千差万别,因此寿险在投保时间、投保金额等方面存在差异。就一个会计年度来考察,投保者在该年度内随时随地有投保的可能,而保险期限一般较长且又各不相同,因此寿险责任表现出长期性和连续性。保险年度与会计年度的分离,使保险会计年度核算的成果并非全部为盈余,相反还包括各种各样的准备金,具体表现在寿险中必须计提责任准备金。某个保险年度末的理论责任准备金等于该年度末未来保险金给付现值与未来纯保险费收入现值之差额,或该年度末过去已收保险费积存值扣除过去已付保险金积存值之差额。



除上述所分析的要点需要精算外,寿险经营的复杂性还决定了寿险中涉及精算的项目相当多。如寿险经营中的利润分配和评估,解约价值的决定以及由此产生的保单选择带来的有关计算;最低偿付能力的测定;监管规则的变动、新兴技术的出现、经济波动、通货膨胀与紧缩对寿险的影响,以及由此引起的相应调整等。总而言之,寿险经营需要科学运行,客观上就需要精算。毋庸置疑,寿险精算在寿险经营中占据着重要地位。

## 1.4 寿险精算的理论架构

人们通常认为,理论是用系统性观点来表述某一探究领域的内部联系、概念、定义及命题的体系,或者是由某一探究领域的通用观点构成的一套前后一致的假设性、概念性和实用性原则。理论的目的在于对现象做出解释和预测。若将理论的定义应用于寿险精算,那么寿险精算理论可定义为:一套前后一致的假设性、概念性和实用性原则,是一个旨在探索寿险精算本质的总体性参考框架。简单地说,寿险精算理论架构如图 1.1 所示。

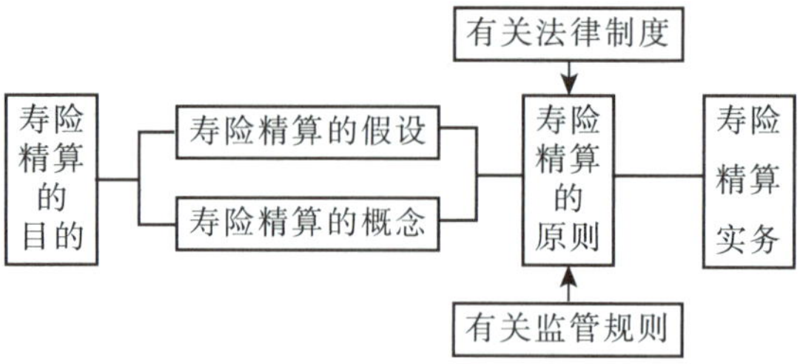


图 1.1 寿险精算理论架构

寿险精算的目的位于寿险精算理论架构的最高层次，是进行理论推导的前提。那么，寿险精算的目的是什么呢？北美精算师学会（SOA）1998 年发表的《未来精算师特别工作组》研究报告中，对精算师的定义为："精算师是私人和公共财务设计师和潜在的企业管理人员，这是建立在精算职业智能核心基础上的，其智能核心为经验分析和风险衡量、估算、转移以及对未来意外事件的现行财务状况作出反映。"因此，我们认为，寿险精算的目的是对寿险公司未来的财务风险做出评估与预测，使公司的经营管理建立在科学的基础上，以确保公司经营稳健发展。

寿险公司的运作机制是通过收取众多的、零散的保险费汇聚为巨额资金，并通过资金的运作使其价值增值，从而为遭受了保险事故的保单所有人提供赔付金。这个"收入在先，支付在后"的运作过程需以一系列假设为前提，这些假设主要有死亡率、利息率、费用率、解约率等。通常，在寿险领域，利息率、死亡率和解约率的确定有其特殊性。费用率的确定相对容易。利息率是在参照基准利率和无风险利率基础上，考虑货币时间价值等因素来假设的，由于利息率的决定因素多，所以具有波动性。死亡或解约对单个人来说是随机的，不可测的，但对社会群体来说则是必然的、确定的，这就是概率论的大数法则所揭示的规律，因此在寿险公司的运作过程中需要根据大数法则来确定死亡率等重要假设。大数法则表明随机事件在每次独立的观察中呈现出的偶然性将在大量重复的观察中呈现为必然性。它是寿险公司经营的前提条件，也是寿险精算进行逻辑推理的约束因素。不过，在实际经营中，大数法则的理想要件往往不能完全得到满足，这将导致精算的预期值与实际值间存在差异。如果偏差过大，寿险公司可能会破产，故引入了偿付能力概念。另外，寿险业务多为长期业务，保险人收取的保险费不会被立即用于支付保险金额，如何管理这一保险基金，使其保值或增值是一个重要考虑因素。因此，准备金是寿险精算理论所涉及的又一重要概念。

寿险精算中一个重要且基本的原则是"收支对等原则"或"权责对等原则"，它要求保险人承担风险的开支与保险人收集到的保险费相等。因此，有关人员开展人寿保险精算时，首先应研究被保险人遭受的危险事件的出险率及其变动规律。这个出险率在人寿保险中指的是死亡率。死亡率与存活率存在互补关系，人寿保险是通过以生命表方式研究和表述被保险人死亡规律而完成有关计算的。从生命表可看出，不同年龄的人的死亡概率不同。一定年龄后，年龄越大死亡概率越高，相应缴纳的保险费也就越多，但人的劳动能力与其年龄成反比。为了不加重投保人年老时的经济负担，在精算实务中，一般采用"均衡保险费制"。当然，寿险精算实务按精算师的工作范围可具体分为产品定价实务、负债评估实务、偿付能力实务与财务评估实务等。这些实务需要理论来指导，理论随着实务的发展而发展。迄今为止，寿险精算理论已成为一门集数学、数理统计学、人口学、现代科技学、会计学、金融学等学科于一体的综合性学科，其理论体系不断完善。

## 1.5 寿险精算的内容与面临的挑战

如前所述，精算可以与投资活动、人口问题及经济预测等结合，形成诸多精算分支。就寿险精算而言，自其产生以来，目前不仅研究单个生命单一偶然因素相关的一系列计量和计算问题，而且还涉及单个生命多个偶然因素相关的计量和计算问题。当多个偶然因素涉及死亡、残废、离退职及退休时，也可派生出一门与生命随机事件、经济金融、人口等相关学科的分支——社会保障精算。此外，寿险经营也发展到多个生命遭遇单一偶然因素的情形，与此对应的保险费计算、准备金计提等，也可列入广义寿险精算学的内容。本书侧重于生死偶然事件影响单生命和多生命的有关计算问题，其内容主要涉及单生命寿险精算问题，也讨论多生命的概率、年金和保险函数；为了体系的完整性起见，也研究多元风险模型；还分析了一些特殊保单及保单精算的应用，介绍了精算实务的约束，同时探索了现代科技与寿险精算及其可能的应用等内容。随着经济环境的变化、科技信息革命的到来，以及消费者需求的变化，寿险经营环境正在发生着深刻变化，寿险精算也面临着挑战。



第一，金融市场的波动性不断增强，增大了寿险经营的风险。20 世纪 80 年代以来反复出现的通货膨胀与利息率的剧烈变动，对寿险公司的竞争能力和盈利能力提出了严峻的挑战。传统寿险产品的利息率固定，在市场利息率上升时，由于投保人分享不到市场升值的好处，其对消费者的吸引力可能下降，寿险市场出现保险脱媒，即投保人纷纷通过退保和保单贷款等手段收回资金转投其他高利息率的金融工具。保单抵押贷款和退保急剧上升，增大了非预期的现金支出，将威胁寿险经营的稳定性。保险脱媒一定程度上反映了消费者对储蓄和保障两个要素分离的要求。而当利息率下降的时候，寿险公司面临的“利差损”问题也不利于寿险公司持续稳定地发展，因此如何降低经营风险和实现稳健经营，寿险精算需要与时俱进变革。

第二，来自同行业和其他金融机构的竞争也日益加剧。伴随着金融的自由化和金融市场的一体化，各金融机构为抢夺市场，纷纷进行金融创新。如来自商业银行的流动性强、回报率高的可转让存单、共同货币市场基金、住房抵押贷款证券化等新型投资工具吸引了大批个人投资者。而传统的寿险产品，尽管享有税收优惠，又具有储蓄性，但它的缴费机制、利息率结构明显缺乏弹性，不如资本市场上许多新兴的金融工具灵活。因此，寿险公司为提高自身产品的竞争力，就需赋予寿险产品类似于金融市场上其他金融产品的特点。但金融产品的价值受市场利息率的影响比较大，如果寿险产品实现了从传统到非传统的转型，那么其现金价值将不能像传统产品那样在购买时就已经确定，而是定期由保险费额、投资收益额、死亡保险金支出、其他营业费用等直接决定。另外,寿险公司为增强保单的灵活性,赋予投保人较多的选择权。传统的精算方式所依赖的"稳定性"不能够有效地对这些嵌入选择权进行估计,并且在利息率波动时期,保单嵌入选择权可能增加保险人的付现成本。如何评估各类保单嵌入选择权条款的价值,进而在定价时给予考虑,是寿险精算中需要面对并解决的问题。

第三,随着金融市场的日益完善和寿险公司产品的转型,寿险公司已成为资本市场上重要的机构投资者,拥有大量的金融资产与复杂的金融负债。它面临的风险,除了一般投资风险以外,还承担两种与投资有关的特殊风险——预期利息率风险和资产负债匹配风险。预期利息率风险是指寿险投资的实际收益率低于寿险产品定价时采用的预期利息率,从而导致寿险公司不能或者不能完全履行保险给付责任的风险。资产负债匹配风险是指在某一时点寿险公司的资产现金流与负债现金流的不匹配而造成寿险公司损失的可能性。这就要求寿险公司加强投资管理,建立集投资、精算、财务"三位一体"的投资管理体系。同时,为更有力地防范金融风险,国家有关部门对寿险业信息的披露、会计准则的建立等方面提出了新的要求,这些均将促进寿险精算理论及其应用的发展。

第四,随着保险监管体系的不断强化,国家相关部门对保险公司风险管理的要求越来越高,这也使寿险精算工作面临了极大的挑战。2016 年我国开始正式实施第二代偿付能力监管体系(简称"偿二代"),"偿二代"下的精算规定和更加透明的精算工作流程,对精算师的能力提出了更高的要求。精算师必须具备良好的经济学知识背景和扎实的专业知识,不断提高专业技术能力,并将这些技术运用到产品设计、风险管理、偿付能力管理、资本管理等各个领域,增强应对挑战的能力。同时,精算师还应不断学习,适应大数据、云计算、区块链、人工智能、机器学习等新技术新业态的挑战,以及国际国内会计准则等变化对寿险精算及应用的影响。



## 1.6 精算教育与精算师资格考试

精算师是利用专业技能分析风险并量化其影响,解决精算实务中具体问题的专门职业人员。他们综合运用数学、经济学、统计学、保险学、财务管理等方面的专业知识,在保险、投资及其他领域分析并评估不同的风险对公司未来所产生的影响。随着精算师职业化和经济全球化的发展,精算师的职业领域不断扩展。精算师不仅在保险公司中发挥着重要的作用,在养老金计划管理以及社会保险制度的设计和运行等方面中也担当着重要的角色。

要成为精算师,需要经过长期的专业知识学习并达到精算师职业组织的专业要求,通过精算师协会与监管部门的认可才能获得精算师的从业资格。世界上的精算资格认可制度主要有两种。一种是考试认可制度,如美国、中国、英国、日本。精算资格考试分为准精算师和精算师两个阶段。在准精算师阶段主要涉及数理基础知识,在高级精算师阶段,不同的国家由于国情差异而实行不同的考试制度。另外一种是学历认可制度,如意大利、德国、法国、澳大利亚。这又分为本科生和研究生两个阶段,完成相关学业即可获得准精算师、精算师资格。

为了培养更多的精算人才,促进精算师职业的发展,世界诸国相继成立了精算师协会,定期举办精算师资格考试。在我国,主要有中国精算师资格考试、北美精算师资格考试、英国精算师资格考试等等。目前,北美精算师资格考试与英国精算师资格考试在国际保险界历史久、影响大。

### 1.6.1 北美精算师资格考试

北美精算师协会创立于 1949 年,主要致力于处理保险业中的新问题,研究改进精算技术,同时通过年会制度将精算的新成果迅速推广,并将新技术与经济发展紧密地结合起来。北美精算师资格考试是国际上最具影响力、认可度最高的精算师资格考试,享有极高的声誉,因此,许多国家的精算教育和考试制度都深受美国精算教育和考试制度的影响。目前,北美精算师协会拥有正式会员与非正式会员约 28 000 名。中国于 1987 年引入北美精算师教育体系,于 1993 年在天津引入北美精算师考试制度并设立考点,随后陆续在上海、北京、深圳、长沙等地设立了考点。北美精算师资格考试每年春季和秋季各举行一次。春季的考试一般安排在 5 月份,秋季的考试一般安排在 11 月份。

北美精算师协会的最近一次考试改革是在 2021 年 7 月宣布将 ASA 部分的 7 门考试调整为 6 门考试,并将其分为三个板块的内容,考生通过一个板块的考试即可获得相应板块的微证书。北美精算师资格考试分为准精算师(ASA)与正精算师(FSA)两个部分。

(1)ASA 要求考生通过五个阶段的考试和学习:基础阶段、精算阶段 I、精算阶段 II、高级阶段和专业阶段。ASA 要求考生必须全面掌握风险形成及管理的基础概念和实用技巧,能将相关概念和技巧应用于日常问题解决之中。获取 ASA 资格,考生需要完成以下要求:

①通过六门课程考试:概率论考试(Exam P)、金融数学考试(Exam FM)、精算数学基础考试(Exam FAM)、风险建模统计考试(Exam SRM)、高级长期精算数学考试(Exam ALTAM)或高级短期精算数学考试(Exam ASTAM)(二选一)、预测分析考试(Exam PA)。

②通过三门 VEE 认证:经济学(VEE Economics)、会计金融(VEE Accounting and Finance)、数理统计(VEE Mathematical Statistics)。

③完成四门在线课程的学习:精算先导基础在线学习模块、精算科学基础在线学习模块、精算实务在线学习模块、预测分析的高级主题。

④精算道德研讨会(Associateship Professionalism Course,APC)。这是获得 ASA 的最后条件。APC 一共包含两部分:在线课模块和线下研讨会。

(2)FSA 是北美精算师协会会员的最高级别,拥有全面的专业知识,从概念规划到实务操作,全面协助企业制订财务管理方案。获取 FSA 资格,考生需要完成以下要求:

①完成 ASA 的各项要求;

②从下列方向选择一个作为 FSA 的方向:公司金融和企业风险管理、量化金融与投资、个人人寿和年金保险、退休福利、团体和健康保险、一般保险(非寿险)。

③完成制定决策和交流(Decision Making and Communication,DMAC)模块。在取得 ASA 资格后,考生会收到 DMAC 的报名邀请邮件。考生可随时报名学习 DMAC。报名成功后,考生须在 12 个月内完成 DMAC 所有内容的学习。

④完成入会课程(Fellowship Admissions Course,FAC)。FAC 是 FSA 每个方向的最后一步。为了提高会员全面的实操能力,在成为正精算师之前,会员需要参加一个为期三天的线下研讨会。

### 1.6.2 英国精算师资格考试

英国精算师资格考试是由英国精算师协会和英国精算公会联合主办的考试,通过该考试后获得的精算师资格被全世界认可。

英国精算师资格考试已有 170 多年的历史。1994 年,中央财经大学首次引入英国精算师资格考试。2000 年以前,英国精算师资格考试分为 A、B、C、D、E 五个系列。2000 年,英国精算师资格考试体系改革后分为四个系列:100 系列(包括金融数学等九门课程考试)、200 系列(沟通技能一门课程考试)、300 系列(投资和资产组合、寿险精算、财产险精算、养老金四门课程考试)和 400 系列(从人寿保险、财产保险等四种资格考试中选考一门)。考生通过前三个系列考试的所有考试科目后,即可获得准精算师资格证书,再通过 400 系列的任意一门科目后,即可获得英国精算师资格证书。英国精算师资格考试分别在每年的 4 月和 9 月举行。

从 2010 年开始,英国精算师协会实行新的教育与考试体系,将教育与考试体系分为基础技能阶段、基础应用阶段、专项技能阶段、专项应用阶段。基础技能阶段包括 9 门 CT 课程:金融数学(CT1)、财务报告分析(CT2)、概率统计(CT3)、模型(CT4)、寿险精算(CT5)、统计模型(CT6)、经济学(CT7)、金融经济学(CT8)、商务必备(CT9)。基础应用阶段包括 3 门 CA 课程:精算风险管理(CA1)、模型设计(CA2)、交流技能(CA3)。专项技能阶段包括 9 门 ST 课程:健康及医疗保险(ST1)、寿险(ST2)、非寿险(ST3)、养老金(ST4)等。专项应用阶段包括 6 门 SA 课程:研究论文(SA1)、健康及医疗保险(SA2)、寿险(SA3)等。完成 CT 和 CA 课程的考试,并有一年的工作经历,参加一天的职业训练课后即可获得准精算师资格。在此之后,完成 ST 和 SA 课程的考试并有三年的工作经验,参加两天的职业训练课后即可获得正精算师资格。

2019 年起,英国精算师学会实行新的考试制度。英国精算师资格考试分为四个阶段:核心原理(Core Principles)、核心实务(Core Practices)、专业原理(Specialist Principles)、高阶应用(Specialist Advanced)。

(1)通过 CS1、CS2、CM1、CM2、CB1、CB2、CB3(Core Principles 系列 7 门),CP1、CP2、CP3(Core Practices 系列 3 门),并拥有一年以上的工作经验,可申请成为英国准精算师。

(2)通过 Core Principles 系列 7 门、Core Practices 系列 3 门,Specialist Principles 系列中任 2 门,Specialist Advanced 系列中任 1 门,并拥有三年以上的工作经验,可申请成为英国正精算师。

四个阶段所包括科目如下:

(1) Core Principles。CM1：精算数学(Actuarial Mathematics)。CM2：金融经济学(Loss Reserving and Financial Engineering)。CS1：精算统计(Actuarial Statistics)。CS2：风险模型与生存分析(Risk Modelling and Survival Analysis)。CB1：公司金融与财务报表(Business Finance)。CB2：经济学(Business Economics)。CB3：商务管理(Business Management)。

(2) Core Practices。CP1：精算实务(Actuarial Practice)。CP2：建模实务(Modelling Practice)。CP3：沟通实务(Communications Practice)。

(3) Specialist Principles。SP0：专业论文(Master's Level Thesis)。SP1：健康保险(Health and Care)。SP2：寿险(Life Insurance)。SP4：年金(Pensions)。SP5：投资和金融(Investment and Finance)。SP6：金融衍生品(Financial Derivatives)。SP7：非寿险:准备金(General Insurance：Reserving)。SP8：非寿险:定价(General Insurance Pricing)。SP9：企业风险管理(Enterprise Risk Management)。

(4) Specialist Advanced。SA0：专业研究论文(Research Master's Thesis)。SA1：健康保险 (Health and Care)。SA2：寿险 (Life Insurance)。SA3：一般保险 (General Insurance)。SA4：年金 (Pensions)。SA7：投资和金融 (Investment and Finance)。

### 1.6.3 日本精算师资格考试

日本精算师协会创立于1899年,至今已有120多年的历史。我国自1998年开始引入日本精算师资格考试。日本精算师协会入会规定:凡通过前期考试一门科目以上者,均可成为该协会的普通会员,按规定缴纳会费并同时享有基本权利。而后期考试合格者,经日本精算师协会理事会批准通过,即可成为日本精算师协会的正式会员。

日本精算师资格考试由前期考试和后期考试两部分组成。前期考试即基础科目考试,包括数学、产险数理、寿险数理、年金数理、会计经济投资理论。其目的是判断考生是否具备执业所必需的基础知识。只有全部通过前期考试者才能报考后期专业科目的考试。

后期考试分为生保、损保、年金三个方向,考生在三个方向中任选一个,每个方向有两门考试课程。其目的是判断考生是否具备精算师在实际工作中所需要的专业知识及解决实际问题的能力。日本精算师考试一年举办一次,时间均在每年12月中旬,考试成绩合格者可于次年2月得到考试结果的通知。

### 1.6.4 中国精算师资格考试

中国精算师资格考试从1999年开始实施。2000年12月,中国保险监督管理委员会首次面向社会举办了中国精算师资格考试中的六门课程考试,共474人报名参加,大学本科以上学历或同等学力的人都可报名参加。2007年,中国精算师协会成立,协会设立了考试教育委员会,专门负责精算师资格考试事宜。中国精算师资格考试自施行以来,认证了一批中国准精算师和中国精算师,积累了一定经验,为我国培养了一批具有专门职业能力的精算师。中国精算师资格考试分为准精算师和(正)精算师两个阶段。准精算师考试旨在考察精算人员是否掌握必需的精算理论和技能,

(正)精算师考试要求以精算实务为主,涉及财务会计制度、社会保障制度、保险法规等。

随着国内保险市场的发展,原有的考试体系已不能很好地适应精算技术发展的需要。因此,中国精算师协会于 2011 年开始实施新的资格考试体系,调整后仍分为准精算师部分和精算师部分。

准精算师部分包括八门考试课程和一门职业道德教育课程。八门考试课程包括:数学(A1)、金融数学(A2)、精算模型(A3)、经济学(A4)、寿险精算(A5)、非寿险精算(A6)、会计与财务(A7)、精算管理(A8)。只有通过八门课程考试并经过职业道德培训后,方可获得中国准精算师资格,成为中国精算师协会准会员。

(正)精算师阶段分为寿险和非寿险两个方向。寿险方向的考试包括七门考试课程和一门职业道德教育课程。七门考试课程包括保险法及相关法规(F1L)、保险公司财务管理(F2L)、健康保险(F10)、投资学(F8)、个人寿险与年金精算实务(F3)、资产负债管理(F9)、员工福利计划(F4)。非寿险方向也包括七门考试课程和一门职业道德教育课程。七门考试课程包括保险法及相关法规(F1G)、保险公司财务管理(F2G)、健康保险(F10)、投资学(F8)、非寿险实务(F5)、非寿险定价(F6)、非寿险责任准备金评估(F7)。有三年以上工作经验的准精算师,通过相关精算师考试课程,并经过职业道德培训后,可获得中国精算师资格。

中国精算师报名条件:遵守《中华人民共和国宪法》、法律、法规,具有良好的职业道德和敬业精神;具备国家教育部门认可的大学本科(含本科在读)及以上学历或者学位。

要获得准精算师资格,须同时满足以下条件:(1)通过准精算师级别五门科目的考试;(2)参加并完成相关法律和监管规定的教育、职业道德教育;(3)具备国家教育部门认可的大学本科及以上学历或学位。

要获得正精算师资格,须同时满足以下条件:(1)取得精算师职业资格证书(准精算师级别);(2)通过正精算师级别对应专业类别要求的一门公共课(资产负债管理)、三门专业课(从七个方向选一)和一门选考共五门科目考试;(3)累计五年以上(含五年)的精算或金融领域相关实务经验;(4)参加并完成职业道德教育;(5)具备国家教育部门认可的大学本科及以上学历或学位。

## 习题 1

1-1　简述寿险精算与精算的关系。

1-2　简述寿险精算在寿险经营中的作用。

1-3　列举寿险公司需要精算的主要项目,说明它们为什么需要精算。

1-4　简述寿险精算产生的历史。

1-5　简述现代寿险精算研究的主要对象。

1-6　简述寿险精算面临的主要挑战。

1-7　简述保险精算的概念及其分类。

1-8　简述推动寿险精算产生与发展的重大事件。

1-9　简述寿险精算的目标。

1-10　概述中国精算师资格考试体系。

# 2 利息的度量及其基本计算

利息是资本借入者因使用资本而支付给资本借出者的一种报酬。也可以说,利息是资本借入者支付给资本借出者因放弃资本的使用而发生的损失的一种租金。从理论上讲,资本和利息可以是货币,也可以不是货币。但是,本章所考虑的资本和利息均限于货币,且内容将重点涉及利息的度量及不同利息度量方式下的有关计算问题。

## 2.1 终值与现值函数

### 2.1.1 终值函数

终值函数是指一个货币单位的本金从投入之日起,经过一定时期后的终值。显然,利息率一定,时期不同,一般地,终值也会有变化。即使时期相同、利息的度量方式不同或利息度量方式相同但利息率不同的情况下,终值也会有差异。可见,在本金和利息度量方式确定的情况下,终值是关于投资期长度的函数。本书中,为论述的方便,约定函数 $a(t)$ 表示 1 个货币单位经过时期 $t$ 后的终值函数。$a(t)$ 具有以下基本性质:

第一,$a(0) = 1$,即投入本金 1 后立刻获得的终值,等于本金的值。

第二,$a(t)$ 是 $t$ 的递增函数。在利息度量中,通常忽略出现随 $t$ 的增加而 $a(t)$ 为负数的情形。另外,一定时期内,允许 $t$ 有一定变化,但不影响 $a(t)$ 的值。所以 $a(t)$ 一般是关于 $t$ 的非严格递增函数。

第三,当利息连续产生时,$a(t)$ 是 $t$ 的连续函数。

$K$ 个货币单位的本金($K > 0$) 从投入之日起经过一定的时期后的终值,通常可用 $A(t)$ 来表示。$A(t)$ 的实质是本金为 $K$ 的终值函数。同样地,为方便起见,以下称函数 $A(t)$ 为数量函数。现实生活中,本金不为 1 的情形是普遍存在的,亦即研究 $A(t)$ 更接近现实。

不难得出,数量函数与终值函数具有的基本关系是

$$A(t) = Ka(t) \qquad (K > 0, K \text{ 为常数}) \tag{2.1}$$

根据这一关系,$A(t)$ 具有与 $a(t)$ 相似的性质:

第一,$A(0) = K$;

第二,一般地,$A(t)$ 是关于 $t$ 的递增函数;

第三,当利息连续产生时,$A(t)$ 是 $t$ 的连续函数。

### 2.1.2 现值函数

现值函数是指一个货币单位的终值(或本利和)在投资期之初的现值。通常,当终值为一个货币单位,且时期长度为 $t$ 时,现值函数被记作 $a^{-1}(t)$。

进一步,当终值为 $K$ 个货币单位,时期为 $t$ 时,在期初的现值函数记作 $A^{-1}(t)$。除 $a^{-1}(t)$ 和 $A^{-1}(t)$ 一般随 $t$ 递减外,一般地,$a^{-1}(t)$ 和 $A^{-1}(t)$ 具有与 $a(t)$ 和 $A(t)$ 类似关系的性质。

## 2.2 终值与现值的计算

由于 $A(t)$ 和 $a(t)$ 的关系是 $A(t) = Ka(t)$,所以理论上的研究只需讨论 $a(t)$ 的计算即可。由于 $a(t)$ 的表达式受利息具体的度量方式的影响,所以以下将讨论不同利息率或贴现率度量方式下 $a(t)$ 的计算。

### 2.2.1 已知利息率,求 $a(t)$

(1) 已知单利息率 $i$,求 $a(t)$

单利是指投入本金经过一定的时期,按照一定的利息率在本金上计息,但在下期结算利息时上期所结算利息并不随同本金计息,也就是利上无利。

据此,若本金为 1,单利息率为 $i$,经过时期 $t$ 后的终值为

$$a(t) = 1 + it \qquad (t \geqslant 0) \tag{2.2}$$

例 2.1 某人存入银行 1 000 万元本金,银行存款按年单利息率 5.5% 计息,存款期限为 3 年,计算该人在第 3 年可获得的利息。

解: 设此人在第 3 年利息的理论值为 $I$,则

$$I = A(3) - A(2) = 1\,000[(1 + 5.5\% \times 3) - (1 + 5.5\% \times 2)]$$
$$= 1\,000 \times 5.5\% = 55(\text{万元})$$

当 $t$ 为非整数年时,令 $t = K + S$,$K$ 为整数年,$0 \leqslant S < 1$,$a(t)$ 的计算有下列四种方法:

① 确切计算法:

$$a(t) = 1 + Ki + \frac{S}{365} \cdot i \tag{2.3}$$

式(2.3)中,$S$ 按实际天数计算。

② 银行家法则:

$$a(t) = 1 + Ki + \frac{S}{360} \cdot i \tag{2.4}$$

式(2.4)中,$S$ 按实际天数计算。

③ 普通计算法:

$$a(t) = 1 + Ki + \frac{S}{360} \cdot i \tag{2.5}$$

式(2.5)中,$S$ 的计算如下:不足一月的,按实际天数计算;超过一月的,每月按 30 天计算;其余不足一月的,按实际天数计算。

④ 其他不常用的方法:

$$a(t) = 1 + Ki + \frac{S}{365} \cdot i \tag{2.6}$$

式(2.6)中,$S$ 的计算如下:不足一月的,按实际天数计算;超过一月的,每月按 30 天计算;其余不足一月的,按实际天数计算。

例 2.2　某人于 2022 年 1 月 8 日将 800 万元存入银行,银行存款按年单利息率 4% 计息。若该人于 2022 年 3 月 28 日取出银行的存款,问按银行家法则可取得多少本利和?

解:按银行家法则计算终值的公式为

$$a(t) = 1 + Ki + \frac{\text{实际天数}}{360} \cdot i$$

所以,所求值应为

$$800 \times \left(1 + \frac{79}{360} \times 4\%\right) \approx 807.02(\text{万元})$$

(2) 已知复利息率 $i$,求 $a(t)$

复利是指投入本金经过一定的时期,按照一定的利息率在本金上计算利息,并将当期结算的利息并入本金,在下期结算利息时随同本金一并计息,也就是利上有利。

如本金为 1,复利息率为 $i$,经过时期 $t$ 后的终值为

$$a(t) = (1 + i)^t \tag{2.7}$$

式(2.7)中,$t$ 既可以是正整数,也可以是正分数。

例 2.3　在例 2.2 中,若银行存款按年复利息率 4% 计息,其他条件不变,问那人在 3 月 28 日可以取得多少本金和利息?

解:所求本金和利息为

$$800 \times (1 + 4\%)^{\frac{79}{365}} \approx 806.82(\text{万元})$$

(3) 已知实际利息率 $i_n$,求 $a(t)$

实际利息率,即一年计息或结算一次的年利息率,或全年利息额与投入之初本金之比率,这里的计息时间单位可以不是一年。第 $n$ 年的实际利息率记作 $i_n$,$i_n$ 可用式子表达为

$$i_n = \frac{A(n) - A(n-1)}{A(n-1)} = \frac{a(n) - a(n-1)}{a(n-1)} \tag{2.8}$$

当 $a(t)$ 由常数单利息率 $i$ 计算时,

$$i_n = \frac{i}{1 + (n-1)i} \tag{2.9}$$

当 $n \neq 1$ 时,$i_n$ 是 $n$ 的递减函数。一般地,$i_n \neq i$。

当 $a(t)$ 由常数复利息率 $i$ 计算时,$i_n = i$ 且与 $n$ 无关。

1 元本金在实际利息率 $i_n(n = 1,2,\cdots,t)$ 的条件下,经时期 $t$ 后的终值为

$$a(t) = (1 + i_1)(1 + i_2)\cdots(1 + i_t) \tag{2.10}$$

特别地，当$i_1 = i_2 = \cdots = i_t = i$时，

$$a(t) = (1+i)^t$$

例 2.4　某人投入本金 100 万元，年复利息率是 4%，那么这个人从第六年到第十年这五年间共赚得多少利息？

解：设所求利息为 $I$ 万元，则

$$I = 100\times(1+4\%)^{10} - 100\times(1+4\%)^5$$
$$\approx 100\times(1.480\ 244 - 1.216\ 653) \approx 26.36(\text{万元})$$

(4) 已知名义利息率 $i^{(m)}$，求 $a(t)$

名义利息，又称虚利息。依利息率计算利息额时，若将计息的单位期间不满一年的实际利率按单纯的比例关系换算为一年的利息率，则称为名义利息率。

一年内计息 $m$ 次的名义利息率，记作 $i^{(m)}$。一年内的每$\frac{1}{m}$年的实际利息率为$\frac{i^{(m)}}{m}$。在名义利息率 $i^{(m)}$ 的作用下，一单位本金在年末的终值为

$$a(1) = \left(1+\frac{i^{(m)}}{m}\right)^m$$

经时期 $t$ 后，本金 1 的终值为

$$a(t) = \left(1+\frac{i^{(m)}}{m}\right)^{mt} \tag{2.11}$$

例 2.5　某人存入银行 1 000 万元，按年利息率 5% 计息，存入期限为 10 年，求：① 每年计息一次，到期时的本利和；② 每年计息四次，到期时的本利和。



解：(1) 年计息一次时，所求本利和为

$$A(10) = 1\ 000a(10) = 1\ 000\ (1+i)^{10}$$
$$= 1\ 000\times(1+5\%)^{10} \approx 1\ 628.89(\text{万元})$$

(2) 年计息四次时，所求本利和为

$$A(10) = 1\ 000a(10) = 1\ 000\left(1+\frac{i^{(4)}}{4}\right)^{4\times10}$$
$$= 1\ 000\times\left(1+\frac{5\%}{4}\right)^{4\times10} \approx 1\ 643.62(\text{万元})$$

## 2.2.2　已知利息率，求 $a^{-1}(t)$

前面讨论了本金和利息率均已知的条件下的终值函数 $a(t)$ 的计算公式。与之关联的问题是：已知利息率和终值，那么终值在投入之初的值为多少呢？假定时期 $t$ 末的终值为 1，若用符号 $a^{-1}(t)$ 表示时期 $t$ 初的现值函数[以下 $a^{-1}(t)$ 均指终值为 1 个货币单位的现值函数]，则在 $a(t)$ 讨论的基础上，可以获得不同利息率条件下 $a^{-1}(t)$ 的计算公式：

(1) 在单利息率的条件下

$$a^{-1}(t) = (1+it)^{-1} \tag{2.12}$$

(2) 在复利息率的条件下

$$a^{-1}(t) = (1+i)^{-t} \tag{2.13}$$

(3) 在实际利息率的条件下

$$a^{-1}(t) = (1+i_1)^{-1}(1+i_2)^{-1}\cdots(1+i_t)^{-1} \tag{2.14}$$

(4) 在名义利息率的条件下

$$a^{-1}(t) = \left(1+\frac{i^{(m)}}{m}\right)^{-mt} \tag{2.15}$$

一年末 1 元终值在年初的现值为$\frac{1}{1+i}$,特别地,通常用符号 $v$ 表示$\frac{1}{1+i}$。$v$ 被称为贴现因子或折现因子;相应地,$1+i$ 被称为累积因子或终值因子。

例 2.6　如果年利息率分别为单利息率 5% 和复利息率 6%,要求在第三年年末获得 1 000 万元。问在此单利和复利条件下,应投入的本金分别为多少?

解:在单利条件下,设应投入的本金为 $K_1$ 万元,则

$$K_1 = 1\,000a^{-1}(3) = 1\,000 \times \frac{1}{1+3\times5\%}$$

$$= 1\,000 \times (1+3\times5\%)^{-1} \approx 869.57\text{(万元)}$$

在复利条件下,设应投入的本金为 $K_2$ 万元,则

$$K_2 = 1\,000a^{-1}(3) = 1\,000v^3 = 1\,000 \times \frac{1}{(1+6\%)^3}$$

$$= 1\,000 \times (1+6\%)^{-3} \approx 839.62\text{(万元)}$$

### 2.2.3　已知贴现率,求 $a^{-1}(t)$

在这里,仅讨论按贴现率扣除的方法进行贴现。这种方法通常被称为一般贴现法,以区别于按利息率计算现值的真贴现法。未声明时,均假定时期 $t$ 末的终值为 1 元,讨论在不同贴现率下时期 $t$ 初的现值函数。

(1) 已知单贴现率 $d$,求 $a^{-1}(t)$

在单贴现率条件下,以到期日应付额为基准,算出单位贴现期间的折扣额的方法,就是单贴现法。显然,

$$a^{-1}(t) = 1 - dt \tag{2.16}$$

(2) 已知复贴现率 $d$,求 $a^{-1}(t)$

复贴现就是以最初的单位期间的贴现现值作为下一期的到期应付额,反复贴现的方法。据此有:

$$a^{-1}(t) = (1-d)^t \tag{2.17}$$

(3) 已知实际贴现率 $d_n$,求 $a^{-1}(t)$

所谓实际贴现率,就是一年贴现一次的年贴现率,或者全年贴现额与到期日应付额之比率,这里时间单位可以不是一年。用终值函数或数量函数可表达第 $n$ 年的实际贴现率

$$d_n = \frac{A(n) - A(n-1)}{A(n)} = \frac{a(n) - a(n-1)}{a(n)} \tag{2.18}$$

因此,在实际贴现率条件下,

$$a^{-1}(t) = (1-d_1)(1-d_2)\cdots(1-d_t) \tag{2.19}$$

特别地，当 $d_1 = d_2 = \cdots\cdots = d_t = d$ 时，

$$a^{-1}(t) = (1-d)^t$$

(4) 已知名义贴现率 $d^{(m)}$，求 $a^{-1}(t)$

一般地，依贴现率计算贴现额时，若将贴现的单位期间不满一年的实际贴现率按单纯的比例关系换算为一年的贴现率，称为名义贴现率。用符号 $d^{(m)}$ 表示一年内贴现 $m$ 次的年名义贴现率，那么每 $\frac{1}{m}$ 年的实际贴现率为 $\frac{d^{(m)}}{m}$。

在名义贴现率 $d^{(m)}$ 的条件下，年末的 1 单位货币在年初的现值为

$$a^{-1}(1) = \left(1 - \frac{d^{(m)}}{m}\right)^m \tag{2.20}$$

连续一年一年地这样考察，那么在 $t$ 年后 1 单位金额的现值为

$$a^{-1}(t) = \left(1 - \frac{d^{(m)}}{m}\right)^{mt} \tag{2.21}$$

例 2.7　王某准备向一公司贷款 10 000 元，贷款期限 2 年，该公司要求第一年按实际年贴现率 6% 计息，第二年按贴息两次的 8% 的名义年贴现率计息。问王某年初实际可贷得多少元款额？

解：设可贷款额为 $x$ 元，则

$$x = 10\,000 \times \left(1 - \frac{8\%}{2}\right)^{2\times1}(1-6\%) \approx 8\,663.04(\text{元})$$



### 2.2.4　已知贴现率，求 $a(t)$

现在假定投入本金 1，在贴现率 $d$ 的条件下，经过时期 $t$ 以后的终值用 $a(t)$ 表示，$a(t)$ 相应地具有如下表达式：

(1) 单贴现率 $d$ 对应于

$$a(t) = (1-dt)^{-1} \tag{2.22}$$

(2) 复贴现率 $d$ 对应于

$$a(t) = (1-d)^{-t} \tag{2.23}$$

(3) 实际贴现率 $d_n(n=1,2,\cdots,t)$ 对应于

$$a(t) = (1-d_1)^{-1}(1-d_2)^{-1}\cdots(1-d_t)^{-1} \tag{2.24}$$

(4) 名义贴现率 $d^{(m)}$ 对应于

$$a(t) = \left(1 - \frac{d^{(m)}}{m}\right)^{-mt} \tag{2.25}$$

例 2.8　已知实际年利息率为 8%，经过多少年后一笔存款可以翻倍？

解：设期初存入 1 单位本金，经过 $n$ 年后该存款可以翻倍，则有

$$(1+8\%)^n = 2$$

解之得

$$n = \frac{\ln 2}{\ln 1.08} \approx 9.00(\text{年})$$

### 2.2.5　已知息力，求 $a(t)$ 或 $a^{-1}(t)$

实际利息率和名义利息率分别表示每年结算利息一次的年利息率和每年结算利息数次的年利息率。这就是说，已知实际利息率和名义利息率，便可以分别度量一年和一年以内的分数年的利息。实际利息率和名义利息率在实际中有着广泛的应用，涉及利息的问题通常由它们来度量。但是，在理论上或者实际中的某些时候，需要度量某一时刻或某个微小区间的利息。此时，实际利息率和名义利息率均表现出一定的局限性。

在某个时刻 $t$ 的利息，通常用利息力来度量。如果用符号 $\delta_t$ 表示时刻 $t$ 的利息力，那么 $\delta_t$ 的定义是

$$\delta_t = \frac{\frac{d}{dt}A(t)}{A(t)} = \frac{\frac{d}{dt}a(t)}{a(t)} \tag{2.26}$$

关于 $\delta_t$ 的两点注释：

(1) 虽然 $\frac{d}{dt}a(t)$ 或 $\frac{d}{dt}A(t)$ 表示了 $a(t)$ 或 $A(t)$ 的变化率或利息的变动情况，但是仅用此导数不能真正度量利息，因为虽然本金不同，它们却可能产生相等的利息额。对于时刻 $t$ 利息的度量，应当用它们各自的导数分别去除以 $a(t)$ 或 $A(t)$，以消除本金差异对利息多少产生的影响。

(2) 从根本上讲，利息力 $\delta_t$ 表示在时刻 $t$ 的瞬时利息率，而且 $\delta_t$ 还以年利息率形式来度量时刻 $t$ 产生的利息，反映了在时刻 $t$ 单位本金每期产生利息的多少。进一步讲，这种年利息率是以时刻 $t$ 的利息密度为基础的一种名义年利息率。

根据利息力的定义，

$$\delta_t = \frac{\frac{d}{dt}a(t)}{a(t)} = \frac{d}{dt}\ln a(t)$$

两边积分得

$$\int_0^t \delta_s ds = \int_0^t d\ln a(s) = \ln a(s)\Big|_0^t = \ln a(t)$$

从而

$$a(t) = e^{\int_0^t \delta_s ds} \tag{2.27}$$

这表明：投入 1 个单位货币本金，在利息力 $\delta_t$ 已知的条件下，经过时期 $t$ 后的终值 $a(t)$，可按公式 $e^{\int_0^t \delta_t dt}$ 求值。

经过时期 $t$ 后的 1 个货币单位，在利息力 $\delta_t$ 已知的条件下，在该时期 $t$ 初的现值为

$$a^{-1}(t) = e^{-\int_0^t \delta_s ds} \tag{2.28}$$

类似于定义 $\delta_t$ 的原理，兹对贴息力给出定义。

在时刻 $t$ 的贴息力记作 $\delta'_t$，$\delta'_t$ 的定义是

$$\delta'_t = -\frac{\frac{d}{dt}A^{-1}(t)}{A^{-1}(t)} = -\frac{\frac{d}{dt}a^{-1}(t)}{a^{-1}(t)} \tag{2.29}$$

$\delta'_t$定义中出现负号，是因为 $a^{-1}(t)$ 为 $t$ 的递减函数。贴息力 $\delta'_t$具有与利息力 $\delta_t$ 完全相似的性质。

由于

$$\delta'_t = -\frac{\frac{\mathrm{d}}{\mathrm{d}t}a^{-1}(t)}{a^{-1}(t)} = \frac{\frac{\mathrm{d}}{\mathrm{d}t}a(t)}{a^2(t)} \cdot \frac{1}{a^{-1}(t)}$$

$$= \frac{a(t)\delta_t}{a^2(t)a^{-1}(t)} = \delta_t$$

所以，利息力等于贴息力。本书以后将它们统称为息力。

例 2.9　已知在利息力 $\delta_t = kt^2$ 的作用下，现在投资 100 万元在第 10 年年末的值为 500 万元，求 $k$ 的值。

解：根据式(2.27)，并依题意可得

$$500 = 100e^{\int_0^{10} kt^2 \mathrm{d}t}$$

$$k = \frac{3 \times \ln 5}{1\ 000} \approx 0.004\ 828$$

### 2.2.6　利息率、贴现率及息力之间的关系

综合前述有关分析及其原理，并结合它们各自的定义，不难得出实际利息率、名义利息率、实际贴现率、名义贴现率以及息力之间有如下相互关系：

$$d = 1 - v = iv \tag{2.30}$$

$$1 + i = \left(1 + \frac{i^{(m)}}{m}\right)^m \tag{2.31}$$

$$1 - d = \left(1 - \frac{d^{(m)}}{m}\right)^m \tag{2.32}$$

$$\delta = \ln(1 + i) \tag{2.33}$$

所有这些关系，可概括为

$$1 + i = \left(1 + \frac{i^{(m)}}{m}\right)^m = (1 - d)^{-1} = \left(1 - \frac{d^{(n)}}{n}\right)^{-n} = e^{\delta} \tag{2.34}$$

例 2.10　求每半年计息一次的年名义利息率，并使之等价于每月贴现一次的年名义贴现率。

解：根据名义利息率与名义贴现率之间的关系，与名义贴现率等价的名义利息率 $i^{(2)}$ 由下式决定：

$$\left(1 + \frac{i^{(2)}}{2}\right)^2 = \left(1 - \frac{d^{(12)}}{12}\right)^{-12}$$

从而所求的等价的名义利息率为

$$i^{(2)} = 2\left[\left(1 - \frac{d^{(12)}}{12}\right)^{-6} - 1\right]$$

例 2.11　试证：① $i = (1 + i)d$；

② $i^{(m)} = (1 + i)^{\frac{1}{m}} d^{(m)}$。

证明：① 因为 $d = iv$

所以 $i = (1+i)d$

② 因为

$$\left(1+\frac{i^{(m)}}{m}\right)^{m} = \left(1-\frac{d^{(m)}}{m}\right)^{-m}$$

$$\left[\left(1+\frac{i^{(m)}}{m}\right)\left(1-\frac{d^{(m)}}{m}\right)\right]^{m} = 1$$

展开得

$$1-\frac{d^{(m)}}{m}+\frac{i^{(m)}}{m}-\frac{i^{(m)}}{m}\cdot\frac{d^{(m)}}{m} = 1$$

亦即

$$\frac{i^{(m)}}{m}-\frac{d^{(m)}}{m} = \frac{i^{(m)}}{m}\cdot\frac{d^{(m)}}{m}$$

所以

$$\frac{i^{(m)}}{m} = \frac{d^{(m)}}{m}\left(1+\frac{i^{(m)}}{m}\right) = (1+i)^{\frac{1}{m}}\cdot\frac{d^{(m)}}{m}$$

$$i^{(m)} = (1+i)^{\frac{1}{m}}d^{(m)}$$

例 2.12　如果年名义利息率为 6%，每季结算利息一次，那么年实际利息率为多少？

解：与名义利息率等价的实际利息率由下列关系决定：

$$1+i = \left(1+\frac{i^{(m)}}{m}\right)^{m}$$

从而

$$i = \left(1+\frac{i^{(m)}}{m}\right)^{m}-1 = \left(1+\frac{6\%}{4}\right)^{4}-1 \approx 6.14\%$$

可见，年实际利息率 6.14% 大于年名义利息率 6%。这也是每年结算数次的利息率被称为名义利息率的缘由。

例 2.13　已知 $i = 6\%$，求 $i^{(2)}$、$i^{(4)}$、$d^{(2)}$、$d^{(4)}$。

解：$\because 1+i = \left(1+\frac{i^{(2)}}{2}\right)^{2} = \left(1+\frac{i^{(4)}}{4}\right)^{4} = \left(1-\frac{d^{(2)}}{2}\right)^{-2} = \left(1-\frac{d^{(4)}}{4}\right)^{-4}$

$\therefore i^{(2)} = 2[(1+i)^{\frac{1}{2}}-1] = 2[(1.06)^{\frac{1}{2}}-1] \approx 0.059\ 126$

$\therefore i^{(4)} = 4[(1+i)^{\frac{1}{4}}-1] = 4[(1.06)^{\frac{1}{4}}-1] \approx 0.058\ 695$

$\therefore d^{(2)} = 2[1-(1+i)^{-\frac{1}{2}}] = 2[1-(1.06)^{-\frac{1}{2}}] \approx 0.057\ 428$

$\therefore d^{(4)} = 4[1-(1+i)^{-\frac{1}{4}}] = 4[1-(1.06)^{-\frac{1}{4}}] \approx 0.057\ 847$

## 2.3　等值方程及其求解

考虑与利息有关的问题时，应遵循一个最基本的原则：货币具有时间价值。也就是说，在所考察时刻的一定货币的价值，就是这笔货币本身所代表的价值。如现在的500元在现在的价值就是500元，6年后的300元在6年后的价值就是300元。但是，现在的500元在6年后的价值不再是500元。相反，6年后的价值的决定，既依赖于这笔钱已经历的时间，又得考虑利息的度量方式。同样地，要决定6年后的300元在2年前的价值，也得考虑这笔货币经过的时期和利息度量的方式。因此，同量的货币在不同时点上并不等值。换言之，不同时点上的两笔或两笔以上的货币不能直接进行比较。要说明它们的大小，只有将这些货币累积或折现到一个共同的时点上，才能比较这些货币的价值大小。特别地，像这种为比较货币价值而选择的共同时点，称为可比点或可比日。每笔支付货币累积或折现到可比日所建立的等式，就称为等值方程或者价值等式。

建立和求解等值方程的一般步骤是：

第一步：画时间轴。把收取的货币按时间顺序记在时间轴的一边，把支付的货币按时间顺序记在时间轴的另一边，这样建立的图示有利于建立等值方程，但是这一步并非必需。

第二步：选择可比日。可比日就是使每笔货币在指定利息度量方式下，累积或折现到这一时刻。选择可比日是为了使不同时刻发生的货币可比。可比日可以有不同的选择，但选择恰当有利于简化计算。

第三步：建立等值方程。使所有收取的货币与所有支付的货币在可比日具有相等的值。

第四步：求解等值方程，以求出所要的量。

事实上，前述终值函数、现值函数本质上都是等值方程。以下通过两例对等值方程的一般应用加以讨论。

例2.14　为了能在第8年年底收到600万元，一个人同意立即支付100万元，在第5年年底支付200万元，并在第10年年底再支付一笔资金。已知年实际利息率为4%，求第10年年底的支付额为多少？

解：画出时间轴（见图2.1），令第10年年底的支付额为 $X$ 万元，则

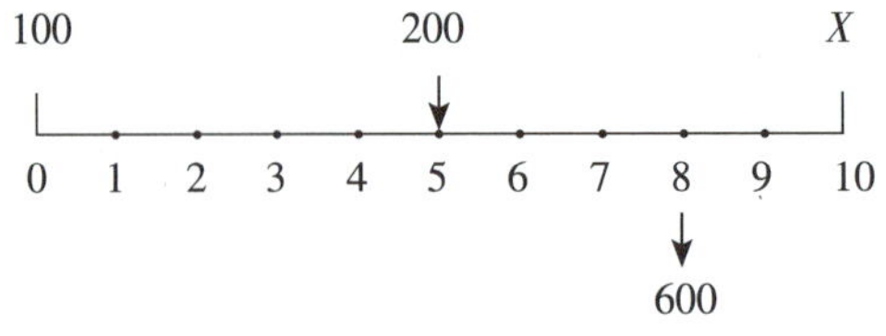


图2.1　时间轴

选择第1年年初，即“0”点为可比日。

建立等值方程：

$$600v^{8} = 100 + 200v^{5} + Xv^{10}$$

求解 $X$,得

$$X = \frac{600v^{8} - 200v^{5} - 100}{v^{10}}$$

$$= 600 \times (1 + 4\%)^{2} - 200 \times (1 + 4\%)^{5} - 100 \times (1 + 4\%)^{10}$$

$$\approx 257.61(\text{万元})$$

两点注释:

(1)在本例中,也可以选择第10年年末为可比日,并且 $X$ 的值不因选择第10年年末而有不同的值。当然,这里隐含了一个假定:利息率按复利计息,不同可比日的选择不影响结果。

(2)在单利条件下,可比日选择不同,可能出现不同的解。

任何一个利息问题,通常包含四个基本要素:本金、利息的度量方式、时期长度、本金产生的终值。仅从数学意义上讲,只要已知其中的三个量,第四个量便可以确定。前面重点研究了已知利息的度量方式和经历的确定期间条件下现值和终值的计算。当然,以所得基本函数表达式为基础,同样可以在一定已知条件下,讨论时期的确定或利息率、贴现率的计算。

例2.15 每半年结算一次利息的年名义利息率为多少时,现在立即投入的100万元,以及从现在算起的三年后再投入100万元,方可在第10年年末累积到300万元?

解:画出时间轴(见图2.2):

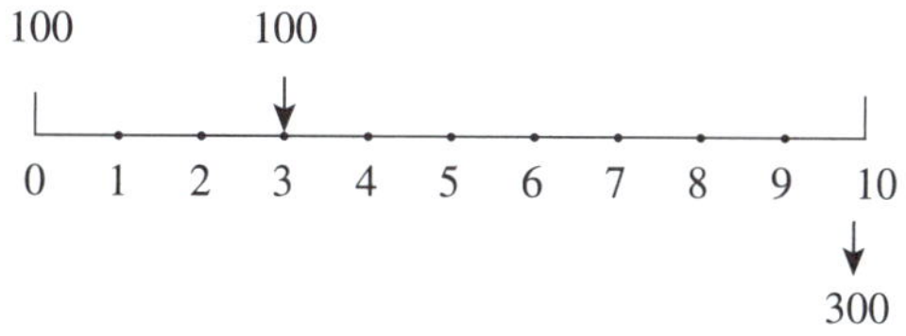


图2.2 时间轴

选择第10年年末为可比日,令 $j = \frac{i^{(2)}}{2}$,建立等值方程

$$300 = 100(1 + j)^{20} + 100(1 + j)^{14}$$

再令 $f(j) = 100(1 + j)^{20} + 100(1 + j)^{14} - 300$,现寻找 $j$,使 $f(j) = 0$。经反复试验,

$$f(0.02) \approx -19.465 < 0,\ f(0.03) \approx 31.87 > 0$$

运用线性插值法:

$$j = 0.02 + 0.01 \times \frac{0 + 19.465}{31.87 + 19.465} \approx 0.023\,8$$

$$i^{(2)} = 2 \times 0.023\,8 = 0.047\,6$$

说明:线性插值法预先确定一个大于真实利息率的利息率和一个小于真实利息率的利息率,然后在这两个值之间进行线性插值从而得到真实值的一个近似值。

具体而言,设 $f(i)$ 为关于 $i$ 的函数,选取 $\tilde{i}_1$、$\tilde{i}_2$ 使得 $f(\tilde{i}_1)$ 与 $f(\tilde{i}_2)$ 异号。由于

$(\tilde{i}_1, f(\tilde{i}_1))$、$(\tilde{i}_2, f(\tilde{i}_2))$、$(\hat{i}, 0)$三点共线，因此，方程$f(i) = 0$的根的近似值的计算公式为

$$\frac{\hat{i} - \tilde{i}_1}{\tilde{i}_2 - \tilde{i}_1} = \frac{0 - f(\tilde{i}_1)}{f(\tilde{i}_2) - f(\tilde{i}_1)}$$

$$\hat{i} = \tilde{i}_1 - \frac{f(\tilde{i}_1)}{f(\tilde{i}_2) - f(\tilde{i}_1)}(\tilde{i}_2 - \tilde{i}_1) \tag{2.35}$$

## 习题 2

2-1 判断下列式子或陈述的正误，并改正错误。

(1) $\left(1 - \frac{d^{(m)}}{m}\right)^{-m} = \left(1 + \frac{i^{(n)}}{n}\right)^n$，无论 $m$ 等于还是不等于 $n$。

(2) 当投资时间延长时，常数的单利息率意味着实际利息率递增或不变。

(3) $d - i = id$。

2-2 证明：(1) $(1 - d)^n > 1 - dn$，其中 $n > 1, 0 < d < 1$，这里 $d$ 为贴现率。

(2) $(1 - d)^n < 1 - dn$，其中 $0 < n < 1, 0 < d < 1$。

2-3 试分别确定 1 000 元在三年之末的终值。① 如果年实际利息率为 3%；② 如果月计息一次名义年利息率为 6%；③ 如果季计算贴息一次的名义年贴现率为 4%。



2-4 试确定两年期间的常数实际利息率，使之等价于第一年5%、第二年6%的实际贴现率。

2-5 如果 $\delta_t = 0.04(1 + t)^{-2}$，那么 1 000 元在第 20 年年末的终值为多少？

2-6 试比较 $\delta$、$i^{(m)}$、$i$ 的大小。

2-7 一个人现在投资30万元，两年后追加投资60万元，这两笔投资将在第4年年末积累至150万元，求该投资的年实际利息率或年投资收益率。

2-8 已知 $A(t) = t + 2\sqrt{t} + 7$，求 $i_4$、$d_4$。

2-9 已知 $i^{(2)} = 6\%$，求 $i$、$i^{(4)}$、$d^{(2)}$、$\delta$。

2-10 存款翻番问题：(1) 若要使一笔存款在 10 年内翻一番，则年利率应为多少？

(2) 已知年利率为 5%，求一笔存款翻一番所需要的时间。

2-11 已知某人现在投资 1 000 元，第一年的利息率为 8%，第二年的利息率为 10%，第三年的利息率为 7%，第四年的利息率为 9%，求该投资在第 4 年年末的终值。

2-12 在3月12日存入1 000元，到同年的11月26日取出，利息率为单利息率10%，试用银行家法则计算利息金额。

2-13 已知每期实际利息率为 $i$，$1 + \frac{i^{(m)}}{m} = \frac{1 + \frac{i^{(4)}}{4}}{1 + \frac{i^{(6)}}{6}}$，确定 $m$。

2 - 14 有两笔投资,一笔投资以每季计息一次的年名义利息率 12% 积累,另外一笔以利息力 $\delta_t = \frac{t}{3}$ 积累,在时刻 0 时两笔投资存入相同的资金,试求两笔投资下次金额相等的时刻。

2 - 15 两项基金 A 和 B 以相同的基金金额开始,基金 A 以利息强度 6% 计息,基金 B 以年计息两次的名义利息率 $i^{(2)}$ 计息,第 8 年年末基金 A 的金额是基金 B 的 1.2 倍,求 $i^{(2)}$。

# 3 确定年金

年金可以被简单地定义为在相等时间区间上所做的一系列给付。在经济生活中，年金是普遍存在的，如每隔一段确定时间存入银行的一笔钱、分期支付的房屋租金、货币借出或贷出后定期获得的利息收入等。年金并不局限于每隔一年给付一次，只要是每隔相等的区间提供一次给付也可形成一个年金，现在年金相邻支付的间隔也不必相等。此外，年金每次的给付额既可以是固定量或水平量，也可以是非固定量或呈不断变化的情形。

确定年金是年金的一种形式。确定年金的支付总期间事前确定，纯粹以预定利息率作为累积基础。确定年金有多种分类，通常情况下的分类有：年金给付在每期开始时支付的期初付年金和在每期期末支付的期末付年金，年金的给付在签约后即刻开始的即时年金和经过一段时间后才开始的延付年金，年金的给付限在一定期间的有限期年金和年金的给付无限期延续的无限期年金等。



## 3.1 年金给付期等于利息结算期的确定年金

### 3.1.1 期末付年金

考虑如下年金：年给付额为1，于每年年底支付，年金总期间为$n$年，年利息率为$i$。求这种期末付年金的现值和终值。

用$a_{\overline{n}|i}$和$s_{\overline{n}|i}$（或简记为$a_{\overline{n}|}$和$s_{\overline{n}|}$）分别表示上述年金的现值和终值。由于这个现值表示所有支付额在支付期之初的现值之和，而终值表示所有支付额在支付期结束时的终值之和，即在年金最后一次支付完毕后的终值之和，所以现值和终值决定于

$$a_{\overline{n}|} = v + v^2 + \cdots + v^n = \frac{1 - v^n}{i} \tag{3.1}$$

$$s_{\overline{n}|} = 1 + (1 + i) + \cdots + (1 + i)^{n-1} = \frac{(1 + i)^n - 1}{i} \tag{3.2}$$

以下对$a_{\overline{n}|}$和$s_{\overline{n}|}$做进一步分析：

(1) 根据式(3.1)易得

$$1 = ia_{\overline{n}|} + v^n \tag{3.3}$$

式(3.1)表明：现在投资的1元，在每年年底可获利息$i$元，而且在$n$年年末还可获本金1元。每年年底的利息$i$形成了一个期末付确定年金。根据等值方程原理，在期初投入

的本金应等于投入本金所产生的利息与到期收回本金的现值之和。

(2)$a_{\overline{n}|}$ 和 $s_{\overline{n}|}$ 具有如下基本关系:

$$s_{\overline{n}|} = (1+i)^n a_{\overline{n}|} \tag{3.4}$$

$$\frac{1}{a_{\overline{n}|}} = \frac{1}{s_{\overline{n}|}} + i \tag{3.5}$$

例 3.1　证明:$\frac{1}{a_{\overline{n}|}} = \frac{1}{s_{\overline{n}|}} + i$。

证明:事实上,在 $1 = ia_{\overline{n}|} + v^n$ 两边同除以 $a_{\overline{n}|}$,得

$$\frac{1}{a_{\overline{n}|}} = i + \frac{v^n}{a_{\overline{n}|}}$$

再运用式(3.4)即得

$$\frac{1}{a_{\overline{n}|}} = i + \frac{1}{(1+i)^n a_{\overline{n}|}} = \frac{1}{s_{\overline{n}|}} + i$$

例 3.2　如果一个人现在投入 10 000 元,年利息率为 4%,每半年结算一次利息,那么这个人于每6个月的月末提取一笔多大的金额,在第20年年末正好取完投入的资金?假定每次提取额相等。

解:设每次的相等提取额为 $X$ 元,由题意知半年的实际利率为 2%,于是

$$10\,000 = Xa_{\overline{40}|2\%}$$

$$X = \frac{10\,000}{a_{\overline{40}|2\%}} = \frac{10\,000}{\frac{1-(1.02)^{-40}}{2\%}} \approx 365.56(\text{元})$$

本例揭示出:在有关 $a_{\overline{n}|}$ 和 $s_{\overline{n}|}$ 的推导中,虽然考虑的情形限于每隔一年支付一次的确定年金,但是公式 $a_{\overline{n}|}$ 和 $s_{\overline{n}|}$ 的应用并不只限于以年为给付单位。只要年金给付期等于利息结算期,$a_{\overline{n}|}$ 和 $s_{\overline{n}|}$ 就可以运用。

### 3.1.2　期初付年金

考虑如下年金:每年年初支付 1,支付总期间为 $n$ 年,年利息率为 $i$,求期初支付年金的现值和终值。

若用 $\ddot{a}_{\overline{n}|i}$ 和 $\ddot{s}_{\overline{n}|i}$(简记作 $\ddot{a}_{\overline{n}|}$ 和 $\ddot{s}_{\overline{n}|}$)分别表示该年金的现值和终值,则 $\ddot{a}_{\overline{n}|}$ 表示所有支付额在第 1 年年初(包括第 1 年年初的支付额在内)的现值之和,$\ddot{s}_{\overline{n}|}$ 表示所有支付额在第 $n$ 年年末的终值之和。据此有

$$\ddot{a}_{\overline{n}|} = 1 + v + v^2 + \cdots + v^{n-1} = \frac{1-v^n}{d} \tag{3.6}$$

$$\ddot{s}_{\overline{n}|} = (1+i) + (1+i)^2 + \cdots + (1+i)^n = \frac{(1+i)^n - 1}{d} \tag{3.7}$$

类似地,

(1)$1 = d\ddot{a}_{\overline{n}|} + v^n$ 与 $1 = ia_{\overline{n}|} + v^n$ 有相似的文字解释。

(2)$\ddot{a}_{\overline{n}|}$ 和 $\ddot{s}_{\overline{n}|}$ 具有如下基本关系:

$$\ddot{s}_{\overline{n}|} = (1+i)^n \ddot{a}_{\overline{n}|} \tag{3.8}$$

$$\frac{1}{\ddot{a}_{\overline{n}|}} = \frac{1}{\ddot{s}_{\overline{n}|}} + d \tag{3.9}$$

例 3.3　已知年计息12次的年名义利息率为6%，为了在第10年年末获得1 000 000元，每年年初需要投资多少元？

解：设每年年初需要投资 $R$ 元，每年的实际利息率为 $i$，于是，根据题意有

$$i = \left(1 + \frac{6\%}{12}\right)^{12} - 1 \approx 0.061\ 677\ 812$$

$$R\ddot{s}_{\overline{10}|i} = 1\ 000\ 000$$

$$R = \frac{1\ 000\ 000}{\ddot{s}_{\overline{10}|i}} \approx 70\ 899.31(\text{元})$$

### 3.1.3　期末付年金与期初付年金的关系

这里的期末付年金与期初付年金的关系，是指期末付年金与期初付年金的现值或终值之间的相互关系。其常见的关系有如下两组：

(1)　$a_{\overline{n}|}(1 + i) = \ddot{a}_{\overline{n}|}$　　(3.10)

$s_{\overline{n}|}(1 + i) = \ddot{s}_{\overline{n}|}$　　(3.11)

(2)　$\ddot{a}_{\overline{n}|} = 1 + a_{\overline{n-1}|}$　　(3.12)

$\ddot{s}_{\overline{n}|} = s_{\overline{n+1}|} - 1$　　(3.13)

例 3.4　证明：$a_{\overline{n}|}(1 + i) = \ddot{a}_{\overline{n}|}$。

证明：按期末付年金的定义：

$$a_{\overline{n}|} = \frac{1 - v^n}{i} = v \cdot \frac{1 - v^n}{iv} = v \cdot \frac{1 - v^n}{d} = v\ddot{a}_{\overline{n}|}$$

$$a_{\overline{n}|}(1 + i) = \ddot{a}_{\overline{n}|}$$

直观地分析，这个结论的成立是显然的。因为 $n$ 年期初付年金与期末付年金相比，各次正好相差一年，前者每次支付1相当于后者每次支付 $1 + i$，所以 $a_{\overline{n}|}(1 + i) = \ddot{a}_{\overline{n}|}$。

例 3.5　证明：$\ddot{a}_{\overline{n}|} = 1 + a_{\overline{n-1}|}$。

证明：因为

$$a_{\overline{n-1}|} = \frac{1 - v^{n-1}}{i},$$

所以

$$1 + a_{\overline{n-1}|} = \frac{i + 1 - v^{n-1}}{i} = \frac{1 - \dfrac{v^{n-1}}{1 + i}}{\dfrac{i}{1 + i}} = \frac{1 - v^n}{d} = \ddot{a}_{\overline{n}|}$$

亦即

$$1 + a_{\overline{n-1}|} = \ddot{a}_{\overline{n}|}$$

这个等式表明：$n$ 年期初付年金的现值 $\ddot{a}_{\overline{n}|}$，可视为 $(n - 1)$ 年期末付年金的现值 $a_{\overline{n-1}|}$ 与1的 现值之和。

同理，可以证明 $\ddot{s}_{\overline{n}|} = (1 + i)s_{\overline{n}|}$ 和 $\ddot{s}_{\overline{n}|} = s_{\overline{n+1}|} - 1$。

例 3.6　某人希望通过一项基金在2020年6月30日累积10 000元，为实现该愿望，计划从2009年7月1日开始，每年年初存入一笔基金相等的金额。如果基金赚得年实际利息率为4%，那么该人每年年初存入金额为多少？

解：假定该人每年年初存入基金相等的金额为 $R$ 元，那么据题意有

$$R\ddot{s}_{\overline{11}|} = 10\ 000$$

$$R = \frac{10\ 000}{\ddot{s}_{\overline{11}|4\%}} = \frac{10\ 000}{s_{\overline{12}|} - 1} \approx \frac{10\ 000}{15.025\ 805 - 1} \approx 712.97(\text{元})$$

例 3.7　已知 $\ddot{s}_{\overline{10}|} = 12.5$，求 $s_{\overline{11}|}$ 的值。

解：根据关系式 $\ddot{s}_{\overline{n}|} = s_{\overline{n+1}|} - 1$ 可以得到

$$s_{\overline{11}|} = \ddot{s}_{\overline{10}|} + 1 = 13.5$$

### 3.1.4　年金在任意日期的值

以上考察的期末付年金与期初付年金主要解决了它们在年金期期初和期末的现值与终值问题。但是，有关确定年金的计算，仅限于此是不够的。下面将进一步研究确定年金在不同时刻的年金值的计算，如：

(1) 年金在第一次支付前若干年的值；

(2) 年金在最后一次支付后若干年的值；

(3) 年金在第一次支付与最后一次支付之间某个时点的值。

为通俗易懂起见，以下借助例题阐明年金在不同情况下的现值与终值计算的一般原理。

例 3.8　①你现在应存入银行多少钱，方可从第3年年末开始，直至第9年年末为止，每年取得20 000元？②若你从第3年年末开始，直至第9年年末为止，每年存入银行20 000元，则你在第12年年末可以一次性取到多少钱？③当条件与②相同时，年金在第5年年末的值为多少？本例计算所用年利息率均为5%。

解：根据题意

(1) 所求之值 $= 20\ 000a_{\overline{7}|5\%}v^2$

$= 20\ 000(a_{\overline{9}|5\%} - a_{\overline{2}|5\%}) \approx 104\ 968.22(\text{元})$

(2) 所求之值 $= 20\ 000s_{\overline{7}|5\%}(1+5\%)^3$

$= 20\ 000(s_{\overline{10}|5\%} - s_{\overline{3}|5\%}) \approx 188\ 507.85(\text{元})$

(3) 所求之值 $= 20\ 000s_{\overline{3}|5\%} + 20\ 000a_{\overline{4}|5\%} = 20\ 000a_{\overline{7}|5\%}(1+5\%)^3$

$= 20\ 000s_{\overline{7}|5\%}v^4 \approx 133\ 969.01(\text{元})$

说明：读者也可思考如何用期初付年金进行处理。

结合本例的思路和方法，我们将其总结为更一般的情形：

(1) 延付 $m$ 年的给付额为1的 $n$ 年期末付年金，其现值记作 ${}_{m|}a_{\overline{n}|}$，那么

$${}_{m|}a_{\overline{n}|} = v^m a_{\overline{n}|} = a_{\overline{m+n}|} - a_{\overline{m}|} \tag{3.14}$$

(2) 延付 $m$ 年的给付额为1的 $n$ 年期初付年金，其现值记作 ${}_{m|}\ddot{a}_{\overline{n}|}$，而且

$${}_{m|}\ddot{a}_{\overline{n}|} = v^m \ddot{a}_{\overline{n}|} = \ddot{a}_{\overline{m+n}|} - \ddot{a}_{\overline{m}|} \tag{3.15}$$

### 3.1.5 永久年金

给付的期限无限延续的年金,或给付延续到永远的年金,称为永久年金。永久年金的期限是不确定的。我们凭直觉感到似乎这种年金并不存在,即使存在也不普遍。但是,不普遍存在的永久年金并不等于不存在。如未附偿还条件的优先股的红利,其实质就是一种永久年金。当然,研究永久年金更主要的是理论研究的需要。

年给付额为1的期末付永久年金的现值,记作 $a_{\overline{\infty}|}$,若 $i>0$,则

$$a_{\overline{\infty}|}=v+v^2+\cdots=\frac{v}{1-v}=\frac{1}{i} \tag{3.16}$$

或者

$$a_{\overline{\infty}|}=\lim_{n\to\infty}a_{\overline{n}|}=\lim_{n\to\infty}\frac{1-v^n}{i}=\frac{1}{i}$$

年给付额为1的期初付永久年金的现值,记作 $\ddot{a}_{\overline{\infty}|}$,若 $i>0$,则

$$\ddot{a}_{\overline{\infty}|}=1+v+v^2+\cdots=\frac{1}{1-v}=\frac{1}{d} \tag{3.17}$$

或者

$$\ddot{a}_{\overline{\infty}|}=\lim_{n\to\infty}\ddot{a}_{\overline{n}|}=\lim_{n\to\infty}\frac{1-v^n}{d}=\frac{1}{d}$$



## 3.2 年金给付期不等于利息结算期的确定年金

### 3.2.1 年金给付期大于利息结算期的确定年金

年金给付期大于利息结算期的确定年金也可描述为年金支付次数比利息结算次数少的确定年金。

假定有这样的确定年金:年金总的支付期为 $n$,$n$ 由利息结算期度量。进一步假定每一个年金给付期内包含整数个利息结算期,用 $K$ 表示一个年金给付期内利息结算的次数,$i$ 代表每一个利息结算期内的利息率,年金每次的给付额为1。

以下具体就期末付年金和期初付年金两种情形进行讨论:

(1) 期末付年金

满足上述条件的期末付年金的现值和终值,分别用 $(PV)_I$ 和 $(AV)_I$ 表示,那么

$$(PV)_I=v^K+v^{2K}+\cdots+v^{\frac{n}{K}\cdot K}=v^K\cdot\frac{1-v^n}{1-v^K}$$

$$=\frac{1-v^n}{(1+i)^K-1}=\frac{a_{\overline{n}|}}{s_{\overline{K}|}} \tag{3.18}$$

$$(AV)_I=(1+i)^n(PV)=(1+i)^n\cdot\frac{a_{\overline{n}|}}{s_{\overline{K}|}}=\frac{s_{\overline{n}|}}{s_{\overline{K}|}} \tag{3.19}$$

关于上述 $(PV)_I$ 和 $(AV)_I$ 的结论,也可以从另一个角度加以分析而得出。

由于每 $K$ 个利息结算期期末支付 1，将 1 分解为每个利息结算期期末支付一次，且每次的支付额为$\frac{1}{s_{\overline{K}|}}$，于是整个年金转化为年金给付期等于利息结算期的确定年金。所求年金的现值$(PV)_I$和终值$(AV)_I$便是每期给付额为$\frac{1}{s_{\overline{K}|}}$而支付期为 $n$ 的期末付确定年金的现值和终值。

$$(PV)_I = \left(\frac{1}{s_{\overline{K}|}}\right) \cdot a_{\overline{n}|} = \frac{a_{\overline{n}|}}{s_{\overline{K}|}}$$

$$(AV)_I = \left(\frac{1}{s_{\overline{K}|}}\right) \cdot s_{\overline{n}|} = \frac{s_{\overline{n}|}}{s_{\overline{K}|}}$$

(2) 期初付年金

除年金额于每 $K$ 个利息结算期期初支付 1 以外，其余条件和符号约定与上述期末付年金完全相同。用类似的方法，可以求出满足上述条件的期初付年金的现值$(PV)_D$和终值$(AV)_D$：

$$(PV)_D = \frac{a_{\overline{n}|}}{a_{\overline{K}|}} \tag{3.20}$$

$$(AV)_D = \frac{s_{\overline{n}|}}{a_{\overline{K}|}} \tag{3.21}$$

思考：式(3.18)至式(3.21)的右边可否用期初付年金表示？

例 3.9　已知某种 12 年期的确定年金，每四个月于月末支付 20 000 元，月利息率为 2%，求这种年金在 12 年年金期期初的前三年的值。

解 1：依题意，对于已知的期末付确定年金，其利息结算期小于年金给付期，而且

$$n = 12 \times 12 = 144, K = 4, i = 2\%$$

如果所求值设为 PV，那么 PV 可决定如下：

$$PV = \left(\frac{20\ 000a_{\overline{n}|}}{s_{\overline{K}|}}\right)v^{36} = \frac{20\ 000a_{\overline{144}|2\%}}{s_{\overline{4}|2\%}}v^{36} \approx 112\ 070.64(\text{元})$$

解 2：本题也可以按如下方法求得：

$$PV = 20\ 000\frac{a_{\overline{180}|2\%}}{s_{\overline{4}|2\%}} - 20\ 000\frac{a_{\overline{36}|2\%}}{s_{\overline{4}|2\%}} \approx 112\ 070.64(\text{元})$$

解 3：根据年金现值的定义，所求现值 PV 可由下式得到：

$$PV = 20\ 000(v^{40} + v^{44} + \cdots + v^{180}) = 20\ 000v^{40}\frac{1-(v^4)^{36}}{1-v^4}$$

$$= 20\ 000 \cdot \frac{v^{40} - v^{184}}{1-v^4} = 20\ 000 \cdot \frac{a_{\overline{184}|2\%} - a_{\overline{40}|2\%}}{a_{\overline{4}|2\%}} \approx 112\ 070.64(\text{元})$$

### 3.2.2　年金给付期小于利息结算期的确定年金

年金给付期小于利息结算期的确定年金也可以描述为年金支付次数比利息结算次数多的确定年金。

约定：$n$ 代表由利息结算期度量的年金支付期；$i$ 代表每个利息结算期的利息率；

在每个利息结算期内的支付额为1,分期于 $m$ 次相等的时间间隔给付,每次的支付额为$\frac{1}{m}$。求这种期末付与期初付年金的现值和终值。以下分别予以讨论。

(1) 期末付年金

满足上述约定条件的期末付年金的现值和终值,分别用符号 $a_{\overline{n}|}^{(m)}$ 和 $s_{\overline{n}|}^{(m)}$ 表示。关于它们的表达式的推导可以有多种方法:

方法1:运用已知的每个利息结算期的利息率 $i$,令 $v=\frac{1}{1+i}$,则

$$a_{\overline{n}|}^{(m)}=\frac{1}{m}v^{\frac{1}{m}}+\frac{1}{m}v^{\frac{2}{m}}+\cdots+\frac{1}{m}v^{\frac{mn}{m}}=\frac{1}{m}v^{\frac{1}{m}}\cdot\frac{1-v^{n}}{1-v^{\frac{1}{m}}}$$

$$=\frac{1-v^{n}}{m\left[(1+i)^{\frac{1}{m}}-1\right]}=\frac{1-v^{n}}{i^{(m)}} \tag{3.22}$$

$$s_{\overline{n}|}^{(m)}=(1+i)^{n}a_{\overline{n}|}^{(m)}=\frac{(1+i)^{n}-1}{i^{(m)}} \tag{3.23}$$

方法2:将已知的每个利息结算期的利息率 $i$ 转化为每个$\frac{1}{m}$期间的利息率,以使年金给付期等于利息结算期。

令 $v'=\frac{1}{1+\frac{i^{(m)}}{m}}$,则

$$a_{\overline{n}|}^{(m)}=\frac{1}{m}v'+\frac{1}{m}v'^{2}+\cdots+\frac{1}{m}v'^{mn}$$

$$=\frac{1}{m}a_{\overline{mn}|i^{(m)}/m}=\frac{1}{m}\cdot\frac{1-\left(\frac{1}{1+\frac{i^{(m)}}{m}}\right)^{mn}}{\frac{i^{(m)}}{m}}=\frac{1-v^{n}}{i^{(m)}}$$

$$s_{\overline{n}|}^{(m)}=\frac{1}{m}s_{\overline{mn}|i^{(m)}/m}=\frac{(1+i)^{n}-1}{i^{(m)}} \tag{3.24}$$

(2) 期初付年金

满足基本约定的期初付年金的现值和终值分别用 $\ddot{a}_{\overline{n}|}^{(m)}$ 和 $\ddot{s}_{\overline{n}|}^{(m)}$ 表示。

用类似于推导 $a_{\overline{n}|}^{(m)}$ 和 $s_{\overline{n}|}^{(m)}$ 的方法可以推导得出 $\ddot{a}_{\overline{n}|}^{(m)}$ 和 $\ddot{s}_{\overline{n}|}^{(m)}$ 具有如下关系式:

$$\ddot{a}_{\overline{n}|}^{(m)}=\frac{1-v^{n}}{d^{(m)}} \tag{3.25}$$

$$\ddot{s}_{\overline{n}|}^{(m)}=\frac{(1+i)^{n}-1}{d^{(m)}} \tag{3.26}$$

(3) 期末付年金与期初付年金的现值或终值之间的相互关系

对此,常用的几组关系是

①
$$\ddot{a}_{\overline{n}|}^{(m)}=(1+i)^{\frac{1}{m}}a_{\overline{n}|}^{(m)} \tag{3.27}$$
$$\ddot{s}_{\overline{n}|}^{(m)}=(1+i)^{\frac{1}{m}}s_{\overline{n}|}^{(m)} \tag{3.28}$$

$$②\begin{cases} \ddot{a}_{\overline{n}|}^{(m)} = \dfrac{1}{m} + a_{\overline{n-\frac{1}{m}}|}^{(m)} & (3.29) \\ \ddot{s}_{\overline{n}|}^{(m)} = s_{\overline{n+\frac{1}{m}}|}^{(m)} - \dfrac{1}{m} & (3.30) \end{cases}$$

$$③\begin{cases} a_{\overline{n}|}^{(m)} = \dfrac{i}{i^{(m)}} a_{\overline{n}|} = s_{\overline{1}|}^{(m)} a_{\overline{n}|} & (3.31) \\ s_{\overline{n}|}^{(m)} = \dfrac{i}{i^{(m)}} s_{\overline{n}|} = s_{\overline{1}|}^{(m)} s_{\overline{n}|} & (3.32) \end{cases}$$

$$④\begin{cases} \ddot{a}_{\overline{n}|}^{(m)} = \dfrac{d}{d^{(m)}} \ddot{a}_{\overline{n}|} = \ddot{a}_{\overline{1}|}^{(m)} \ddot{a}_{\overline{n}|} & (3.33) \\ \ddot{s}_{\overline{n}|}^{(m)} = \dfrac{d}{d^{(m)}} \ddot{s}_{\overline{n}|} = \ddot{a}_{\overline{1}|}^{(m)} \ddot{s}_{\overline{n}|} & (3.34) \end{cases}$$

例 3.10 ① 对于某种年支付额 24 000 元分期于每月月末收付一次相等的金额，且支付期为 10 年的确定年金，已知年实际利息率 5%，那么该年金的现值是多少？② 其余条件与 ① 相同，只是年利息率为 5%，每季结算一次，那么该年金的现值又该是多少？

解：(1) 所求年金现值可直接运用公式，即

$$24\,000 a_{\overline{10}|5\%}^{(12)} = 24\,000 s_{\overline{1}|5\%}^{(12)} a_{\overline{10}|5\%} \approx 189\,530.36(\text{元})$$

(2) 因为年利息率为 5%，每季结算一次，所以每季的实际利息率为 $\dfrac{5\%}{4} = 1.25\%$，且每季总的给付额为 $\dfrac{1}{4} \times 24\,000 = 6\,000$(元)，从而所求现值为

$$6\,000 a_{\overline{40}|1.25\%}^{(3)} = 6\,000 \frac{1-(1+1.25\%)^{-40}}{3[(1+1.25\%)^{\frac{1}{3}}-1]} \approx 188\,742.61(\text{元})$$

例 3.11 从 2015 年 7 月 1 日起直至 2025 年 6 月 1 日止，包括 2025 年 6 月 1 日在内，每月提供 2 000 元。如果年实际利息率为 5%，那么所有给付额在 2015 年 6 月 1 日的现值以及在 2010 年 7 月 1 日的现值各为多少？

解：依题意，所求答案如下：

(1) $$24\,000 a_{\overline{10}|5\%}^{(12)} = 24\,000 a_{\overline{10}|5\%} \frac{i}{i^{(12)}} \approx 189\,530.36(\text{元})$$

上式中，$i = 5\%$，$i^{(12)} = 12[(1+i)^{\frac{1}{12}}-1] \approx 0.048\,889$。

(2) $$24\,000(\ddot{a}_{\overline{15}|5\%}^{(12)} - \ddot{a}_{\overline{5}|5\%}^{(12)}) = 24\,000(a_{\overline{15}|5\%} - a_{\overline{5}|5\%}) \frac{i}{d^{(12)}} \approx 149\,108.05(\text{元})$$

上式中，$i = 5\%$，$d^{(12)} = 12[1-(1+i)^{-\frac{1}{12}}] \approx 0.048\,691$。

例 3.12 试证：$\ddot{s}_{\overline{1}|i}^{(m)} = (1+i)^{\frac{1}{m}} s_{\overline{1}|i}^{(m)} = \dfrac{i}{m} + s_{\overline{1}|i}^{(m)}$。

证明：因为

$$\left(1+\frac{i^{(m)}}{m}\right)^m = \left(1-\frac{d^{(m)}}{m}\right)^{-m}$$

亦即

$$(1+\frac{i^{(m)}}{m})^m \cdot (1-\frac{d^{(m)}}{m})^m = 1$$

所以

$$\frac{i^{(m)}}{m} - \frac{d^{(m)}}{m} = \frac{i^{(m)}}{m} \cdot \frac{d^{(m)}}{m}$$

据此不难得出 $i^{(m)} = (1+i)^{\frac{1}{m}} d^{(m)}$,因此

$$\ddot{s}_{\overline{1}|i}^{(m)} = \frac{i}{d^{(m)}} = (1+i)^{\frac{1}{m}} \cdot \frac{i}{d^{(m)} \cdot (1+i)^{\frac{1}{m}}}$$

$$= (1+i)^{\frac{1}{m}} \cdot \frac{i}{i^{(m)}} = (1+i)^{\frac{1}{m}} \cdot s_{\overline{1}|i}^{(m)}$$

进一步,

$$\ddot{s}_{\overline{1}|i}^{(m)} = (1+i)^{\frac{1}{m}} s_{\overline{1}|i}^{(m)} = (1+i)^{\frac{1}{m}} \cdot \frac{i}{i^{(m)}}$$

$$= (1+i)^{\frac{1}{m}} \cdot \frac{i}{m[(1+i)^{\frac{1}{m}} - 1]} = \frac{i(1+i)^{\frac{1}{m}} - i + i}{m[(1+i)^{\frac{1}{m}} - 1]}$$

$$= \frac{i(1+i)^{\frac{1}{m}} - i}{m[(1+i)^{\frac{1}{m}} - 1]} + \frac{i}{m[(1+i)^{\frac{1}{m}} - 1]}$$

$$= \frac{i}{m} + \frac{i}{i^{(m)}} = \frac{i}{m} + s_{\overline{1}|i}^{(m)}$$



## 3.3 连续确定年金

连续确定年金作为年金给付期小于利息结算期的确定年金的一种特殊形式,其现值和终值可以借助确定年金给付频数趋于无穷大而求得。连续年金的含义是连续地支付。

若用 $\bar{a}_{\overline{n}|}$ 表示在 $n$ 个利息结算期内连续地给付,且在每个利息结算期内总的给付额为 1 的连续年金的现值,则

$$\bar{a}_{\overline{n}|} = \lim_{m\to\infty} a_{\overline{n}|}^{(m)} = \lim_{m\to\infty} \ddot{a}_{\overline{n}|}^{(m)} = \frac{1-v^n}{\delta} = \int_0^n v^t \mathrm{d}t \tag{3.35}$$

与 $\bar{a}_{\overline{n}|}$ 相对应的连续年金的终值记作 $\bar{s}_{\overline{n}|}$,则

$$\bar{s}_{\overline{n}|} = \lim_{m\to\infty} s_{\overline{n}|}^{(m)} = \lim_{m\to\infty} \ddot{s}_{\overline{n}|}^{(m)} = \frac{(1+i)^n - 1}{\delta} \tag{3.36}$$

连续年金有如下关系式:

$$\bar{a}_{\overline{n}|} = \frac{1-v^n}{\delta} = \frac{i}{\delta} \cdot \frac{1-v^n}{i} = \frac{i}{\delta} a_{\overline{n}|} = \bar{s}_{\overline{1}|} a_{\overline{n}|} \tag{3.37}$$

$$\bar{s}_{\overline{n}|} = \frac{(1+i)^n - 1}{\delta} = \frac{i}{\delta} \cdot \frac{(1+i)^n - 1}{i} = \frac{i}{\delta} s_{\overline{n}|} = \bar{s}_{\overline{1}|} s_{\overline{n}|} \tag{3.38}$$

虽然在实际中连续年金并不常见,但是在理论上连续年金有重要的研究价值。而

且，对于实际中给付频数很大的确定年金，连续年金往往可以作为它的近似值。进一步，从连续年金与其他年金的关系中还可发现：连续年金的计算可转化为 $a_{\overline{n|}}$ 和 $s_{\overline{n|}}$，这些函数可通过直接查找利息表而获得，从而使整个运算得到极大简化。

请读者思考：连续年金现值与终值是否可用 $\ddot{a}_{\overline{n|}}$、$\ddot{s}_{\overline{n|}}$ 表示？

例 3.13　求$\frac{\mathrm{d}}{\mathrm{d}n}\bar{s}_{\overline{n|}}$的表达式。

解：
$$\frac{\mathrm{d}}{\mathrm{d}n}\bar{s}_{\overline{n|}} = \frac{\mathrm{d}}{\mathrm{d}n}\lim_{m\to\infty} s_{\overline{n|}}^{(m)} = \frac{\mathrm{d}}{\mathrm{d}n}\int_0^n (1+i)^t \mathrm{d}t$$
$$= (1+i)^n = 1 + \delta\bar{s}_{\overline{n|}}$$

## 3.4　变动确定年金

本节之前研究的确定年金有一个明显的特征，就是年金的给付额是一个固定量或水平量。然而，实际生活中，年金的给付额并非只是水平的，也会遇到给付额变动的情形。鉴于此，本节将研究年金给付额变动的确定年金的现值和终值的计算。为方便起见，侧重考察年金给付期等于利息结算期，且给付额呈等差数列或等比数列变动的确定年金。

### 3.4.1　一般变动确定年金

一般变动确定年金的现值和终值的计算，均可从概念出发，将各次给付额折现或累积到相应的时点上，这种方法通称"折现法"或"累积法"。此外，也可以将一般变动年金所求现值或终值转化为水平给付确定年金现值或终值的一定组合。

例 3.14　某种五年期确定年金，第一年年末的给付额为 1 000 元，第二年年末至第五年年末的给付额分别为 500 元、300 元、800 元和 2 000 元。已知年利息率为 4%，求该年金的现值和终值。

解：设该年金的现值和终值分别记作 PV 和 AV。

运用"折现法"：

$$PV = 1\,000v + 500v^2 + 300v^3 + 800v^4 + 2\,000v^5 \approx 4\,018.21(\text{元})$$

运用"累积法"：

$$AV = 2\,000 + 800(1+4\%) + 300(1+4\%)^2 + 500(1+4\%)^3 + 1\,000(1+4\%)^4 \approx 4\,888.77(\text{元})$$

例 3.15　某种八年期期末确定年金，第一年至第三年的每年年末的给付额分别是 3 000 元；第四年至第六年的每年年末的给付额为 4 000 元；第七年年末和第八年年末的给付额都是 2 000 元。已知年利息率是 5%，求这一年金的现值和终值。

解：不难发现，该年金的现值可以转化为以前熟悉的现值之和，即

$$2\,000a_{\overline{8|}} + 2\,000a_{\overline{6|}} - 1\,000a_{\overline{3|}} \approx 20\,354.56(\text{元})$$

或者

$$2\ 000a_{\overline{8}|}+1\ 000a_{\overline{6}|}+1\ 000\ {}_{3|}a_{\overline{3}|}\approx 20\ 354.56(\text{元})$$

同理,该年金的终值为

$$3\ 000s_{\overline{8}|}+1\ 000s_{\overline{5}|}-2\ 000s_{\overline{2}|}\approx 30\ 072.96(\text{元})$$

或者

$$2\ 000s_{\overline{8}|}+1\ 000s_{\overline{6}|}(1+5\%)^2+1\ 000s_{\overline{3}|}(1+5\%)^2\approx 30\ 072.96(\text{元})$$

### 3.4.2 给付额呈等差数列变化的确定年金

(1) 期末付年金

情形一:给付额呈递增的确定年金。

考察这样的确定年金:年金支付期为 $n$ 年,第一年年末支付 1,第二年年末支付 2,以后每年年末给付额在上一年基础上递增 1,直至第 $n$ 年年末支付 $n$。假定年利息率为 $i$。求该年金的现值和终值。

上述年金的现值和终值,分别记作 $(Ia)_{\overline{n}|}$ 和 $(Is)_{\overline{n}|}$。关于 $(Ia)_{\overline{n}|}$ 和 $(Is)_{\overline{n}|}$ 的表达式,可以用多种方式推出,以下是其中的一种方式:

$$\begin{aligned}(Ia)_{\overline{n}|} &= a_{\overline{n}|}+{}_{1|}a_{\overline{n-1}|}+{}_{2|}a_{\overline{n-2}|}+\cdots+{}_{n-1|}a_{\overline{1}|}\\ &= a_{\overline{n}|}+(a_{\overline{n}|}-a_{\overline{1}|})+(a_{\overline{n}|}-a_{\overline{2}|})+\cdots+(a_{\overline{n}|}-a_{\overline{n-1}|})\\ &= na_{\overline{n}|}-\frac{(n-1)-a_{\overline{n-1}|}}{i}\\ &= \frac{a_{\overline{n-1}|}-nv^n+1}{i}\\ &= \frac{\ddot{a}_{\overline{n}|}-nv^n}{i}\end{aligned} \tag{3.39}$$

$$\begin{aligned}(Is)_{\overline{n}|} &= (1+i)^n(Ia)_{\overline{n}|}\\ &= \frac{\ddot{s}_{\overline{n}|}-n}{i}\end{aligned} \tag{3.40}$$

情形二:给付额呈递减的确定年金。

考察这样的确定年金:第一年年末给付 $n$,第二年年末给付 $n-1$,每年年末给付额在上一年的基础上递减 1,直至第 $n$ 年年末给付 1 为止。假定年利息率为 $i$,求该年金的现值和终值。

分别用符号 $(Da)_{\overline{n}|}$ 和 $(Ds)_{\overline{n}|}$ 表示上述年金的现值和终值,那么,

$$(Da)_{\overline{n}|}=a_{\overline{n}|}+a_{\overline{n-1}|}+\cdots+a_{\overline{1}|}=\frac{n-a_{\overline{n}|}}{i} \tag{3.41}$$

$$(Ds)_{\overline{n}|}=(1+i)^n(Da)_{\overline{n}|}=\frac{n(1+i)^n-s_{\overline{n}|}}{i} \tag{3.42}$$

(2) 期初付年金

除此处讨论的期初付年金外,其余假定与上述期末付确定年金的假定相同。现用符号 $(I\ddot{a})_{\overline{n}|}$ 和 $(I\ddot{s})_{\overline{n}|}$ 分别表示期初付递增年金的现值和终值,用符号 $(D\ddot{a})_{\overline{n}|}$ 和 $(D\ddot{s})_{\overline{n}|}$

分别表示期初付递减年金的现值和终值。可以证明相应的现值和终值如下：

$$\begin{cases}(I\ddot{a})_{\overline{n}|} = \dfrac{\ddot{a}_{\overline{n}|} - nv^n}{d} & (3.43)\\[2ex] (I\ddot{s})_{\overline{n}|} = \dfrac{\ddot{s}_{\overline{n}|} - n}{d} & (3.44)\end{cases}$$

$$\begin{cases}(D\ddot{a})_{\overline{n}|} = \dfrac{n - a_{\overline{n}|}}{d} & (3.45)\\[2ex] (D\ddot{s})_{\overline{n}|} = \dfrac{n(1+i)^n - s_{\overline{n}|}}{d} & (3.46)\end{cases}$$

例 3.16　现有一种永久年金，前 $n$ 年内每年年末的给付额分别为 1,2,…,$n$。$n$ 年以后的每年年末的给付额为 $n$。求这种年金的现值。

解：该年金可以看成 $n$ 年递增定期年金与水平给付的延期永久年金的一种组合，所以要求的现值为

$$(Ia)_{\overline{n}|} + n^n \cdot {}_{n|}a_{\overline{\infty}|} = (Ia)_{\overline{n}|} + v^n \cdot \frac{n}{i} = \frac{\ddot{a}_{\overline{n}|}}{i}$$

例 3.17　某年金在第一年年初付款 1 000 元，第二年年初付款 1 100 元，以后每年给付额比上年均增加 100 元，总付款次数为 10 次，假设年实际利息率为 5%，求该年金的现值。

解：所求年金的现值为

$$900\ddot{a}_{\overline{10}|} + 100\,(I\ddot{a})_{\overline{10}|} \approx 11\,431.29(\text{元})$$

例 3.18　现有这样的一种递减确定年金，第一年年末给付额为 10 000 元，第二年年末给付额为 9 900 元，以后每年年末给付额较上年给付额递减 100 元，直至给付额为 1 000 元止。试写出这一年金的现值符号表达式。若年利息率为 5%，试求该年金的现值。

解：依题意，该递减年金最后一次给付额 1 000 元，对应于第 91 年年末，因而可将该年金分解为每年年末的给付额 1 000 元的 91 年期末付确定年金与余下的给付额形成的 90 年期末付递减确定年金：第一年年末给付额为 9 000 元，以后每年年末递减 100，直至第 90 年年末给付额为 100 元止。所以要求的年金现值为

$$1\,000a_{\overline{91}|} + (Da)_{\overline{90}|} \approx 160\,259.54(\text{元})$$

### 3.4.3　给付额呈等比数列变动的确定年金

考察如下 $n$ 年期期末付确定年金：第一年年末给付额为 1，以后每年年末按公比 $(1+j)$ 呈等比数列变动。假设年利息率为 $i$，那么该年金的现值和终值各为多少？

该年金的现值为

$$\text{PV} = \frac{1 - \left(\dfrac{1+j}{1+i}\right)^n}{i - j} \tag{3.47}$$

该年金的终值为

$$AV = (1+i)^n \cdot \frac{1-\left(\frac{1+j}{1+i}\right)^n}{i-j} = \frac{(1+i)^n-(1+j)^n}{i-j} \tag{3.48}$$

类似地,可以获得期初付、给付额呈等比数列变动的确定年金的现值和终值。

例 3.19　某人从银行贷款 1 000 000 元,分 10 年偿还,年利息率为 6%,每年年末的还款额是前一年的 1.1 倍,那么第一年年末应还款多少元?

解:设第一年年末还款 $X$ 元,则

$$1\ 000\ 000 = X[v + (1.1)v^2 + (1.1)^2v^3 + \cdots + (1.1)^9v^{10}]$$

解得

$$X \approx 89\ 219.55(\text{元})$$

例 3.20　已知某种十年期递增确定年金,其第一年年末的给付额为 1 000 元,以后每年年末的给付额较前一年年末的给付额多 2%,年利息率为 5%,求该年金的现值。

解:这是一个给付额呈等比数列变动的期末付确定年金,其现值由如下公式决定:

$$1\ 000\frac{1-\left(\frac{1+j}{1+i}\right)^n}{i-j} = 1\ 000\frac{1-\left(\frac{1+2\%}{1+5\%}\right)^{10}}{5\%-2\%} \approx 8\ 388.11(\text{元})$$

## 习题 3



3-1　某人向银行贷款 10 万元,每月月末等额本利还款 1 次,计划 5 年还清,已知该贷款每年计息 12 次的年名义利率为 5.04%,问每月还款额为多少元?

3-2　一台新电视的现价为 15 000 元。某顾客想以每月计息一次、6% 的年利息率分期付款购买该台电视。若她在 4 年内每月月末付款 250 元,问首付款需要多少?

3-3　某 20 年确定年金,每月月初支付 10 000 元,年利息率为 12%,求如下三种情况下该年金的现值:① 每月计息一次;② 每季计息一次;③ 每年计息一次。

3-4　王强从银行贷款 100 000 元,计划从借款后的第七个月开始于每月月末等额还款。若银行规定需在借款后三年内还清本息,设年利息率为 6%,求每月还款额。

3-5　某延期 5 年且连续变化的年金共付款 6 年,在时刻 $t$ 的年付款率为 $(t+1)^2$,在时刻 $t$ 的利息力为 $(1+t)^{-1}$,求该年金的现值。

3-6　某人从 25 岁起,于每年年末存入 10 000 元,以 60 岁作为退休年龄。假设年利息率为 6%,预计领取 20 年,问退休后每年年初可领取多少元养老金?(假设此人能领取最后一笔养老金。)

3-7　有一项 10 年期确定年金,它在前 5 年内每季度之初付款 400 元,以后增加到每季度之初付款 600 元。假定年实际利息率为 12%,试确定此年金的现值,算到元为止。

3-8 判断下列式子的正误，并改正错误以及不完全的等式或句子。

(1) $(Ds)_{\overline{n}|} = \dfrac{n(1+i)^n - s_{\overline{n}|}}{i}$；

(2) $\ddot{s}^{(m)}_{\overline{n}|} = s^{(m)}_{\overline{n-\frac{1}{m}}|} + \dfrac{1}{m}$；

(3) $\ddot{s}^{(m)}_{\overline{1}|} = \dfrac{i}{m} + s^{(m)}_{\overline{1}|}$；

(4) $\bar{a}_{\overline{n}|} = \dfrac{1-e^{-n\delta}}{\delta}$。

3-9 小王每半年年末向某基金存入10 000元，假设每年计息4次的年名义利息率为6%，存期10年，问第10年年末那次款项存入后即刻的积累值为多少元？

3-10 有这样一种年金：3年延期，20年给付期，每季度初给付1 800元，年结转12次利息，年名义利息率为12%。请计算这种年金的购买价格。

3-11 某年金第一年年初支付10 000元，以后每两年增加1 000元，至20 000元时止，即每两年给付1次；然后，每年比上一年减少1 000元，至10 000元时止。已知前20年的年利息率为4%，后10年的年利息率为5%，求该年金的现值。

3-12 某10年期的确定年金在前4年的每年年初可以领取20 000元；后6年的每月月初可领取2 000元。已知前4年的年利息率为4%，后6年年计息4次的年名义利息率为6%，求该年金的现值。

3-13 小李在每年年初存入2万元，共存10次，前6年的年利息率为6%，后4年年计息4次的年名义利息率为4%，求第10年年末能提取的款项。若要达到同样的效果(获得相同的终值)，在年利息率为5% 的条件下，每年年初应存入多少钱？

3-14 一项年金提供20笔年末付款，一年以后的第一次付款为1 000元，以后每年付款额比上一年多5%，已知年实际利息率为7%，求该年金的现值。

3-15 某10年期年金的支付按月进行，第一个月月末支付1 000元，以后每月支付比上一月增加1%，假设半年度转换的年利率为5%，求该年金的现值。

# 4 生命函数

生命表,又称死亡表,指某一个数目的0岁的人所组成的集合,在自0岁起一直到生存人数成为0亦即所观察人群全部死亡为止的这个期间,以统计数字表明其每年死亡、生存状态的表。生命表是寿险保险费和责任准备金等计算的基础。这就是说,在保险费厘定和责任准备金测定时,一般以现有的生命表为基础来计算它们的值。

生命表是寿险精算的基础,更确切地说,生命表中记载的生存数、死亡数、生存率、死亡率及平均余命等都是寿险精算的基础。而生命表栏目中的生存数、死亡数、生存率、死亡率及平均余命等,依赖于构建生命表的原始生存数,即0岁的人数与各年龄人群死亡率。换言之,原始生存人数和各年龄死亡率,才是所有生命函数的核心,其他函数均由它们派生而来。像这样的以构成生命表的生存数为基础而推演出来的各种函数,统称生命函数。本章将研究生命函数的意义及其计算,阐述生命表的构成原理及其基本运用,为寿险精算做必要的准备。



## 4.1 基本随机变量

为了弄清生命函数的实质以及从数理角度予以分析,在此先引入与生命密切相关的几个随机变量。

(1) 个体寿命 $X$

个体寿命 $X$ 表示新出生的婴儿或0岁的人在死亡时的年龄。显然,$X$ 是一个连续型随机变量。假定它的分布函数用 $F(x)$ 表示,那么 $F(x) = \mathrm{P}(X \leqslant x, x \geqslant 0)$,这表明新出生的婴儿未能活过 $x$ 岁便发生死亡的概率。特别地,令 $S(x) = 1 - F(x) = 1 - \mathrm{P}(X \leqslant x) = \mathrm{P}(X > x)$,亦即新出生婴儿能够活过 $x$ 岁的概率。在寿险精算中,$S(x)$ 被称为关于 $x$ 的生存函数。

生存函数 $S(x)$ 有如下基本性质:

①$S(0) = 1$,即新出生婴儿能够活过0岁的概率为1,或新出生婴儿必然能够活过0岁。

$S(\infty) = 0$,即新出生婴儿不可能活到无穷大,或新出生婴儿永远生存是不可能的事件。

②$S(x)$ 是一个关于 $x$ 的递减函数。

③$S(x)$ 一般还是一个关于 $x$ 的连续函数。

综上所述,随机变量 $X$ 的分布既可以用 $F(x)$ 来表达,也可以用 $S(x)$ 来描述。进一步,

$$P(x_1 < X \leqslant x_2) = F(x_2) - F(x_1) = S(x_1) - S(x_2) \tag{4.1}$$

(2) 个体余命 $T(x)$

个体余命 $T(x)$ 表示年龄 $x$ 岁的人未来还能够生存的时间,或者年龄 $x$ 岁的人直到死亡时还能生存的时间。在不引起混淆的情况下,$T(x)$ 可简写为 $T$。同样,$T(x)$ 或 $T$ 是一个连续型随机变量。令 $G(t)$ 为 $T$ 的分布函数,$G(t) = P(T \leqslant t)$,它意指 $x$ 岁的人在未来 $t$ 年内死亡的概率。结合 $T$ 与 $X$ 的关系,$G(t)$ 既可以用 $F(x)$ 表示,也可以用 $S(x)$ 描述,其具体形式如下:

$$G(t) = P(T \leqslant t) = P(X - x \leqslant t \mid X > x) = \frac{P(x < X \leqslant x + t)}{P(X > x)}$$

$$= \frac{F(x + t) - F(x)}{1 - F(x)} = \frac{S(x) - S(x + t)}{S(x)} \tag{4.2}$$

(3) 取整余命 $K(x)$

取整余命 $K(x)$ 表示 $x$ 岁的人活到死亡时还能生存的整数年数。在不引起混淆的情况下,$K(x)$ 可缩写为 $K$。不难理解,$K(x)$ 或 $K$ 是一个离散型随机变量,其取值为 0,1,2,…。$K$ 与 $T$ 的关系是 $K = [T]$,即 $K$ 为不超过 $T$ 的最大整数。由此可见,$K$ 的概率分布可以转化为 $T$ 的分布来研究,进一步还可以转化为 $X$ 的分布来讨论。具体地,

$$P(K = k) = P(k \leqslant T < k + 1) = G(k + 1) - G(k)$$

$$= \frac{S(x) - S(x + k + 1)}{S(x)} - \frac{S(x) - S(x + k)}{S(x)}$$

$$= \frac{S(x + k) - S(x + k + 1)}{S(x)} \tag{4.3}$$



例 4.1　已知 $x$ 岁的人的生存函数 $S(x) = 1 - \frac{x}{100}(0 \leqslant x \leqslant 100)$,试计算:

(1) 年龄为 30 岁的人在 50 岁前死亡的概率;

(2) 年龄为 30 岁的人在 40 岁与 50 岁之间死亡的概率;

(3) 年龄为 30 岁的人在 49 岁与 50 岁之间死亡的概率。

解:(1)$P(T(30) \leqslant 20) = \frac{S(30) - S(50)}{S(30)} = \frac{0.7 - 0.5}{0.7} \approx 0.285\,7$

(2)$P(10 < T(30) \leqslant 20) = \frac{S(40) - S(50)}{S(30)} = \frac{0.6 - 0.5}{0.7} \approx 0.142\,9$

(3)$P(K(30) = 19) = \frac{S(49) - S(50)}{S(30)} = \frac{0.51 - 0.5}{0.7} \approx 0.014\,3$

例 4.2　已知 $S(x) = \sqrt{ax + b}(0 \leqslant x \leqslant k)$,且个体寿命 $X$ 的期望值为 50,求 $a$、$b$、$k$ 的值。

解:$\because S(x) = \sqrt{ax + b}(0 \leqslant x \leqslant k)$

$\therefore S(0) = \sqrt{b} = 1$

$$S(k) = \sqrt{ak + b} = 0$$

$$\therefore b = 1, a = -\frac{1}{k}$$

$$\because E(X) = \int_0^k S(x)\,dx$$

$$\therefore \int_0^k \sqrt{ax + b}\,dx = \frac{2}{3a}[(ak + b)^{\frac{3}{2}} - b^{\frac{3}{2}}] = 50$$

解得

$$k = 75$$

$$\therefore a = -\frac{1}{75}, b = 1, k = 75$$

## 4.2 基本生命函数

这里所说的基本生命函数,是指生命表中揭示的那些栏目所代表的函数。

通常,生命表揭示的主要栏目或基本生命函数如下:

(1) $l_x$:同时出生的一批 $l_0$ 人平均能活过 $x$ 岁的生存人数,即

$$l_x = l_0 P(X > x) = l_0 S(x) \tag{4.4}$$



(2) $d_x$:同时出生的一批 $l_0$ 人中在 $x$ 岁与 $x+1$ 岁间的平均死亡的人数,即

$$\begin{aligned} d_x &= l_0 P(x < X \leqslant x + 1) = l_0[P(X > x) - P(X > x + 1)] \\ &= l_0[S(x) - S(x + 1)] = l_x - l_{x+1} \end{aligned} \tag{4.5}$$

(3) $p_x$:$x$ 岁的人在未来一年内生存的概率或 $x$ 岁的人活过 $x+1$ 岁的概率,即

$$p_x = P(T > 1) = 1 - P(T \leqslant 1) = \frac{S(x + 1)}{S(x)} = \frac{l_{x+1}}{l_x} \tag{4.6}$$

(4) $q_x$:$x$ 岁的人在一年内死亡的概率或 $x$ 岁的人活不过 $x+1$ 岁的概率,即

$$q_x = P(T \leqslant 1) = \frac{S(x) - S(x + 1)}{S(x)} = 1 - \frac{l_{x+1}}{l_x} = 1 - p_x = \frac{d_x}{l_x} \tag{4.7}$$

显然,基本生命函数之间有如下关系:

$$l_{x+1} = l_x - d_x \tag{4.8}$$

$$p_x + q_x = 1 \tag{4.9}$$

(5) $L_x$:$x$ 岁的人在未来一年间平均生存的人年数。人年是表示人群存活时间的复合单位,一人年表示一个人存活了一年。$L_x$ 是指活到确切年龄 $x$ 岁的人群 $l_x$ 人在到达 $x+1$ 岁前平均存活的人年数。当死亡人数在每个年龄区间上均匀分布时,

$$L_x = \frac{l_x + l_{x+1}}{2} \tag{4.10}$$

(6) $T_x$:$x$ 岁的人群未来累计生存人年数。累计生存人年数表示存活到确切年龄 $x$ 岁的人群未来将存活的人年数总和,即

$$T_x = L_x + L_{x+1} + \cdots \tag{4.11}$$

例 4.3 已知 $S(x) = 1 - \frac{x}{100}, 0 \leqslant x \leqslant 100$，且 $l_0 = 10\,000$，求 $q_{20}$ 与 $d_{25}$ 的值。

解：$q_{20} = \frac{S(20) - S(21)}{S(20)} = \frac{80 - 79}{80} = \frac{1}{80}$

$$d_{25} = l_0[S(25) - S(26)] = 10\,000\left[\left(1 - \frac{25}{100}\right) - \left(1 - \frac{26}{100}\right)\right]$$

$$= 10\,000 \times \frac{1}{100} = 100$$

例 4.4 已知 $l_x = 10\,000 - x^2 (0 \leqslant x \leqslant 100)$，求 $L_{50}$、$T_{50}$（均匀分布假设下）。

解：$L_{50} = \frac{l_{50} + l_{51}}{2} = 7\,449.5$

$$T_{50} = \frac{l_{50} + l_{51}}{2} + \frac{l_{51} + l_{52}}{2} + \cdots + \frac{l_{99} + l_{100}}{2} = \frac{l_{50}}{2} + (l_{51} + \cdots + l_{99})$$

$$= 3\,750 + \left(490\,000 - \sum_{n=51}^{99} n^2\right) = 493\,750 - \left(\sum_{n=1}^{99} n^2 - \sum_{n=1}^{50} n^2\right)$$

$$= 493\,750 - \frac{99 \times (99+1) \times (2 \times 99 + 1) - 50 \times (50+1) \times (2 \times 50 + 1)}{6}$$

$$= 208\,325$$

值得注意的是，生命表中主要栏目所揭示的生命函数，仅针对整数年龄而言。也就是说，生命表揭示的只是相邻整数年龄对应的生死状态，不能直接用它来解决和说明实际中的大量问题。例如：20 岁的人在 5 年内死亡的概率；25 岁的人在 30 ~ 35 岁死亡的概率；30 岁的人在 5 年内死亡的人数；70 岁的人尚能存活半年的可能性大小；一群 50 岁的人在未来平均存活的时间，等等。这些问题的值，显然无法直接从生命表中查到，而这些问题又在现实中常见。因此，更为重要的是，除基本生命函数外，还有必要研究更为一般的生命函数。



## 4.3 一般正整数年龄生命函数

一般正整数年龄生命函数有如下几种：

（1）${}_tp_x$（$x$ 是年龄，$t$ 是正整数）

${}_tp_x$ 表示 $x$ 岁的人未来能够存活 $t$ 年的概率，表示为

$${}_tp_x = \mathrm{P}(T > t) \tag{4.12}$$

${}_tp_x$ 的计算可以借助生命表中的生存人数。事实上，

$${}_tp_x = \mathrm{P}(T > t) = \mathrm{P}(X - x > t \mid X > x)$$

$$= \frac{\mathrm{P}(X > x + t)}{\mathrm{P}(X > x)} = \frac{S(x+t)}{S(x)}$$

$$= \frac{l_0 S(x+t)}{l_0 S(x)} = \frac{l_{x+t}}{l_x} \tag{4.13}$$

特别地，

$${}_x p_0 = \mathrm{P}(T > x) = \mathrm{P}(X > x) = S(x) \tag{4.14}$$

(2) ${}_t q_x$($x$ 是年龄，$t$ 是正整数)

${}_t q_x$ 表示 $x$ 岁的人在未来的 $t$ 年内发生死亡的概率，表示为

$${}_t q_x = \mathrm{P}(T \leqslant t) = 1 - \mathrm{P}(T > t) = 1 - {}_t p_x$$

$$= 1 - \frac{l_{x+t}}{l_x} = \frac{l_x - l_{x+t}}{l_x} \tag{4.15}$$

(3) $\mu_x$($x$ 是年龄)

$\mu_x$ 表示 $x$ 岁时的死力，其含义是在活到 $x$ 岁的人当中，瞬间死亡的人所占的比率。通俗来讲，就是在 $x$ 岁这一时点每千人每年死亡人数。用严格的数学关系式来定义，即

$$\mu_x = -\frac{S'(x)}{S(x)} = -\frac{l'_x}{l_x} \tag{4.16}$$

死力又称死亡密度或者瞬间死亡率。它在寿险精算的理论研究中占有重要的地位。

据前述已知，$G(t) = \mathrm{P}(T \leqslant t)$ 是 $T$ 的分布函数。现假定 $g(t)$ 表示 $T$ 的概率密度函数，那么

$$g(t) = G'(t) = \frac{\mathrm{d}}{\mathrm{d}t}({}_t q_x)$$

$$= \frac{\mathrm{d}}{\mathrm{d}t}\left[1 - \frac{S(x+t)}{S(x)}\right]$$

$$= -\frac{S'(x+t)}{S(x)} = -\frac{S(x+t)}{S(x)} \cdot \frac{S'(x+t)}{S(x+t)} = {}_t p_x \mu_{x+t} \tag{4.17}$$

根据 $T$ 的概率密度函数，${}_t p_x$ 和 ${}_t q_x$ 可以表达如下：

$${}_t p_x = \int_t^{\infty} {}_s p_x \mu_{x+s} \mathrm{d}s \tag{4.18}$$

$${}_t q_x = \int_0^{t} {}_s p_x \mu_{x+s} \mathrm{d}s \tag{4.19}$$

根据 ${}_t p_x + {}_t q_x = 1$，进而得到结论：

$$\int_0^{\infty} {}_t p_x \mu_{x+t} \, \mathrm{d}t = 1$$

进一步，${}_t p_x$ 和 ${}_t q_x$ 还可以用死力来表达。

根据 $\mu_x$ 的定义：

$$\mu_x = -\frac{S'(x)}{S(x)} = -\frac{\mathrm{d}}{\mathrm{d}x}\ln S(x)$$

$$-\mu_x \mathrm{d}x = \mathrm{d}\ln S(x)$$

$$\int_0^x -\mu_t \mathrm{d}t = \int_0^x [\ln S(t)]' \mathrm{d}t = \ln S(x)$$

$$S(x) = \mathrm{e}^{-\int_0^x \mu_s \mathrm{d}s} \tag{4.20}$$

所以

$$ {}_tp_x = \frac{S(x+t)}{S(x)} = e^{-\int_x^{x+t}\mu_s ds} \overset{令 s=x+r}{=} e^{-\int_0^t \mu_{x+r} dr} \tag{4.21} $$

$$ {}_tq_x = 1 - {}_tp_x = 1 - e^{-\int_x^{x+t}\mu_s ds} \tag{4.22} $$

(4) ${}_td_x$($x$ 是年龄,$t$ 是正整数)

${}_td_x$ 表示0岁的人当中在 $x$ 岁与 $x+t$ 岁间发生死亡的平均人数,其概率表达式为

$$ {}_td_x = l_0 P(x < X \leqslant x+t) = l_0[P(X > x) - P(X > x+t)] \tag{4.23} $$

从这个等式出发可得

$$ \begin{aligned} {}_td_x &= l_x - l_{x+t} \\ &= (l_x - l_{x+1}) + (l_{x+1} - l_{x+2}) + \cdots + (l_{x+t-1} - l_{x+t}) \\ &= d_x + d_{x+1} + \cdots + d_{x+t-1} \end{aligned} \tag{4.24} $$

这就是说,$t$ 年内的死亡人数等于 $t$ 年内各年的死亡人数之和。

此外,因为

$$ \begin{aligned} l_x &= {}_td_x + l_{x+t} = {}_td_x + d_{x+t} + l_{x+t+1} \\ &= {}_td_x + d_{x+t} + d_{x+t+1} + l_{x+t+2} \\ &= \cdots \\ &= d_x + d_{x+1} + \cdots + d_{x+t} + d_{x+t+1} + \cdots \end{aligned} $$

一般情况下,当 $y$ 较大时,$l_y = 0$。在生命函数中通常约定终极年龄 $\omega$ 对应的 $l_\omega = 0$。

因此,

$$ l_x = d_x + d_{x+1} + \cdots + d_{\omega-1} \tag{4.25} $$

例 4.5　证明:$\frac{d}{dt}({}_tp_x) = -{}_tp_x \mu_{x+t}$。

证明:$\frac{d}{dt}({}_tp_x) = \frac{d}{dt}\left(\frac{l_{x+t}}{l_x}\right) = \frac{l'_{x+t}}{l_x} = \frac{l_{x+t}}{l_x} \cdot \frac{l'_{x+t}}{l_{x+t}} = -{}_tp_x \mu_{x+t}$

例 4.6　证明:${}_nd_x = \int_0^n l_{x+t}\mu_{x+t} dt$。

证明:

$$ \begin{aligned} \int_0^n l_{x+t}\mu_{x+t} dt &= l_x \int_0^n {}_tp_x \mu_{x+t} dt \\ &= l_x \int_0^n d(-{}_tp_x) = l_x(-{}_tp_x) \Big|_0^n \\ &= l_x(1 - {}_np_x) = l_x\,{}_nq_x = {}_nd_x \end{aligned} $$

例 4.7　①求年龄20岁的人,在25～30岁死亡的概率。以CL1(2010—2013)2.5%为计算基础。②推导这类概率的一般表达式。

解:①设所求概率为 $P$,则

$$ \begin{aligned} P &= P(5 < T(20) \leqslant 10) = P(T(20) \leqslant 10) - P(T(20) \leqslant 5) \\ &= {}_{10}q_{20} - {}_5q_{20} = {}_5p_{20} - {}_{10}p_{20} \\ &= {}_5p_{20} \cdot {}_5q_{25} \approx 0.003\,382 \end{aligned} $$

②现年 $x$ 岁的人在 $x+t_1$ 岁与 $x+t_2$ 岁($0 < t_1 < t_2$)之间死亡的概率可以

表示为

$$P(t_1 < T(x) \leqslant t_2)$$

$$= {}_{t_2}q_x - {}_{t_1}q_x = {}_{t_1}p_x - {}_{t_2}p_x = {}_{t_1}p_x \cdot {}_{t_2-t_1}q_{x+t_1}$$

特别地，记这一概率为${}_{t_1|t_2-t_1}q_x$，即

$$ {}_{t_1|t_2-t_1}q_x = {}_{t_1}p_x \cdot {}_{t_2-t_1}q_{x+t_1} \tag{4.26}$$

(5) $L_x$($x$是年龄)

前面已对$L_x$做了定义，即很多时候死亡人数并不是均匀分布的，所以$L_x$更一般的计算式如下：

$$L_x = \int_0^1 t l_{x+t}\mu_{x+t}\mathrm{d}t + l_{x+1} \tag{4.27}$$

$$= -\int_0^1 t\mathrm{d}l_{x+t} + l_{x+1}$$

$$= -tl_{x+t}\Big|_0^1 + \int_0^1 l_{x+t}\mathrm{d}t + l_{x+1} = \int_0^1 l_{x+t}\mathrm{d}t \tag{4.28}$$

(6) $T_x$($x$是年龄)

$$T_x = \int_0^\infty t l_{x+t}\mu_{x+t}\mathrm{d}t \tag{4.29}$$

$$= \int_0^\infty l_{x+t}\mathrm{d}t \tag{4.30}$$



## 4.4 生命期望值

生命期望值，又称为平均余命。简言之，平均余命就是余命的平均值。某年龄的人在未来能够活多久，事前不能确切地判断或肯定。因此，这个人的余命从现在的年龄到死亡为止的那段时间不能事前确定。但是，一个人总是要死的，一旦死亡，则其余命就随之确定，所以谈某一个人的余命意义不大。平均余命是针对人群中或某年龄的集合而言的，是指集合中每个成员的余命的平均值。

平均余命有以下两种形式：

(1) 完全平均余命。某年龄对应的完全平均余命，是指集合中全部人员可能生存的时间，包括不满一年的零数均计算在内的余命的平均值。

(2) 简约平均余命。某年龄对应的简约平均余命，是指只考虑集合中人员生存的整数年，不包括不满一年的零数而计算的余命的平均值。

相对于平均余命的不同形式，其具体计算也有一定的差异。

(1) 年龄$x$岁的人的完全平均余命用$\mathring{e}_x$表示

根据完全平均余命的定义，

$$\mathring{e}_x = \mathrm{E}(T(x)) = \int_0^\infty t g(t)\mathrm{d}t \tag{4.31}$$

$$= \int_0^\infty t\,{}_tp_x\mu_{x+t}\mathrm{d}t = \int_0^\infty {}_tp_x\mathrm{d}t \tag{4.32}$$

$$= \frac{\int_0^\infty l_{x+t}\mathrm{d}t}{l_x} = \frac{T_x}{l_x} \tag{4.33}$$

得出这个结论并不奇怪。因为$\int_0^\infty l_{x+t}\mathrm{d}t = \int_0^\infty t l_{x+t}\mu_{x+t}\mathrm{d}t$左右两边都表示 $x$ 岁以后生存的总年数，所以完全平均余命应由最初的人数 $l_x$ 去除$\int_0^\infty l_{x+t}\mathrm{d}t$。

(2) 年龄 $x$ 岁的人的简约平均余命用 $e_x$ 表示

$$e_x = \mathrm{E}(K(x)) = \sum_{k=0}^{\infty} k\mathrm{P}(K=k) = \sum_{k=0}^{\infty} k \cdot {}_{k|}q_x \tag{4.34}$$

$$= \sum_{k=0}^{\infty} {}_{k+1}p_x = \frac{l_{x+1} + l_{x+2} + \cdots}{l_x} \tag{4.35}$$

现对 $e_x$ 的计算式给予解释：

活过 $x$ 岁的 $l_x$ 在 $x$ 岁与 $x+1$ 岁间有 $d_x$ 人死亡，这些死亡者生存的整数年为0年；在 $x+1$ 岁与 $x+2$ 岁间有 $d_{x+1}$ 人死亡，这些死亡者生存的整数年为 $d_{x+1}$ 年，以后年度的分析类同。因此，$l_x$ 人一共生存的整数年总年数（不满一年的不予计算）便为：$d_{x+1} + 2d_{x+2} + 3d_{x+3} + \cdots$，而这也正是 $l_{x+1} + l_{x+2} + l_{x+3} + \cdots$。

(3) 完全平均余命和简约平均余命的相互关系

令 $T = K + S$ 且 $S$ 在[0,1)上服从均匀分布，亦即每一年中各死亡者死亡的日期均匀地分布于一年的各个月中。于是，

$$\mathring{e}_x = \mathrm{E}(T) = \mathrm{E}(K+S) = \mathrm{E}(K) + \mathrm{E}(S) \approx e_x + \frac{1}{2} \tag{4.36}$$

例 4.8　假定死亡日期在各年龄段内是均匀分布的，试证：

$$\mathring{e}_x = \frac{1}{2}(q_x + 3\,{}_{1|}q_x + 5\,{}_{2|}q_x + \cdots)$$

证明：在死亡日期均匀分布假设下，

$$\mathring{e}_x = e_x + \frac{1}{2} = \frac{1}{2} + \frac{l_{x+1} + l_{x+2} + \cdots}{l_x}$$

$$= \frac{l_x + 2l_{x+1} + 2l_{x+2} + \cdots}{2l_x} = \frac{d_x + 3d_{x+1} + 5d_{x+2} + \cdots}{2l_x}$$

$$= \frac{1}{2}(q_x + 3\,{}_{1|}q_x + 5\,{}_{2|}q_x + \cdots)$$

例 4.9　证明：$e_x = p_x(1 + e_{x+1})$

证明：$e_x = \dfrac{l_{x+1} + l_{x+2} + \cdots}{l_x} = \dfrac{l_{x+1}}{l_x} \cdot \dfrac{l_{x+1} + l_{x+2} + l_{x+3} + \cdots}{l_{x+1}}$

$$= p_x\left(1 + \frac{l_{x+2} + l_{x+3} + \cdots}{l_{x+1}}\right) = p_x(1 + e_{x+1})$$

例 4.10　填写表 4.1 中的空栏（死亡均匀分布假设下）。

表 4.1　某生命表片段

| $x$ | $l_x$ | $d_x$ | $p_x$ | $q_x$ | $\mathring{e}_x$ | $e_x$ |
|---|---|---|---|---|---|---|
| 98 | 160 | | | | | |
| 99 | | 40 | | | | |
| 100 | 24 | | | 0.667 | | |
| 101 | | | 0.250 | | | |
| 102 | | | | 1.000 | | |

**解：** 运用生命函数之间的相互关系

$$d_x = l_x - l_{x+1}, p_x = \frac{l_{x+1}}{l_x}, q_x = \frac{d_x}{l_x}, e_x = p_x(1 + e_{x+1}), \mathring{e}_x \approx e_x + \frac{1}{2}$$

容易得到表 4.2。

表 4.2　某生命表片段

| $x$ | $l_x$ | $d_x$ | $p_x$ | $q_x$ | $e_x$ | $\mathring{e}_x$ |
|---|---|---|---|---|---|---|
| 98 | 160 | 96 | 0.400 | 0.600 | 0.61 | 1.11 |
| 99 | 64 | 40 | 0.375 | 0.625 | 0.53 | 1.03 |
| 100 | 24 | 16 | 0.333 | 0.667 | 0.42 | 0.92 |
| 101 | 8 | 6 | 0.250 | 0.750 | 0.25 | 0.75 |
| 102 | 2 | 2 | 0 | 1.000 | 0 | 0.50 |



## 4.5　正分数年龄生命函数

在讨论 ${}_tp_x$、${}_tq_x$ 及 $\mu_{x+t}$ 等生命函数时，均假定 $x$ 代表整数年龄，$t$ 为正整数。在实际中，不时会遇到 $t$ 为正分数的情形。例如，一个 20 岁的人能够活到 $20\frac{2}{3}$ 岁的概率；一个已活到了 $30\frac{3}{4}$ 岁的人，在以后的 $\frac{2}{5}$ 年内死亡的概率；30 岁的人群在半年内的死亡人数。所有这些例子告诉我们一个事实：有研究分数年龄的生命函数的必要。

若要求 $t$ 为正分数所对应的生命函数，如 ${}_tp_x$、${}_tq_x$ 或 $\mu_{x+t}$ 等的表达式，当已知 $l_x$ 的解析式时，它们相对易于计算和分析，但当 $l_x$ 仅由生命表定义时，一般需要做出一些基本的死亡假设。在寿险精算中，常用的三个基本假设是：死亡均匀分布假设、死力常数假设以及以意大利精算师名字命名的鲍德希（Balducci）假设。

（1）死亡均匀分布

$$S(x + t) = (1 - t)S(x) + tS(x + 1) \tag{4.37}$$

式中，$S(x)$ 为生存函数，$x$ 是整数，$0 \leqslant t \leqslant 1$。

在死亡均匀分布假设下,生命函数有如下的表达式:

① $${}_tq_x=\frac{S(x)-S(x+t)}{S(x)}=\frac{S(x)-(1-t)S(x)-tS(x+1)}{S(x)}$$
$$=\frac{t[S(x)-S(x+1)]}{S(x)}=tq_x \tag{4.38}$$

② $${}_tp_x=1-{}_tq_x=1-tq_x \tag{4.39}$$

③ $${}_yq_{x+t}=\frac{S(x+t)-S(x+t+y)}{S(x+t)}\quad(0\leqslant y\leqslant 1,y+t\leqslant 1)$$
$$=\frac{y[S(x)-S(x+1)]}{S(x)-t[S(x)-S(x+1)]}=\frac{yq_x}{1-tq_x} \tag{4.40}$$

④ $$\mu_{x+t}=-\frac{S'(x+t)}{S(x+t)}=\frac{S(x)-S(x+1)}{(1-t)S(x)+tS(x+1)}=\frac{q_x}{1-tq_x} \tag{4.41}$$

⑤ $${}_tp_x\mu_{x+t}=(1-tq_x)\cdot\frac{q_x}{1-tq_x}=q_x \tag{4.42}$$

由此可见,在死亡均匀分布假设下,分数年龄生命函数可转化为整数年龄生命函数。

例 4.11　试证在每一年龄年度死亡均匀分布假设下,

$$({}_{\frac{1}{2}}p_x-p_x)+({}_{\frac{3}{2}}p_x-{}_2p_x)+({}_{\frac{5}{2}}p_x-{}_3p_x)+\cdots=\frac{1}{2}$$

证明:原式左端 $=({}_{\frac{1}{2}}p_x-p_x)+p_x({}_{\frac{1}{2}}p_{x+1}-p_{x+1})+{}_2p_x({}_{\frac{1}{2}}p_{x+2}-p_{x+2})+\cdots$

$$=(q_x-{}_{\frac{1}{2}}q_x)+p_x(q_{x+1}-{}_{\frac{1}{2}}q_{x+1})+{}_2p_x(q_{x+2}-{}_{\frac{1}{2}}q_{x+2})+\cdots$$
$$=\frac{1}{2}q_x+p_x\cdot\frac{1}{2}\cdot q_{x+1}+{}_2p_x\cdot\frac{1}{2}\cdot q_{x+2}+\cdots$$
$$=\frac{1}{2}\cdot\frac{d_x+d_{x+1}+d_{x+2}+\cdots}{l_x}$$
$$=\frac{1}{2}\cdot\frac{l_x}{l_x}=\frac{1}{2}=\text{右端}$$

例 4.12　已知 $q_{70}=0.06$ 和 $p_{71}=0.92$,且每个年龄段内死亡人数服从均匀分布假设,求 70 岁的人在 $70\frac{1}{2}$ 岁与 $71\frac{1}{2}$ 岁之间死亡的概率。

解:设所求概率为 $P$,那么

$$P={}_{\frac{1}{2}}p_{70}\cdot{}_{\frac{1}{2}}q_{70+\frac{1}{2}}+p_{70}\cdot{}_{\frac{1}{2}}q_{71}$$
$$=0.03+0.94\times\frac{1}{2}\times0.08\approx0.068$$

(2)死力常数假设

$$S(x+t)=(S(x))^{1-t}\cdot(S(x+1))^t\qquad(0\leqslant t\leqslant 1) \tag{4.43}$$

容易得到:

① $${}_tp_x=(p_x)^t \tag{4.44}$$

② $${}_tq_x=1-(p_x)^t \tag{4.45}$$

③ $${}_yq_{x+t}=1-(p_x)^y\qquad(0\leqslant y\leqslant 1,t+y\leqslant 1) \tag{4.46}$$

④ $\mu_{x+t}=\mu_x=-\ln p_x \triangleq \mu_x$ (4.47)

⑤ ${}_tp_x\mu_{x+t}=\mu_x e^{-\mu_x t}$ (4.48)

(3) 鲍德希假设

鲍德希假设 $1/S(x+t)$ 是 $t$ 的线性函数,即有

$$\frac{1}{S(x+t)}=\frac{1-t}{S(x)}+\frac{t}{S(x+1)}$$

$$\frac{1}{S(x+t)}=\frac{1}{S(x)}-t\left[\frac{1}{S(x)}-\frac{1}{S(x+1)}\right] \quad (0\leqslant t\leqslant 1) \tag{4.49}$$

在此假设下,生命函数有如下表达式:

① $${}_tq_x=\frac{tq_x}{1-(1-t)q_x} \tag{4.50}$$

② $${}_tp_x=\frac{p_x}{1-(1-t)q_x} \tag{4.51}$$

③ $${}_yq_{x+t}=\frac{yq_x}{1-(1-y-t)q_x} \quad (0<y<1,y+t\leqslant 1) \tag{4.52}$$

④ $$\mu_{x+t}=\frac{q_x}{1-(1-t)q_x} \tag{4.53}$$

⑤ $${}_tp_x\mu_{x+t}=\frac{p_xq_x}{[1-(1-t)q_x]^2} \tag{4.54}$$



上述三种假设中,死亡均匀分布假设最简单、最常用,也比较符合客观情况,因为在同一年龄段内死亡力是递增的。死力常数假设,其简单性体现在死力为常数,也有一定的合理性。鲍德希假设虽然不太符合常理,如死力是递减的,但 ${}_{1-t}q_{x+t}=(1-t)q_x$ 比较简单,因而常常用于生存模型中去估计死亡概率。

## 4.6 保险领域常用的死亡法则

死亡法则是指关于死亡秩序的理论上或经验上的统计规律以解析方式(数学方式)所做的呈现。关于死亡法则的研究相当多,兹列举三种在保险中常用的死亡法则:亚伯拉罕·棣莫弗(Abraham de Moivre)死亡法则、龚珀兹(Gompertz)死亡法则、麦可海姆(Makeham)死亡法则。

### 4.6.1 Abraham de Moivre 死亡法则

Abraham de Moivre 定义死亡法则为 $l_x=k(\omega-x)$,$0\leqslant x\leqslant\omega$,$\omega$ 为终极年龄。在当时,Abraham de Moivre 已意识到视 $l_x$ 为一条直线很粗糙,但是好在他本意并非用其法则拟合真实曲线 $l_x$,而是用于简化棘手的年金计算问题。从 $l_x=k(\omega-x)$ 出发,容易得到 $\mu_x=(\omega-x)^{-1}$ 和 $S(x)=1-\dfrac{x}{\omega}$。

### 4.6.2 Gompertz 死亡法则

Gompertz 认为,一个人的死亡主要受两种力量的支配:一是与年龄无关的死亡机会,如疾病和意外等;另一种是随着年龄增加,死亡抵抗力减退即衰老。进一步,Gompertz 还假定一个人抵御死亡的能力是以与自身成比例的速度递减的,并考虑到死力$\mu_x$是一个人对死亡的敏感性度量指标,所以 Gompertz 使用$\mu_x$的倒数$\frac{1}{\mu_x}$去度量一个人对死亡的抵御能力,从而 Gompertz 死亡法则的分析形式为

$$\frac{\mathrm{d}}{\mathrm{d}x}\left(\frac{1}{\mu_x}\right) = -h \cdot \frac{1}{\mu_x} \quad (h\text{ 为比例系数})$$

令 $e^h = C$,经积分得:

$$\mu_x = BC^x \tag{4.55}$$

不难得到:

$$S(x) = e^{-m(c^x-1)} \quad (B > 0, C > 1, x \geqslant 0) \tag{4.56}$$

### 4.6.3 Makeham 死亡法则

虽然 Gompertz 认识到了死亡的两个原因,但是他提出的死亡法则中只考虑了其中的一个原因,忽略了第一个原因。Makeham 在 1860 年参考 Gompertz 的死亡法则,并用常数代表第一个原因,加在 Gompertz 死亡法则所描述的死力之上,便产生了 Makeham 死亡法则:

$$\mu_x = A + BC^x \quad (A\text{ 为常数}) \tag{4.57}$$

从而

$$S(x) = e^{-Ax-m(c^x-1)} \quad (B > 0, A \geqslant -B, C \geqslant 1, x \geqslant 0) \tag{4.58}$$

## 4.7 生命表的编制与选择

### 4.7.1 生命表的编制

寿险精算通常以编制完善的生命表为计算基础。生命表的编制,在已知生命表人群基数以及这群人的死亡率时,是一件比较容易的事。选定初始人数 $l_0$ 作为生命表的集合基数,结合死亡概率 $q_x$,便可编制出 $l_x$ 和 $d_x$ 两个栏目的数据,通过 $q_x$ 和 $l_x$ 就可得到平均余命和生存概率。生命表的编制过程是:

$$d_0 = l_0q_0 \rightarrow l_1 = l_0 - d_0$$
$$\downarrow$$
$$d_1 = l_1q_1 \rightarrow l_2 = l_1 - d_1$$
$$\downarrow$$
$$\cdots\cdots \qquad \cdots\cdots$$
$$\downarrow$$
$$d_x = l_xq_x \rightarrow l_{x+1} = l_x - d_x$$

但是,一般情况下,一群人的死亡率是很难准确获得的,而且就是要近似地获得它也非易事。常用的方法是:

首先,计算某个时期分年龄中心死亡率。假定某年 $x$ 岁的死亡人数为 $\tilde{D}_x$,$x$ 岁的平均人数为 $\tilde{\tilde{P}}_x$,$\tilde{\tilde{P}}_x$ 可以用年中 $x$ 岁的人数或年初 $x$ 岁的人数与年末 $x$ 岁的人数平均数来近似地得到。在这些假设下,$x$ 岁的中心死亡率为 $m'_x$,

$$m'_x = \frac{\tilde{D}_x}{\tilde{\tilde{P}}_x} \tag{4.59}$$

其次,计算生命表分年龄中心死亡率。生命表中 $x$ 岁的中心死亡率为 $m_x$,则

$$m_x = \frac{\int_0^1 l_{x+t}\mu_{x+t}\mathrm{d}t}{\int_0^1 l_{x+t}\mathrm{d}t} = \frac{d_x}{L_x} \tag{4.60}$$

亦即 $m_x$ 表示生命表分年龄死亡人数占分年龄生存人数的比例。

当死亡时间均匀分布时,

$$L_x = \frac{1}{2}(l_x + l_{x+1})$$

所以

$$m_x = \frac{d_x}{L_x} = \frac{d_x}{\frac{1}{2}(l_x + l_{x+1})} = \frac{2d_x}{2l_x - d_x} = \frac{2q_x}{2 - q_x} \tag{4.61}$$



$$q_x = \frac{2m_x}{2 + m_x} \tag{4.62}$$

实际中,以 $m'_x$ 近似地表示 $m_x$,便可得到 $q_x$ 的近似值:

$$q_x = \frac{2m'_x}{2 + m'_x} \tag{4.63}$$

### 4.7.2 生命表的选择

生命表依不同划分标准可划分为不同的类型。生命表通常可分为以一国国民为对象的国民生命表和以人寿保险公司被保险人集合为对象而编制的经验生命表;当依照性别为标准划分时,生命表有男子表、女子表及男女混合表之分;此外,按照所考察人群死亡率测定的观察期间的选择的不同,生命表还可分为选择表、综合表和截断表等类型;考虑到寿险业务被保险人与年金业务被保险人生死状态的差异,生命表可进一步划分为寿险生命表和年金生命表。

不同寿险业务的精算,应结合不同分类,选择恰当的生命表作为预定死亡率的基础,否则精算结果必将存在误差。此外,选择生命表时,还应注意,由于生命表中的死亡率建立在过去资料的基础之上,过去一群人与未来一群人的死亡状况绝非一致。就死亡趋势来看,随着生活质量的提高、医疗手段的改进等,生命表死亡率有逐年下降的倾向。因此,选择生命表作为精算应用,应假定生命表人群与计算对象死亡状况接近,否则,必要时须对现成生命表做适度修正或调整,以使计算结果更贴近实际。

我国保险业自1980年全面恢复以来，直至1995年以前，保险行业的精算都选用日本第二回生命表、第三回生命表作为基础。为了适应我国人寿保险业发展，加强人寿保险市场的监管，1996年6月，中国人民银行宣布，在中国境内从事寿险业务的保险公司统一使用“中国人寿保险业经验生命表（1990—1993）”，即第一套生命表。该套生命表简称为CL（1990—1993）表，分为非养老金类业务用表三张、养老金类业务用表三张（见图4.1）。

非养老金类业务用表
- CL1（1990—1993）：非养老金业务男表
- CL2（1990—1993）：非养老金业务女表
- CL3（1990—1993）：非养老金业务男女混合表

养老金类业务用表
- CL4（1990—1993）：养老金业务男表
- CL5（1990—1993）：养老金业务女表
- CL6（1990—1993）：养老金业务男女混合表

图4.1　CL（1990—1993）的分类

随后，保险业务快速发展，逐步积累了大量的保险业务数据资料，保险公司信息化程度也不断提升，数据质量有较大的提高，保险精算技术获得了极大的发展，而且精算分析也积累了一些死亡率分析经验。在原中国保险监督管理委员会（简称“中国保监会”）的领导和组织之下，2003年8月，正式启动了第二套生命表编制项目，编制的数据来源于国内经营时间较长、数据量较大的六家寿险公司，即中国人寿、中国平安人寿、太平洋人寿、新华人寿、泰康人寿、友邦保险公司的1亿多条保单记录，占全行业同期保单数量的98%以上。第二套生命表编制完成后，于2005年11月12日通过了以著名人口学专家蒋正华为主任的专家评审会的评审。



2005年12月19日，中国保监会发布了《关于颁布〈中国人寿保险业经验生命表（2000—2003）〉的通知》，规定自2006年1月1日起使用《中国人寿保险业经验生命表（2000—2003）》，保险公司可以自行决定定价用生命表，保单现金价值计算用生命表可以采用公司定价生命表，但保险公司进行法定准备金评估必须采用中国保监会发布的生命表。

中国第二套寿险业经验生命表被命名为《中国人寿保险业经验生命表（2000—2003）》，英文名称为*China Life Insurance Mortality Table*（2000－2003），简称CL（2000—2003）。其中，非养老金业务表两张，养老金业务表两张，分别是：①非养老金业务男表，简称CL1（2000—2003）；②非养老金业务女表，简称CL2（2000—2003）；③养老金业务男表，简称CL3（2000—2003）；④养老金业务女表，简称CL4（2000—2003）。

中国人身保险业第三套经验生命表编制项目自2014年3月启动，由中国人寿、中国平安人寿、太平洋人寿、新华人寿、泰康人寿、友邦保险、富德生命人寿等寿险公司和中再寿险1家再保险公司组成项目组，观察期为2010年1月1日至2013年12月31日，历时两年多，完成了第三套生命表的编制工作。

2016年7月27日，中国人身保险业第三套经验生命表审定会在北京举行，来自中国保监会、国家统计局、北京大学、中国人民大学、南开大学、中国人寿、太平洋人寿的7位专家组成的审定委员会一致通过了第三套经验生命表。时任中国保监会副主席的黄洪作为审定委员会主任委员出席会议并发表了重要讲话:"生命表是人身保险业的基石和核心基础设施,编制新生命表是服务国家治理体系和治理能力现代化的现实需要。"因此,生命表的编制和运用是至关重要的。《中国人身保险业经验生命表(2010—2013)》即第三套生命表的编制对于保险公司的产品定价、责任准备金的评估都有极其重要的影响。总的来说,新版生命表更注重对风险的差别对待,以及对业务表的审慎判断和使用。

2016年12月21日,《中国保监会关于使用〈中国人身保险业经验生命表(2010—2013)〉有关事项的通知》发布,明确该表于2017年1月1日正式使用,规定保险公司在计提责任准备金时,评估死亡率应采用《中国人身保险业经验生命表(2010—2013)》所提供的数据,当分红保险用精算规定的责任准备金计算红利时,应采用《中国人身保险业经验生命表(2010—2013)》所提供的数据作为计算红利分配的基础。

保险公司在选择生命表时,应按照审慎性原则整体考虑同一产品或产品组合的全部保单。①定期寿险、终身寿险、健康保险应采用非养老类业务一表;②保险期间(不含满期)没有生存金给付责任的两全保险或含有生存金给付责任但生存责任较低的两全保险、长寿风险较低的年金保险应采用非养老类业务二表;③保险期间(不含满期)含有生存金给付责任且生存责任较高的两全保险、长寿风险较高的年金保险应采用养老类业务表;④保险公司应根据产品特征综合分析,按照精算原理和审慎性原则判断生存责任和长寿风险。对其他不属于上述产品形态或产品形态认定存在歧义的产品,保险公司应根据产品特征及保险人群死亡率特点,按照精算原理和审慎性原则选择适用的生命表。

此次生命表编制具有诸多亮点和创新点,第三套生命表样本数据量巨大,共收集了3.4亿张保单、185万条赔案数据,覆盖了1.8亿人口,样本数据量位居世界第一;另外还运用数据挖掘等先进技术,利用自主开发的计算机程序自动完成了全部理赔数据中95%的清洗工作,且准确率高达97%,大大提升了数据质量和处理效率;同时,这也是中国首次编制出真正意义上的养老表,为养老保险业务的发展夯实了技术基础,针对不同保险人群的特点编制出三张表,进一步满足了精细化定价和审慎评估的需要。

中国第三套人身保险业经验生命表被命名为《中国人身保险业经验生命表(2010—2013)》,英文名称为 *China Life Insurance Mortality Table*(2010－2013),简称CL(2010—2013)。其中,非养老类业务一表两张,非养老类业务二表两张,养老类业务表两张,分别是:①非养老类业务一表(男),简称CL1(2010—2013);②非养老类业务一表(女),简称CL2(2010—2013);③非养老类业务二表(男),简称CL3(2010—2013);④非养老类业务二表(女),简称CL4(2010—2013);⑤养老类业务表(男),简称CL5(2010—2013);⑥养老类业务表(女),简称CL6(2010—2013)。

《中国人身保险业经验生命表(2010—2013)》具体内容可见本书附录3。

## 习题 4

4-1　已知 $S(x)=1-\frac{x}{100}, 0 \leqslant x \leqslant 100$，求 ${}_{10}p_{20}$、${}_{10}q_{20}$、${}_{10|10}q_{20}$。

4-2　已知 $S(x)=\sqrt{1-\frac{x}{100}} \ (0 \leqslant x \leqslant 100)$，求 $S(50)$、${}_{3|2}q_{30}$、${}_{3}p_{30}$、$\mu_{36}$。

4-3　选择与 ${}_{t|}q_x$ 等价的式子。

(1) ${}_{t}p_x \ {}_{t}q_{x+t}$；(2) ${}_{t}p_x q_{x+t}$；(3) ${}_{t}p_x - {}_{t+1}p_x$；(4) ${}_{t}q_x - {}_{t+1}q_x$；(5) ${}_{t+1}q_x - {}_{t}q_x$。

4-4　已知 $\mu_x = kx, k>0$，且 ${}_{10}p_{35}=0.81$，求 ${}_{20}p_{40}$。

4-5　已知 $e_{63}=9.5, e_{64}=9.0, e_{65}=8.5$，求63岁的人在65岁前死亡的概率。

4-6　证明：在鲍德希假设下，$\mu_{x+t}=\frac{q_x}{1-(1-t)q_x}$。

4-7　已知 $l_x = 100\,000\left(\frac{C-x}{C+x}\right), l_{35}=44\,000$，求：

(1) $C$ 的值；

(2) 终极年龄；

(3) 新生儿活过60岁的概率；

(4) 20岁的人在40～60岁死亡的概率。

4-8　若 $l_{40}=7\,746, l_{41}=7\,681$，计算下列假设下 $\mu_{40\frac{1}{4}}$ 的值：

(1) 死亡均匀分布假设；

(2) 死力常数假设；

(3) 鲍德希假设。

4-9　证明：$\frac{\mathrm{d}}{\mathrm{d}x}\,{}_{t}p_x = {}_{t}p_x(\mu_x - \mu_{x+t})$。

4-10　证明：在死亡服从均匀分布假设时，$m_x = \mu_{x+\frac{1}{2}}$。

4-11　已知 $\mu_x = 0.001, 10 \leqslant x \leqslant 20$，求 ${}_{2|3}q_{12}$。

4-12　已知 $l_x = 100\,(100-x)^2, 0 \leqslant x \leqslant 100$，求 $\mathring{e}_{40}$。

4-13　已知 $T_{50}=95\,000, L_{50}=2\,500, m_{50}=0.022, l_{50}=2\,600$，求 $\mathring{e}_{51}$。

4-14　已知 $\mu(70.5)=0.010\,05$，$\mu(71.5)=0.030\,46$，$\mu(72.5)=0.051\,28$，死亡人数在各年龄均服从均匀分布假设，求70.5岁的人在未来两年内死亡的概率。

4-15　设生存函数为 $S(x)=\left(1-\frac{x}{\omega}\right)^a, 0 \leqslant x \leqslant \omega, a>0$，求 $\mu_x$ 与 $\mathring{e}_x$。

# 5 生存年金

## 5.1 生存年金概述

生存年金是年金的一种形式,它以人的生存作为年金支付的条件,即以特定的人仍存活为限制条件,按期进行一连串的给付。

生存年金与确定年金的基本区别表现在:首先,生存年金以特定的人的生存为给付的条件,确定年金与特定的人或年金受领人的生死无关,随之而来的是给付期确定,每期给付额也确定的一种年金。但是,在生存年金中,生存仅为给付的必要条件,而非充分条件。也就是说,一旦特定的人死亡,年金即停止给付;特定的人生存,同样有可能得不到给付。其次,生存年金的给付期间或给付次数,事前无法确定;而确定年金的给付期间或给付次数,事前可以确定。最后,生存年金的有关计算,除考虑利息率外,还必须考虑特定的人或年金受领人的生存率;而确定年金中的计算,一般只考虑利息率。

生存年金与确定年金也不是没有任何联系。无论是生存年金,还是确定年金,均为年金的一种形式。年金固有的特征和性质,在它们中都有所体现。此外,生存年金还可以被视为其给付期间是"随机变量"的确定年金。

生存年金有以下几类:仅限特定的人仍在生存中并终身均予给付年金额的终身年金;以某一特定期间为限,且以特定的人仍生存为条件给付年金额的定期生存年金;生存一定期间后或到达一定年龄后,且以特定的人仍生存为条件给付年金额的延付年金;与延付年金相对的就是从订约年度开始,以生存为条件给付年金额的即时年金。按特定人的人数不同,生存年金可分为以一个特定人的生存为条件给付年金的单生年金以及以两个人以上的特定人群全部均生存作为年金给付条件的连生年金。此外,也有以两个人以上的特定人中至少尚有一人生存作为年金给付的限制条件的最后生存者年金等。

生存年金在整个寿险中占有重要的地位。寿险中大量出现生存年金的情形,如投保人或被保险人分期缴付的保险费,便形成一种生存年金;又如退休年金计划中,从退休之日开始每隔一定时期所做的一系列给付,形成的也是一种生存年金。这样的例子在寿险中不胜枚举。特别需要说明的是,年金保险是在被保险人终身或在一定的期限内生存时,每隔一定时期由保险人按期支付一次年金,直至被保险人死亡或者保险期限届满为止。很显然，从根本上讲，年金保险乃一种以生存为保险事故，其给付额由生存年金实现的生存保险。因此，研究生存年金所得出的结论，完全适用于相应的年金保险。

## 5.2 以生存为条件的一次性给付

根据前述内容，在已知复利息率 $i$ 的条件下，第 $n$ 年年末 $R$ 元在现在的价值等于 $Rv^n$，其中 $v=\frac{1}{1+i}$。进一步分析，如果一个人在第 $n$ 年年末有 $p$ 的可能性获得 $R$ 元，$0\leqslant p\leqslant 1$，那么这个人在第 $n$ 年年末期望获得的值应为 $Rp$，显然这个期望值在第 $n$ 年年初的现值为 $(Rp)v^n$。

现将上述思路用于分析与人的生死有关的情形。现年 $x$ 岁的人，若在以后的 $n$ 年内生存，则在第 $n$ 年年末他可以获得 $R$ 元的给付；反之，若在这 $n$ 年内死亡，则这个人分文不获。试求这个人在第 $n$ 年年末期望获得的给付额在第 $n$ 年年初的现值。

不难看出，这个人在第 $n$ 年年末期望获得的给付额为 $(R\,{}_np_x)$，这一给付额在第 $n$ 年年初的现值为

$$(R\,{}_np_x)v^n = Rv^n\,{}_np_x \tag{5.1}$$

为区别于确定给付的现值，以生存为条件所做给付的现值通常称为精算现值。

当 $R=1$ 时，精算现值 $Rv^n\,{}_np_x$ 变为 $v^n\,{}_np_x$，其值用特定符号 ${}_nE_x$ 表示，即

$${}_nE_x = v^n\,{}_np_x \tag{5.2}$$

如果将前述情形视为一种以被保险人在这 $n$ 年期间的生存为保险事故，给付约定保险金，如在期内死亡，所缴保险费分文不退的纯生存保险，那么精算现值 ${}_nE_x$ 便成为被保险人或投保人购买保险金 1 元的纯生存保险的趸缴纯保险费。

进一步，因为 ${}_nE_x = v^n\,{}_np_x = v^n\frac{l_{x+n}}{l_x}$，所以有

$$l_x\,{}_nE_x(1+i)^n = l_{x+n} \tag{5.3}$$

式(5.3)表明：以选定的生命表为基础，活到 $x$ 岁的 $l_x$ 人，每人储蓄 ${}_nE_x$ 形成一笔基金，在实际利息率 $i$ 的条件下，初始基金在第 $n$ 年年末的累积值将充分提供活到 $x+n$ 岁的 $l_{x+n}$ 人每人 1 元的给付。

为清楚起见，以下用具体的例题来说明。

**例 5.1** 年龄为 30 岁的人为自己投保一种保险金额为 10 000 元的 20 年期纯生存保险。计算这个人应缴纳多少趸缴纯保险费，并以此例证明式(5.3)。计算以 CL1(2010—2013)2.5% 为基础。

**解：** 这个人应缴纳的趸缴纯保险费为

$$10\,000\,{}_{20}E_{30} = 10\,000v^{20}\,{}_{20}p_{30} = 5\,879.36(\text{元})$$

在 CL1(2010—2013)2.5% 的基础上，证明结果见表 5.1。

表 5.1　证明结果

| | |
|---|---|
| 30 岁的人 | 986 395 人 |
| 每个人缴纳的趸缴保险费 | 5 879.36 元 |
| 初始基金 | 5 799 165 060 元 |
| 20 年的累积因子 | 1.638 616 44 |
| 第 20 年年末的基金总额 | 9 502 607 207 元 |
| 活到 50 岁的人 | 950 261 人 |
| 每个存活者的分摊额 | 10 000 元 |

显然，$5\ 879.36\times l_{30}(1+2.5\%)^{20}=10\ 000 l_{50}$。

这个例题蕴涵这样一个重要的事实：活到 50 岁的被保险人所获得的给付额，包含两个组成部分。一部分为其所缴纳的趸缴纯保险费以及此保险费所产生的利息，另一部分是因为活到50岁而分享到那些在20年内发生死亡的被保险人所丧失的利益的一定份额。所以，这里论述的基金累积，不仅包含利息的累积，而且还包含残存者获得的利益。更一般的推论是

$$ {}_nE_x+{}_nE_x[(1+i)^n-1]+{}_nE_x(1+i)^n\cdot\frac{l_x-l_{x+n}}{l_{x+n}}=1 \tag{5.4}$$

从式(5.4)中，我们还可以看出人寿保险的储蓄和保险等特性。



在寿险精算中，常常引进替换函数或转换函数，以使结论表述清晰、简便，运算简化。在此，定义替换函数 $D_x$ 为

$$D_x=v^x l_x \tag{5.5}$$

从而

$$ {}_nE_x=v^n{}_np_x=\frac{v^n l_{x+n}}{l_x}=\frac{v^{x+n}l_{x+n}}{v^x l_x}=\frac{D_{x+n}}{D_x} \tag{5.6}$$

## 5.3　以生存为条件每年提供一次给付的生存年金

首先，对以下将讨论的年金做出约定：年金签约年龄为 $x$ 岁，每年以生存为条件提供的给付额为 1，利息率为 $i$。

### 5.3.1　期初生存年金

(1) 终身生存年金

记 $\ddot{a}_x$ 表示终身生存年金在 $x$ 岁时的精算现值，或终身年金保险在 $x$ 岁时的趸缴纯保险费。

终身生存年金在 $x$ 岁时的精算现值等于以生存为条件每年提供的给付额在 $x$ 岁时的精算现值之和，即

$$\ddot{a}_x = {}_0E_x + {}_1E_x + {}_2E_x + \cdots = \sum_{k=0}^{\infty} {}_kE_x$$

$$= \sum_{k=0}^{\infty} v^k {}_kp_x = \sum_{k=0}^{\infty} \frac{D_{x+k}}{D_x} = \frac{1}{D_x}\sum_{k=0}^{\infty} D_{x+k}$$

引入替换函数 $N_x = \sum_{k=0}^{\infty} D_{x+k}$,则

$$\ddot{a}_x = \frac{N_x}{D_x} \tag{5.7}$$

设保险人对于终身年金所支付的现值为 $\ddot{Y}_x$,显然它是随机变量 $K$ 的函数,易得

$$\ddot{Y}_x = \ddot{a}_{\overline{K+1}|}, \ K \geqslant 0$$

$$\mathrm{E}(\ddot{Y}_x) = E(\ddot{a}_{\overline{K+1}|}) = \sum_{k=0}^{\infty} \ddot{a}_{\overline{k+1}|}\, {}_{k|}q_x$$

$$= \sum_{k=0}^{\infty} \ddot{a}_{\overline{k+1}|}({}_kp_x - {}_{k+1}p_x)$$

$$= \sum_{k=0}^{\infty} v^k {}_kp_x = \ddot{a}_x \tag{5.8}$$

(2)$n$ 年定期生存年金

记 $\ddot{a}_{x:\overline{n}|}$ 表示 $n$ 年定期生存年金在 $x$ 岁时的精算现值。类似于终身生存年金的分析,$\ddot{a}_{x:\overline{n}|}$ 由下式决定:

$$\ddot{a}_{x:\overline{n}|} = {}_0E_x + {}_1E_x + \cdots + {}_{n-1}E_x = \sum_{k=0}^{n-1} {}_kE_x$$

$$= \frac{1}{D_x}\sum_{k=0}^{n-1} D_{x+k} = \frac{1}{D_x}\left(\sum_{k=0}^{\infty} D_{x+k} - \sum_{k=0}^{\infty} D_{x+n+k}\right)$$

$$= \frac{N_x - N_{x+n}}{D_x} \tag{5.9}$$

设 $\ddot{Y}_{x:\overline{n}|}$ 为保险人对定期年金所支付的现值,则

$$\ddot{Y}_{x:\overline{n}|} = \begin{cases} \ddot{a}_{\overline{K+1}|}, & 0 \leqslant K < n \\ \ddot{a}_{\overline{n}|}, & \text{其他} \end{cases}$$

容易得到

$$\mathrm{E}(\ddot{Y}_{x:\overline{n}|}) = \ddot{a}_{x:\overline{n}|} \tag{5.10}$$

(3)$n$ 年延付终身生存年金

以 ${}_{n|}\ddot{a}_x$ 表示 $n$ 年延付终身生存年金在 $x$ 岁时的精算现值,那么

$${}_{n|}\ddot{a}_x = {}_nE_x + {}_{n+1}E_x + \cdots = \frac{1}{D_x}\sum_{k=n}^{\infty} D_{x+k}$$

$$= \frac{1}{D_x}\sum_{k=0}^{\infty} D_{x+n+k} = \frac{N_{x+n}}{D_x} \tag{5.11}$$

或

$${}_{n|}\ddot{a}_x = \frac{1}{D_x}\sum_{k=n}^{\infty} D_{x+k} = \frac{1}{D_x}\left(\sum_{k=0}^{\infty} D_{x+k} - \sum_{k=0}^{n-1} D_{x+k}\right) = \ddot{a}_x - \ddot{a}_{x:\overline{n}|} \tag{5.12}$$

或

$$ {}_{n|}\ddot{a}_{x} = \frac{1}{D_x}\sum_{k=n}^{\infty} D_{x+k} = \frac{D_{x+n}}{D_x}\sum_{k=0}^{\infty}\frac{D_{x+n+k}}{D_{x+n}} = {}_{n}E_{x}\ddot{a}_{x+n} \tag{5.13} $$

(4) $n$ 年延付 $m$ 年定期生存年金

以 ${}_{n|}\ddot{a}_{x:\overline{m|}}$ 表示 $n$ 年延付 $m$ 年定期生存年金在 $x$ 岁时的精算现值，那么

$$ {}_{n|}\ddot{a}_{x:\overline{m|}} = {}_{n}E_{x} + {}_{n+1}E_{x} + \cdots + {}_{n+m-1}E_{x} $$

$$ = \frac{1}{D_x}\left(\sum_{k=n}^{\infty} D_{x+k} - \sum_{k=n+m}^{\infty} D_{x+k}\right) = \frac{N_{x+n} - N_{x+n+m}}{D_x} \tag{5.14} $$

同样地，${}_{n|}\ddot{a}_{x:\overline{m|}}$ 还可以表示为

$$ {}_{n|}\ddot{a}_{x:\overline{m|}} = \ddot{a}_{x:\overline{n+m|}} - \ddot{a}_{x:\overline{n|}} $$

$$ {}_{n|}\ddot{a}_{x:\overline{m|}} = {}_{n}E_{x}\ddot{a}_{x+n:\overline{m|}} $$

例 5.2　证明：$\ddot{a}_x = 1 + vp_x\ddot{a}_{x+1}$。

证明：根据上述分析，

$$ \ddot{a}_x = \sum_{k=0}^{\infty} v^k\,{}_kp_x = v^0\,{}_0p_x + \sum_{k=1}^{\infty} v^k\,{}_kp_x $$

$$ = 1 + \sum_{k=1}^{\infty} v^k\,{}_kp_x = 1 + \sum_{s=0}^{\infty} v^{s+1}\,{}_{s+1}p_x $$

$$ = 1 + \sum_{s=0}^{\infty} vp_x v^s\,{}_sp_{x+1} = 1 + vp_x\sum_{s=0}^{\infty} v^s\,{}_sp_{x+1} $$

$$ = 1 + vp_x\ddot{a}_{x+1} $$

例 5.3　试证：$\sum_{k=0}^{\infty} \ddot{a}_{\overline{k+1|}}\,{}_{k|}q_x = \ddot{a}_x$。

证明：$\because\ {}_kE_x = v^k\,{}_kp_x$

$$ \therefore \sum_{k=0}^{\infty} {}_kE_x = \sum_{k=0}^{\infty} v^k\,{}_kp_x $$

$$ \ddot{a}_{\overline{k+1|}} = \sum_{t=0}^{k} v^t $$

$$ \sum_{k=t}^{\infty} {}_{k|}q_x = \sum_{k=t}^{\infty}({}_kp_x - {}_{k+1}p_x) = {}_tp_x $$

$$ \sum_{k=0}^{\infty} \ddot{a}_{\overline{k+1|}}\,{}_{k|}q_x = q_x + (1+v)\,{}_{1|}q_x + (1+v+v^2)\,{}_{2|}q_x + \cdots $$

$$ = (q_x + {}_{1|}q_x + {}_{2|}q_x + {}_{3|}q_x + \cdots) + v({}_{1|}q_x + {}_{2|}q_x + {}_{3|}q_x + \cdots) $$

$$ + v^2({}_{2|}q_x + {}_{3|}q_x + \cdots) + \cdots $$

$$ = 1 + vp_x + v^2\,{}_2p_x + \cdots = \ddot{a}_x $$

例 5.4　已知 $l_x = 100 - x\ (0 \leqslant x \leqslant 100)$，$i = 0.05$，求 $\ddot{a}_{20}$、$\ddot{a}_{20:\overline{40|}}$、${}_{40|}\ddot{a}_{20}$ 的值。

解：${}_kp_{20} = \frac{l_{20+k}}{l_{20}} = \frac{80-k}{80} = 1 - \frac{k}{80}\ (0 \leqslant k \leqslant 80)$

$$ \ddot{a}_{20} = \sum_{k=0}^{79} v^k\,{}_kp_{20} = \sum_{k=0}^{79} v^k\left(1 - \frac{k}{80}\right) $$

$$= \sum_{k=0}^{79} v^k - \sum_{k=1}^{79} v^k \frac{k}{80} \approx 15.855\,929$$

$$\ddot{a}_{20:\overline{40}|} = \sum_{k=0}^{39} v^k {}_kp_{20} = \sum_{k=0}^{39} v^k \left(1 - \frac{k}{80}\right)$$

$$= \sum_{k=0}^{39} v^k - \sum_{k=1}^{39} v^k \frac{k}{80} \approx 15.004\,260$$

$${}_{40|}\ddot{a}_{20} = \sum_{k=40}^{79} v^k {}_kp_{20} = \sum_{k=40}^{79} v^k \left(1 - \frac{k}{80}\right)$$

$$= \sum_{k=40}^{79} v^k - \sum_{k=40}^{79} v^k \frac{k}{80} \approx 0.851\,669$$

由此可以证明等式 $\ddot{a}_{20} - \ddot{a}_{20:\overline{40}|} = {}_{40|}\ddot{a}_{20}$ 成立。

例 5.5　以 CL1(2010—2013)2.5% 为基础,求出 $\ddot{a}_{20}$、$\ddot{a}_{20:\overline{40}|}$、${}_{40|}\ddot{a}_{20}$ 的值。

解:$\ddot{a}_{20} = \dfrac{N_{20}}{D_{20}} = 30.490\,414$

$$\ddot{a}_{20:\overline{40}|} = \frac{N_{20} - N_{60}}{D_{20}} = 25.220\,589$$

$${}_{40|}\ddot{a}_{20} = \frac{N_{60}}{D_{20}} = 5.269\,825$$

### 5.3.2　期末生存年金

(1) 终身生存年金

以 $a_x$ 表示终身生存年金在 $x$ 岁时的精算现值,那么

$$a_x = {}_1E_x + {}_2E_x + \cdots = \sum_{k=1}^{\infty} {}_kE_x = \frac{N_{x+1}}{D_x} \tag{5.15}$$

同样,将精算现值看作随机变量,则

$$Y_x = a_{\overline{K}|} \quad (K \geqslant 0)$$

$$a_x = \mathrm{E}(Y) = \mathrm{E}(a_{\overline{K}|}) = \sum_{k=1}^{\infty} v^k {}_kp_x$$

(2) 定期生存年金

以 $a_{x:\overline{n}|}$ 表示 $n$ 年定期生存年金在 $x$ 岁时的精算现值,那么

$$a_{x:\overline{n}|} = {}_1E_x + {}_2E_x + \cdots + {}_nE_x = \frac{1}{D_x}\sum_{k=1}^{n} D_{x+k}$$

$$= \frac{1}{D_x}\left(\sum_{k=1}^{\infty} D_{x+k} - \sum_{k=n+1}^{\infty} D_{x+k}\right) = \frac{N_{x+1} - N_{x+n+1}}{D_x} \tag{5.16}$$

同样,

$$Y_{x:\overline{n}|} = \begin{cases} a_{\overline{K}|}, & 0 \leqslant K < n \\ a_{\overline{n}|}, & \text{其他} \end{cases}$$

$$a_{x:\overline{n}|} = \mathrm{E}(Y) = \mathrm{E}(a_{\overline{K}|}) = \sum_{k=1}^{n} v^k {}_kp_x \tag{5.17}$$

(3) 延付终身生存年金

以 ${}_{n|}a_x$ 表示 $n$ 年延付终身生存年金在 $x$ 岁时的精算现值,那么

$${}_{n|}a_x = {}_{n+1}E_x + {}_{n+2}E_x + \cdots = \sum_{k=n+1}^{\infty} {}_kE_x = \frac{N_{x+n+1}}{D_x} \tag{5.18}$$

容易求得,在期末生存年金中,

$$a_x = a_{x:\overline{n}|} + {}_{n|}a_x \tag{5.19}$$

(4) 延付定期生存年金

以 ${}_{n|}a_{x:\overline{m}|}$ 表示 $n$ 年延付 $m$ 年定期生存年金在 $x$ 岁时的精算现值,那么,

$${}_{n|}a_{x:\overline{m}|} = {}_{n+1}E_x + {}_{n+2}E_x + \cdots + {}_{n+m}E_x = \frac{N_{x+n+1} - N_{x+n+m+1}}{D_x} \tag{5.20}$$

仔细比较由替换函数表达的期初生存年金和期末生存年金的精算现值,可以发现下列事实:同类年金的精算现值表达式中,分母相同,只是在分子的替换函数中,期末生存年金替换函数的年龄比期初生存年金替换函数的年龄大一岁。认识到这种特征,对于读者记忆公式是大有裨益的。

例 5.6　计算 $a_{20}$、$a_{20:\overline{40}|}$、${}_{40|}a_{20}$,以 CL1(2010—2013)2.5% 为计算基础。

解: $a_{20} = \dfrac{N_{21}}{D_{20}} \approx 29.490\ 414$

$$a_{20:\overline{40}|} = \frac{N_{21} - N_{61}}{D_{20}} \approx 24.555\ 797$$

$${}_{40|}a_{20} = \frac{N_{61}}{D_{20}} \approx 4.934\ 617$$

### 5.3.3　期初生存年金与期末生存年金的关系

期初生存年金与期末生存年金的关系,亦即它们各自精算现值之间的关系。以下分析两组常见的关系。

第一组关系:

① $a_x = \ddot{a}_x - 1$ (5.21)

② $a_{x:\overline{n}|} = \ddot{a}_{x:\overline{n}|} + {}_nE_x - 1$ (5.22)

③ ${}_{n|}a_x = {}_{n|}\ddot{a}_x - {}_nE_x$ (5.23)

下面是这些关系的证明及其解释:

① $\ddot{a}_x - 1 = \dfrac{N_x}{D_x} - 1 = \dfrac{N_x - D_x}{D_x} = \dfrac{N_{x+1}}{D_x} = a_x$

② $\ddot{a}_{x:\overline{n}|} + {}_nE_x - 1 = \dfrac{N_x - N_{x+n}}{D_x} + \dfrac{D_{x+n}}{D_x} - 1 = \dfrac{(N_x - D_x) - (N_{x+n} - D_{x+n})}{D_x}$

$$= \frac{N_{x+1} - N_{x+n+1}}{D_x} = a_{x:\overline{n}|}$$

③ $${}_{n|}\ddot{a}_x - {}_nE_x = \frac{N_{x+n}}{D_x} - \frac{D_{x+n}}{D_x} = \frac{N_{x+n+1}}{D_x} = {}_{n|}a_x$$

期初生存年金与期末生存年金均以被保险人生存为条件提供给付，只是两者每次支付的时间相差一年。据此，$a_x = \ddot{a}_x - 1$ 是直观的。至于 $n$ 年定期生存年金，若 $x$ 岁的被保险人在第 $n$ 年年末仍然生存，便提供生存给付额 1，则此给付额在被保险人 $x$ 岁的精算现值为 ${}_nE_x$，从而 $\ddot{a}_{x:\overline{n}|}$ 与 ${}_nE_x$ 之和扣除期初生存年金在被保险人 $x$ 岁时的第一次给付额 1，即 $a_{x:\overline{n}|}$。类似地，${}_{n|}a_x$ 与 ${}_nE_x$ 之和等于 ${}_{n|}\ddot{a}_x$，即 ${}_{n|}a_x = {}_{n|}\ddot{a}_x - {}_nE_x$。

第二组关系：

① $\ddot{a}_{x:\overline{n}|} = 1 + a_{x:\overline{n-1}|}$

② ${}_{n|}\ddot{a}_x = {}_{n-1|}a_x$

③ ${}_{n|}\ddot{a}_{x:\overline{m}|} = {}_{n-1|}a_{x:\overline{m}|}$

其证明和解释类似于第一组关系。

例 5.7　证明：$\ddot{a}_x < \frac{1}{d}$，$d$ 为贴现率。

证明：因为 $l_x > l_{x+1} > l_{x+2} > \cdots$，两边同乘以 $v^x$，得

$$v^x l_x > v^x l_{x+1} > v^x l_{x+2} > \cdots$$

$$D_x > \frac{1}{v}D_{x+1} > \frac{1}{v^2}D_{x+2} > \cdots$$

又因

$${}_kE_x = \frac{D_{x+k}}{D_x}$$

所以

$${}_1E_x < v^1, {}_2E_x < v^2, \cdots\cdots$$

即

$$\ddot{a}_x = 1 + {}_1E_x + {}_2E_x + \cdots < 1 + v + v^2 + \cdots = \frac{1}{d}$$

所以

$$\ddot{a}_x < \frac{1}{d}$$

例 5.8　某年金保单规定，若被保险人活到 50 岁，则被保险人可以获得 10 000 元给付且保单期满；保单还规定有选择权，即活到 50 岁时不领取给付额，改变给付方式：在 50 岁以后的 10 年里以及 60 岁后仍存活的时间里，每年年初获得相等的给付额 $R$ 元。如果被保险人在 50 ~ 60 岁发生死亡，那么保单将对他的继承人提供给付额，直至 10 次给付支付完毕。求该选择权下的给付额 $R$。计算以 CL1(2010—2013)2.5% 为基础。

解：按题意，保单持有人的选择实际上将一次性给付额 10 000 元分解为年金给

付，从而

$$R(\ddot{a}_{\overline{10}|}+{}_{10|}\ddot{a}_{50})=10\ 000$$

$$R=\frac{10\ 000}{\ddot{a}_{\overline{10}|}+{}_{10|}\ddot{a}_{50}}=\frac{10\ 000}{\ddot{a}_{\overline{10}|}+{}_{10}E_{50}\ddot{a}_{60}}$$

$$=\frac{10\ 000}{\ddot{a}_{\overline{10}|}+\dfrac{N_{60}}{D_{50}}}\approx 487.44(\text{元})$$

**例 5.9** 已知 $\ddot{a}_{x:\overline{n}|}=8$，${}_nE_x=0.5$，求 $a_{x:\overline{n}|}$。

**解：** $a_{x:\overline{n}|}=\ddot{a}_{x:\overline{n}|}-1+{}_nE_x=8-1+0.5=7.5$

值得注意的是，不论是 $a_x$、$\ddot{a}_x$ 还是 $\ddot{a}_{x:\overline{n}|}$，都是指年给付额为 1 的对应生存年金的精算现值。如果年给付额不等于 1，应在相应的公式前乘以给付额。

### 5.3.4 生存年金的精算终值

上面讨论了生存年金的精算现值或者年金保险，包括纯生存保险的趸缴纯保险费的计算原理。下面将从另一个角度考察生存年金，研究其精算终值的意义及其计算。

首先，考察一次性给付对应的精算终值。

假定一个年龄为 $x$ 岁的人，存入 1 个单位货币，形成一笔基金。基金的年利息率是 $i$。那么这个人活到第 $n$ 年年末一次性可以获得多少金额？

令 $(x)$ 活到第 $n$ 年年末可一次性获得的金额为 $R$，那么此人在第 $n$ 年年末获得的金额的期望为 $R\,{}_np_x$。显然，这一金额在期初的现值应等于最初投入的金额，从而 $R$ 取决于

$$1=v^n(R\,{}_np_x)$$

$$R=\frac{1}{v^n\,{}_np_x}=\frac{1}{{}_nE_x}$$

进一步，$\dfrac{1}{{}_nE_x}$ 可以用如下方式表达：

当 $n>t>0$ 时，

$${}_nE_x=\frac{D_{x+n}}{D_x}=\frac{D_{x+t}}{D_x}\cdot\frac{D_{x+t+n-t}}{D_{x+t}}={}_tE_x\cdot{}_{n-t}E_{x+t}\tag{5.24}$$

由此可得

$$\frac{1}{{}_nE_x}=\frac{1}{{}_tE_x\cdot{}_{n-t}E_{x+t}}$$

或者

$$\frac{1}{{}_{n-t}E_{x+t}}=\frac{{}_tE_x}{{}_nE_x}$$

其次，考察生存年金的精算终值。

很明显，只有定期生存年金才有精算终值。因此以下就年给付额为 1 的 $n$ 年期生存年金精算终值进行讨论。

(1) 期末生存年金

用符号 $s_{x:\overline{n}|}$ 表示 $n$ 年期末生存年金在第 $n$ 年年末的精算终值。借助于一次性给付

对应的精算终值，$s_{x:\overline{n}|}$ 有下列表达式：

$$s_{x:\overline{n}|}=\frac{1}{_{n-1}E_{x+1}}+\frac{1}{_{n-2}E_{x+2}}+\cdots+\frac{1}{_{0}E_{x+n}}=\frac{_1E_x}{_nE_x}+\frac{_2E_x}{_nE_x}+\cdots+\frac{_nE_x}{_nE_x}$$

$$=\frac{a_{x:\overline{n}|}}{_nE_x}=\frac{N_{x+1}-N_{x+n+1}}{D_{x+n}} \tag{5.25}$$

（2）期初生存年金

用符号 $\ddot{s}_{x:\overline{n}|}$ 表示 $n$ 年期初生存年金在第 $n$ 年年末的精算终值。类似地，

$$\ddot{s}_{x:\overline{n}|}=\frac{1}{_nE_x}+\frac{1}{_{n-1}E_{x+1}}+\cdots\cdots+\frac{1}{_1E_{x+n-1}}=\frac{1}{_nE_x}+\frac{_1E_x}{_nE_x}+\cdots+\frac{_{n-1}E_x}{_nE_x}$$

$$=\frac{\ddot{a}_{x:\overline{n}|}}{_nE_x}=\frac{N_x-N_{x+n}}{D_{x+n}} \tag{5.26}$$

可见

$$a_{x:\overline{n}|}={}_nE_x s_{x:\overline{n}|} \tag{5.27}$$

$$\ddot{a}_{x:\overline{n}|}={}_nE_x \ddot{s}_{x:\overline{n}|} \tag{5.28}$$

因此，在当前获得的 $a_{x:\overline{n}|}$ 与 $n$ 年后存活获得的 $s_{x:\overline{n}|}$ 是等价的。

**例 5.10** 某个年龄 30 岁的人，希望在他活到 60 岁时立刻开始提供年给付额 2 000 元的生存年金。此人参加的年金保单规定：如果他在 60 岁以前死亡，那么他得不到任何退还和给付。问这个人要实现他的愿望，在 30 ~ 60 岁，每年年初应存入保险公司多大的金额？以 CL1（2010—2013）2.5% 为计算基础。

**解：** 设 $R$ 为 30 ~ 60 岁每年年初应存入保险公司的金额。按照题意，保险公司所提供的生存年金在 60 岁的精算现值，应当等于投保人每年年初存入额形成的 30 年期初生存年金在 60 岁的精算终值。用符号表达为

$$R\ddot{s}_{30:\overline{30}|}=2\,000\ddot{a}_{60}$$

$$R=\frac{2\,000\ddot{a}_{60}}{\ddot{s}_{30:\overline{30}|}}=\frac{2\,000N_{60}}{N_{30}-N_{60}}\approx 647.74（元）$$

**例 5.11** 试证：$\ddot{s}_{x:\overline{n}|}>\ddot{s}_{\overline{n}|}$ 并给予解释。

**证明：** $$\ddot{s}_{x:\overline{n}|}=\frac{\ddot{a}_{x:\overline{n}|}}{_nE_x}=\frac{_0E_x+{}_1E_x+\cdots+{}_{n-1}E_x}{_nE_x}$$

$$=\frac{l_x}{l_{x+n}}\cdot(1+i)^n+\frac{l_{x+1}}{l_{x+n}}\cdot(1+i)^{n-1}+\cdots+\frac{l_{x+n-1}}{l_{x+n}}\cdot(1+i)$$

$$>(1+i)^n+(1+i)^{n-1}+\cdots+(1+i)=\ddot{s}_{\overline{n}|}$$

即

$$\ddot{s}_{x:\overline{n}|}>\ddot{s}_{\overline{n}|}$$

$\ddot{s}_{\overline{n}|}$ 表示在利息率 $i$ 的作用之下，确定的 $n$ 年内的每年年初存入金额 1 元在第 $n$ 年年末的终值。而 $\ddot{s}_{x:\overline{n}|}$ 表示的是精算终值，不仅考虑了利息率 $i$ 之下每年年初的 1 元在第 $n$ 年年末的累积值，而且还包含了因其残存而获得的已死亡者丧失的一定份额。因此，$\ddot{s}_{x:\overline{n}|}>\ddot{s}_{\overline{n}|}$。

### 5.3.5 水平给付生存年金的一般公式

在年龄 $y$ 岁时提供给付额 $R$，在年龄 $x$ 岁的精算值可以表示为$\frac{RD_y}{D_x}$；当 $x < y$ 时，该式表示精算现值；当 $x > y$ 时，该式表示精算终值。

在年龄 $y$ 岁，$y+1$ 岁，…，$z-1$ 岁分别提供给付额等额 $R$ 的生存年金，在 $x$ 岁的精算值便可以表达为

$$\frac{RD_y}{D_x}+\frac{RD_{y+1}}{D_x}+\cdots+\frac{RD_{z-1}}{D_x}=\frac{R(N_y-N_z)}{D_x} \tag{5.29}$$

注释：

$x$ 是所计算精算值对应的年龄，$y$ 是年金第一次给付对应的年龄，$z$ 是年金最后一次给付一年以后对应的年龄。$x$ 可以大于、等于或小于 $y$ 或 $z$。据此视不同情形，上述表达式既可以是精算现值的表达式，也可以是精算终值的表达式。

有了水平给付生存年金的一般公式，无论是期初生存年金替换函数表达式，还是期末生存年金替换函数表达式，便容易记忆了。

例 5.12　某种生存年金在 30 岁、31 岁……50 岁的生存给付金均为 1 000 元，试用替换函数表达该生存年金在 35 岁的精算值，并以 CL1(2010—2013)2.5% 为基础计算。

解：根据水平给付生存年金的一般公式，所求生存年金在 35 岁的精算值替换函数表达如下：

$$\frac{1\,000(N_{30}-N_{51})}{D_{35}}\approx 18\,627.54(\text{元})$$

### 5.3.6 变动给付生存年金

(1) 期初生存年金

① 递增终身生存年金。用 $(I\ddot{a})_x$ 表示如下递增期初终身生存年金在 $x$ 岁时的精算现值：第一年年初给付额为 1，第二年年初给付额为 2…… 每年年初给付额较上一年年初给付额增加 1，直至死亡发生导致停止给付。

$(I\ddot{a})_x$ 有如下多种表达方式：

$$(I\ddot{a})_x=\sum_{k=0}^{\infty}(k+1)v^k{}_kp_x=\sum_{k=0}^{\infty}(k+1)\frac{D_{x+k}}{D_x}=\frac{S_x}{D_x} \tag{5.30}$$

或

$$(I\ddot{a})_x=\sum_{k=0}^{\infty}{}_{k|}\ddot{a}_x=\sum_{k=0}^{\infty}\frac{N_{x+k}}{D_x}=\frac{S_x}{D_x}$$

式(5.30)中，$S_x$ 为替换函数且定义 $S_x=\sum_{k=0}^{\infty}N_{x+k}$。

② 递增定期生存年金。用 $(I\ddot{a})_{x:\overline{n|}}$ 表示按如下方式给付的 $n$ 年递增生存年金在 $x$ 岁时的精算现值：第一年年初给付额为 1，第二年年初给付额为 2…… 每年年初给付额

较上一年年初给付额增加 1，直至第 $n$ 年年初给付额为 $n$。

$(I\ddot{a})_{x:\overline{n}|}$ 可以表达为

$$(I\ddot{a})_{x:\overline{n}|}=\sum_{k=0}^{n-1}(k+1)v^k{}_kp_x=\sum_{k=0}^{n-1}(k+1)\frac{D_{x+k}}{D_x}$$
$$=\frac{S_x-S_{x+n}-nN_{x+n}}{D_x} \tag{5.31}$$

或

$$(I\ddot{a})_{x:\overline{n}|}=\sum_{k=0}^{n-1}{}_{k|}\ddot{a}_{x:\overline{n-k}|}=\sum_{k=0}^{n-1}\frac{N_k-N_{x+k}}{D_x}=\frac{S_x-S_{x+n}-nN_{x+n}}{D_x}$$

③ 递增水平终身生存年金。基本条件如同上述 $n$ 年递增生存年金，进一步假定被保险人在 $x+n$ 岁以及以后的每年年初仍生存，便继续提供给付，其给付额均为 $n$。像这样的给付额所形成的递增水平生存年金，在 $x$ 岁时的精算现值记作 $(I_{\overline{n}|}\ddot{a})_x$。且

$$(I_{\overline{n}|}\ddot{a})_x=\sum_{k=0}^{n-1}(k+1)v^k{}_kp_x+\sum_{k=n}^{\infty}nv^k{}_kp_x$$
$$=(I\ddot{a})_{x:\overline{n}|}+n\,{}_{n|}\ddot{a}_x$$

或

$$(I_{\overline{n}|}\ddot{a})_x=\sum_{k=0}^{n-1}{}_{k|}\ddot{a}_x=\sum_{k=0}^{n-1}\frac{N_{x+k}}{D_x}=\frac{S_x-S_{x+n}}{D_x} \tag{5.32}$$

④ 递减定期生存年金。约定 $(D\ddot{a})_{x:\overline{n}|}$ 表示如下 $n$ 年递减生存年金在 $x$ 岁时的精算现值：第一年年初给付额为 $n$，第二年年初给付额为 $n-1$……第 $n$ 年年初给付额为 1。以后各年度之初即便被保险人生存也概不给付，那么

$$(D\ddot{a})_{x:\overline{n}|}=\sum_{k=0}^{n-1}(n-k)v^k{}_kp_x=\sum_{k=0}^{n-1}nv^k{}_kp_x-\sum_{k=1}^{n-1}kv^k{}_kp_x$$
$$=n\ddot{a}_{x:\overline{n}|}-{}_1E_x\,(I\ddot{a})_{x+1:\overline{n-1}|}$$

或

$$(D\ddot{a})_{x:\overline{n}|}=\sum_{k=1}^{n}\ddot{a}_{x:\overline{k}|}=\sum_{k=1}^{n}\frac{N_x-N_{x+k}}{D_x}=\frac{nN_x-(S_{x+1}-S_{x+n+1})}{D_x} \tag{5.33}$$

例 5.13　现年 30 岁的人具有给付额分别为 500 元、450 元、400 元、350 元、300 元以及 250 元的六年期初生存年金。试用替换函数表达该种年金的精算现值。

解：令 $R$ 表示所求的精算现值。

$$R=500\,{}_0E_{30}+450\,{}_1E_{30}+400\,{}_2E_{30}+350\,{}_3E_{30}+300\,{}_4E_{30}+250\,{}_5E_{30}$$
$$=50\,\frac{10D_{30}+9D_{31}+8D_{32}+7D_{33}+6D_{34}+5D_{35}}{D_{30}}$$

因为

$$5(D_{30}+D_{31}+D_{32}+D_{33}+D_{34}+D_{35})=5(N_{30}-N_{36})$$
$$D_{30}+D_{31}+D_{32}+D_{33}+D_{34}=N_{30}-N_{35}$$
$$D_{30}+D_{31}+D_{32}+D_{33}=N_{30}-N_{34}$$
$$D_{30}+D_{31}+D_{32}=N_{30}-N_{33}$$

$$D_{30}+D_{31}=N_{30}-N_{32}$$

$$D_{30}=N_{30}-N_{31}$$

各式两边相加得

$$10D_{30}+9D_{31}+8D_{32}+7D_{33}+6D_{34}+5D_{35}=10N_{30}-(S_{31}-S_{36})-5N_{36}$$

所以

$$R=\frac{50[10N_{30}-(S_{31}-S_{36})-5N_{36}]}{D_{30}}$$

$R$ 也可按下列方法得到：

题中的六年期初生存年金等同于每年年初给付 550 元的六年期初生存年金，扣除这样的一种六年期初递增生存年金：第一年年初给付额为 50 元，第二年年初给付额为 100 元……第六年年初给付额为 300 元。因此，

$$\begin{aligned}R&=550\ddot{a}_{30:\overline{6}|}-50(I\ddot{a})_{30:\overline{6}|}\\&=550\cdot\frac{N_{30}-N_{36}}{D_{30}}-50\cdot\frac{S_{30}-S_{36}-6\cdot N_{36}}{D_{30}}\\&=\frac{50(11N_{30}-S_{30}+S_{36}-5N_{36})}{D_{30}}\\&=\frac{50(10N_{30}-S_{31}+S_{36}-5N_{36})}{D_{30}}=\frac{50(10S_{30}-11S_{31}-4S_{36}+5S_{37})}{D_{30}}\end{aligned}$$

若以 CL1(2010—2013)2.5% 为计算基础，则结果为 2 133.75 元。

**例 5.14** 30 岁的人购买了一份特殊的终身生存年金，该年金在购买后的第 30 年年末第一次支付，支付额为 10 000 元，此后每年的支付额增加 10 000 元。当支付额达到 50 000 元时，不再增长，也不再变动。求该年金购买时的精算现值，以 CL1(2010—2013)2.5% 为计算基础。

**解：** 依题意得，此为延期 30 年的递增 5 年的期初终身生存年金，每年递增 10 000 元，因此，所求的精算现值为

$$\begin{aligned}10\,000\,{}_{30}E_{30}\,(I_{\overline{5}|}\ddot{a})_{60}&=10\,000\cdot\frac{D_{60}}{D_{30}}\cdot\frac{S_{60}-S_{65}}{D_{60}}\\&=10\,000\cdot\frac{S_{60}-S_{65}}{D_{30}}\approx 297\,628.09(\text{元})\end{aligned}$$

(2) 期末生存年金

基本约定类似于期初生存年金，只是相应的给付在期末发生。不难得到，与期初生存年金讨论平行的期末生存年金的精算现值的表达式分别是

$$(Ia)_x=\frac{S_{x+1}}{D_x}\tag{5.34}$$

$$(Ia)_{x:\overline{n}|}=\frac{S_{x+1}-S_{x+n+1}-nN_{x+n+1}}{D_x}\tag{5.35}$$

$$(I_{\overline{n}|}a)_x=\frac{S_{x+1}-S_{x+n+1}}{D_x}\tag{5.36}$$

$$(Da)_{x:\overline{n}|} = \frac{nN_{x+1} - (S_{x+2} - S_{x+n+2})}{D_x} \tag{5.37}$$

**例 5.15** 试证：关于 $x$ 岁的人的递增终身生存年金的精算现值为

$$\frac{hN_x + kS_{x+1}}{D_x}$$

假设第一次给付 $h$ 立即兑现，以后给付每年增加 $k$。

**证明：** 题目要求生存年金的精算现值为

$$h\ddot{a}_x + k(Ia)_x = h \cdot \frac{N_x}{D_x} + k \cdot \frac{S_{x+1}}{D_x} = \frac{hN_x + kS_{x+1}}{D_x}$$

**例 5.16** 某60岁的人购买了一份特殊的终身生存年金。该年金在每年年末支付，第一次的支付额为1 000元，此后每年增加500元。当支付额达到4 000元时，以后逐年递减1 000元，直到支付额为1 000元，此后保持不变。求购买时此生存年金的精算现值。以CL1(2010—2013)2.5%为计算基础。

**解：** 所求年金的精算现值为

$$1\,000a_{60} + 500\,{}_1E_{60}\,(Ia)_{61:\overline{6}|} + 1\,000\,{}_7E_{60}\,(Da)_{67:\overline{2}|}$$

$$= 1\,000\frac{N_{61}}{D_{60}} + 500\frac{D_{61}}{D_{60}} \cdot \frac{S_{62} - S_{68} - 6N_{68}}{D_{61}} + 1\,000\frac{D_{67}}{D_{60}} \cdot \frac{2N_{68} - (S_{69} - S_{71})}{D_{67}}$$

$$= 500\frac{2N_{61} + S_{62} - S_{68} - 6N_{68} + 4N_{68} - 2S_{69} + 2S_{71}}{D_{60}}$$

$$= 500\frac{N_{61} + S_{61} - 3S_{68} + 2S_{71}}{D_{60}} \approx 25\,547.20(\text{元})$$

## 5.4 以生存为条件每年提供数次给付的生存年金

在实际中，生存年金并不只限于每年给付一次，还存在大量每隔半年、一个季度甚至一个月给付一次的生存年金。

### 5.4.1 水平给付生存年金

我们对所要讨论的生存年金做如下假定：签约年龄均为 $x$ 岁，年给付额为1，分期于 $m$ 次支付，且每次支付额都是$\frac{1}{m}$，年利息率为 $i$。

(1) 期末生存年金

首先看终身生存年金。用 $a_x^{(m)}$ 表示满足上述假定的期末生存年金在 $x$ 岁时的精算现值。由于该年金可以被视为一系列一次性给付在 $x$ 岁时的精算现值之和，所以 $a_x^{(m)}$ 可以表示为

$$a_x^{(m)} = \frac{1}{m}\,{}_{\frac{1}{m}}E_x + \frac{1}{m}\,{}_{\frac{2}{m}}E_x + \frac{1}{m}\,{}_{\frac{3}{m}}E_x + \cdots$$
$$= \frac{1}{m}\sum_{t=1}^{\infty}\,{}_{\frac{t}{m}}E_x$$
$$= \frac{1}{mD_x}\sum_{t=1}^{\infty} D_{x+\frac{t}{m}}$$

对 $D_{x+\frac{t}{m}}$ 做进一步分析：

① 当 $t \geqslant m(\omega - x)$ 时，$\omega$ 表示生命表终极年龄。$D_{x+\frac{t}{m}} = 0$ 从而上述和式的上限用 $\infty$ 代替 $m(\omega - x)$，其和式的值不受影响。

② 当 $t < m(\omega - x)$ 时，对于 $D_{x+\frac{t}{m}}$ 本书在此前并未给出过定义。由于生命表没有直接揭示一个人存活分数年的概率，故对 $D_{x+\frac{t}{m}}$ 做出评估有一定的困难。严格地说，关于 $D_{x+\frac{t}{m}}$ 的精确表达式几乎不存在。

经过前人的长期探索，精算中 $\sum\limits_{t=1}^{\infty} D_{x+\frac{t}{m}}$ 已经产生了多种近似表达式。在保险实务中常采用的是伍尔豪斯(Woolhouse)给出的近似公式。该公式的基本内容是

$$\frac{1}{m}\sum_{t=1}^{\infty} D_{x+\frac{t}{m}} = \sum_{t=1}^{\infty} D_{x+t} + \frac{m-1}{2m}D_x + \frac{m^2-1}{12m^2}\cdot\frac{\mathrm{d}D_x}{\mathrm{d}x} + \cdots$$
$$= \sum_{t=1}^{\infty} D_{x+t} + \frac{m-1}{2m}D_x \tag{5.38}$$



运用该公式，$a_x^{(m)}$ 有如下近似计算表达式：

$$a_x^{(m)} = \frac{1}{mD_x}\sum_{t=1}^{\infty} D_{x+\frac{t}{m}} = \sum_{t=1}^{\infty}\frac{D_{x+t}}{D_x} + \frac{m-1}{2m}$$
$$= a_x + \frac{m-1}{2m} = \frac{N_{x+1} + \frac{m-1}{2m}\cdot D_x}{D_x} \tag{5.39}$$

其次，看延付生存年金。用 ${}_{n|}a_x^{(m)}$ 表示 $n$ 年延付生存年金在 $x$ 岁时的精算现值。${}_{n|}a_x^{(m)}$ 可以转化为终身生存年金来计算。

$${}_{n|}a_x^{(m)} = {}_nE_x a_{x+n}^{(m)} = {}_nE_x\left(a_{x+n} + \frac{m-1}{2m}\right)$$
$$= {}_nE_x a_{x+n} + \frac{m-1}{2m}\,{}_nE_x = {}_{n|}a_x + \frac{m-1}{2m}\,{}_nE_x$$
$$= \frac{N_{x+n+1} + \frac{m-1}{2m}D_{x+n}}{D_x} \tag{5.40}$$

最后，考察 $n$ 年定期生存年金。用 $a_{x:\overline{n|}}^{(m)}$ 表示 $n$ 年定期生存年金在 $x$ 岁时的精算现值，那么，

$$a_{x:\overline{n|}}^{(m)} = a_x^{(m)} - {}_{n|}a_x^{(m)} = \left(a_x + \frac{m-1}{2m}\right) - \left({}_{n|}a_x + \frac{m-1}{2m}\,{}_nE_x\right)$$

$$= (a_x - {}_{n|}a_x) + \frac{m-1}{2m}(1 - {}_nE_x) = a_{x:\overline{n}|} + \frac{m-1}{2m}(1 - {}_nE_x) \quad (5.41)$$

$$= \frac{N_{x+1} - N_{x+n+1} + \frac{m-1}{2m}(D_x - D_{x+n})}{D_x} \quad (5.42)$$

(2) 期初生存年金

类似于期末生存年金的推导,运用 Woolhouse 的近似公式,可以得到期初付生存年金的精算现值的如下近似表达式:

$$\ddot{a}_x^{(m)} = \ddot{a}_x - \frac{m-1}{2m} \quad (5.43)$$

$${}_{n|}\ddot{a}_x^{(m)} = {}_{n|}\ddot{a}_x - \frac{m-1}{2m}\,{}_nE_x \quad (5.44)$$

$$\ddot{a}_{x:\overline{n}|}^{(m)} = \ddot{a}_{x:\overline{n}|} - \frac{m-1}{2m}(1 - {}_nE_x) \quad (5.45)$$

值得注意的是,每年支付 $m$ 次的期初生存年金并不等于每年支付一次的期初生存年金乘上一个比例系数。原因在于,每年支付一次的期初生存年金能在期初一次性获得本年的所有支付及孳生的利息,而每年支付 $m$ 次的生存年金利息收入减少,该年度的支付能否全部收回也具有不确定性,所以要在后面减去一项。

例5.17　试计算出如下年金保险的趸缴纯保险费:年金保险签约年龄为40岁,以生存为条件每月给付1 000元,第一次给付从50岁开始,但最大给付期为10年。计算以CL1(2010—2013)2.5%为基础(必要时计算可以运用近似公式)。

解:满足已知条件的年金保险趸缴纯保险费的表达式为

$$12\,000\,{}_{10|}\ddot{a}_{40:\overline{10}|}^{(12)} = 12\,000({}_{10|}\ddot{a}_{40}^{(12)} - {}_{20|}\ddot{a}_{40}^{(12)})$$

运用 Woolhouse 的公式的替换函数表达式:

$$12\,000\,{}_{10|}\ddot{a}_{40:\overline{10}|}^{(12)} = 12\,000\left(\frac{N_{50} - \frac{11}{24}D_{50}}{D_{40}} - \frac{N_{60} - \frac{11}{24}D_{60}}{D_{40}}\right)$$

$$= \frac{12\,000(N_{50} - N_{60}) - 5\,500(D_{50} - D_{60})}{D_{40}}$$

$$\approx 78\,965.68(\text{元})$$

(3) 期初生存年金与期末生存年金的关系

容易推导,期初生存年金与期末生存年金具有下列关系:

$$\ddot{a}_x^{(m)} = a_x^{(m)} + \frac{1}{m} \quad (5.46)$$

$${}_{n|}\ddot{a}_x^{(m)} = {}_{n|}a_x^{(m)} + \frac{1}{m}\,{}_nE_x \quad (5.47)$$

$$\ddot{a}_{x:\overline{n}|}^{(m)} = a_{x:\overline{n}|}^{(m)} + \frac{1}{m}(1 - {}_nE_x) \quad (5.48)$$

根据这些关系,并结合每年给付一次的期末生存年金与期初生存年金的相互关系,也可以得出期初生存年金精算现值的表达式。

例 5.18　试用 $\ddot{s}_{30:\overline{35}|}$ 表达 $\ddot{s}^{(12)}_{30:\overline{35}|}$。

解：因为 $\ddot{s}^{(12)}_{30:\overline{35}|}$ 表示年给付额为 1，每年分期于 $m$ 次给付相等的 $\frac{1}{m}$ 的 $n$ 年生存年金在 $x$ 岁时的精算终值，所以

$$\ddot{s}^{(12)}_{30:\overline{35}|} = \frac{\ddot{a}^{(12)}_{30:\overline{35}|}}{{}_{35}E_{30}} = \frac{\ddot{a}_{30:\overline{35}|} - \frac{11}{24}(1 - {}_{35}E_{30})}{{}_{35}E_{30}}$$

$$= \frac{\ddot{a}_{30:\overline{35}|}}{{}_{35}E_{30}} - \frac{11}{24}\left(\frac{1}{{}_{35}E_{30}} - 1\right) = \ddot{s}_{30:\overline{35}|} - \frac{11}{24}\left(\frac{1}{{}_{35}E_{30}} - 1\right)$$

### 5.4.2　水平给付生存年金的一般公式

当定义了替换函数 $N_x^{(m)}$ 以后，年给付数次的水平生存年金的精算值可以用一个替换函数关系式来表达。

对于期初生存年金，假设 $x$ 是精算值计算所对应的年龄，$y$ 是年金第一次给付所对应的年龄，$z$ 是年金最后一次给付以后的 $\frac{1}{m}$ 年所对应的年龄。进一步，令年金年给付额为水平量 $R$，分期于 $m$ 次支付，且每次支付额均为 $\frac{R}{m}$，那么年金在 $x$ 岁的精算值可用替换函数表达为

$$\frac{R(N_y^{(m)} - N_z^{(m)})}{D_x}$$

当 $x \leqslant y < z$ 时，表达式代表的精算值为精算现值；当 $y < z \leqslant x$ 时，表达式代表的精算值为精算终值。

例 5.19　如果 20 岁的年金受领人在 20 ~ 60 岁的 40 年内生存，那么在其生存的每月月初给付 1 000 元。试用替换函数表达这一生存年金在 60 岁时的精算终值。若以 CL1(2010—2013)2.5% 为计算基础，求出具体结果。

解：运用水平给付生存年金的一般公式，且 $x = 60, y = 20, z = 60$。在 60 岁的精算终值的替换函数表达式为

$$\frac{12\,000(N_{20}^{(12)} - N_{60}^{(12)})}{D_{60}}$$

利用 Woolhouse 的近似公式

$$N_{20}^{(12)} = \sum_{t=0}^{\infty} D_{20+t} + \frac{11}{24}D_{20}$$

$$N_{60}^{(12)} = \sum_{t=0}^{\infty} D_{60+t} + \frac{11}{24}D_{60}$$

因此，所求年金的精算现值为

$$12\,000 \cdot \frac{(N_{20} - N_{60}) + \frac{11}{24}(D_{20} - D_{60})}{D_{60}} \approx 913\,771.49(元)$$

对于期末生存年金，特别定义替换函数：

$$\tilde{N}_y^{(m)} = \frac{1}{m}\sum_{k=0}^{\infty} D_{y+\frac{1}{m}+\frac{k}{m}}$$

显然,

$$\tilde{N}_y^{(m)} = N_{y+\frac{1}{m}}^{(m)}$$

从而,水平给付期末生存年金精算值的一般表达式为

$$\frac{R(\tilde{N}_y^{(m)} - \tilde{N}_z^{(m)})}{D_x}$$

上式中,$R$ 为年给付额,$x$ 为精算值计算所对应的年龄,$y$ 为生存年金第一次支付之前的 $\frac{1}{m}$ 年所对应的年龄,$z$ 为年金最后一次支付所对应的年龄。

### 5.4.3 变动给付生存年金

(1) 一般变动给付生存年金

考察这样的年金:年给付额分别为 $R_x, R_{x+1}, \cdots R_y, \cdots R_{x+n-1}$ 且分期于 $m$ 次支付,每次给付额相等。给付额的支付最大期间是 $n$ 年。以下分具体情况研究精算现值。

① 期初生存年金。用 $(apv)_x$ 表示满足上述条件的期初生存年金在 $x$ 岁时的精算现值,那么

$$(apv)_x = \sum_{y=x}^{x+n-1} R_y \ddot{a}_{y:\overline{1}|}^{(m)}\ {}_{y-x}E_x \tag{5.49}$$

② 期末生存年金。用 $(apv)_x$ 表示满足上述条件的期末生存年金在 $x$ 岁时的精算现值,那么

$$(apv)_x = \sum_{y=x}^{x+n-1} R_y a_{y:\overline{1}|}^{(m)}\ {}_{y-x}E_x \tag{5.50}$$

(2) 有规律变动给付生存年金

这里讨论的有规律变动给付的生存年金,限于给付额呈算术级数变化的生存年金。

① 期初生存年金。首先,考察如下递增生存年金:以生存为条件,第一年给付额为1,第二年给付额为2…… 第 $n$ 年给付额为 $n$。每年给付额分期 $m$ 次支付,且每次支付相等金额。$n$ 年以后即使被保险人生存,也均无任何给付。这样的年金在 $x$ 岁时的精算现值记作 $(I\ddot{a})_{x:\overline{n}|}^{(m)}$,$(I\ddot{a})_{x:\overline{n}|}^{(m)}$ 由下列式子决定:

$$(I\ddot{a})_{x:\overline{n}|}^{(m)} = \sum_{k=0}^{n-1} {}_{k|}\ddot{a}_{x:\overline{n-k}|}^{(m)} = \frac{1}{D_x}\sum_{k=0}^{n-1}(N_{x+k}^{(m)} - N_{x+n}^{(m)})$$

$$= \frac{1}{D_x}(S_x^{(m)} - S_{x+n}^{(m)} - nN_{x+n}^{(m)}) \tag{5.51}$$

式(5.51)中,$N_x^{(m)}$、$D_x^{(m)}$ 及 $S_x^{(m)}$ 均为替换函数,它们的定义分别是

$$N_x^{(m)} = \frac{1}{m}\sum_{t=0}^{\infty} D_{x+\frac{t}{m}} \tag{5.52}$$

$$D_x^{(m)} = N_x^{(m)} - N_{x+1}^{(m)} \tag{5.53}$$

$$S_x^{(m)} = \sum_{y=x}^{\infty} N_y^{(m)} \tag{5.54}$$

后文遇上这些替换函数，有相同的含义和约定。

其次，再看如下递减定期年金：第一年给付额为 $n$，第二年给付额为 $n-1$…… 第 $n$ 年给付额为 1。每年给付额分期 $m$ 次支付，且每次支付金额相等。$n$ 年后即使被保险人生存，也均无任何给付。这样的年金在 $x$ 岁时的精算现值记作 $(D\ddot{a})_{x:\overline{n}|}^{(m)}$，$(D\ddot{a})_{x:\overline{n}|}^{(m)}$ 决定于下列各式：

$$\begin{aligned}(D\ddot{a})_{x:\overline{n}|}^{(m)} &= \sum_{k=1}^{n} \ddot{a}_{x:\overline{k}|}^{(m)} = \frac{1}{D_x}\sum_{k=1}^{n}(N_x^{(m)} - N_{x+k}^{(m)}) \\ &= \frac{1}{D_x}[nN_x^{(m)} - (S_{x+1}^{(m)} - S_{x+n+1}^{(m)})]\end{aligned} \tag{5.55}$$

② 期末生存年金。以下将讨论的期末生存年金完全平行于前面所讨论的期初生存年金。相应的精算现值分别记作 $(Ia)_{x:\overline{n}|}^{(m)}$ 和 $(Da)_{x:\overline{n}|}^{(m)}$。可以得出它们的如下替换函数表达式：

$$(Ia)_{x:\overline{n}|}^{(m)} = \frac{S_{x+1}^{(m)} - S_{x+n+1}^{(m)} - nN_{x+n+1}^{(m)}}{D_x} \tag{5.56}$$

$$(Da)_{x:\overline{n}|}^{(m)} = \frac{nN_{x+1}^{(m)} - (S_{x+2}^{(m)} - S_{x+n+2}^{(m)})}{D_x} \tag{5.57}$$



## 5.5 以生存为条件每年连续地提供给付的生存年金

回顾以生存为条件每年提供数次给付的生存年金的精算现值，其中常见的是：

(1) 终身生存年金

精算现值的计算公式为

$$\ddot{a}_x^{(m)} = \frac{1}{mD_x}\sum_{t=0}^{\infty} D_{x+\frac{t}{m}} \tag{5.58}$$

(2) 定期生存年金

精算现值的计算公式为

$$\ddot{a}_{x:\overline{n}|}^{(m)} = \frac{1}{mD_x}\sum_{t=0}^{mn-1} D_{x+\frac{t}{m}} \tag{5.59}$$

(3) 延付生存年金

精算现值的计算公式为

$${}_{n|}\ddot{a}_x^{(m)} = \frac{1}{mD_x}\sum_{t=mn}^{\infty} D_{x+\frac{t}{m}} \tag{5.60}$$

在这些精算现值中，令给付频数愈来愈大，即使 $m$ 无限增大，根据定积分的定义，有

$$\lim_{m\to\infty} \ddot{a}_x^{(m)} = \int_0^{\infty} \frac{D_{x+t}}{D_x}\mathrm{d}t \tag{5.61}$$

$$\lim_{m\to\infty}\ddot{a}_{x:\overline{n}|}^{(m)} = \int_0^n \frac{D_{x+t}}{D_x}\mathrm{d}t \tag{5.62}$$

$$\lim_{m\to\infty}{}_{n|}\ddot{a}_x^{(m)} = \int_n^\infty \frac{D_{x+t}}{D_x}\mathrm{d}t \tag{5.63}$$

用 $\bar{a}_x$、$\bar{a}_{x:\overline{n}|}$ 和 ${}_{n|}\bar{a}_x$ 分别表示上述三个极限值，于是

$$\bar{a}_x = \frac{\bar{N}_x}{D_x} \tag{5.64}$$

$$\bar{a}_{x:\overline{n}|} = \frac{\bar{N}_x - \bar{N}_{x+n}}{D_x} \tag{5.65}$$

$$_{n|}\bar{a}_x = \frac{\bar{N}_{x+n}}{D_x} \tag{5.66}$$

上式中 $\bar{N}_x$ 是替换函数，其定义是

$$\bar{N}_x = \int_0^\infty D_{x+t}\mathrm{d}t = \int_x^\infty D_y\mathrm{d}y = N_x - \frac{1}{2}D_x \tag{5.67}$$

像这种符号 $\bar{a}_x$、$\bar{a}_{x:\overline{n}|}$ 和 ${}_{n|}\bar{a}_x$ 表示的精算值，分别称为年给付额 1，年内连续地支付的连续终身生存年金、连续 $n$ 年定期生存年金和连续 $n$ 年延期生存年金在 $x$ 岁时的精算现值。

## 5.6 完全期末生存年金和比例期初生存年金



5.5 节中讨论的连续生存年金，其给付可以连续地进行到死亡时刻，从而不存在最后的调整额。然而，对于前面已讨论过的每年提供一次给付或每年提供数次给付的生存年金，因年金受领人在一年之中或一定期间内发生死亡，便不能获得任何年金给付，也可能已经给付。具体地说，就是在死亡发生年度或一定期间内已生存的时间均无任何给付或已经给付。这种情形并不总是合理的。要处理这个问题，就应在死亡时刻给付一定的调整值。完全期末生存年金和比例期初生存年金就是考虑了死亡调整值的两种特殊生存年金。

### 5.6.1 完全期末生存年金

用 $\mathring{a}_x^{(m)}$ 表示满足如下条件的完全期末生存年金在 $x$ 岁时的精算现值。年金给付额为 1，分期 $m$ 次支付，且每次的给付额均为 $\frac{1}{m}$。该年金同时还考虑最后一次的给付额 $\frac{1}{m}$ 对应的时刻与死亡发生时刻的那段期间的调整值，即已生存未获得给付的值。

由于在一年内的每 $\frac{1}{m}$ 年的年末给付 $\frac{1}{m}$ 等价于在每 $\frac{1}{m}$ 年以年率 $\frac{1}{m}\cdot\frac{1}{\bar{s}_{\overline{\frac{1}{m}}|}}$ 连续地提供给付。所以若死亡在某个 $\frac{1}{m}$ 年内的时刻 $t$ 发生，其中 $0 < t < \frac{1}{m}$，则在死亡时提供的连续生存年金支付，即选择的调整给付值等价于

$$\frac{1}{m}\cdot\frac{\bar{s}_{\overline{t}|}}{\bar{s}_{\overline{\frac{1}{m}}|}}=\frac{\delta}{i^{(m)}}\bar{s}_{\overline{t}|}$$

于是，完全期末生存年金的精算现值 $\mathring{a}_x^{(m)}$ 可以表达为

$$\mathring{a}_x^{(m)}=\frac{\delta}{i^{(m)}}\bar{a}_x \tag{5.68}$$

类似地，完全定期期末生存年金在 $x$ 岁的精算现值记作 $\mathring{a}_{x:\overline{n}|}^{(m)}$，且

$$\mathring{a}_{x:\overline{n}|}^{(m)}=\frac{\delta}{i^{(m)}}\bar{a}_{x:\overline{n}|} \tag{5.69}$$

### 5.6.2　比例期初生存年金

用 $\ddot{a}_x^{\{m\}}$ 表示年给付额为 1 的比例期初生存年金在 $x$ 岁时的精算现值。其中，年给付额 1 分期于 $x$ 岁的人生存的每 $\frac{1}{m}$ 年年初，同时年金还将返还一笔考虑从死亡时刻到下一次年金给付时刻的那段期间的给付，即已给付但未生存对应的值。

由于在一年内生存的每 $\frac{1}{m}$ 年内以年率 $\frac{1}{m}\cdot\frac{1}{\bar{a}_{\overline{\frac{1}{m}}|}}$ 连续地提供给付，所以，若在 $\frac{1}{m}$ 年内的时刻 $t$ 发生了死亡，$0<t<\frac{1}{m}$，则可选择

$$\frac{1}{m}\cdot\frac{\bar{a}_{\overline{\frac{1}{m}-t}|}}{\bar{a}_{\overline{\frac{1}{m}}|}}=\frac{\delta}{d^{(m)}}\bar{a}_{\overline{\frac{1}{m}-t}|}$$

作为返还金额。从而，比例期初生存年金的精算现值 $\ddot{a}_x^{\{m\}}$ 由下式决定：

$$\ddot{a}_x^{\{m\}}=\frac{\delta}{d^{(m)}}\bar{a}_x \tag{5.70}$$

类似地，比例期初定期生存年金在 $x$ 岁时的精算现值为

$$\ddot{a}_{x:\overline{n}|}^{\{m\}}=\frac{\delta}{d^{(m)}}\bar{a}_{x:\overline{n}|} \tag{5.71}$$

## 5.7　长寿风险度量及其对生存年金精算现值的影响

### 5.7.1　长寿风险的定义及特点

随着人们生活水平和医疗技术的提高，人类的平均寿命在不断延长，然而对于寿险行业来说，寿命延长却会带来经营风险。长寿风险(longevity risk)是指人口未来实际平均寿命高于平均预期寿命，从而导致所积累财富短缺的风险。长寿风险主要表现为未来实际寿命长于基于经验数据得出的预估寿命。

长寿风险可以分为两大类：第一类是个体长寿风险，第二类是集体长寿风险。个体长寿风险是指个人在生存期间，由于寿命延长而支出超过自身所积累的财富的风险。

个体长寿风险属于非系统性风险，可以利用大数法则来分散风险。而集体长寿风险是指由若干人组成的群体内的所有个体的平均寿命超过根据历史数据计算出的预期寿命的风险，这是一种系统性风险，不能用大数法则来分散风险。对于寿险行业来说，平均寿命的延长属于系统性风险，会使得生存年金产品的收支平衡被破坏，实际支出大于收入，从而影响保险公司的效益。

长寿风险是随着社会发展而产生的一种新兴风险，与传统风险相比，它具有以下几个特点：① 长寿风险属于系统性风险。长寿风险是由于群体中大多数个体寿命延长而产生的风险，难以通过资产组合或者大数法则进行分散。② 长寿风险具有长期趋势性。从长期来看，随着医疗技术的进步，疾病治愈率不断提高，死亡率降低，人类的寿命还会不断延长。

### 5.7.2 长寿风险的度量

长寿风险是由于未来死亡率的降低，实际平均寿命高于预期寿命，因而在长寿风险的度量过程中最重要的是对未来死亡率的预测。目前，死亡率预测模型可以大致划分为静态死亡率预测模型和动态死亡率预测模型。

（1）静态死亡率预测模型

静态死亡率预测模型基于死亡率经验数据确定参数，只考虑了年龄和死亡率的关系，不考虑时间变动的影响，因而无法对未来死亡率进行预测，如广义线性模型、HP 模型和死亡率因素模型等。

（2）动态死亡率预测模型

相比于静态死亡率预测模型，动态死亡率预测模型不仅考虑了年龄对死亡率的影响，还考虑了时间变动对死亡率的影响。其中，李（Lee）和卡特尔（Carter）于1992年提出的Lee - Carter模型（简称“LC 模型”）和凯恩斯（Cairns）等提出的CBD模型应用最广泛，之后很多模型都是在此基础上演变而成的。伦肖 - 哈伯曼（Renshaw - Haberman）模型在Lee - Carter模型中加入了出生年效应，简称“RH 模型”。之后又衍生出柯里（Currie）模型等。

LC 模型的公式为

$$\ln m_{x,t} = \alpha_x + \beta_x k_t + \mu_{x,t} \tag{5.72}$$

其中，$m_{x,t}$ 表示时间 $t$ 且年龄为 $x$ 岁的人群的死亡率，$\alpha_x$ 表示不同年龄（或年龄组）的死亡率与时间 $t$ 无关的部分；$\beta_x$ 表示不同年龄（或年龄组）的死亡率与时间 $t$ 的交互效应部分，$k_t$ 衡量了死亡率随时间 $t$ 的变化趋势，$\mu_{x,t}$ 是随机扰动项。

CBD 模型的公式为

$$\ln m_{x,t} = k_{1,t} + k_{2,t}(x - \bar{x}) \tag{5.73}$$

其中，$m_{x,t}$ 表示时间 $t$ 且年龄为 $x$ 岁的人群的死亡率，$k_{1,t}$ 和 $k_{2,t}$ 为带漂移项的二维随机游走过程，$\bar{x}$ 为样本年龄的平均值。

死亡率预测模型如图 5.1 所示。

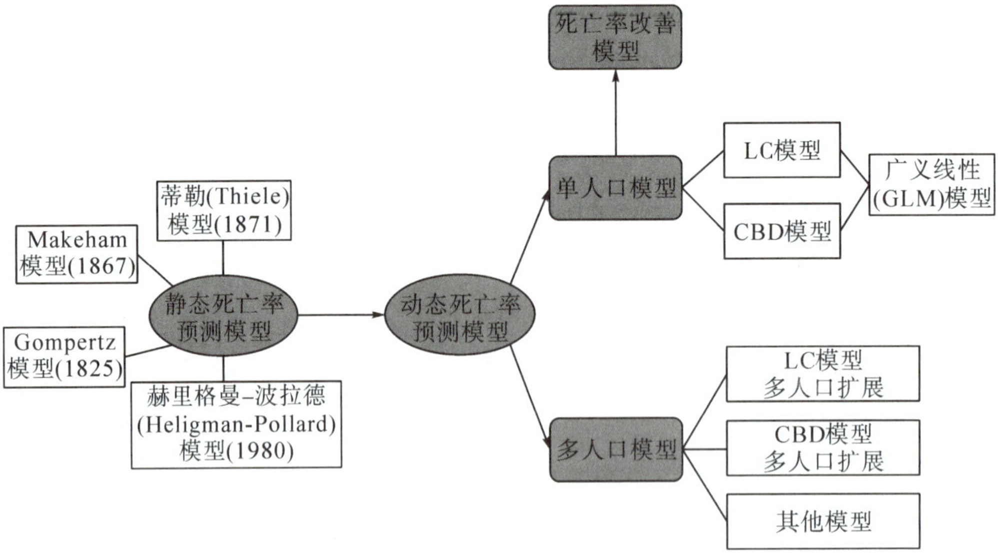


图 5.1　死亡率预测模型

### 5.7.3　长寿风险对生存年金精算现值的影响

由于寿险公司在费率厘定时以生命表为基础，而生命表一般时隔几年甚至更长时间更新一次。长寿风险的存在导致生命表中的死亡率与实际平均余命存在差异，使得寿险行业在进行费率厘定的过程中不够准确，会出现收支不平衡的现象。若长寿风险持续增加，则收支差额的绝对值会不断扩大。

现以期末给付的终身生存年金为例。

假设某 $x$ 岁的人按照生命表计算的生存概率为 $p_x$，而实际生存概率为 $p'_x$。长寿风险的存在使得死亡率下降，生存概率上升，则有 ${}_tp'_x > {}_tp_x$。

由于 $a_x = vp_x + v^2{}_2p_x + v^3{}_3p_x + \cdots$ 与 $a'_x = vp'_x + v^2{}_2p'_x + v^3{}_3p'_x + \cdots$，因此

$$a'_x - a_x = v(p'_x - p_x) + v^2({}_2p'_x - {}_2p_x) + v^3({}_3p'_x - {}_3p_x) + \cdots > 0$$

如果寿险公司仍按照生命表计算出的年金精算现值 $a_x$ 来收费，那么收取的保费不能满足支付要求，从而导致寿险公司利益受损，也不利于寿险公司的长期经营。同理，其他类型的年金产品也存在类似问题。

## 习题 5

5-1　选择与 ${}_{n|}a_{x:\overline{m|}}$ 等价的表达式：

$$(1)\sum_{t=n}^{n+m}{}_tE_x;(2)\frac{N_{x+n+1}-N_{x+n+m+1}}{D_x};(3)\sum_{t=n}^{n+m-1}\frac{D_{x+t}}{D_x};(4)\ {}_{n+1|}\ddot{a}_{x:\overline{m|}}。$$

5-2　已知 $\ddot{a}_{50:\overline{10|}} = 8.2066$，$a_{50:\overline{10|}} = 7.8277$，${}_{10}p_{50} = 0.9195$，求实际年利息率 $i$。

5-3　已知 $a_{60} = 10.996$，$a_{61} = 10.756$，$a_{62} = 10.509$，$i = 0.06$，求 ${}_2p_{60}$。

5-4　(60)购买一份终身生存年金，每年年末支付 10 000 元，求该年金的精算现值。以 CL1(2010—2013)2.5% 为计算基础。

5－5 (40) 购买了一份终身生存年金。该年金所有给付于被保险人活过60岁后开始支付。每年年初支付 10 000 元,且有5年保证期,即前五笔支付不论被保险人生存还是死亡,都会进行给付。保证期之后的支付以被保险人的生存为条件。以CL1(2010—2013)2.5%为计算基础,①求趸缴纯保险费;②若到达60岁时,(40)有选择权,可选择放弃原有的年金计划,改为普通的终身生存年金。求这种选择权下每年年初的支付额。

5－6 某人40岁时作为被保险人购买延期20年的年金保险,这一保险保证在他60岁退休时,每年得到20 000元的给付,直至他死亡为止。假定年金额:① 在每年年初给付;② 在 每季之末给付。试计算这一年金保险在购买时的精算现值或趸缴纯保险费的替换函数表达式。

5－7 已知如下条件的变动年金:$(x)$ 是年金起始年龄,第一年年末给付 1 000 元,以后每年比上一年增加给付 500 元,当年给付额增加到 5 000 元时,又以每年比上一年减少 1 000 元递减,减少到年给付额为 1 000 元时,保持这一给付水平直到被保险人死亡为止。试以替换函数表达该年金的精算现值。

5－8 已知死力 $\mu = 0.04$,息力 $\delta = 0.06$,求(1)$\bar{a}_x$;(2)$P(\bar{a}_{\overline{T}|} > \bar{a}_x)$。

5－9 已知 $l_x = 100 - x(0 \leqslant x < 100)$,$i = 0.05$,求 $a_{30:\overline{10}|}$、$a^{(4)}_{30:\overline{10}|}$、$\ddot{a}_{30:\overline{10}|}$、$\bar{a}_{30:\overline{10}|}$,并比较它们的大小。

5－10 一份10年期的期初生存年金于被保险人60岁时开始支付,每年支付一次,支付额比上一年增长4%。设 $i = 0.05$,$l_x = 100 - x(0 < x \leqslant 100)$,求该年金在被保险人60岁时的精算现值

5－11 某60岁的人购买的家庭收入保证保险的给付现值为随机变量:

$$Y = \begin{cases} v^T \bar{a}_{\overline{10-T}|}, & 0 < T < 10 \\ 0, & \text{其他} \end{cases}$$

其中,$\delta = 0.06$, $\mu = 0.04$。求该保险的趸缴纯保险费。

5－12 运用 CL1(2010—2013)2.5% 求 $a_{30:\overline{10}|}$、$a^{(4)}_{30:\overline{10}|}$、$\ddot{a}_{30:\overline{10}|}$。

5－13 100个相互独立的人同时购买了连续给付型终身生存年金保险,每年支付额为10 000 元。已知 $\mu = 0.04$,$\delta = 0.06$。求0时刻保险公司应储备多少基金,才能以95% 的概率保证所有年金的给付。

5－14 某 $x$ 岁的人购买了一份三年期的期初生存年金,三年的给付额分别为 10 000 元、15 000 元和20 000 元。已知 $q_x = 0.01$,$q_{x+1} = 0.02$,$q_{x+2} = 0.02$,$i = 0.04$,求该年金的精算现值。

5－15 有如下三种生存年金:① 从60岁开始支付,每年年初支付10 000元,支付期为15 年;② 从60岁开始支付,前十年每年年初支付5 000元,后五年每年年初支付 15 000 元;③ 从60岁开始支付,前十年每年年初支付5 000元,后五年每年年初支付 12 000 元,若75岁时被保险人仍生存,再支付一笔长寿金 $R$ 元。已知在开始支付时第三种年金与第二种年金的趸缴纯保险费相等,第二种年金的趸缴纯保险费比第一种少 20 000 元,${}_{15}E_{60} = 0.65$,$\ddot{a}_{,60:\overline{10}|} = 6.6$,求 $R$。

# 6 人寿保险

一个人面临的主要人身风险，通俗说有两种：一是活得太久，二是死得过早。一个人活得太久，可能引起正常收入来源减少及其他所需支出增大，从而导致收入难以维持支出。为维持老年正常生活所需，活得太久的人身风险，一般可由年金保险提供的经济保障来化解。投保人只需以缴纳一定的保险费为代价，便可从约定之日起以生存为条件，定期或终身地获取一定的给付额。有关年金保险的基本计算原理，在上一章已经较为详细地讨论过了。一个人相对于本应存活的年数而言死得太早，不仅令人痛苦，而且死亡将导致遗属收入来源短缺，影响遗属的经济生活。死得太早的人身风险，通常由人寿保险中的死亡保险提供的经济保障来化解。人寿保险，严格地说，仅为人身保险的一种，它系以人的生死为保险事故（这里死亡不问原因），由保险人依照合同负给付保险金额责任的保险。人寿保险通常划分为生存保险（含年金保险）、死亡保险以及生死合险（两全保险、储蓄保险）三类。因此，本章讨论的人寿保险主要限于讨论死亡保险的趸缴纯保险费。此外，结合上一章的有关结论，还将讨论生死合险的趸缴纯保险费。



## 6.1 趸缴纯保险费及其基本假定

趸缴纯保险费，就是投保人或被保险人在保单签发之日一次性缴付的纯保险费。它是投保人或被保险人实际缴纳的保险费扣除附加保险费后的余额。在人寿保险中，纯保险费的计算以预定死亡率和预定利息率为主要因素，按收支相等原则，依年龄分别计算。保险人筹集的纯保险费用于抵补保险金额的给付。

为计算趸缴纯保险费的方便，特做如下基本约定，并给出计算趸缴纯保险费的一般数理原理。

约定：给付额的现值函数是 $Z_t = b_t v_t$，其中，$b_t$ 为给付额，$v_t$ 为折现因子或称贴现因子，$Z_t$ 为给付额在保单签发之日的现值。

很显然，$t$ 取不同的值，$Z_t$ 有不同的表达式。在死亡保险中，如果死亡给付额在死亡发生年度之末支付或在死亡发生后立刻支付，那么与这两种方式相对应，在 $x$ 岁时签发的寿险合同，$t$ 取值如下：

$$t = \begin{cases} K+1 & \text{（对应于死亡年度末给付）} \\ T & \text{（对应于死亡后立刻给付）} \end{cases}$$

上式中,$K$ 和 $T$ 在此所代表的意义与第四章所定义的含义相同。

因此,不同时刻的给付额相应的现值函数的具体形式为

$$Z = \begin{cases} b_{K+1}v^{K+1} \\ b_T v^T \end{cases}$$

根据收支平衡原则,在保单生效之日,保险人未来支出保险额的现值的期望就是保险人应筹集或收取的趸缴纯保险费,即

$$\text{趸缴纯保险费} = \mathrm{E}(Z) = \begin{cases} \mathrm{E}(b_{K+1}v^{K+1}) \\ \mathrm{E}(b_T v^T) \end{cases}$$

可见,死亡保险的趸缴纯保险费的计算就是计算保险金额现值函数的数学期望值。因为不同险种不同保险金额有不同的表达式,以下的内容便是分主要险种讨论相应期望值的具体表达式。

## 6.2 在死亡发生年度末提供保险金的寿险

### 6.2.1 终身人寿保险

终身人寿保险有时简称“终身险”“终身寿险”“终身保险”。该保险的保险期间为被保险人的一生,仅于被保险人死亡时给付保险金。



令 $A_x$ 表示 $x$ 岁的人签发的保险金额为1的终身人寿保险的趸缴纯保险费。按前述一般原理:

$$\begin{aligned} A_x &= \mathrm{E}(Z) = \mathrm{E}(b_{K+1}v^{K+1}) = \mathrm{E}(v^{K+1}) \\ &= \sum_{k=0}^{\infty} v^{k+1}\mathrm{P}(K=k) = \sum_{k=0}^{\infty} v^{k+1}{}_kp_x q_{x+k} \\ &= \sum_{k=0}^{\infty} v^{k+1} \cdot \frac{d_{x+k}}{l_x} = \frac{1}{v^x l_x} \cdot \sum_{k=0}^{\infty} v^{x+k+1} d_{x+k} \end{aligned}$$

定义替换函数 $C_x$:

$$C_x = v^{x+1}d_x$$

$$M_x = C_x + C_{x+1} + \cdots$$

$v$ 是按预定利息率 $i$ 计算的折现因子,于是

$$A_x = \frac{M_x}{D_x} \tag{6.1}$$

当终身寿险的保险金额为 $R$ 时,其趸缴纯保险费为

$$RA_x = R \cdot \frac{M_x}{D_x}$$

### 6.2.2 定期人寿保险

在死亡保险中,保险期间以一定时期为限的称为定期寿险。定期寿险仅于被保险

人在保险期间死亡时给付保险金,生存至满期则分文不付,保险费是有去无还的。

令 $A_{x:\overline{n}|}^{1}$ 表示对 $x$ 岁的人签发的保险金额为 1 的 $n$ 年定期寿险的趸缴纯保险费,则

$$\begin{aligned}
A_{x:\overline{n}|}^{1} &= \mathrm{E}(Z) = \mathrm{E}(b_{K+1}v^{K+1}) \quad (K = 0,1,2,\cdots,n-1) \\
&= \sum_{k=0}^{n-1} v^{k+1}\mathrm{P}(K=k) + \sum_{k=n}^{\infty} 0 \cdot v^{k+1} \cdot \mathrm{P}(K=k) \\
&= \sum_{k=0}^{n-1} v^{k+1}{}_{k}p_{x}q_{x+k} = \frac{1}{v^{x}l_{x}}\sum_{k=0}^{n-1} v^{x+k+1}d_{x+k} \\
&= \frac{M_{x}-M_{x+n}}{D_{x}} \qquad (6.2)
\end{aligned}$$

特别地,对 $x$ 岁的人签发的一年定期保险的趸缴纯保险费,称为在 $x$ 岁时的自然保险费。通常,$x$ 岁的自然保险费用符号 $c_x$ 表示。按其定义,

$$c_{x} = A_{x:\overline{1}|}^{1} = \frac{M_{x}-M_{x+1}}{D_{x}} = \frac{C_{x}}{D_{x}} = vq_{x} \qquad (6.3)$$

### 6.2.3 延期人寿保险

延期人寿保险有两种基本形式:延期终身人寿保险和延期定期人寿保险。不论是何种形式,延期人寿保险仅限于被保险人在指定保险期间内死亡时给付保险金,在延长期内死亡则分文不付。

(1) 延期终身人寿保险



令 ${}_{r|}A_{x}$ 表示对 $x$ 岁的人签发的保险金额为 1 元的 $r$ 年延期终身保险的趸缴纯保险费,则

$$\begin{aligned}
{}_{r|}A_{x} &= \mathrm{E}(Z) = \mathrm{E}(b_{K+1}v^{K+1}) \\
&= \sum_{k=0}^{r-1} 0 \cdot v^{k+1} \cdot \mathrm{P}(K=k) + \sum_{k=r}^{\infty} 1 \cdot v^{k+1} \cdot \mathrm{P}(K=k) \\
&= \sum_{k=r}^{\infty} v^{k+1}{}_{k}p_{x}q_{x+k} = \frac{1}{v^{x}l_{x}}\sum_{k=r}^{\infty} v^{x+k+1}d_{x+k} \\
&= \frac{M_{x+r}}{D_{x}} \qquad (6.4)
\end{aligned}$$

${}_{r|}A_{x}$ 也可以按如下方式获得

$${}_{r|}A_{x} = A_{x} - A_{x:\overline{r}|}^{1} = \frac{M_{x}}{D_{x}} - \frac{M_{x}-M_{x+r}}{D_{x}} = \frac{M_{x+r}}{D_{x}} \qquad (6.5)$$

(2) 延期定期人寿年金

令 ${}_{r|}A_{x:\overline{n}|}^{1}$ 表示对 $x$ 岁的人签发的保险金额为 1 元的 $r$ 年延期 $n$ 年定期保险的趸缴纯保险费,则

$$\begin{aligned}
{}_{r|}A_{x:\overline{n}|}^{1} &= \mathrm{E}(Z) = \mathrm{E}(b_{K+1}v^{K+1}) \\
&= \sum_{k=0}^{r-1} 0 \cdot v^{k+1}\mathrm{P}(K=k) + \sum_{k=r}^{r+n-1} 1 \cdot v^{k+1}\mathrm{P}(K=k) + \sum_{k=r+n}^{\infty} 0 \cdot v^{k+1}\mathrm{P}(K=k) \\
&= \sum_{k=r}^{r+n-1} v^{k+1}{}_{k}p_{x}q_{x+k} = \frac{1}{v^{x}l_{x}}\sum_{k=r}^{r+n-1} v^{x+k+1}d_{x+k}
\end{aligned}$$

$$= \frac{M_{x+r} - M_{x+r+n}}{D_x} \tag{6.6}$$

或者运用关系

$${}_{r|}A^{1}_{x:\overline{n}|} = A^{1}_{x:\overline{r+n}|} - A^{1}_{x:\overline{r}|} = \frac{M_x - M_{x+r+n}}{D_x} - \frac{M_x - M_{x+r}}{D_x} = \frac{M_{x+r} - M_{x+r+n}}{D_x}$$

### 6.2.4 两全保险

两全保险，是指被保险人于保险期间死亡，或生存到保险期间终了后，均给付保险金的一种保险形式。从构造上看，两全保险是由纯生存保险与死亡保险合并而成的，故又称为生死合险。但是两全保险并不是将生存保险附加于死亡保险上，而是将两者合而为一计算保险费。

若用 $A_{x:\overline{n}|}$ 表示对 $x$ 岁的人签发的保险金额为 1 的 $n$ 年两全保险的趸缴纯保险费，则 $A_{x:\overline{n}|}$ 也可按一般原理求得，即

$$\begin{aligned}
A_{x:\overline{n}|} &= \mathrm{E}(Z) = \mathrm{E}(b_{K+1}v^{K+1}) \\
&= \sum_{k=0}^{n-1} v^{k+1}{}_{k}p_x q_{x+k} + \sum_{k=n}^{\infty} v^{n}{}_{k}p_x q_{x+k} = A^{1}_{x:\overline{n}|} + v^n \sum_{k=n}^{\infty} {}_{k}p_x q_{x+k} \\
&= A^{1}_{x:\overline{n}|} + v^n{}_{n}p_x = A^{1}_{x:\overline{n}|} + {}_{n}E_x
\end{aligned}$$

在寿险精算中，${}_{n}E_x$ 常用专门符号 $A_{x:\overline{n}|}^{\ \ 1}$ 代替，即 ${}_{n}E_x = A_{x:\overline{n}|}^{\ \ 1}$，于是

$$A_{x:\overline{n}|} = A^{1}_{x:\overline{n}|} + A_{x:\overline{n}|}^{\ \ 1} \tag{6.7}$$

$$= \frac{M_x - M_{x+n} + D_{x+n}}{D_x} \tag{6.8}$$

**例 6.1** 证明：(1) $M_x = D_x - dN_x$；

(2) $\frac{1}{D_x}\left(\sum_{t=0}^{n-1} C_{x+t}v^{n-t-1} + D_{x+n}\right) = v^n$；

(3) $\sum_{t=1}^{\infty} l_{x+t}A_{x+t} = l_x a_x$。

**证明：**

(1) $D_x = v^x l_x$，$C_x = v^{x+1}d_x$

$$\begin{aligned}
M_x &= C_x + C_{x+1} + \cdots \\
&= v^{x+1}d_x + v^{x+2}d_{x+1} + \cdots \\
&= v^{x+1}(l_x - l_{x+1}) + v^{x+2}(l_{x+1} - l_{x+2}) + \cdots \\
&= v^{x+1}l_x - v^{x+1}(1-v)l_{x+1} - v^{x+2}(1-v)l_{x+2} - \cdots \\
&= v^x l_x - v^x(1-v)l_x - v^{x+1}(1-v)l_{x+1} - v^{x+2}(1-v)l_{x+2} + \cdots \\
&= D_x - dD_x - dD_{x+1} - \cdots \\
&= D_x - dN_x
\end{aligned}$$

或者用以下方法：

$$C_x = v^{x+1}d_x = v^{x+1}(l_x - l_{x+1}) = vD_x - D_{x+1}$$

两边求和得

$$\sum C_x = \sum vD_x - \sum D_{x+1}$$

$$M_x = vN_x - N_{x+1} = (1-d)N_x - (N_x - D_x) = D_x - dN_x$$

(2) 原式左端 $= \dfrac{1}{D_x}(v^{x+n}d_x + v^{x+n}d_{x+1} + \cdots + v^{x+n}d_{x+n-1} + v^{x+n}l_{x+n})$

$$= \frac{1}{D_x}v^{x+n}(d_x + d_{x+1} + \cdots + d_{x+n-1} + l_{x+n})$$

$$= \frac{1}{D_x} \cdot v^{x+n}l_x = v^n = \text{右端}$$

(3) 因为

$$A_x = \frac{M_x}{D_x} = \frac{C_x + C_{x+1} + \cdots}{D_x}$$

所以

$$l_{x+1}A_{x+1} = vd_{x+1} + v^2 d_{x+2} + \cdots$$

$$l_{x+2}A_{x+2} = vd_{x+2} + v^2 d_{x+3} + \cdots$$

$$l_{x+t}A_{x+t} = vd_{x+t} + v^3 d_{x+t+1} + \cdots$$

……

等式两边相加得

$$\sum_{t=1}^{\infty} l_{x+t}A_{x+t} = v(d_{x+1} + d_{x+2} + \cdots) + v^2(d_{x+2} + d_{x+3} + \cdots) + \cdots$$

$$= vl_{x+1} + v^2 l_{x+2} + \cdots$$

$$= l_x a_x$$

例 6.2　某男子在 30 岁时买了保险金额为 100 000 元的终身寿险,假设生存函数可以表示为 $l_x = 1\,000(1 - \frac{x}{100})$,其中 $0 \leqslant x \leqslant 100$,$i = 5\%$,求这一保单的趸缴纯保费。

解:由 $l_x = 1\,000(1 - \frac{x}{100})$ 有

$${}_tp_{30} = \frac{l_{30+t}}{l_{30}} = \frac{1 - \dfrac{30+t}{100}}{1 - \dfrac{30}{100}} = \frac{70-t}{70}$$

$$q_{30+t} = 1 - p_{30+t} = 1 - \frac{l_{30+t+1}}{l_{30+t}} = 1 - \frac{1 - \dfrac{31+t}{100}}{1 - \dfrac{30+t}{100}} = \frac{1}{70-t}$$

所求保单的趸缴纯保费为

$$100\,000A_{30} = 100\,000\sum_{t=0}^{\infty} v^{t+1}{}_{t|}q_{30} = 100\,000\sum_{t=0}^{\infty} v^{t+1}{}_tp_{30}q_{30+1}$$

由生存函数可以看出,$t \geqslant 70$ 时,${}_tp_{30} = 0$,因此有

$$100\,000A_{30}=100\,000\sum_{t=0}^{69}\left(\frac{1}{1+0.05}\right)^{t+1}\left(\frac{70-t}{70}\right)\left(\frac{1}{70-t}\right)$$
$$=\frac{100\,000}{70}\sum_{t=0}^{69}\left(\frac{1}{1+0.05}\right)^{t+1}$$
$$=\frac{100\,000}{70}\cdot\frac{\frac{1}{1.05}-\left(\frac{1}{1.05}\right)^{71}}{1-\frac{1}{1.05}}\approx 27\,632.395\,2(\text{元})$$

因此,该保单的趸缴纯保费为 27 632.395 2 元。

例 6.3　用 $A_{20}$、$A_{40}$ 及 $A_{20:\overline{20|}}$ 表达

(1)$A_{20:\overline{20|}}^{\ \ 1}={}_{20}E_{20}=?$

(2)$A_{20:\overline{20|}}^{1}=?$

解: 依题意,建立如下联立方程组:

$$\begin{cases}A_{20}=A_{20:\overline{20|}}^{1}+{}_{20}E_{20}A_{40}\\A_{20:\overline{20|}}=A_{20:\overline{20|}}^{1}+{}_{20}E_{20}\end{cases}$$

解方程组得

$${}_{20}E_{20}=\frac{A_{20:\overline{20|}}-A_{20}}{1-A_{40}}$$

$$A_{20:\overline{20|}}^{1}=\frac{A_{20}-A_{40}A_{20:\overline{20|}}}{1-A_{40}}$$

例 6.4　某人在 30 岁时购买了 20 年期生死合险,被保险人在 20 年内死亡,给付 20 000 元保险金,在第 20 年年末生存时,给付 30 000 元,以后生死均不给付,问这个人在 30 岁时应缴纳多少趸缴纯保险费?给付在死亡年年末实现,计算以 CL1(2010—2013)2.5% 为基础。

解: 设趸缴纯保险费为 NSP 元,则

$$\text{NSP}=20\,000A_{30:\overline{20|}}^{1}+30\,000\,{}_{20}E_{30}$$
$$=20\,000\frac{M_{30}-M_{50}}{D_{30}}+30\,000\frac{D_{50}}{D_{30}}\approx 18\,171.39(\text{元})$$

## 6.3　在死亡发生的$\frac{1}{m}$年年末提供保险金的寿险

首先,对本部分将讨论的寿险做如下约定:保险签发年龄为 $x$ 岁,保险年度以$\frac{1}{m}$年度为单位年度,亦即从 $x$ 岁到 $x+\frac{1}{m}$ 岁为第一个保险分年度;从 $x+\frac{1}{m}$ 岁到 $x+\frac{2}{m}$ 岁为第二个保险分年度,以此类推。死亡保险金额为 1,于死亡发生所在的$\frac{1}{m}$年年末给付给受益人。

### 6.3.1　终身人寿保险

用 $A_x^{(m)}$ 表示满足上述约定的终身保险在 $x$ 岁时的趸缴纯保险费，则：

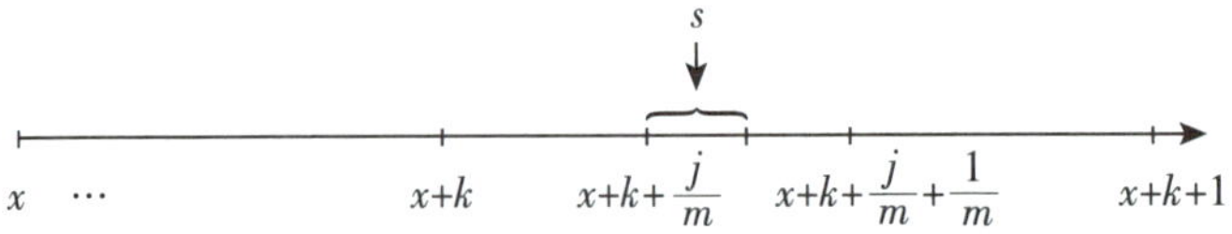


图 6.1　死亡发生及保额给付的时间轴

假设死亡发生在区间$(x+k+\frac{j}{m}, x+k+\frac{j}{m}+\frac{1}{m})$中的时刻 $s$，那么在 $x+k+\frac{j}{m}+\frac{1}{m}$ 岁提供的 1 在 $x+k+\frac{j}{m}$ 岁时的精算现值为

$$\int_0^{\frac{1}{m}} v^{\frac{1}{m}}\,{}_sp_{x+k+\frac{j}{m}}\mu_{x+k+\frac{j}{m}+s}\,\mathrm{d}s = v^{\frac{1}{m}}\,{}_{\frac{1}{m}}q_{x+k+\frac{j}{m}}$$

该值在 $x+k$ 岁时的精算现值，亦即在 $x+k$ 岁与 $x+k+1$ 岁之间发生死亡提供保险金额 1 元在 $x+k$ 岁时的精算现值为

$$\sum_{j=0}^{m-1}\left(v^{\frac{1}{m}}\,{}_{\frac{1}{m}}q_{x+k+\frac{j}{m}}v^{\frac{j}{m}}\,{}_{\frac{j}{m}}p_{x+k}\right) = \sum_{j=0}^{m-1} v^{\frac{j+1}{m}}\,{}_{\frac{j}{m}|\frac{1}{m}}q_{x+k}$$

从而 $A_x^{(m)}$ 可以表示为如下形式：

$$A_x^{(m)} = \sum_{k=0}^{\infty} v^k\,{}_kp_x \sum_{j=0}^{m-1} v^{\frac{j+1}{m}}\,{}_{\frac{j}{m}|\frac{1}{m}}q_{x+k}$$

根据 $A_x^{(m)}$ 的含义，$A_x^{(m)}$ 也可用差分关系来表示：

$$\begin{aligned} A_x^{(m)} &= \frac{1}{l_x}\left[v^{\frac{1}{m}}(l_x - l_{x+\frac{1}{m}}) + v^{\frac{2}{m}}(l_{x+\frac{1}{m}} - l_{x+\frac{2}{m}}) + \cdots\right] \\ &= -\frac{1}{l_x}\sum_{t=1}^{\infty} v^{\frac{t}{m}}\Delta l_{x+\frac{t-1}{m}} = \sum_{t=1}^{\infty} v^{\frac{t}{m}}\,{}_{\frac{t-1}{m}|\frac{1}{m}}q_x \end{aligned}$$

上式中，$\Delta$ 表示差分符号，差分区间为$\frac{1}{m}$，即 $\Delta l_{x+\frac{t-1}{m}} = l_{x+\frac{t}{m}} - l_{x+\frac{t-1}{m}} = -{}_{\frac{1}{m}}d_{x+\frac{t-1}{m}}$。

在死亡服从均匀分布假设的条件下，$A_x^{(m)}$ 可以转化为由 $A_x$ 来评估。事实上，

$$\begin{aligned} A_x^{(m)} &= \sum_{k=0}^{\infty} v^k\,{}_kp_x \sum_{j=0}^{m-1} v^{\frac{j+1}{m}}\,{}_{\frac{j}{m}|\frac{1}{m}}q_{x+k} = \sum_{k=0}^{\infty} v^k\,{}_kp_x \sum_{j=0}^{m-1} v^{\frac{j+1}{m}}\,\frac{1}{m}q_{x+k} \\ &= \sum_{k=0}^{\infty} v^{k+1}\,{}_kp_x \sum_{j=0}^{m-1} \frac{1}{m}(1+i)^{1-\frac{j+1}{m}}q_{x+k} = \sum_{k=0}^{\infty} v^{k+1}\,{}_{k|}q_x s_{\overline{1}|}^{(m)} \\ &= \frac{i}{i^{(m)}}\cdot\sum_{k=0}^{\infty} v^{k+1}\,{}_{k|}q_x = \frac{i}{i^{(m)}}A_x \end{aligned} \tag{6.9}$$

式(6.9)中，$i$ 为年实际利息率，$i^{(m)}$ 为年名义利息率。

### 6.3.2　$n$ 年定期人寿保险

类似于终身保险，在上述约定下 $n$ 年定期保险的趸缴纯保险费用 $A_{\overset{1}{x}:\overline{n}|}^{(m)}$ 表示，且

$$A_{\overset{1}{x}:\overline{n|}}^{(m)} = \sum_{k=0}^{n-1} v^k {}_k p_x \sum_{j=0}^{m-1} v^{\frac{j+1}{m}} {}_{\frac{j}{m}|\frac{1}{m}} q_{x+k}$$

或者

$$A_{\overset{1}{x}:\overline{n|}}^{(m)} = -\frac{1}{l_x} \sum_{t=1}^{mn} v^{\frac{t}{m}} \Delta l_{x+\frac{t-1}{m}}$$

在死亡服从均匀分布假设时，

$$A_{\overset{1}{x}:\overline{n|}}^{(m)} = \frac{i}{i^{(m)}} A_{\overset{1}{x}:\overline{n|}} \tag{6.10}$$

### 6.3.3 $n$ 年延期终身人寿保险

用 ${}_{n|}A_x^{(m)}$ 表示$n$ 年延期终身保险在 $x$ 岁的趸缴纯保险费，那么

$${}_{n|}A_x^{(m)} = \sum_{k=n}^{\infty} v^k {}_k p_x \sum_{j=0}^{m-1} v^{\frac{j+1}{m}} {}_{\frac{j}{m}|\frac{1}{m}} q_{x+k}$$

或者

$${}_{n|}A_x^{(m)} = -\frac{1}{l_x} \sum_{t=mn}^{\infty} v^{\frac{t}{m}} \Delta l_{x+\frac{t-1}{m}}$$

在死亡服从均匀分布假设时，

$${}_{n|}A_x^{(m)} = \frac{i}{i^{(m)}} {}_{n|}A_x \tag{6.11}$$



### 6.3.4 $n$ 年两全保险

$n$ 年两全保险的趸缴纯保险费，记作 $A_{x:\overline{n|}}^{(m)}$，那么

$$\begin{aligned} A_{x:\overline{n|}}^{(m)} &= A_{\overset{1}{x}:\overline{n|}}^{(m)} + {}_nE_x \\ &= \sum_{k=0}^{n-1} v^k {}_k p_x \sum_{j=0}^{m-1} v^{\frac{j+1}{m}} {}_{\frac{j}{m}|\frac{1}{m}} q_{x+k} + v^n {}_n p_x \end{aligned}$$

在死亡服从均匀分布假设时，

$$A_{x:\overline{n|}}^{(m)} = \frac{i}{i^{(m)}} A_{\overset{1}{x}:\overline{n|}} + {}_nE_x \tag{6.12}$$

例 6.5　某30岁的男性向一家保险公司购买保险金额为10万元的20年期死亡保险，已知保单承诺保险金额在死亡发生当月的月末支付且死亡在每年均服从均匀分布，要求用CL1(2010—2013)2.5% 计算该保单投保人在30岁时应缴纳的趸缴纯保险费。

解：设所要求趸缴纯保险费为 NSP 元，那么

$$\begin{aligned} \text{NSP} &= 100\,000 A_{\overset{1}{30}:\overline{20|}}^{(12)} = 100\,000\left(\frac{i}{i^{(12)}} A_{\overset{1}{30}:\overline{20|}}\right) \\ &= 100\,000 \frac{2.5\%}{12(1.025^{\frac{1}{12}} - 1)} \cdot \frac{M_{30} - M_{50}}{D_{30}} \\ &= 100\,000 \frac{2.5\%}{12(1.025^{\frac{1}{12}} - 1)} \cdot \frac{15\,203.18 - 13\,949.30}{47\,203.96} \end{aligned}$$

$\approx 2\ 696.89$(元)

**例 6.6** 已知 $l_x = 100 - x\ (0 \leqslant x \leqslant 100)$，$i = 5\%$。计算：$A^{\ 1}_{30:\overline{20|}}$、$A_{30:\overline{20|}}^{\quad\ 1}$、$A_{30:\overline{20|}}$、$A^{(6)\,1}_{30:\overline{20|}}$、$A^{(6)}_{30:\overline{20|}}$。

**解**：$\because \quad l_x = 100 - x$

$$\therefore \quad {}_{k|}q_{30} = \frac{l_{30+k} - l_{30+k+1}}{l_{30}} = \frac{1}{70},\ {}_{20}p_{30} = \frac{l_{50}}{l_{30}} = \frac{5}{7}$$

$$\therefore \quad A^{\ 1}_{30:\overline{20|}} = \sum_{k=0}^{19} v^{k+1}\, {}_{k|}q_{30} = \frac{1}{70}\sum_{k=0}^{19} v^{k+1} = \frac{1}{70} a_{\overline{20|}0.05} \approx 0.178\ 0$$

$$A_{30:\overline{20|}}^{\quad\ 1} = v^{20}\, {}_{20}p_{30} = \frac{1}{1.05^{20}} \times \frac{5}{7} \approx 0.269\ 2$$

$$A_{30:\overline{20|}} = A_{30:\overline{20|}}^{\quad\ 1} + A^{\ 1}_{30:\overline{20|}} \approx 0.269\ 2 + 0.178\ 0 = 0.447\ 2$$

又 $\because \quad i^{(6)} = 6[(1+i)^{\frac{1}{6}} - 1] \approx 0.048\ 989$

$$\therefore \quad A^{(6)\,1}_{30:\overline{20|}} \approx \frac{i}{i^{(6)}} A^{\ 1}_{30:\overline{20|}} \approx \frac{0.05}{0.048\ 989} \times 0.178\ 0 \approx 0.181\ 7$$

$$A^{(6)}_{30:\overline{20|}} = A^{(6)\,1}_{30:\overline{20|}} + A_{30:\overline{20|}}^{\quad\ 1} \approx 0.450\ 9$$

## 6.4 在死亡后立刻提供保险金的寿险



在死亡时立即支付保险金的人寿保险，称为连续型人寿保险。在死亡所在时刻给付保险金就是在 $x + T$ 岁时或在时刻 $T$ 给付保险金。假设在时刻 $T$ 给付保险金额为 $b_T$，其折现因子为 $v_T$，于是假设保险金给付在 $x$ 岁时的现值为 $Z_T$，那么 $Z_T = b_T v_T$，因而趸缴纯保险费为 $\mathrm{E}(Z_T) = \mathrm{E}(b_T v_T)$。

假定：本节讨论的寿险，保险金额为 1 元，于死亡发生后立即给付；签发保单年龄是 $x$ 岁（也就是计算趸缴纯保险费时的年龄）。

### 6.4.1 终身人寿保险

终身人寿保险的趸缴纯保险费用 $\bar{A}_x$ 表示，则

$$\bar{A}_x = \mathrm{E}(b_T v_T) = \mathrm{E}(b_T v^T) = \mathrm{E}(v^T)$$

$$= \int_0^{\infty} v^t\, {}_tp_x\, \mu_{x+t} \mathrm{d}t = \int_0^{\infty} v^t \frac{l_{x+t}}{l_x} \mu_{x+t} \mathrm{d}t$$

定义替换函数：

$$\bar{C}_x = \int_0^1 v^{x+t} l_{x+t}\, \mu_{x+t} \mathrm{d}t = \int_0^1 D_{x+t}\, \mu_{x+t} \mathrm{d}t = \frac{i}{\delta} C_x \tag{6.13}$$

$$\bar{M}_x = \bar{C}_x + \bar{C}_{x+1} + \cdots = \int_0^{\infty} D_{x+t}\, \mu_{x+t} \mathrm{d}t = \frac{i}{\delta} M_x \tag{6.14}$$

从而

$$\bar{A}_x = \int_0^\infty v^t \frac{l_{x+t}}{l_x}\mu_{x+t}\mathrm{d}t = \frac{1}{D_x}\int_0^\infty v^{x+t} l_{x+t}\mu_{x+t}\mathrm{d}t$$
$$= \frac{1}{D_x}\int_0^\infty D_{x+t}\mu_{x+t}\mathrm{d}t = \frac{\bar{M}_x}{D_x} \tag{6.15}$$

### 6.4.2　$n$ 年定期人寿保险

$n$ 年定期人寿保险在 $x$ 岁时的趸缴纯保险费记作 $\bar{A}^1_{x:\overline{n|}}$，则

$$\bar{A}^1_{x:\overline{n|}} = \mathrm{E}(b_T v_T) = \mathrm{E}(b_T v^T)$$
$$= \int_0^n v^t {}_tp_x \mu_{x+t}\mathrm{d}t + \int_0^\infty 0 \cdot v^t {}_tp_x \mu_{x+t}\mathrm{d}t$$
$$= \frac{1}{D_x}\int_0^n D_{x+t}\mu_{x+t}\mathrm{d}t = \frac{\bar{M}_x - \bar{M}_{x+n}}{D_x} \tag{6.16}$$

### 6.4.3　$n$ 年延期终身人寿保险

$n$ 年延期终身人寿保险在 $x$ 岁时的趸缴纯保险费记作 ${}_{n|}\bar{A}_x$，则

$${}_{n|}\bar{A}_x = \mathrm{E}(b_T v_T) = \mathrm{E}(b_T v^T)$$
$$= \int_0^n 0 v^t {}_tp_x \mu_{x+t}\mathrm{d}t + \int_n^\infty v^t {}_tp_x \mu_{x+t}\mathrm{d}t$$
$$= \int_n^\infty v^t {}_tp_x \mu_{x+t}\mathrm{d}t$$
$$= \frac{1}{D_x}\int_n^\infty D_{x+t}\mu_{x+t}\mathrm{d}t = \frac{\bar{M}_{x+n}}{D_x} \tag{6.17}$$

这个结论也可运用关系 ${}_{n|}\bar{A}_x = \bar{A}_x - \bar{A}^1_{x:\overline{n|}}$ 直接得到。事实上，

$${}_{n|}\bar{A}_x = \bar{A}_x - \bar{A}^1_{x:\overline{n|}} = \frac{\bar{M}_x}{D_x} - \frac{\bar{M}_x - \bar{M}_{x+n}}{D_x} = \frac{\bar{M}_{x+n}}{D_x} \tag{6.18}$$

### 6.4.4　$n$ 年两全保险

$n$ 年两全保险在 $x$ 岁时的趸缴纯保险费记作 $\bar{A}_{x:\overline{n|}}$。由于这一保险的给付额无论是生还是死均为 1，只是贴现因子不同，所以

$$\bar{A}_{x:\overline{n|}} = \mathrm{E}(b_T v_T)$$
$$= \int_0^n v^t {}_tp_x \mu_{x+t}\mathrm{d}t + \int_n^\infty v^n {}_tp_x \mu_{x+t}\mathrm{d}t$$
$$\bar{A}_{x:\overline{n|}} = \bar{A}^1_{x:\overline{n|}} + {}_nE_x = \frac{\bar{M}_x - \bar{M}_{x+n} + D_{x+n}}{D_x} \tag{6.19}$$

关于在死亡发生时刻提供保险金额的寿险的趸缴纯保险费的计算，有两点需要说明：

（1）运用本章前述的有关结论，同样可以获得本部分的相应结论。举例如下：

$$\bar{A}_x = \lim_{m\to\infty} A_x^{(m)} = \lim_{m\to\infty}\left[-\frac{1}{l_x}\sum_{t=1}^{\infty} v^{\frac{t}{m}}\Delta l_{x+\frac{t-1}{m}}\right]$$

$$= -\frac{1}{l_x}\int_0^{\infty} v^t \mathrm{d}l_{x+t} = \frac{1}{l_x}\int_0^{\infty} v^t l_{x+t}\mu_{x+t}\mathrm{d}t$$

$$= \frac{1}{D_x}\int_0^{\infty} D_{x+t}\mu_{x+t}\mathrm{d}t = \frac{\bar{M}_x}{D_x}$$

(2) $A_x^{(m)}$、$A_{x:\overline{n}|}^{1\,(m)}$ 等在死亡均匀分布条件下可以转化为用 $A_x$、$A_{x:\overline{n}|}^{1}$ 等来计算。其具体计算公式为

$$A_x^{(m)} = \frac{i}{i^{(m)}}A_x$$

$$A_{x:\overline{n}|}^{1\,(m)} = \frac{i}{i^{(m)}}A_{x:\overline{n}|}^{1}$$

类似地,$\bar{A}_x$、$\bar{A}_{x:\overline{n}|}^{1}$ 以及 ${}_{n|}\bar{A}_x$ 等也可以转化为由 $A_x$、$A_{x:\overline{n}|}^{1}$ 及 ${}_{n|}A_x$ 等来计算。其计算公式既可以通过当 $m \to \infty$ 时取 $A^{(m)}$ 的极限来获得,也可以直接推导而得。例如

$$A_x^{(m)} = \frac{i}{i^{(m)}}A_x$$

$$\bar{A}_x = \lim_{m\to\infty} A_x^{(m)} = \lim_{m\to\infty}\frac{i}{i^{(m)}}A_x = \frac{i}{\delta}A_x$$

或者

$$\bar{A}_x = \int_0^{\infty} v^t\, {}_tp_x\,\mu_{x+t}\mathrm{d}t = \sum_{k=0}^{\infty}\int_k^{k+1} v^t\, {}_tp_x\,\mu_{x+t}\mathrm{d}t$$

$$= \sum_{k=0}^{\infty}\int_0^1 v^{k+s}\, {}_{k+s}p_x\,\mu_{x+k+s}\mathrm{d}s = \sum_{k=0}^{\infty} v^{k+1}\, {}_kp_x\int_0^1 v^{s-1}\, {}_sp_{x+k}\,\mu_{x+k+s}\mathrm{d}s$$

$$= \sum_{k=0}^{\infty} v^{k+1}\, {}_kp_x q_{x+k}\int_0^1 v^{s-1}\mathrm{d}s = \frac{i}{\delta}\sum_{k=0}^{\infty} v^{k+1}\, {}_kp_x q_{x+k}$$

$$= \frac{i}{\delta}A_x \tag{6.20}$$

例 6.7　某30岁的人向一家寿险公司购买了30年定期死亡保险,在死亡发生的 $t$ 时立刻给付额为 $\mathrm{e}^{0.05t}$ 元。假定该30岁的被保险人死亡服从 $l_x = 100 - x, 0 \leqslant x \leqslant 100$,且已知息力 $\delta = 0.05$,要求计算投保人在30岁签单时应缴纳的趸缴纯保险费。

解:设30岁的被保险人在 $30 + T$ 岁死亡时所给付的保险金现值为 $Z_T$,则

$$\because\ \delta = \ln(1+i) = 0.05, \therefore v = \frac{1}{1+i} = \mathrm{e}^{-0.05}$$

$$\therefore\ Z_T = \mathrm{e}^{0.05T}\cdot v^T = \mathrm{e}^{0.05T}\cdot \mathrm{e}^{-0.05T} = 1\ (0 < T \leqslant 30)$$

而 $T$ 的概率密度函数为

$$f_T(t) = {}_tp_{30}\,\mu_{30+t} = \frac{l_{30+t}}{l_{30}}\left(-\frac{l'_{30+t}}{l_{30+t}}\right) = -\frac{l'_{30+t}}{l_{30}} = \frac{1}{70}$$

因此,所求的趸缴纯保险费为

$$\mathrm{E}(Z_T) = \int_0^{30} 1 \times \frac{1}{70}\mathrm{d}t = \frac{3}{7} \approx 0.428\,6(\text{元})$$

例 6.8 已知 $X$ 的分布函数为 $F(x)=\frac{x}{100}, 0\leqslant x\leqslant 100, \delta=0.06$，求：

(1) $\bar{A}^{1}_{30:\overline{20|}}$；(2) $\operatorname{var}(Z)$。

这里 $Z$ 为保险人对 30 岁的被保险人签单且死亡时立即支付、保额为 1 的 20 年定期寿险所支付的现值。

解：由 $F(x)=\frac{x}{100}$ 得

$$ {}_tq_x=\frac{F(x+t)-F(x)}{1-F(x)}=\frac{t}{100-x} $$

$$ f_x(t)=({}_tq_x)'=\frac{1}{100-x} $$

当 $x=30$ 时

$$ f_x(t)=\frac{1}{70} $$

因此

$$ \bar{A}^{1}_{30:\overline{20|}}=\int_0^{20}\mathrm{e}^{-\delta t}f_x(t)\,\mathrm{d}t=\frac{1}{70}\int_0^{20}\mathrm{e}^{-\delta t}\,\mathrm{d}t=-\frac{1}{70\delta}\mathrm{e}^{-\delta t}\Big|_0^{20} $$

$$ =\frac{1}{4.2}(1-\mathrm{e}^{-1.2})\approx 0.166\,382 $$

$$ {}^2\bar{A}^{1}_{30:\overline{20|}}=\int_0^{20}\mathrm{e}^{-2\delta t}f_x(t)\,\mathrm{d}t=\frac{1}{70}\int_0^{20}\mathrm{e}^{-2\delta t}\,\mathrm{d}t $$

$$ =-\frac{1}{140\delta}\mathrm{e}^{-2\delta t}\Big|_0^{20}=\frac{1}{8.4}(1-\mathrm{e}^{-2.4})\approx 0.108\,248 $$

$$ \therefore\ \operatorname{var}(Z)={}^2\bar{A}^{1}_{30:\overline{20|}}-(\bar{A}^{1}_{30:\overline{20|}})^2=0.108\,248-0.166\,382^2\approx 0.080\,565 $$

例 6.9 某人在 45 岁时向一家保险公司购买了 15 年期两全保险，保险金额为 100 000 元，在死亡或期满时立刻支付。以 CL1(2010—2013)2.5% 为基础，死亡服从均匀分布假设，计算其趸缴纯保险费。

解：据题意，所求的趸缴纯保险费为 $100\,000\bar{A}_{45:\overline{15|}}$。

$$ i=2.5\%,\ \delta=\ln(1+i)=\ln(1+2.5\%) $$

$$ 100\,000\bar{A}_{45:\overline{15|}}=100\,000\left(\frac{i}{\delta}A^{1}_{45:\overline{15|}}+A_{45:\overset{\ 1}{\overline{15|}}}\right)=100\,000\left(\frac{i}{\delta}\cdot\frac{M_{45}-M_{60}}{D_{45}}+\frac{D_{60}}{D_{45}}\right) $$

$$ =100\,000\left(\frac{2.5\%}{\ln(1+2.5\%)}\cdot\frac{14\,422.20-12\,517.38}{31\,791.45}+\frac{20\,301.97}{31\,791.45}\right) $$

$$ \approx 69\,926.04(\text{元}) $$

## 6.5 人寿保险与生存年金的关系

这里，人寿保险与生存年金的关系是指人寿保险的趸缴纯保险费与生存年金的精算现值之间的相互关系。

（1）在死亡年度末提供保险金额的寿险与以生存为条件年给付一次的生存年金之间有如下关系：

$$A_x = v\ddot{a}_x - a_x \tag{6.21}$$

或

$$A_x = 1 - d\ddot{a}_x \tag{6.22}$$

因为

$$C_x = v^{x+1}d_x = v^{x+1}(l_x - l_{x+1}) = vD_x - D_{x+1}$$

$$C_{x+1} = vD_{x+1} - D_{x+2}$$

……

$$C_{x+t} = vD_{x+t} - D_{x+t+1}$$

……

将上述等式两边分别相加，得

$$M_x = vN_x - N_{x+1}$$

两边同除以 $D_x$，即

$$A_x = v\ddot{a}_x - a_x$$

进一步，有

$$A_x = v\ddot{a}_x - a_x = v\ddot{a}_x - (\ddot{a}_x - 1)$$

$$= 1 - (1 - v)\ddot{a}_x = 1 - d\ddot{a}_x$$



下面对 $A_x = v\ddot{a}_x - a_x$ 给予文字解释：考虑对 $x$ 岁的人每年年初给付 $v$ 的生存年金和对 $x$ 岁的人每年年末给付 1 的生存年金。显然，第一种年金比第二种年金多一次给付，就是在 $x$ 岁的人发生死亡那年的年初给付 $v$。因为在任何一年年初给付 $v$，等价于在那年年末给付 1，所以上述两种年金之差表示在 $x$ 岁的人发生死亡那年的年初给付 $v$。这种给付 $v$ 累积到 $x$ 岁的人死亡那年的年末的值就为 1，从而两种年金的精算现值之差就是 $x$ 岁的人在死亡年年末给付 1 的精算现值，也就是 $A_x$。

类似地，对 $A_x = 1 - d\ddot{a}_x$ 做如下的解释：假设为 $x$ 岁的人的余命投资 1 元，利息率为 $i$。在任何一年的年末给付的利息 $i$ 等价于在那年年初给付 $iv$ 或 $d$。这样，原始投资的 1 元便产生了以 $x$ 岁的人的余命为条件给付 $d$ 元的期初生存年金，而且在 $x$ 岁的人死亡那年的年末返还 1 元本金。于是有关系式：

$$1 = d\ddot{a}_x + A_x \tag{6.23}$$

（2）死亡年末或期满生存时提供给付的两全保险与定期生存年金有类似的关系和相似的解释，即

$$A_{x:\overline{n}|} = v\ddot{a}_{x:\overline{n}|} - a_{x:\overline{n-1}|} \tag{6.24}$$

事实上，

$$C_x = vD_x - D_{x+1}$$

$$C_{x+1} = vD_{x+1} - D_{x+2}$$

……

$$C_{x+n-1} = vD_{x+n-1} - D_{x+n}$$

等式两边分别相加得

$$M_x - M_{x+n} = v(N_x - N_{x+n}) - (N_{x+1} - N_{x+n+1})$$

两边同除以 $D_x$,即

$$A^{1}_{x:\overline{n}|} = v\ddot{a}_{x:\overline{n}|} - a_{x:\overline{n}|} \tag{6.25}$$

进一步有

$$\begin{aligned} A^{1}_{x:\overline{n}|} &= v\ddot{a}_{x:\overline{n}|} - a_{x:\overline{n}|} \\ &= v\ddot{a}_{x:\overline{n}|} - (\ddot{a}_{x:\overline{n}|} + {}_nE_x - 1) \\ &= 1 - d\ddot{a}_{x:\overline{n}|} - {}_nE_x \end{aligned}$$

结合关系 $A_{x:\overline{n}|} = A^{1}_{x:\overline{n}|} + {}_nE_x$ 有

$$A_{x:\overline{n}|} = 1 - d\ddot{a}_{x:\overline{n}|} \tag{6.26}$$

或者将关系 ${}_nE_x = a_{x:\overline{n}|} - a_{x:\overline{n-1}|}$ 代入关系式(6.25)中,还可得到:

$$A_{x:\overline{n}|} = v\ddot{a}_{x:\overline{n}|} - a_{x:\overline{n-1}|}$$

例 6.10　试证:$1 = ia_x + (1+i)A_x$。

证明:在等式 $A_x = 1 - d\ddot{a}_x$ 的两边同乘以(1 + i),得

$$\begin{aligned} (1+i)A_x &= (1+i) - i\ddot{a}_x \\ &= (1+i) - i(a_x + 1) = 1 - ia_x \end{aligned}$$

所以

$$1 = ia_x + (1+i)A_x$$

例 6.11　某年龄为 $x$ 岁的人,购买了一种 $n$ 年期($n > t$)年给付额为 1 的期末确定年金。试证明这种确定年金在提供了第 $t$ 次给付后的即刻年金的值可表示为如下形式:

$$Pa_{x+t} + QA_{x+t} + R\frac{1}{v^{x+t}}$$

并决定 $P$、$Q$ 和 $R$ 的值,且它们均与 $t$ 和生命表无关。

证明:$t$ 年后即刻的确定年金值就是所剩给付在第 $t$ 年年末的现值 $a_{\overline{n-t}|}$,且

$$a_{\overline{n-t}|} = \frac{1 - v^{n-t}}{i}$$

根据上例的结论,有 $1 = ia_{x+t} + (1+i)A_{x+t}$,从而

$$1 - v^{n-t} = ia_{x+t} + (1+i)A_{x+t} - v^{n-t}$$

$$\begin{aligned} a_{\overline{n-t}|} &= a_{x+t} + \frac{1+i}{i}\cdot A_{x+t} - \frac{v^{n-t}}{i} \\ &= a_{x+t} + \frac{1+i}{i}\cdot A_{x+t} + \left(-\frac{v^{x+n}}{i}\right)\cdot\frac{1}{v^{x+t}} \end{aligned}$$

也就是年金值可以表示为

$$a_{x+t} + \frac{1+i}{i}\cdot A_{x+t} + \left(-\frac{v^{x+n}}{i}\right)\cdot\frac{1}{v^{x+t}}$$

由此得

$$P=1, Q=\frac{1+i}{i}=\frac{1}{d}, R=-\frac{v^{x+n}}{i}$$

它们均与 $t$ 和生命表无关。

(3) 考察在死亡发生所在 $\frac{1}{m}$ 年的年末提供给付的寿险与以生存为条件年给付 $m$ 次的生存年金的关系。

$A_x^{(m)}$ 和 $\ddot{a}_x^{(m)}$ 具有如下关系:

$$A_x^{(m)}=1-d^{(m)}\ddot{a}_x^{(m)} \tag{6.27}$$

或

$$1=d^{(m)}\ddot{a}_x^{(m)}+A_x^{(m)} \tag{6.28}$$

事实上,

$$\begin{aligned}
d^{(m)}\ddot{a}_x^{(m)} &= d^{(m)}\cdot\frac{1}{m}\sum_{t=0}^{\infty}v^{\frac{t}{m}}\cdot\frac{l_{x+\frac{t}{m}}}{l_x}\\
&=(1-v^{\frac{1}{m}})\cdot\sum_{t=0}^{\infty}v^{\frac{t}{m}}\cdot\frac{l_{x+\frac{t}{m}}}{l_x}\\
&=\sum_{t=0}^{\infty}v^{\frac{t}{m}}\cdot\frac{l_{x+\frac{t}{m}}}{l_x}-\sum_{t=0}^{\infty}v^{\frac{t+1}{m}}\cdot\frac{l_{x+\frac{t}{m}}}{l_x}
\end{aligned}$$

然而

$$A_x^{(m)}=\sum_{t=0}^{\infty}v^{\frac{t+1}{m}}\cdot\frac{l_{x+\frac{t}{m}}}{l_x}-\sum_{t=0}^{\infty}v^{\frac{t+1}{m}}\cdot\frac{l_{x+\frac{t+1}{m}}}{l_x}$$

所以

$$A^{(m)}+d^{(m)}\ddot{a}_x^{(m)}=\sum_{t=0}^{\infty}v^{\frac{t}{m}}\cdot\frac{l_{x+\frac{t}{m}}}{l_x}-\sum_{t=0}^{\infty}v^{\frac{t+1}{m}}\cdot\frac{l_{x+\frac{t+1}{m}}}{l_x}=1$$

同理,可以得到 $A_{x:\overline{n}|}^{(m)}$ 和 $\ddot{a}_{x:\overline{n}|}^{(m)}$ 有如下关系:

$$1=d^{(m)}\ddot{a}_{x:\overline{n}|}^{(m)}+A_{x:\overline{n}|}^{(m)} \tag{6.29}$$

然而

$$\begin{aligned}
{}_{n|}\ddot{a}_x^{(m)} &= \ddot{a}_x^{(m)}-\ddot{a}_{x:\overline{n}|}^{(m)}\\
&=\frac{1-A_x^{(m)}}{d^{(m)}}-\frac{1-A_{x:\overline{n}|}^{(m)}}{d^{(m)}}
\end{aligned}$$

所以

$$d^{(m)}\,{}_{n|}\ddot{a}_x^{(m)}=-(A_x^{(m)}-A_{x:\overline{n}|}^{(m)})$$

$${}_nE_x=d^{(m)}\,{}_{n|}\ddot{a}_x^{(m)}+{}_{n|}A_x^{(m)} \tag{6.30}$$

(4) 在死亡发生即刻提供给付的寿险与以生存为条件连续地提供给付的生存年金,同样存在着与前述相似的关系。不仅如此,这些关系还得借助于前述关系获得。具体地,在关系式(6.28)及(6.29)中,令 $m\to\infty$,便得

$$1=\delta\bar{a}_x+\bar{A}_x \tag{6.31}$$

$$1=\delta\bar{a}_{x:\overline{n}|}+\bar{A}_{x:\overline{n}|} \tag{6.32}$$

## 6.6 变动保险金额的寿险

前几节讨论的保险有一个明显的特点：不论死亡发生于何年何月，保险的给付额都是一个固定的水平金额。鉴于此，通常将这类保险统称为水平保险金额保险。但是，研究寿险仅限于水平保险金额保险，还不能满足实际的需要。接下来将讨论死亡发生于不同年度，其给付额有所不同的保险。像这样的一类保险，称为变动保险金额保险。

### 6.6.1 在死亡发生年度末提供保险金额的变动寿险

(1) 递增终身寿险

假设保单签发年龄为 $x$ 岁，被保险人在第一个保险年度发生死亡，在该年年末提供保险金额 1 元；被保险人在第二个保险年度发生死亡，在该年年末提供保险金额 2 元；往后的每一年，死亡保险金额按公差 1 递增，一直这样进行下去。这种保险在 $x$ 岁时的趸缴纯保险费记作 $(IA)_x$，它可按如下方式决定：

$$\begin{aligned}(IA)_x &= \mathrm{E}(b_{K+1}v^{K+1}) = \mathrm{E}[(K+1)v^{K+1}] \\ &= \sum_{k=0}^{\infty}(k+1)v^{k+1}{}_kp_xq_{x+k} \\ &= \frac{1}{l_x}\sum_{k=0}^{\infty}(k+1)v^{k+1}d_{x+k} \end{aligned} \tag{6.33}$$

定义替换函数：

$$R_x = M_x + M_{x+1} + \cdots = \sum_{k=0}^{\infty}(k+1)C_{x+k} \tag{6.34}$$

从而

$$(IA)_x = \frac{1}{v^x l_x}\sum_{k=0}^{\infty}(k+1)v^{x+k+1}d_{x+k} = \frac{1}{D_x}\sum_{k=0}^{\infty}(l+1)C_{x+k} = \frac{R_x}{D_x} \tag{6.35}$$

(2) 递增定期寿险

其余条件与上述递增终身保险的条件相同，只是死亡发生在第 $n$ 年以后，此时，保单概不做任何保险金额支出。这样的保险称为 $n$ 年递增定期寿险。其在 $x$ 岁时的趸缴纯保险费记作 $(IA)^1_{x:\overline{n}|}$。

$$\begin{aligned}(IA)^1_{x:\overline{n}|} &= E(b_{K+1}v^{K+1}) = \sum_{k=0}^{n-1}(k+1)v^{k+1}{}_kp_xq_{x+k} \\ &= \frac{1}{D_x}\sum_{k=0}^{n-1}(k+1)C_{x+k} = \frac{R_x - R_{x+n} - nM_{x+n}}{D_x}\end{aligned} \tag{6.36}$$

(3) 递增水平终身寿险

在 $x$ 岁签发的某种保单规定：若被保险人在第一个保险年度死亡，则在该年年末给付保险金额 1 元；在第二个保险年度死亡，在该年年末给付保险金额 2 元…… 在第 $n$

个保险年度死亡，在该年年末给付保险金额 $n$ 元；以后年度被保险人死亡，其给付额均于死亡发生年度的年末提供保险金额 $n$ 元。这种保险称为 $n$ 年递增水平终身寿险。其在 $x$ 岁时的趸缴纯保险费，用特定的符号 $(I_{\overline{n|}}A)_x$ 表示。

$$
\begin{aligned}
(I_{\overline{n|}}A)_x &= \mathrm{E}(b_{K+1}v^{K+1}) \\
&= \sum_{k=0}^{n-1}(k+1)v^{k+1}{}_kp_xq_{x+k} + \sum_{k=n}^{\infty} nv^{k+1}{}_kp_xq_{x+k} \\
&= \frac{R_x - R_{x+n} - nM_{x+n}}{D_x} + \frac{nM_{x+n}}{D_x} = \frac{R_x - R_{x+n}}{D_x}
\end{aligned} \tag{6.37}
$$

(4) 递减定期寿险

假定某种保单在 $x$ 岁时签发，保险期限为 $n$ 年，被保险人在第一个保险年度发生死亡，在该年年末的保险金额为 $n$ 元；被保险人在第二个保险年度发生死亡，在第二年年末的保险金额为 $n-1$ 元……被保险人在第 $n$ 个保险年度发生死亡，在第 $n$ 年年末的保险金额为 1 元。被保险人在以后任何一年发生死亡，保险金额均为 0 元。像这样的寿险被称为递减定期寿险。其在 $x$ 岁时的趸缴纯保险费记作 $(DA)^{1}_{x:\overline{n|}}$，而且它决定于

$$
\begin{aligned}
(DA)^{1}_{x:\overline{n|}} &= \mathrm{E}(b_{K+1}v^{K+1}) = \sum_{k=0}^{n-1}(n-k)v^{k+1}{}_kp_xq_{x+k} \\
&= \frac{1}{D_x}\sum_{k=0}^{n-1}(n-k)C_{x+k} = \frac{nM_x - (R_{x+1} - R_{x+n+1})}{D_x}
\end{aligned} \tag{6.38}
$$



**例 6.12** 某被保险人在 35 岁时投保了终身死亡保险。该保单规定：如果被保险人在第 $n$ 年死亡，则在死亡的年末给付 $(1.02)^n (n=1,2,\cdots)$。已知保单预定利息率为 2.5%，求这些条件下投保人在 35 岁时缴纳的趸缴纯保险费（用替换函数表示结果）。

**解：** 设所求趸缴纯保险费为 NSP 元，则

$$
\begin{aligned}
\mathrm{NSP} &= \mathrm{E}(b_{K+1}v^{K+1}) = \sum_{k=0}^{\infty}(1.02)^{k+1}v_i^{k+1}{}_kp_{35}q_{35+k} \\
&= \sum_{k=0}^{\infty}\left(\frac{1.02}{1.025}\right)^{k+1}{}_kp_{35}q_{35+k} = \sum_{k=0}^{\infty}\left(\frac{1}{1+j}\right)^{k+1}{}_kp_{35}q_{35+k} \quad \left(\text{式中}\frac{1}{1+j} = \frac{1.02}{1.025}\right) \\
&= \sum_{k=0}^{\infty} v_j^{k+1}{}_kp_{35}q_{35+k} = A'_{35} = \frac{M'_{35}}{D'_{35}}
\end{aligned}
$$

这里，$M'_{35}$ 和 $D'_{35}$ 是在年利息率 $j$ 条件下的替换函数，也即

$$D'_{35} = v_j^{35}l_{35}$$

$$M'_{35} = \sum_{k=0}^{\infty} C'_{35+k} = \sum_{k=0}^{\infty} v_j^{36+k+1}d_{35+k}$$

**例 6.13** 如果某种寿险保单约定：被保险人在第一年的死亡保险金额为 $h$，以后死亡保险金额每年递增 $k$，死亡保险金额在被保险人死亡的年末兑现，那么对 $x$ 岁的被保险人签发的递增终身寿险的趸缴纯保险费是 $\frac{hM_x + kR_{x+1}}{D_x}$。

**解：** 依题意，趸缴纯保险费为

$$hA_x + k_{1|}A_x + k_{2|}A_x + \cdots = h \cdot \frac{M_x}{D_x} + k \cdot \frac{M_{x+1} + M_{x+2} + \cdots}{D_x}$$
$$= (hM_x + kR_{x+1})/D_x$$

例 6.14　对 45 岁的人签发的某种保单,提供如表 6.1 所示的死亡保险金额,死亡保险金额在死亡发生的年末兑现。

表 6.1　该保单的保险金额表

| 年度 | 1 | 2 | 3 | 4 | 5 | 6 | 7 | 8 | 9 | 10 |
|---|---|---|---|---|---|---|---|---|---|---|
| 金额/元 | 1 000 | 1 200 | 1 400 | 1 600 | 1 800 | 2 000 | 1 500 | 1 000 | 500 | 0 |

试求这种保单的趸缴纯保险费。以 CL1(2010—2013)2.5% 为计算基础。

解:上述死亡给付额可以修正如表 6.2 所示。

表 6.2　该保单的保险金额拆分表

| 年度 | 1 | 2 | 3 | 4 | 5 | 6 | 7 | 8 | 9 | 10 |
|---|---|---|---|---|---|---|---|---|---|---|
| 金额/元 | 1 000 | 1 200 | 1 400 | 1 600 | 1 800 | 2 000 | 2 200<br>− 700 | 2 400<br>− 1 400 | 2 600<br>− 2 100 | 2 800<br>− 2 800 |

设所求趸缴纯保险费为 NSP 元,那么

$$\mathrm{NSP} = 1\,000A^{1}_{45:\overline{10|}} + 200\ {}_{1}E_{45}(IA)^{1}_{46:\overline{9|}} - 700\ {}_{6}E_{45}(IA)^{1}_{51:\overline{4|}}$$
$$= \frac{1\,000M_{45} + 200R_{46} + 500R_{55} - 700R_{51}}{D_{45}} \approx 40.31(\text{元})$$

## 6.6.2　在死亡后立刻提供保险金额的变动寿险

以下的讨论顺序完全平行于 6.6.1 的顺序,而且关于保险的约定等其他条件均相同,只是死亡给付于死亡后才立刻兑现。

(1) 递增终身寿险

趸缴纯保险费记作 $(I\bar{A})_x$,于是

$$(I\bar{A})_x = \mathrm{E}(([T]+1)v^T)$$
$$= \int_0^{\infty}([t]+1)v^t{}_tp_x\,\mu_{x+t}\mathrm{d}t = \sum_{k=0}^{+\infty}\int_k^{k+1}(k+1)v^t{}_tp_x\,\mu_{x+t}\mathrm{d}t$$

因为

$$\bar{C}_x = \int_0^1 v^{x+t}l_{x+t}\,\mu_{x+t}\mathrm{d}t = \int_0^1 D_{x+t}\,\mu_{x+t}\mathrm{d}t \tag{6.39}$$

$$\bar{M}_x = \sum_{y=x}^{\infty}\bar{C}_y = \int_x^{\infty}D_y\,\mu_y\mathrm{d}y \tag{6.40}$$

定义

$$\bar{R}_x = \sum_{y=x}^{\infty}\bar{M}_y \tag{6.41}$$

所以

$$(I\bar{A})_x = \frac{\bar{R}_x}{D_x} \tag{6.42}$$

$(I\bar{A})_x$ 也可以按下列方式得到：

$$\begin{aligned}(I\bar{A})_x &= \bar{A}_x + {}_{1|}\bar{A}_x + {}_{2|}\bar{A}_x + \cdots \\ &= \frac{\bar{M}_x}{D_x} + \frac{\bar{M}_{x+1}}{D_x} + \frac{\bar{M}_{x+2}}{D_x} + \cdots = \frac{\bar{R}_x}{D_x}\end{aligned}$$

（2）递增定期寿险

$n$ 年递增定期寿险趸缴纯保险费记作 $(I\bar{A})^1_{x:\overline{n}|}$，有

$$(I\bar{A})^1_{x:\overline{n}|} = \int_0^n ([t]+1)v^t {}_tp_x \mu_{x+t} \mathrm{d}t = \frac{\bar{R}_x - \bar{R}_{x+n} - n\bar{M}_{x+n}}{D_x} \tag{6.43}$$

或者

$$\begin{aligned}(I\bar{A})^1_{x:\overline{n}|} &= \bar{A}^1_{x:\overline{n}|} + {}_{1|}\bar{A}^1_{x:\overline{n-1}|} + \cdots + {}_{n-1|}\bar{A}^1_{x:\overline{1}|} \\ &= \frac{\bar{M}_x - \bar{M}_{x+n}}{D_x} + \frac{\bar{M}_{x+1} - \bar{M}_{x+n}}{D_x} + \cdots + \frac{\bar{M}_{x+n-1} - \bar{M}_{x+n}}{D_x} \\ &= \frac{\bar{R}_x - \bar{R}_{x+n} - n\bar{M}_{x+n}}{D_x}\end{aligned}$$

（3）递增水平终身寿险

$n$ 年递增水平终身寿险的趸缴纯保险费记作 $(I_{\overline{n}|}\bar{A})_x$，有

$$\begin{aligned}(I_{\overline{n}|}\bar{A})_x &= \int_0^n ([t]+1)v^t {}_tp_x \mu_{x+t} \mathrm{d}t + \int_n^\infty nv^t {}_tp_x \mu_{x+t} \mathrm{d}t \\ &= \frac{\bar{R}_x - \bar{R}_{x+n}}{D_x}\end{aligned} \tag{6.44}$$

或者

$$\begin{aligned}(I_{\overline{n}|}\bar{A})_x &= \bar{A}_x + {}_{1|}\bar{A}_x + \cdots + {}_{n-1|}\bar{A}_x \\ &= \frac{\bar{M}_x}{D_x} + \frac{\bar{M}_{x+1}}{D_x} + \cdots + \frac{\bar{M}_{x+n-1}}{D_x} = \frac{\bar{R}_x - \bar{R}_{x+n}}{D_x}\end{aligned}$$

（4）递减定期寿险

$n$ 年递减定期寿险的趸缴纯保险费记作 $(D\bar{A})^1_{x:\overline{n}|}$，有

$$\begin{aligned}(D\bar{A})^1_{x:\overline{n}|} &= \int_0^n (n-[t])v^t {}_tp_x \mu_{x+t} \mathrm{d}t \\ &= \frac{n\bar{M}_x - (\bar{R}_{x+1} - \bar{R}_{x+n+1})}{D_x}\end{aligned} \tag{6.45}$$

或者

$$\begin{aligned}(D\bar{A})^1_{x:\overline{n}|} &= \bar{A}^1_{x:\overline{n}|} + \bar{A}^1_{x:\overline{n-1}|} + \cdots + \bar{A}^1_{x:\overline{1}|} \\ &= \frac{n\bar{M}_x - (\bar{R}_{x+1} - \bar{R}_{x+n+1})}{D_x}\end{aligned}$$

例 6.15 某种对 0 岁的人签发的保单,在死亡后立刻提供下列保险金额:

| 年龄 | 死亡保险金额 |
| --- | --- |
| 0 岁 | 100 元 |
| 1 岁 | 200 元 |
| 2 岁 | 400 |
| 3 岁 | 600 元 |
| 4 岁 | 800 元 |
| 5 ~20 岁 | 1 000 元 |
| 21 岁以上 | 5 000 元 |

试写出用替换函数表达的这种保单在 0 岁的趸缴纯保险费。

解:设所求趸缴纯保险费为 NSP 元,则

$$\begin{aligned} NSP &= 100[(I\bar{A})^{1}_{0:\overline{6}|} + {}_{2|}(I\bar{A})^{1}_{0:\overline{4}|} + 10\ {}_{6|}\bar{A}_0 + 40\ {}_{21|}\bar{A}_0] \\ &= 100\left(\frac{\bar{R}_0 - \bar{R}_6 - 6\bar{M}_6}{D_0} + \frac{\bar{R}_2 - \bar{R}_6 - 4\bar{R}_6}{D_0} + 10\cdot\frac{\bar{M}_6}{D_0} + 40\cdot\frac{\bar{M}_{21}}{D_0}\right) \\ &= \frac{100}{D_0}(\bar{R}_0 + \bar{R}_2 - 2\bar{R}_6 + 40\bar{M}_{21}) \end{aligned}$$

第五章、第六章中出现了很多的换算函数,为了便于记忆,总结如下:

与死亡相关的有

$$C_x = v^{x+1}d_x$$

$$M_x = C_x + C_{x+1} + C_{x+2} + \cdots$$

$$R_x = M_x + M_{x+1} + M_{x+2} + \cdots$$

与生存相关的有

$$D_x = v^x l_x$$

$$N_x = D_x + D_{x+1} + D_{x+2} + \cdots$$

$$S_x = N_x + N_{x+1} + N_{x+2} + \cdots$$

## 6.7 寿险需求变化下寿险产品变革及精算分析

寿险产品的合同大多是保险期限长达十年或者数十年的保险合同,在这期间,投保人的保险需求会随着年龄、家庭结构、收入等的变化而改变。因而,保险计划须具有灵活性,能够根据投保人需求变化进行必要调整。此外,为了避免利差损、保证偿付能力,保险公司在设定保单预定利率的时候会比较保守和谨慎,因而预定利率会低于市场利率。由于保单现金价值是按照预定利率事先确定的,所以在剔除通货膨胀因素后,投保人最终获得保险金的实际价值往往不能满足其投保时设定的财务目标。

正是由于传统寿险不能很好地满足投保人的保险需求,所以寿险产品需要创新并进行结构调整。结构的调整便促进了新型寿险产品的出现。新型寿险产品主要包括新型分红险、万能险和投资连结险等保险产品。新型寿险产品既具有保险的保障功能,又

能满足投资人投资的意愿，同时还具有规避利差风险的功能。新型寿险产品更注重投资效益，但投保人在享受高收益的同时必须承担相应的投资风险。

### 6.7.1 新型寿险产品分析

(1) 分红险

分红险是指保险公司将其实际经营成果优于定价假设的盈余，按一定比例向保单持有人进行分配的人寿保险。投保人除了能够获得保单规定的保障，还能享受保险公司的经营成果。

相比于传统寿险产品，分红险具有以下特点：

① 保单持有人可以获得红利分配。保单持有人除了能获得保障外，还具有与保险公司一起享有公司分红保险业务经营成果的权利。

② 红利分配具有不确定性。由于分红水平是由保险公司的经营成果决定的，经营成果具有不确定性，因而红利分配也具有不确定性。

③ 多种红利分配模式。一般保险公司都会提供多种红利领取方式给投保人选择，最常见的红利分配方式是现金分红和增额分红。现金分红是指直接以现金的形式将盈余分配给保单持有人，保险公司可以提供多种红利领取方式，比如现金、抵缴保费、累积生息以及购买缴清保额等。增额分红是指在整个保险期间每年以增加保额的方式分配红利，只有当保单持有人在期满、退保或者身故时才能得到红利。

(2) 万能险

万能险是指可以灵活缴费、灵活调整保险金额且具有投资收益的人寿保险。相比于传统寿险产品，万能险具有以下特点：

① 缴费灵活。投保人在缴纳首期保费后，可以选择在任何时候缴纳任何数量的保险费，只要保单现金价值足以支付保单的相关费用，有时甚至可以不用缴纳保险费。

② 保额调整灵活。投保人可以在具有可保性的条件下，增加或者减少保险金额。

③ 具有选择性的死亡给付模式。万能险给投保人提供了两种死亡交付模式：一种是以净风险保额和保单的现金价值之和作为死亡给付金额，另一种是以均衡净风险保额和现金价值之和作为死亡给付金额。

(3) 投资连结险

投资连结险是指包含保险保障并且至少在一个投资账户拥有一定资产价值的人寿保险产品。相比于传统寿险产品，投资连结险具有以下特点：

① 设置投资账户。投资连结险均设置单独的投资账户，如设有保证收益账户、基金账户等多个账户，不同账户的投资组合不同，收益率和投资风险也就不同，因而，投保人可以根据自身偏好将用于投资的保费分配到不同的投资账户。

② 风险转移。投资连结险的投资风险完全由投保人自行承担，且保单的现金价值与独立账户资产的业绩相挂钩，没有最低收益保证。

### 6.7.2 新型寿险产品的精算

(1) 分红险精算

分红险包括三个部分:生存年金、期满保险金和身故保险金。因为分红险每年支付的年金会受红利分配的金额影响,所以生存年金每年给付的金额是不断变化的。以 $n$ 期分红险为例,假设被保险人年龄为 $x$ 岁,身故保险金在被保险人死亡年末给付,身故保险金和期满保险金均为 $b_0$,每年生存年金支付的金额为 $b_t$,利率为 $i_0$,则该分红险的趸缴纯保费计算公式为

$$\begin{aligned}\text{NSP} &= b_0\sum_{t=1}^{n-1} v^t{}_{t-1|}q_x + b_0 v^n{}_np_x + \sum_{t=1}^{n} b_t v^t{}_tp_x = b_0 A_{x:\overline{n|}} + \sum_{t=1}^{n} b_t v^t{}_tp_x \\ &= b_0\frac{M_x - M_{x+n} + D_{x+n}}{D_x} + \sum_{t=1}^{n} b_t\frac{D_{x+t}}{D_x}\end{aligned} \tag{6.46}$$

若缴费期为 $n$ 年,每年缴纳的纯保险费为 $P$,根据精算平衡原理,可得

$$P = \frac{b_0 A_{x:\overline{n|}} + \sum_{t=1}^{n} b_t v^t{}_tp_x}{\ddot{a}_{x:\overline{n|}}} = \frac{b_0(M_x - M_{x+n} + D_{x+n}) + \sum_{t=1}^{n} b_t D_{x+t}}{N_x - N_{x+n}} \tag{6.47}$$

(2) 万能险精算

假设某普通万能险基本保额为 $C$,被保险人年龄为 $x$ 岁,每年年初缴纳均衡保费为 $P$,扣除死亡保险费用后的部分进入万能账户。万能账户的结算利率为 $r_t$,最低收益率为 $r_g$,则第 $t$ 年年末万能账户的价值为

$$\begin{aligned}B_t = &(P - CA^1_{x:\overline{1|}})\max(1 + r_g, 1 + r_1)\cdots\max(1 + r_g, 1 + r_t) \\ &+ (P - CA^1_{x+1:\overline{1|}})\max(1 + r_g, 1 + r_2)\cdots\max(1 + r_g, 1 + r_t) \\ &+ \cdots + (P - CA^1_{x+t-1:\overline{1|}})\max(1 + r_g, 1 + r_t)\end{aligned} \tag{6.48}$$

其中,$t = 1,2,\cdots,n$。

年龄为 $x$ 岁的人购买 $n$ 年期两全险的年均衡保费为

$$P_1 = C\cdot\frac{A_{x:\overline{n|}}}{\ddot{a}_{x:\overline{n|}}} = C\cdot\frac{\sum_{t=1}^{n-1} v^t{}_{t-1|}q_x + v^n{}_np_x}{\sum_{t=0}^{n-1} v^t{}_tp_x} \tag{6.49}$$

在时刻 $t$ 普通万能险的给付金额为

$$R_t = C + B_t \tag{6.50}$$

给付的现值为

$$r_t = R_t v^t = (C + B_t)v^t \tag{6.51}$$

则年缴均衡保费为

$$P_2 = C\cdot\frac{\sum_{t=1}^{n} r_{t\ t-1|}q_x + r_{t\ n}p_x}{\sum_{t=0}^{n-1} v^t{}_tp_x} = C\cdot\frac{\sum_{t=1}^{n} R_t v^t{}_{t-1|}q_x + R_t v^n{}_np_x}{\sum_{t=0}^{n-1} v^t{}_tp_x} \tag{6.52}$$

对于指数型万能险,假设万能险基本保额为 $C$,被保险人年龄为 $x$ 岁,每年缴纳的均衡保费为 $P$,扣除死亡保险费用后的部分进入万能账户,万能账户的收益与股票指

数收益挂钩。假设与万能险账户挂钩的股票指数每年收益率为 $g_t$，万能账户最低收益率为 $r_g$，最高收益率为 $r_h$，则第 $t$ 年年末万能账户的价值为

$$\begin{aligned} B_t = & (P - CA^{1}_{x:\overline{1}|})\min\{\max(1+r_g,1+g_1),1+r_h\}\cdots\min\{\max(1+r_g,1+g_t),1+r_h\} \\ & + (P - CA^{1}_{x+1:\overline{1}|})\min\{\max(1+r_g,1+g_2),1+r_h\}\cdots\min\{\max(1+r_g,1+g_t),1+r_h\} \\ & + \cdots + (P - CA^{1}_{x+t-1:\overline{1}|})\min\{\max(1+r_g,1+g_t),1+r_h\} \end{aligned} \tag{6.53}$$

其中，$t = 1,2,\cdots,n$。

在时刻 $t$ 普通万能险的给付金额为

$$R_t = C + B_t$$

给付现值为

$$r_t = R_t v^t = (C + B_t)v^t$$

则年缴均衡保费为

$$P_2 = C \cdot \frac{\sum_{t=1}^{n} r_{t\ t-1|}q_x + r_{t\ n}p_x}{\sum_{t=0}^{n-1} v^t{}_tp_x} = C \cdot \frac{\sum_{t=1}^{n} R_t v^t{}_{t-1|}q_x + R_t v^n{}_np_x}{\sum_{t=0}^{n-1} v^t{}_tp_x}$$

(3) 投资连结险精算

与传统寿险产品的定价不同，投资连结险将预期死亡率、预定费用率以及利率分开，例如收取的保费在减去保单费用和死亡费用后才将剩余的资金转入投资账户，并由投保人在保单规定的范围内选择投资方向。



投资连结险中的死亡费用采用自然保费。由于保险公司将账户资金的时间价值转让给了投保人，不需要承担未来保费增值的责任，因而，保险公司只需要收取相当于消费者当年死亡概率的费用，即自然保费。死亡费用会随着被保险人年龄的增大而增加，在被保险人的年龄到达生命表的终极年龄时，死亡费用甚至会超过保险金额。

假设被保险人的年龄为 $x$ 岁，保险期限为 $n$ 年，$t$ 时刻无风险利率为 $r_t$，被保险人在 $t$ 时刻的死力为 $\mu_t$。在 $t$ 时刻，投资账户的价值为 $C_t$，由于投资账户的价值受多种不确定性因素影响，$C_t$ 为一随机过程，在风险中性的状态下满足随机微分方程：

$$dC_t = \alpha(t,C)\mathrm{d}t + \sigma_1(t,C)dW_{1t} \tag{6.54}$$

其中，$\alpha(t,C)$ 为资产增长率，$\sigma_1(t,C)$ 为随机波动率，$W_{1t}$ 为标准布朗运动。

同样地，假设死力 $\mu_t$ 也为一随机过程，在风险中性的状态下满足随机微分方程：

$$d\mu_t = \beta(t,\mu)\mathrm{d}t + \sigma_2(t,\mu)dW_{2t} \tag{6.55}$$

其中，$\beta(t,\mu)$ 为死力增长率，$\sigma_2(t,\mu)$ 为随机波动率，$W_{2t}$ 为标准布朗运动。假定 $dW_{1t}$ 与 $dW_{2t}$ 的相关系数为 0。

投资连结险未来的给付额与投资账户资产价值有关，被保险人在 $t$ 时刻死亡的给付额为 $A(t,C,\mu)$。假设 $A(t,C,\mu) = f(C)$，则死亡时刻的给付额是投资账户资产价值的函数。不考虑退保，保单在时刻 $t$ 的负债值为 $V(t,C,\mu)$，风险净值为 $B(t,C,\mu) = f(C) - V(t,C,\mu)$，因此，在时刻 $t$ 的期望风险净值为

$$\mu_t B(t,C,\mu) = \mu_t[f(C) - V(t,C,\mu)] \tag{6.56}$$

在风险中性状态下，我们有

$$E[dV] = r_t V dt - \mu_t B(t,C,\mu)dt \tag{6.57}$$

## 习题 6

6－1 判断下列式子的正误，并改正错误。

(1) $A_{x:\overline{n}|} = v\ddot{a}_{x:\overline{n}|} - a_{x:\overline{n}|}$；(2) $A_x = v + v(a_x - 1)$；(3) $A^{1}_{x:\overline{n}|} = 1 - d\ddot{a}_x$；

(4) $(IA)_x = v(Ia)_x - (I\ddot{a})_x$；(5) $d(I\ddot{a})_x = \ddot{a}_x - (IA)_x$。

6－2 假设 $a_x = 15.5$，$A_x = 0.25$，求年利息率 $i$ 的值。

6－3 50 岁的人投保了保险金额为 10 000 元的终身死亡保险，设年利息力为常数 0.06，死亡服从 $\mu_x = \dfrac{1}{\omega - x}(\omega = 100)$，假设保险金于死亡年年末支付。求保险金额在保单生效时的精算现值。

6－4 现年 30 岁的人，趸缴纯保险费为 10 000 元，购买一张 10 年定期寿险保单，保险金于被保险人死亡时所处保单年度末支付，试求该保单的保险金额。

6－5 年龄为 30 岁的人，以现金 10 000 元购买一张寿险保单。保单规定：被保险人若在 5 年内死亡，则在其死亡年年末给付金额 30 000 元；若在 5 年后死亡，则在其死亡年年末给付金额 $R$ 元。试求 $R$ 值。

6－6 已知 $vp_{76} = 0.9$，$A_{76} = 0.8$，$i = 0.05$，求 $A_{77}$。

6－7 已知 $A_{30} = 0.35$，$A_{45} = 0.5$，$A_{30:\overline{15}|} = 0.65$，求 $A^{1}_{30:\overline{15}|}$、$A_{30:\overset{1}{\overline{15}|}}$。

6－8 设某 30 岁的人购买一份寿险保单，该保单规定：若被保险人在第一个保单年度内死亡，则在其死亡的保单年度末给付 5 000 元，此后死亡则保险金额每年增加 1 000 元。求此递增终身寿险的趸缴纯保险费。

6－9 某被保险人 50 岁时投保了终身寿险，该保单规定：被保险人在第一年死亡，则第一年年末给付 10 000 元，以后每多活一年后死亡，给付额增加 30 000 元，达到 160 000 元时，又以每多活一年给付额减少 40 000 元的方式递减，当给付额降至 40 000 元时则保持不变。用替换函数写出这一保单的趸缴纯保险费。

6－10 已知 $l_x = 100 - x(0 \leqslant x \leqslant 100)$，$\delta = 0.05$，求 $\bar{A}_{30}$。

6－11 证明：$A_x = vq_x + vp_x A_{x+1}$，并说明其意义。

6－12 试比较 $A_x$、$A_x^{(m)}$ 和 $\bar{A}_x$ 的大小。

6－13 如果 $x$ 岁的人的剩余寿命 $T$ 的概率密度函数为

$$g(t) = \begin{cases} \dfrac{1}{80} & (0 < t < 80) \\ 0 & (\text{其他}) \end{cases}$$

且已知常数息力 $\delta = 0.06$，求 $x$ 岁时购买 1 单位终身死亡保险的趸缴纯保险费和 1 单位给付额现值函数的三阶矩。

6－14 证明：$p_x = \dfrac{1 - (1 + i)A_x}{1 - A_{x+1}}$。

6－15 证明：$\dfrac{\mathrm{d}}{\mathrm{d}x}\bar{A}_x = -\mu_x + (\delta + \mu_x)\bar{A}_x$。

# 7 年缴纯保险费

本书第 5 章和第 6 章重点介绍了生存年金和死亡保险各基本险别的精算现值和趸缴纯保险费的计算原理和方法。然而,在实际中,要求投保人都采取一次缴清保险费,即用趸缴保险费方式购买人寿保险,一般的投保人往往会因保险费的数额较大而难以负担。考虑到这种情况,在缴费方式上,保险人更多地要求投保人由趸缴保险费改为分期缴费,且使每期所缴的保险费相同。研究这样的分期缴纳的保险费的计算,便是本章的主要内容。由于分期缴费的每期保险费形成了一种从保单签单之日起生效的生存年金,所以分期缴纳纯保险费的计算必然要联系到生存年金的精算现值和人寿保险尤其是死亡保险的趸缴纯保险费。

本章将要讨论的年缴纯保险费,类似于对年金的讨论,并且不局限于只按一年缴付一次的方式。它可以按季一次、按月一次等方式缴付。此外,年缴纯保险费可以在保险期内按年、按季或按月等方式缴付,也可以限定在保险期内的若干年、若干季或若干月内缴清。特别地,对于后一种情形,即缴费年限比保险期限短的保险,称作限期缴费保险。



## 7.1 年缴纯保险费计算的一般原理

在寿险中,当不考虑费用及其他因素时,保险人的损益可以表示为

$$L = Z - X \tag{7.1}$$

式(7.1)中,$L$ 表示保险人在签单生效之日的损益,$Z$ 表示保险人未来给付额的现值,$X$ 表示投保人或被保险人缴纳的纯保险费的现值。

$L$ 有三种可能结果:$L > 0$ 时,$Z > X$;$L < 0$ 时,$Z < X$;$L = 0$ 时,$Z = X$。相应地,$L > 0$ 表示保险人发生损失,保险费不足以抵补未来的给付额;$L < 0$ 表示保险人有结余,可能以加重投保人或被保险人的负担为代价;$L = 0$ 表示保险人收取的纯保险费恰好可以满足保险金的给付。但是,在基本关系 $L = Z - X$ 中,$Z$ 和 $X$ 都是随机变量,从而 $L$ 也是一个随机变量。$L = 0$ 时的情形,是偶然的或相对的。大多数情况下,$L \neq 0$。究竟是 $L > 0$ 还是 $L < 0$,保险人很难在签单之时确切地判定。因此,在同时考虑到保险双方各自的利益之后,保险人只能使预期的损失为零,用数学关系表达即

$$\mathrm{E}(L) = 0 \tag{7.2}$$

代入(7.1)式可得

$$\mathrm{E}(Z)=\mathrm{E}(X) \tag{7.3}$$

下面对 E(Z) 和 E(X) 做进一步分析。

当保险人未来的给付额以死亡或生存为条件并且一次性缴付时,E(Z) 表示死亡保险或两全保险的趸缴纯保险费;当这种给付额以生存为条件,每隔一定时期支付一次时,E(Z) 表示年金保险的精算现值。当投保人或被保险人一次缴清保险费时,E(X) 即趸缴纯保险费;以分期方式缴费时,E(X) 代表以缴纳的纯保险费为金额的生存年金的精算现值。此时,令 $P$ 代表分期缴付的纯保险费,$Y$ 代表投保人或被保险人缴付的单位纯保险费的现值,那么,

$$\mathrm{E}(Z)=\mathrm{E}(X)=\mathrm{E}(PY)=P\mathrm{E}(Y)$$

$$P=\frac{\mathrm{E}(Z)}{\mathrm{E}(Y)} \tag{7.4}$$

通过这些分析,年缴纯保险费的计算,就转化为分别计算E(Z) 和 E(Y) 的值,然后再求两者的比值。

## 7.2 年缴保费一次纯保险费的计算

### 7.2.1 年缴保费一次的人寿保险的纯保险费



为便于论述,约定将讨论的寿险:签单年龄是 $x$ 岁,保险金额为1元,年缴纯保险费为均衡纯保险费,且预定利息率已知。

(1) 每年年初缴费、于死亡年年底给付保险金的人寿保险

① 终身缴费的终身寿险

终身缴费的终身保险通常又称为普通保险,其年缴纯保险费记作 $P_x$。根据式(7.4) 不难获得

$$P_x=\frac{A_x}{\ddot{a}_x}=\frac{M_x}{N_x} \tag{7.5}$$

② $n$ 年缴费的 $n$ 年定期寿险

像这种缴费期间与保险期间一致的保险,可以用保险期间简称这种保险。$n$ 年缴费的 $n$ 年定期寿险,简称为"$n$ 年定期寿险"。其年缴纯保险费记作 $P^1_{x:\overline{n|}}$,有

$$P^1_{x:\overline{n|}}=\frac{\mathrm{E}(Z)}{\mathrm{E}(Y)}=\frac{A^1_{x:\overline{n|}}}{\ddot{a}_{x:\overline{n|}}}=\frac{M_x-M_{x+n}}{N_x-N_{x+n}} \tag{7.6}$$

③ $n$ 年缴费的 $n$ 年两全保险

这种保险简称"$n$ 年两全保险"。其年缴纯保险费记作 $P_{x:\overline{n|}}$,有

$$P_{x:\overline{n|}}=\frac{\mathrm{E}(Z)}{\mathrm{E}(Y)}=\frac{A_{x:\overline{n|}}}{\ddot{a}_{x:\overline{n|}}}=\frac{M_x-M_{x+n}+D_{x+n}}{N_x-N_{x+n}} \tag{7.7}$$

④ $h$ 年限期缴费的终身寿险($h\leqslant n$)

这种保险的年缴纯保险费记作 ${}_hP_x$,有

$$
{}_hP_x = \frac{\mathrm{E}(Z)}{\mathrm{E}(Y)} = \frac{A_x}{\ddot{a}_{x:\overline{h}|}} = \frac{M_x}{N_x - N_{x+h}} \tag{7.8}
$$

⑤ $h$ 年限期缴费的两全保险($h \leqslant n$)

这种保险的年缴纯保险费记作 ${}_hP_{x:\overline{n}|}$,有

$$
{}_hP_{x:\overline{n}|} = \frac{\mathrm{E}(Z)}{\mathrm{E}(Y)} = \frac{A_{x:\overline{n}|}}{\ddot{a}_{x:\overline{h}|}} = \frac{M_x - M_{x+n} + D_{x+n}}{N_x - N_{x+h}} \tag{7.9}
$$

**例 7.1** 证明:$P_x = \dfrac{vq_x + P_{x+1}a_x}{\ddot{a}_x}$。

**证明:** 因为 $P_x\ddot{a}_x = A_x$,所以只需要证明 $vq_x + P_{x+1}a_x$ 等于 $A_x$ 即可。事实上,

$$
vq_x + P_{x+1}a_x = v \cdot \frac{d_x}{l_x} + \frac{M_{x+1}}{N_{x+1}} \cdot \frac{N_{x+1}}{D_x} = v \cdot \frac{d_x}{l_x} + \frac{M_{x+1}}{D_x}
$$

$$
= \frac{v^{x+1}d_x}{v^x l_x} + \frac{M_{x+1}}{D_x} = \frac{C_x + M_{x+1}}{D_x} = \frac{M_x}{D_x} = A_x
$$

**例 7.2** 如果 ${}_{k|}q_x = (\frac{1}{19})(0.95)^{k+1}(k = 0,1,2,\cdots)$,且 $i = 0.06$, 那么 $P_x$ 为多少?

**解:** 由于 $P_x = A_x/\ddot{a}_x$,所以首先分别求 $A_x$ 和 $\ddot{a}_x$。

$$
A_x = \mathrm{E}(Z) = \sum_{k=0}^{\infty} v^{k+1}\mathrm{P}(K = k) = \sum_{k=0}^{\infty} v^{k+1}{}_{k|}q_x
$$

$$
= \sum_{k=0}^{\infty} (\frac{1}{19}) \cdot (1.06)^{-(k+1)} \cdot (0.95)^{k+1} = \frac{5}{11}
$$

根据 $A_x = 1 - d\ddot{a}_x$,可得

$$
\ddot{a}_x = \frac{1 - A_x}{d} = \frac{1 - \dfrac{5}{11}}{\dfrac{0.06}{1.06}} = \frac{106}{11}
$$

故

$$
P_x = \frac{A_x}{\ddot{a}_x} = \frac{5}{106} \approx 0.047\ 2
$$

**例 7.3** 某 $x$ 岁的人购买一种特别的三年期定期寿险,若死亡发生在前两年,则能获得 100 000 元的保险金,若在第三年死亡,则能获得 500 000 元的保险金。死亡保险金在死亡所在年年末给付。每年年初缴纳均衡保险费。某终极表中有 $q_x = 0.1, q_{x+1} = 0.2, q_{x+2} = 0.3$。选择期为两年,$q_{[x]+k} = 0.9^{2-k}q_{x+k}, k = 0,1$。已知 $i = 5\%$,计算均衡纯保险费。

**解:** 先计算出所需死亡概率。

$q_{[x]} = 0.9^2 \times 0.1 = 0.081, q_{[x]+1} = 0.9 \times 0.2 = 0.18, q_{x+2} = 0.3, p_{[x]} = 0.919$,

${}_2p_{[x]} = 0.919 \times 0.82 = 0.753\ 58$

该特殊定期寿险的趸缴纯保险费为

$$\frac{100\ 000\times 0.081}{1.05}+\frac{100\ 000\times 0.919\times 0.18}{1.05^2}+\frac{500\ 000\times 0.753\ 58\times 0.3}{1.05^3}$$

$$\approx 7\ 714.29+15\ 004.08+97\ 645.61=120\ 363.98(\text{元})$$

单位年缴保险费的精算现值为

$$1+\frac{0.919}{1.05}+\frac{0.753\ 58}{1.05^2}\approx 2.558\ 76(\text{元})$$

则年缴纯保险费为

$$\frac{120\ 363.98}{2.558\ 76}\approx 47\ 039.96(\text{元})$$

**例 7.4**　已知 $A_x=0.6$，${}_{n|}A_x=0.4$，$P_x=0.1$，$P_{x+n}=0.2$，计算 $P^1_{x:\overline{n|}}$。

**解**：$\because P^1_{x:\overline{n|}}=\dfrac{A^1_{x:\overline{n|}}}{\ddot{a}_{x:\overline{n|}}}$

$$A^1_{x:\overline{n|}}=A_x-{}_{n|}A_x=0.6-0.4=0.2$$

$$P_{x+n}=\frac{A_{x+n}}{\ddot{a}_{x+n}}=\frac{{}_{n|}A_x/{}_nE_x}{{}_{n|}\ddot{a}_x/{}_nE_x}=\frac{{}_{n|}A_x}{{}_{n|}\ddot{a}_x}$$

$$\therefore \ddot{a}_{x:\overline{n|}}=\ddot{a}_x-{}_{n|}\ddot{a}_x=\frac{A_x}{P_x}-\frac{{}_{n|}A_x}{P_{x+n}}=4$$

$$P^1_{x:\overline{n|}}=\frac{A^1_{x:\overline{n|}}}{\ddot{a}_{x:\overline{n|}}}=\frac{0.2}{4}=0.05$$

**例 7.5**　对于一个标准的年龄为 50 岁的被保险人，其购买保险金额为 1 元的终身寿险所需的趸缴纯保险费为 0.4 元，$q_{50}=0.01$。现在有一名 50 岁的保险需求者，你认为他在第一年的死亡风险会更高，即 $q_x=0.05$，他在其他年龄段的死亡率与标准被保险人相同。已知 $i=0.05$，保险费在年初缴纳，求这名需求者购买此终身寿险的年缴纯保险费是多少？

**解**：对标准的被保险人而言，使用递推公式可得

$$0.4=\frac{0.01}{1.05}+\frac{0.99A_{51}}{1.05}$$

$$A_{51}=\frac{1.05\times 0.4-0.01}{0.99}=\frac{0.41}{0.99}\approx 0.414\ 141$$

令 $\tilde{A}_{50}$ 表示此需求者的趸缴纯保险费，则

$$\tilde{A}_{50}=\frac{0.05+0.95A_{51}}{1.05}\approx 0.422\ 318(\text{元})$$

于是，所求的年缴纯保险费为

$$\tilde{P}_{50}=\frac{d\tilde{A}_{50}}{1-\tilde{A}_{50}}\approx 0.034\ 812(\text{元})$$

（2）每年年初缴费，于死亡后立即给付保险金的人寿保险

① 终身缴费的终身寿险

其年缴纯保险费记作 $P(\bar{A}_x)$，且

$$P(\bar{A}_x) = \frac{A_x}{\ddot{a}_x} = \frac{\bar{M}_x}{N_x} \tag{7.10}$$

② $n$ 年缴费的 $n$ 年定期寿险

其年缴纯保险费记作$P(\bar{A}^{1}_{x:\overline{n}|})$，且

$$P(\bar{A}^{1}_{x:\overline{n}|}) = \frac{\bar{A}^{1}_{x:\overline{n}|}}{\ddot{a}_{x:\overline{n}|}} = \frac{\bar{M}_x - \bar{M}_{x+n}}{N_x - N_{x+n}} \tag{7.11}$$

③ $n$ 年缴费的 $n$ 年两全保险

其年缴纯保险费记作$\bar{P}(\bar{A}_{x:\overline{n}|})$，且

$$P(\bar{A}_{x:\overline{n}|}) = \frac{\bar{A}_{x:\overline{n}|}}{\ddot{a}_{x:\overline{n}|}} = \frac{\bar{M}_x - \bar{M}_{x+n} + D_{x+n}}{N_x - N_{x+n}} \tag{7.12}$$

④ $h$ 年限期缴费的终身寿险($h \leqslant n$)

其年缴纯保险费记作${}_hP(\bar{A}_x)$，且

$$ {}_hP(\bar{A}_x) = \frac{\bar{A}_x}{\ddot{a}_{x:\overline{h}|}} = \frac{\bar{M}_x}{N_x - N_{x+h}} \tag{7.13}$$

⑤ $h$ 年限期缴费的两全保险($h \leqslant n$)

其年缴纯保险费记作${}_hP(\bar{A}_{x:\overline{n}|})$，且

$$ {}_hP(\bar{A}_{x:\overline{n}|}) = \frac{\bar{A}_{x:\overline{n}|}}{\ddot{a}_{x:\overline{h}|}} = \frac{\bar{M}_x - \bar{M}_{x+n} + D_{x+n}}{N_x - N_{x+h}} \tag{7.14}$$



**例 7.6** 已知$P(\bar{A}_{40:\overline{20}|}) = 0.040$，${}_{20}P(\bar{A}_{40}) = 0.030$ 及$\bar{A}_{60} = 0.600$，求$P(\bar{A}^{1}_{40:\overline{20}|})$的值。

**解：** 联立下列关系式

$$\begin{cases} \bar{A}_{40} = \bar{A}^{1}_{40:\overline{20}|} + {}_{20}E_{40}\bar{A}_{60} \\ \bar{A}_{40:\overline{20}|} = \bar{A}^{1}_{40:\overline{20}|} + {}_{20}E_{40} \end{cases}$$

由此得

$$\bar{A}^{1}_{40:\overline{20}|} = \frac{\bar{A}_{40} - \bar{A}_{40:\overline{20}|}\bar{A}_{60}}{1 - \bar{A}_{60}}$$

从而

$$\begin{aligned} P(\bar{A}^{1}_{40:\overline{20}|}) &= \bar{A}^{1}_{40:\overline{20}|}/\ddot{a}_{40:\overline{20}|} \\ &= \frac{{}_{20}P(\bar{A}_{40}) - P(\bar{A}_{40:\overline{20}|}) \cdot \bar{A}_{60}}{1 - \bar{A}_{60}} \\ &= \frac{0.030 - 0.040 \times 0.600}{1 - 0.600} = 0.015 \end{aligned}$$

(3) 每年连续缴费，于死亡年年末给付保险金的人寿保险

① 终身缴费的终身寿险

其年缴纯保险费记作 $\bar{P}(A_x)$，且

$$\bar{P}(A_x) = \frac{A_x}{\bar{a}_x} = \frac{M_x}{\bar{N}_x} \tag{7.15}$$

② $n$ 年缴费的 $n$ 年定期寿险

其年缴纯保险费记作$\bar{P}(A^1_{x:\overline{n}|})$，且

$$\bar{P}(A^1_{x:\overline{n}|}) = \frac{A^1_{x:\overline{n}|}}{\bar{a}_{x:\overline{n}|}} = \frac{M_x - M_{x+n}}{\bar{N}_x - \bar{N}_{x+n}} \tag{7.16}$$

③ $n$ 年缴费的 $n$ 年两全保险

其年缴纯保险费记作 $\bar{P}(A_{x:\overline{n}|})$，且

$$\bar{P}(A_{x:\overline{n}|}) = \frac{A_{x:\overline{n}|}}{\bar{a}_{x:\overline{n}|}} = \frac{M_x - M_{x+n} + D_{x+n}}{\bar{N}_x - \bar{N}_{x+n}} \tag{7.17}$$

④ $h$ 年限期缴费的 $n$ 年两全保险

其年缴纯保险费记作${}_h\bar{P}(A_{x:\overline{n}|})$，且

$${}_h\bar{P}(A_{x:\overline{n}|}) = \frac{A_{x:\overline{n}|}}{\bar{a}_{x:\overline{h}|}} = \frac{M_x - M_{x+n} + D_{x+n}}{\bar{N}_x - \bar{N}_{x+h}} \tag{7.18}$$

(4) 每年连续缴费，于死亡后立即给付保险金的人寿保险

① 终身缴费的终身寿险

其年缴纯保险费记作 $\bar{P}(\bar{A}_x)$，且

$$\bar{P}(\bar{A}_x) = \frac{\bar{A}_x}{\bar{a}_x} = \frac{\bar{M}_x}{\bar{N}_x} \tag{7.19}$$

② $n$ 年缴费的 $n$ 年定期寿险

其年缴纯保险费记作$\bar{P}(\bar{A}^1_{x:\overline{n}|})$，且

$$\bar{P}(\bar{A}^1_{x:\overline{n}|}) = \frac{\bar{A}^1_{x:\overline{n}|}}{\bar{a}_{x:\overline{n}|}} = \frac{\bar{M}_x - \bar{M}_{x+n}}{\bar{N}_x - \bar{N}_{x+n}} \tag{7.20}$$

③ $n$ 年缴费的 $n$ 年两全保险

其年缴纯保险费记作$\bar{P}(\bar{A}_{x:\overline{n}|})$，且

$$\bar{P}(\bar{A}_{x:\overline{n}|}) = \frac{\bar{A}_{x:\overline{n}|}}{\bar{a}_{x:\overline{n}|}} = \frac{\bar{M}_x - \bar{M}_{x+n} + D_{x+n}}{\bar{N}_x - \bar{N}_{x+n}} \tag{7.21}$$

④ $h$ 年限期缴费的 $n$ 年两全保险

其年缴纯保险费记作${}_h\bar{P}(\bar{A}_{x:\overline{n}|})$，且

$${}_h\bar{P}(\bar{A}_{x:\overline{n}|}) = \frac{\bar{A}_{x:\overline{n}|}}{\bar{a}_{x:\overline{h}|}} = \frac{\bar{M}_x - \bar{M}_{x+n} + D_{x+n}}{\bar{N}_x - \bar{N}_{x+h}} \tag{7.22}$$

例 7.7　年龄 30 岁的某人用 5 年限期缴费的方式，购买了 10 年延期、保险金额为 50 000 元的 20 年定期死亡保险。问这个人的年缴一次均衡纯保险费是多少？假定保险金额于死亡所在年年末支付。计算以 CL1(2010—2013)2.5% 为基础。

解：设所求的年缴纯保险费为 $P$ 元，那么

$$P\ddot{a}_{30:\overline{5}|} = 50\ 000\ {}_{10|}A^1_{30:\overline{20}|}$$

$$\therefore P = \frac{50\ 000\ {}_{10|}A^1_{30:\overline{20}|}}{\ddot{a}_{30:\overline{5}|}} = \frac{50\ 000(M_{40} - M_{60})}{N_{30} - N_{35}} \approx 500.89(\text{元})$$

这个例题揭示了一般延期保险年缴纯保险费的计算原理。假设在 $x$ 岁签发的 $r$ 年延期 $n$ 年定期寿险，保险金额为 1，保险费限期 $h$ 年缴付($h < r$)，则年缴一次均衡纯保

险费记作${}_hP({}_{r|}A^{1}_{x:\overline{n}|})$，且

$$ {}_hP({}_{r|}A^{1}_{x:\overline{n}|}) = \frac{{}_{r|}A^{1}_{x:\overline{n}|}}{\ddot{a}_{x:\overline{h}|}} = \frac{M_{x+r} - M_{x+r+n}}{N_x - N_{x+h}} $$

类似地，$h$年限期缴费的$r$年延期$n$年两全保险的年缴纯保险费记作${}_hP({}_{r|}A_{x:\overline{n}|})$，且

$$ {}_hP({}_{r|}A_{x:\overline{n}|}) = \frac{M_{x+r} - M_{x+r+n} + D_{x+r+n}}{N_x - N_{x+h}} $$

**例 7.8** 对30岁的人签发的某种人寿保单，一方面，要求投保人限期20年均衡缴纳纯保险费；另一方面，保单承诺：若被保险人在30～40岁发生死亡，则立即提供保险金额100 000元；在40～50岁发生死亡，立即提供保险金额200 000元；在50岁以后死亡，立即提供保险金额300 000元。试用替换函数表达年缴均衡纯保险费的计算式，并以CL1(2010—2013)2.5%为基础计算出结果。

**解：** 运用年缴纯保险费计算的一般原理：

$$ \mathrm{E}(Z) = \mathrm{E}(X) $$

即保险人提供保险金额的现值的期望值等于被保险人缴纳纯保险费现值的期望值。

令所求年缴纯保险费为$P$元，则

$$ P\ddot{a}_{30:\overline{20}|} = 100\ 000\bar{A}^{1}_{30:\overline{10}|} + 200\ 000\ {}_{10|}\bar{A}^{1}_{30:\overline{10}|} + 300\ 000\ {}_{20|}\bar{A}_{30} $$

$$ P = \frac{100\ 000(\bar{M}_{30} - \bar{M}_{40}) + 200\ 000(\bar{M}_{40} - \bar{M}_{50}) + 300\ 000\bar{M}_{50}}{N_{30} - N_{50}} $$

$$ = 100\ 000\frac{\bar{M}_{30} + \bar{M}_{40} + \bar{M}_{50}}{N_{30} - N_{50}} \approx 5\ 982.97(\text{元}) $$

更一般的变动保险金额保险的年缴纯保险费的计算并无统一的公式，而是依据收支平衡原则$\mathrm{E}(Z) = \mathrm{E}(X)$建立等式进行求解。但是，当保险金额有规律可循尤其是呈等差变动时，年缴纯保险费表达式容易获得。如趸缴纯保险费是$(IA)_x$或$(DA)^{1}_{x:\overline{n}|}$的一类保险，对应的年缴一次均衡纯保险费为

$$ P((IA)_x) = \frac{(IA)_x}{\ddot{a}_x} = \frac{R_x}{N_x} $$

$$ {}_hP((DA)^{1}_{x:\overline{n}|}) = \frac{(DA)^{1}_{x:\overline{n}|}}{\ddot{a}_{x:\overline{h}|}} = \frac{nM_x - (R_{x+1} - R_{x+n+1})}{N_x - N_{x+h}} $$

**例 7.9** 证明：$P((IA)_x) = 1 - \dfrac{d(I\ddot{a})_x}{\ddot{a}_x}$。

**证明：** 结合上面的有关结论和关系：

$$ 1 - \frac{d(I\ddot{a})x}{\ddot{a}_x} = \frac{\ddot{a}_x - d(I\ddot{a})_x}{\ddot{a}_x} = \frac{N_x - dS_x}{N_x} $$

$$ = \frac{N_x - d(N_x + N_{x+1} + \cdots)}{N_x} $$

$$ = \frac{(D_x - dN_x) + (D_{x+1} - dN_{x+1}) + \cdots}{N_x} $$

$$ = \frac{M_x + M_{x+1} + \cdots}{N_x} $$

$$= \frac{R_x}{N_x} = \frac{(IA)_x}{\ddot{a}_x} = P((IA)_x)$$

因此，原式得证。

### 7.2.2 年缴保费一次的年金保险的纯保险费

假定本部分将要讨论的年金保险满足条件：在 $x$ 岁签单，纯保险费采用均衡制，年金保险给付额为 1，预定利息率已知。

(1) 每年年初缴费、于每年年初给付保险金的年金保险

① $h$ 年限期缴费的终身年金保险

其年缴纯保险费记作 ${}_hP(\ddot{a}_x)$，且

$$_hP(\ddot{a}_x) = \frac{\ddot{a}_x}{\ddot{a}_{x:\overline{h}|}} = \frac{N_x}{N_x - N_{x+h}} \tag{7.23}$$

② $h$ 年限期缴费的 $n$ 年定期年金保险

其年缴纯保险费记作 ${}_hP(\ddot{a}_{x:\overline{n}|})$ $(h < n)$，且

$$_hP(\ddot{a}_{x:\overline{n}|}) = \frac{\ddot{a}_{x:\overline{n}|}}{\ddot{a}_{x:\overline{h}|}} = \frac{N_x - N_{x+n}}{N_x - N_{x+h}} \tag{7.24}$$

③ $h$ 年限期缴费的 $n$ 年延期终身年金保险

其年缴纯保险费记作 ${}_hP({}_{n|}\ddot{a}_x)(h \leqslant n)$，且

$$_hP({}_{n|}\ddot{a}_x) = \frac{{}_{n|}\ddot{a}_x}{\ddot{a}_{x:\overline{h}|}} = \frac{N_{x+n}}{N_x - N_{x+h}} \tag{7.25}$$

(2) 每年年初缴费、于每年连续地给付保险金的年金保险

其缴费方式和保险形式等假定与上述讨论相同，与此相应的年缴纯保险费为

$$_hP(\bar{a}_x) = \frac{\bar{a}_x}{\ddot{a}_{x:\overline{h}|}} = \frac{\bar{N}_x}{N_x - N_{x+h}} \tag{7.26}$$

$$_hP(\bar{a}_{x:\overline{n}|}) = \frac{\bar{a}_{x:\overline{n}|}}{\ddot{a}_{x:\overline{h}|}} = \frac{\bar{N}_x - \bar{N}_{x+n}}{N_x - N_{x+h}} \tag{7.27}$$

$$_hP({}_{n|}\bar{a}_x) = \frac{{}_{n|}\bar{a}_x}{\ddot{a}_{x:\overline{h}|}} = \frac{\bar{N}_{x+n}}{N_x - N_{x+h}} \tag{7.28}$$

(3) 每年连续地缴费、于每年年初给付保险金的年金保险

其与上述讨论顺序平行，相应保险的年缴纯保险费是

$$_h\bar{P}(\ddot{a}_x) = \frac{\ddot{a}_x}{\bar{a}_{x:\overline{h}|}} = \frac{N_x}{\bar{N}_x - \bar{N}_{x+h}} \tag{7.29}$$

$$_h\bar{P}(\ddot{a}_{x:\overline{n}|}) = \frac{\ddot{a}_{x:\overline{n}|}}{\bar{a}_{x:\overline{h}|}} = \frac{N_x - N_{x+n}}{\bar{N}_x - \bar{N}_{x+h}} \tag{7.30}$$

$$_h\bar{P}({}_{n|}\ddot{a}_x) = \frac{{}_{n|}\ddot{a}_x}{\bar{a}_{x:\overline{h}|}} = \frac{N_{x+n}}{\bar{N}_x - \bar{N}_{x+h}} \tag{7.31}$$

(4) 每年连续地缴费、于每年连续地给付保险金的年金保险

其与上述讨论顺序平行，相应保险的年缴纯保险费是

$$ {}_h\bar{P}(\bar{a}_x) = \frac{\bar{a}_x}{\bar{a}_{x:\overline{h}|}} = \frac{\bar{N}_x}{\bar{N}_x - \bar{N}_{x+h}} \tag{7.32} $$

$$ {}_h\bar{P}(\bar{a}_{x:\overline{n}|}) = \frac{\bar{a}_{x:\overline{n}|}}{\bar{a}_{x:\overline{h}|}} = \frac{\bar{N}_x - \bar{N}_{x+n}}{\bar{N}_x - \bar{N}_{x+h}} \tag{7.33} $$

$$ {}_h\bar{P}({}_{n|}\bar{a}_x) = \frac{{}_{n|}\bar{a}_x}{\bar{a}_{x:\overline{h}|}} = \frac{\bar{N}_{x+n}}{\bar{N}_x - \bar{N}_{x+h}} \tag{7.34} $$

例 7.10　某人现年 45 岁，为自己投保每年 2 000 元的期末付终身年金保险。保单约定在最初的 20 年内，不论他是生存还是死亡，都必须支取年金。问他应支付多少年缴纯保险费？假定年缴纯保险费采用均衡制，且限期 10 年内缴清。计算以 CL1(2010—2013)2.5% 为基础。

解：设限期 10 年缴清保费的均衡纯保险费为 $P$ 元，那么

$$ P\ddot{a}_{45:\overline{10}|} = 2\ 000(a_{\overline{20}|} + {}_{20|}a_{45}) $$

$$ P = \frac{2\ 000(a_{\overline{20}|} + {}_{20|}a_{45})}{\ddot{a}_{45:\overline{10}|}} = \frac{2\ 000(a_{\overline{20}|}D_{45} + N_{66})}{N_{45} - N_{55}} \approx 5\ 003.79(\text{元}) $$

例 7.11　现年 30 岁的人，采用限期 5 年缴费，于每年年初支付 500 元的纯保险费的方式，去购买 30 年延期 20 年定期期末年金保险，以维持退休以后的正常生活。问在这种安排之下这个人每年可获多少年金给付额？以 CL1(2010—2013)2.5% 为计算基础。



解：设每年可获年金给付额为 $R$ 元，依题意，$R$ 取决于

$$ R\ {}_{30|}a_{30:\overline{20}|} = 500\ddot{a}_{30:\overline{5}|} $$

$$ R = \frac{500\ddot{a}_{30:\overline{5}|}}{{}_{30|}a_{30:\overline{20}|}} = \frac{500(N_{30} - N_{35})}{N_{61} - N_{81}} \approx 425.41\ (\text{元}) $$

## 7.3　年缴费数次的纯保险费的计算

这里的年缴费数次的纯保险费，统指年缴付 2 次（半年缴 1 次）、年缴付 4 次（每个季度缴付 1 次）、年缴付 12 次（每个月缴付 1 次）等的年纯保险费。年缴费数次的纯保险费一般分为两大类：一类是死亡给付有变化或考虑了调整值的纯保险费；另一类是死亡给付无变化或未考虑调整值的纯保险费。以下的内容将以这样两类纯保险费为出发点，具体讨论真实纯保险费、年赋纯保险费以及比例纯保险费的计算。

### 7.3.1　真实纯保险费

年缴 $m$ 次的真实纯保险费，是指纯保险费在一年内分 $m$ 次缴付，并且不补收被保险人死亡所在保险年度未缴付的保险费，即被保险人在缴费时点活着才缴该次分期保费。

下面讨论几种常见险别真实纯保险费的计算公式。为论述的方便，特做如下约定：

保单在 $x$ 岁时签发，保险金额为 1 元，年缴真实纯保险费在一年内分 $m$ 次缴付，且每次缴付相等的金额。

(1) 当保险金于死亡发生的年末给付时

① 终身人寿保险

其年缴 $m$ 次真实纯保险费记作 $P_x^{(m)}$，且

$$P_x^{(m)} = \frac{A_x}{\ddot{a}_x^{(m)}} \tag{7.35}$$

② $n$ 年定期人寿保险

其年缴 $m$ 次真实纯保险费记作 $P_{x:\overline{n|}}^{1\,(m)}$，且

$$P_{x:\overline{n|}}^{1\,(m)} = \frac{A_{x:\overline{n|}}^{1}}{\ddot{a}_{x:\overline{n|}}^{(m)}} \tag{7.36}$$

③ $n$ 年两全保险

其年缴 $m$ 次真实纯保险费记作 $P_{x:\overline{n|}}^{(m)}$，且

$$P_{x:\overline{n|}}^{(m)} = \frac{A_{x:\overline{n|}}}{\ddot{a}_{x:\overline{n|}}^{(m)}} \tag{7.37}$$

④ 限期 $h$ 年缴费的保险

终身寿险、$n$ 年定期寿险和 $n$ 年两全保险的年缴 $m$ 次真实纯保险费分别记作 ${}_hP_x^{(m)}$、${}_hP_{x:\overline{n|}}^{1\,(m)}$ 或 ${}_hP_{x:\overline{n|}}^{(m)}$，且

$${}_hP_x^{(m)} = \frac{A_x}{\ddot{a}_{x:\overline{h|}}^{(m)}} \tag{7.38}$$

$${}_hP_{x:\overline{n|}}^{1\,(m)} = \frac{A_{x:\overline{n|}}^{1}}{\ddot{a}_{x:\overline{h|}}^{(m)}} \tag{7.39}$$

$${}_hP_{x:\overline{n|}}^{(m)} = \frac{A_{x:\overline{n|}}}{\ddot{a}_{x:\overline{h|}}^{(m)}}$$

在实际中，年缴 $m$ 次真实纯保险费常采用近似法来计算。其基本方法是将近似关系 $\ddot{a}_x^{(m)} \approx \ddot{a}_x - \frac{m-1}{2m}$ 和 $\ddot{a}_{x:\overline{n|}}^{(m)} \approx \ddot{a}_{x:\overline{n|}} - \frac{m-1}{2m}(1 - {}_nE_x)$ 代入相应的年缴 $m$ 次真实纯保险费计算式中，即可得到真实纯保险费的近似计算值。例如：

$$P_x^{(m)} \approx \frac{A_x}{\ddot{a}_x - \dfrac{m-1}{2m}} \tag{7.40}$$

$${}_hP_{x:\overline{n|}}^{(m)} \approx \frac{A_{x:\overline{n|}}}{\ddot{a}_{x:\overline{h|}} - \dfrac{m-1}{2m}(1 - {}_hE_x)} \tag{7.41}$$

此外，在实际应用中，有时需要将年缴 $m$ 次的真实纯保险费表示成年缴一次的纯保险费形式，以便于进行近似计算。例如：

$$P_x^{(m)}=\frac{A_x}{\ddot{a}_x^{(m)}}=\frac{P_x\ddot{a}_x}{\ddot{a}_x-\frac{m-1}{2m}}$$

$$=\frac{P_x}{1-\frac{m-1}{2m}\cdot\frac{1}{\ddot{a}_x}}=\frac{P_x}{1-\frac{m-1}{2m}(P_x+d)}$$

$$P_{x:\overline{n}|}^{(m)}=\frac{A_{x:\overline{n}|}}{\ddot{a}_{x:\overline{n}|}^{(m)}}=\frac{P_{x:\overline{n}|}\ddot{a}_{x:\overline{n}|}}{\ddot{a}_{x:\overline{n}|}^{(m)}}=\frac{P_{x:\overline{n}|}\ddot{a}_{x:\overline{n}|}}{\ddot{a}_{x:\overline{n}|}-\frac{m-1}{2m}(1-{}_nE_x)}$$

$$=\frac{P_{x:\overline{n}|}}{1-\frac{m-1}{2m}(P_{x:\overline{n}|}^{1}+d)}$$

据此，可以对一年缴费数次真实纯保险费 $P^{(m)}$ 与年缴付一次真实纯保险费 $P$(如 $P_x^{(m)}$ 和 $P_x$、$P_{x:\overline{n}|}^{(m)}$ 和 $P_{x:\overline{n}|}$)做出分析和比较。

首先，对 $P^{(m)}$ 和 $P$ 做一般的分析。

$P^{(m)}$ 和 $P$ 有两个最基本的区别：① 保险人以 $P^{(m)}$ 方式实际收取保险费的平均日期，将迟于保险人以 $P$ 方式收取保险费的日期，这使得以 $P^{(m)}$ 方式收取保险费的保险人，较之于以 $P$ 方式收取保险费的保险人获得更少的利息。② 当保险人以 $P^{(m)}$ 方式收取保险费时，在死亡发生当年所余的分期内，保险人不再获得这些分期内的保险费；而当保险人以 $P$ 方式收取保险费时，包括死亡发生年度在内的每年年初，保险人预先收取了全年的保险费。这表明在死亡发生所在年度，以 $P^{(m)}$ 方式收取保险费的保险人所获得的平均保险费，少于以 $P$ 方式收取保险费的保险人所获得的保险费。综合上述分析，年缴 $m$ 次的真实纯保险费应大于年缴一次的纯保险费。

其次，考虑具体保险形式下真实纯保险费与年缴纯保险费之差的补偿形式。

例如，结合对 $P^{(m)}$ 与 $P$ 的分析，有 $P_x^{(m)}$ 大于 $P_x$，而且其差额具有如下形式：

$$P_x^{(m)}\approx\frac{P_x}{1-\frac{m-1}{2m}(P_x+d)}$$

经整理：

$$P_x^{(m)}=P_x+\frac{m-1}{2m}P_x^{(m)}d+\frac{m-1}{2m}P_x^{(m)}P_x \tag{7.42}$$

亦即 $P_x^{(m)}$ 与 $P_x$ 的差额由 $\frac{m-1}{2m}P_x^{(m)}d$ 和 $\frac{m-1}{2m}P_x^{(m)}P_x$ 两项来弥补。其中，第一项 $\frac{m-1}{2m}P_x^{(m)}d$ 可进一步写成 $\frac{1}{m}P_x^{(m)}\sum_{t=0}^{m-1}t\frac{d}{m}$，它表明按 $P_x^{(m)}$ 方式推迟缴付的纯保险费所损失的年利息额的近似值。第二项 $\frac{m-1}{2m}P_x^{(m)}P_x$ 可以视作保险金额等于 $\frac{m-1}{2m}P_x^{(m)}$ 的年缴一次的纯保险费。由于 $\frac{m-1}{2m}P_x^{(m)}$ 等于 $\frac{1}{m}P_x^{(m)}\sum_{t=0}^{m-1}\frac{t}{m}$，所以在死亡均匀分布条件下，它表

示以 $P_x^{(m)}$ 方式收取保险费的保险人，在死亡发生年度内平均损失的分期纯保险费，从而 $\frac{m-1}{2m}P_x^{(m)}P_x$ 就是保险人要求每年年初补偿这种损失的分期保险费的平均值。

类似地，可以比较 $P_{x:\overline{n|}}^{1\,(m)}$ 和 $P_{x:\overline{n|}}^{1}$、$P_{x:\overline{n|}}^{(m)}$ 和 $P_{x:\overline{n|}}$ 的大小以及分析它们的差额和补偿项。但是，在两全保险中，保险费的损失仅依赖于死亡事故，与被保险人生存至期满无关。这就是说，保险费的损失由定期寿险来弥补。

（2）当保险金于死亡发生后立即给付时

① 终身人寿保险

其年缴 $m$ 次真实纯保险费记作 $P^{(m)}(\bar{A}_x)$，且

$$P^{(m)}(\bar{A}_x)=\frac{\bar{A}_x}{\ddot{a}_x^{(m)}}=\frac{\bar{A}_x}{\ddot{a}_x-\frac{m-1}{2m}} \tag{7.43}$$

② $n$ 年定期人寿保险

其年缴 $m$ 次真实纯保险费记作$P^{(m)}(\bar{A}_{x:\overline{n|}}^{1})$，且

$$P^{(m)}(\bar{A}_{x:\overline{n|}}^{1})=\frac{\bar{A}_{x:\overline{n|}}^{1}}{\ddot{a}_{x:\overline{n|}}^{(m)}}=\frac{\bar{A}_{x:\overline{n|}}^{1}}{\ddot{a}_{x:\overline{n|}}-\frac{m-1}{2m}(1-{}_nE_x)} \tag{7.44}$$

③ $n$ 年两全保险

其年缴 $m$ 次真实纯保险费记作$P^{(m)}(\bar{A}_{x:\overline{n|}})$，且

$$P^{(m)}(\bar{A}_{x:\overline{n|}})=\frac{\bar{A}_{x:\overline{n|}}}{\ddot{a}_{x:\overline{n|}}^{(m)}}=\frac{\bar{A}_{x:\overline{n|}}}{\ddot{a}_{x:\overline{n|}}-\frac{m-1}{2m}(1-{}_nE_x)} \tag{7.45}$$

④ 限期 $h$ 年缴费的上述保险($h<n$)

其相应的年缴 $m$ 次真实纯保险费分别记作 ${}_hP^{(m)}(\bar{A}_x)$、${}_hP^{(m)}(\bar{A}_{x:\overline{n|}}^{1})$ 及 ${}_hP^{(m)}(\bar{A}_{x:\overline{n|}})$，它们的表达式分别是

$${}_hP^{(m)}(\bar{A}_x)=\frac{\bar{A}_x}{\ddot{a}_{x:\overline{h|}}^{(m)}} \tag{7.46}$$

$${}_hP^{(m)}(\bar{A}_{x:\overline{n|}}^{1})=\frac{\bar{A}_{x:\overline{n|}}^{1}}{\ddot{a}_{x:\overline{h|}}^{(m)}} \tag{7.47}$$

$${}_hP^{(m)}(\bar{A}_{x:\overline{n|}})=\frac{\bar{A}_{x:\overline{n|}}}{\ddot{a}_{x:\overline{h|}}^{(m)}} \tag{7.48}$$

除上述形式外，年缴 $m$ 次的真实纯保险费还有其他的表达形式。例如：

① $$P^{(m)}(\bar{A}_x)=\frac{\bar{A}_x}{\ddot{a}_x^{(m)}}=\frac{\frac{i}{\delta}A_x}{\ddot{a}_x^{(m)}}$$

$$=\frac{i}{\delta}P_x^{(m)}=\frac{i}{\delta}\cdot\frac{P_x}{1-\frac{m-1}{2m}(P_x+d)}$$

② $P^{(m)}(\bar{A}^{1}_{x:\overline{n}|}) = \dfrac{\bar{A}^{1}_{x:\overline{n}|}}{\ddot{a}^{(m)}_{x:\overline{n}|}} = \dfrac{\dfrac{i}{\delta}\cdot A^{1}_{x:\overline{n}|}}{\ddot{a}^{(m)}_{x:\overline{n}|}}$

$$= \frac{i}{\delta}\cdot P^{1\,(m)}_{x:\overline{n}|} = \frac{i}{\delta}\cdot\frac{P^{1}_{x:\overline{n}|}}{1-\dfrac{m-1}{2m}(P^{1}_{x:\overline{n}|}+d)}$$

③ ${}_{h}P^{(m)}(\bar{A}_{x:\overline{n}|}) = \dfrac{\bar{A}_{x:\overline{n}|}}{\ddot{a}^{(m)}_{x:\overline{h}|}} = \dfrac{\dfrac{i}{\delta}A^{1}_{x:\overline{n}|}+A_{x:\overset{1}{\overline{n}|}}}{\ddot{a}^{(m)}_{x:\overline{h}|}}$

$$= \frac{\dfrac{i}{\delta}A^{1}_{x:\overline{n}|}+A_{x:\overset{1}{\overline{n}|}}}{\ddot{a}_{x:\overline{h}|}-\dfrac{m-1}{2m}(1-{}_{h}E_{x})} = \frac{\dfrac{i}{\delta}P^{1}_{x:\overline{n}|}+P_{x:\overset{1}{\overline{n}|}}}{1-\dfrac{m-1}{2m}(P^{1}_{x:\overline{h}|}+d)}$$

**例 7.12** 已知$\dfrac{P^{1\,(6)}_{20:\overline{20}|}}{P^{1}_{20:\overline{20}|}} = 1.032$，$P_{20:\overline{20}|} = 0.040$，求 $P^{(6)}_{20:\overline{20}|}$ 的值。

**解：** $P^{(6)}_{20:\overline{20}|} = \dfrac{A_{20:\overline{20}|}}{\ddot{a}^{(6)}_{20:\overline{20}|}} = \dfrac{P_{20:\overline{20}|}\,\ddot{a}_{20:\overline{20}|}}{\ddot{a}^{(6)}_{20:\overline{20}|}}$

$$= P_{20:\overline{20}|}\cdot\frac{P^{1\,(6)}_{20:\overline{20}|}}{P^{1}_{20:\overline{20}|}}$$

$$= 0.040\times 1.032 \approx 0.041$$



**例 7.13** 求满足如下条件的保单的季缴真实纯保险费。保单在30岁时签单，保险金额为10 000元，保险形式为终身人寿保险，保险金额于死亡后立即给付。死亡服从均匀分布假设。计算以 CL1(2010—2013)2.5% 为基础。

**解：** 令所求每季应缴真实纯保险费为 $P$ 元，那么

$$P = \frac{10\,000}{4}P^{(4)}(\bar{A}_{30}) = \frac{2\,500\bar{A}_{30}}{\ddot{a}^{(4)}_{30}}$$

$$= \frac{2500\cdot\dfrac{i}{\delta}A_{30}}{\ddot{a}_{30}-\dfrac{4-1}{2\times 4}} = \frac{2500\cdot\dfrac{i}{\delta}\cdot\dfrac{M_{30}}{D_{30}}}{\dfrac{N_{30}}{D_{30}}-\dfrac{3}{8}}$$

$$\approx 29.90(\text{元})$$

**例 7.14** 试用替换函数表达 ${}_{20}P^{(12)}({}_{40|}\ddot{a}_{25})$，必要时可以近似计算。

**解：** ${}_{20}P^{(12)}({}_{40|}\ddot{a}_{25})$ 表示在25岁签发的限期20年缴费、40年延期期初年金保险的每月缴付一次的年真实纯保险费。

$${}_{20}P^{(12)}({}_{40|}\ddot{a}_{25}) = \frac{{}_{40|}\ddot{a}_{25}}{\ddot{a}^{(12)}_{25:\overline{20}|}} = \frac{{}_{40}E_{25}\cdot\ddot{a}_{65}}{\ddot{a}^{(12)}_{25:\overline{20}|}}$$

$$= \frac{{}_{40}E_{25}\cdot\ddot{a}_{65}}{\ddot{a}_{25:\overline{20}|}-\dfrac{11}{24}(1-{}_{20}E_{25})}$$

$$= \frac{N_{65}}{N_{25} - N_{45} - \frac{11}{24}(D_{25} - D_{45})}$$

**例 7.15** 某70岁的人购买了3年期的保险金额为10 000元的两全保险,保险金在死亡年年末或满期生存时给付。保险费只在前两年每季度缴纳一次。已知 $q_{70} = 0.023$, ${}_{1|}q_{70} = 0.027$, ${}_{2|}q_{70} = 0.033$, $i = 0.06$,求每季度所缴的纯保险费。

**解:** 根据题意,保险金的精算现值为

$$10\ 000 \times \left(\frac{0.023}{1.06} + \frac{0.027}{1.06^2} + \frac{1 - 0.023 - 0.027}{1.06^3}\right) \approx 8\ 433.663\ (\text{元})$$

由于

$$\ddot{a}_{70:\overline{2|}} = 1 + \frac{0.977}{1.06} \approx 1.921\ 698$$

$${}_2E_{70} = \frac{1 - 0.023 - 0.027}{1.06^2} \approx 0.845\ 497$$

$$\ddot{a}^{(4)}_{70:\overline{2|}} = \ddot{a}_{70:\overline{2|}} - \frac{4-1}{2 \times 4}(1 - {}_2E_{70}) \approx 1.863\ 759$$

因此,每季度所缴纯保险费为

$$\frac{1}{4} \times \frac{8\ 433.663}{1.863\ 759} \approx 1\ 131.27(\text{元})$$

### 7.3.2 年赋纯保险费

年缴 $m$ 次的年赋纯保险费,意指被保险人在保险年度中途发生死亡事故时,仍征收该保险年度从死亡之时刻到该年年末的残余保险费的一种分期付 $m$ 次的纯保险费,也就是说年初生存时就应完整地缴纳该年度的各分期保费。

计算年赋纯保险费的一般方法是:被保险人发生死亡后并不要求他补缴残余保险费,而是在保险人所提供的保险金额中扣除被保险人应缴付的残余保险费。例如,某个被保险人按每季缴费一次支付了第一次保险费以后,尚未缴付第二次保险费便发生了死亡,那么这个被保险人本应缴纳其余三次纯保险费,将于保单规定提供的保险金额中予以扣除,以其余额提供给受益人。

以下分情况讨论主要险别(签单年龄 $x$ 岁,保险金额为1)的年赋纯保险费的计算。

(1) 在死亡发生的年末给付保险金的保险

① 终身人寿保险

其年缴 $m$ 次的年赋纯保险费记作 $P_x^{[m]}$。关于 $P_x^{[m]}$ 的计算,有下列两种具体方法:

一种方法是:根据年赋纯保险费的定义,由于年赋纯保险费在死亡发生年度都必须完整地征收,所以每年年初年赋纯保险费的现值应等于年缴一次的纯保险费,亦即

$$P_x = \frac{1}{m}P_x^{[m]}\sum_{t=0}^{m-1} v^{\frac{t}{m}} = P_x^{[m]}\ddot{a}^{(m)}_{\overline{1|}}$$

$$= \frac{1}{m}P_x^{[m]}\sum_{t=0}^{m-1}\left(1 - \frac{t}{m}d\right)$$

$$= P_x^{[m]}\left(1 - \frac{m-1}{2m}d\right)$$

于是

$$P_x^{[m]} = \frac{P_x}{\ddot{a}_{\overline{1}|}^{(m)}} = \frac{P_x}{1 - \frac{m-1}{2m}d} \tag{7.49}$$

另一种方法是：根据年赋纯保险费的计算原理，保险人应从保险金额中扣除的平均保险费损失为$\frac{m-1}{2m}P_x^{[m]}$。这就是说，保险人在死亡年度给付净额为$1 - \frac{m-1}{2m}P_x^{[m]}$。于是

$$P_x^{[m]} = \frac{\left(1 - \frac{m-1}{2m}P_x^{[m]}\right)A_x}{\ddot{a}_x^{(m)}}$$

$$P_x^{[m]} = \frac{P_x}{1 - \frac{m-1}{2m}d}$$

可见，无论是第一种方法还是第二种方法，年赋纯保险费近似为

$$P_x^{[m]} = \frac{P_x}{1 - \frac{m-1}{2m}d}$$

稍加整理有

$$P_x^{[m]} = P_x + \frac{m-1}{2m}P_x^{[m]}d \tag{7.50}$$

现对此进行分析：与年缴一次真实纯保险费相比，由于年赋纯保险费在死亡年度不存在保险费的损失，所以有必要去调整年缴纯保险费，以弥补年赋纯保险费采用分期缴时延迟缴纳所丧失的利息。$\frac{m-1}{2m}P_x^{[m]}d$ 正是利息的损失的补偿或修正项。

② 两全保险

其年缴 $m$ 次的年赋纯保险费记作 $P_{x:\overline{n}|}^{[m]}$。用类似于推导 $P_x^{[m]}$ 的方法可以获得

$$P_{x:\overline{n}|}^{[m]} = \frac{P_{x:\overline{n}|}}{1 - \frac{m-1}{2m}d} \tag{7.51}$$

变形可得

$$P_{x:\overline{n}|}^{[m]} = P_{x:\overline{n}|} + \frac{m-1}{2m}P_{x:\overline{n}|}^{[m]}d \tag{7.52}$$

式(7.52)中，$\frac{m-1}{2m}P_{x:\overline{n}|}^{[m]}d$ 是分期缴方式所致保险费延迟缴纳的利息损失的部分。

其他保险类型的年赋纯保险费，完全可以类似地获得，在此不再一一叙述。

(2) 在死亡后立即给付保险金的保险

① 终身人寿保险

其年缴 $m$ 次的年赋纯保险费记作 $P^{[m]}(\bar{A}_x)$，且

$$P^{[m]}(\bar{A}_x)=\frac{P(\bar{A}_x)}{1-\frac{m-1}{2m}d}$$

② 两全保险

其年缴 $m$ 次的年赋纯保险费记作 $P^{[m]}(\bar{A}_{x:\overline{n}|})$,且

$$P^{[m]}(\bar{A}_{x:\overline{n}|})=\frac{P(\bar{A}_{x:\overline{n}|})}{1-\frac{m-1}{2m}d}$$

### 7.3.3 比例纯保险费

比例纯保险费也属于分期保险费的一种形式。比例纯保险费是按下列方式决定的一种分期保险费:被保险人在保险年度中途发生死亡事故,保险人将返还被保险人每次缴纳保险费的一定比例。确定这一比例,须考虑死亡发生之日到下一次保险费缴纳之日的那段时期。年缴 $m$ 次的比例纯保险费,一般记作 $P^{\{m\}}$。换言之,比例纯保费就是以比例期初付生存年金方式缴纳保费,或者是完全按照生存时间缴费。

以下分两种情形讨论年缴 $m$ 次的比例纯保险费的计算。

(1) 在死亡发生年年末给付保险金的保险

① 终身人寿保险

其年缴 $m$ 次的比例纯保险费记作 $P_x^{\{m\}}$,结合第五章比例期初生存年金的有关计算,可得

$$P_x^{\{m\}}=\frac{A_x}{\ddot{a}_x^{\{m\}}}=\frac{d^{(m)}}{\delta}\cdot\frac{A_x}{\bar{a}_x}=\frac{d^{(m)}}{\delta}\cdot\bar{P}(A_x)\tag{7.53}$$

② 限期 $h$ 年缴费的 $n$ 年定期寿险

其年缴 $m$ 次的比例纯保险费记作 ${}_hP^{\{m\}1}_{x:\overline{n}|}(h\leqslant n)$,且

$${}_hP^{\{m\}1}_{x:\overline{n}|}=\frac{A^1_{x:\overline{n}|}}{\ddot{a}^{\{m\}}_{x:\overline{h}|}}=\frac{d^{(m)}}{\delta}\cdot\frac{A^1_{x:\overline{n}|}}{\bar{a}_{x:\overline{h}|}}=\frac{d^{(m)}}{\delta}\cdot{}_h\bar{P}(A^1_{x:\overline{n}|})\tag{7.54}$$

在实务中,上述比例纯保险费通常由近似公式来计算。根据比例纯保险费的定义,保险人返还被保险人的保险费的平均值可近似为$\frac{1}{2m}P^{\{m\}}$。当保险金额为1时,保险人的总给付额近似为$(1+\frac{1}{2m}P^{\{m\}})$。所以,容易得出

$$P_x^{\{m\}}=\frac{(1+\frac{1}{2m}P_x^{\{m\}})A_x}{\ddot{a}_x^{(m)}}=P_x^{(m)}(1+\frac{1}{2m}P_x^{\{m\}})$$

整理得

$$P_x^{\{m\}}=\frac{P_x}{1-\frac{m-1}{2m}d-\frac{1}{2}P_x}\tag{7.55}$$

类似地,$n$ 年定期寿险比例保险费可计算如下:

$$ {}_hP^{\{m\}1}_{x:\overline{n}|} = \frac{\left(1+\frac{1}{2m}\,{}_hP^{\{m\}1}_{x:\overline{n}|}\right)A^1_{x:\overline{n}|}}{\ddot{a}^{(m)}_{x:\overline{h}|}} \qquad (h \leqslant n) $$

$$ = \left(1+\frac{1}{2m}{}_hP^{\{m\}1}_{x:\overline{n}|}\right)\ {}_hP^{(m)1}_{x:\overline{n}|} $$

整理得

$$ {}_hP^{\{m\}1}_{x:\overline{n}|} = \frac{{}_hP^1_{x:\overline{n}|}}{1-\frac{m-1}{2m}d-\frac{1}{2}{}_hP^1_{x:\overline{n}|}} \tag{7.56} $$

进一步,还可得到两全保险的比例纯保险费:

$$ {}_hP^{\{m\}}_{x:\overline{n}|} = \frac{{}_hP_{x:\overline{n}|}}{1-\frac{m-1}{2m}d-\frac{1}{2}{}_hP_{x:\overline{n}|}} \quad (h \leqslant n) \tag{7.57} $$

(2) 在死亡后立即给付保险金的保险

终身人寿保险、限期 $h$ 年缴费的 $n$ 年定期寿险和限期 $h$ 年缴费的 $n$ 年两全保险的年缴 $m$ 次的比例纯保险费,分别记作$P^{\{m\}}(\bar{A}_x)$、${}_hP^{\{m\}}(\bar{A}^1_{x:\overline{n}|})$ 和 ${}_hP^{\{m\}}(\bar{A}_{x:\overline{n}|})$。类似于上述分析,可以得到如下表达式:

$$ P^{\{m\}}(\bar{A}_x) = \frac{\bar{A}_x}{\ddot{a}^{\{m\}}_x} = \frac{d^{(m)}}{\delta}\bar{P}(\bar{A}_x) \tag{7.58} $$

$$ {}_hP^{\{m\}}(\bar{A}^1_{x:\overline{n}|}) = \frac{\bar{A}^1_{x:\overline{n}|}}{\ddot{a}^{\{m\}}_{x:\overline{h}|}} = \frac{d^{(m)}}{\delta}{}_h\bar{P}(\bar{A}^1_{x:\overline{n}|}) \tag{7.59} $$

$$ {}_hP^{\{m\}}(\bar{A}_{x:\overline{n}|}) = \frac{\bar{A}_{x:\overline{n}|}}{\ddot{a}^{\{m\}}_{x:\overline{h}|}} = \frac{d^{(m)}}{\delta}{}_h\bar{P}(\bar{A}_{x:\overline{n}|}) \tag{7.60} $$

这些比例纯保险费也可由下列公式近似地计算:

$$ P^{\{m\}}(\bar{A}_x) = \frac{P(\bar{A}_x)}{1-\frac{m-1}{2m}d-\frac{1}{2}P(\bar{A}_x)} \tag{7.61} $$

$$ {}_hP^{\{m\}}(\bar{A}^1_{x:\overline{n}|}) = \frac{{}_hP(\bar{A}^1_{x:\overline{n}|})}{1-\frac{m-1}{2m}d-\frac{1}{2}{}_hP(\bar{A}^1_{x:\overline{n}|})} \tag{7.62} $$

$$ {}_hP^{\{m\}}(\bar{A}_{x:\overline{n}|}) = \frac{{}_hP(\bar{A}_{x:\overline{n}|})}{1-\frac{m-1}{2m}d-\frac{1}{2}{}_hP(\bar{A}_{x:\overline{n}|})} \tag{7.63} $$

**例 7.16** 试证 $\lim\limits_{m\to\infty}P^{\{m\}}_x = \lim\limits_{m\to\infty}P^{(m)}_x$,但是它们的极限值不等于$\lim\limits_{m\to\infty}P^{[m]}_x$。

**证明:**

$$ \lim_{m\to\infty}P^{\{m\}}_x = \lim_{m\to\infty}\frac{A_x}{\ddot{a}^{\{m\}}_x} = \lim_{m\to\infty}\frac{d^{(m)}A_x}{\delta\bar{a}_x} = \frac{A_x}{\bar{a}_x} = \lim_{m\to\infty}P^{(m)}_x $$

上式中,

$$ d^{(m)} = m(1-e^{-\frac{\delta}{m}}) = -m\left[\left(-\frac{\delta}{m}\right)-\frac{1}{2!}\left(-\frac{\delta}{m}\right)^2+\cdots\right] $$

$$ = \delta + \frac{\delta^2}{2!m} + \cdots $$

因此

$$\lim_{m\to\infty} d^{(m)} = \delta$$

但是，根据 $P_x^{[m]}$ 的定义

$$P_x = \frac{1}{m}P_x^{[m]}\sum_{t=0}^{m-1} v^{\frac{t}{m}} = P_x^{[m]}\left(\frac{1}{m}\sum_{t=0}^{m-1} v^{\frac{t}{m}}\right)$$

$$\lim_{m\to\infty} P_x^{[m]} = \lim_{m\to\infty}\frac{P_x}{\frac{1}{m}\sum_{t=0}^{m-1} v^{\frac{t}{m}}} = \frac{P_x}{\bar{a}_{\overline{1}|}} = \frac{\delta}{d}\cdot\frac{A_x}{\ddot{a}_x} = \frac{\delta A_x}{1 - A_x}$$

一般情况下，$A_x \neq \bar{A}_x$，从而

$$\lim_{m\to\infty} P_x^{(m)} = \frac{A_x}{\bar{a}_x} = \frac{\delta A_x}{1 - \bar{A}_x} \neq \frac{\delta A_x}{1 - A_x} = \lim_{m\to\infty} P_x^{[m]}$$

例 7.17　对 45 岁的人签发的某种延期年金保单，要求投保人在签单后的 15 年内，每隔一个季度缴纳一次保险费。同时保单承诺，从 60 岁开始，每月月初提供年金受领人 10 000 元给付。求以比例保险费为基础的季缴年纯保险费。计算以 CL1(2010—2013)2.5% 为基础。

解：所求以比例保险费为基础的季缴年纯保险费为

$$\begin{aligned}
{}_{15}P^{\{4\}}(120\ 000\cdot{}_{15|}\ddot{a}_{45}^{(12)}) &= \frac{120\ 000\ {}_{15|}\ddot{a}_{45}^{(12)}}{\ddot{a}_{45:\overline{15}|}^{\{4\}}} = \frac{120\ 000\ {}_{15|}\ddot{a}_{45}^{(12)}}{\dfrac{\delta}{d^{(4)}}\bar{a}_{45:\overline{15}|}} \\
&= \frac{d^{(4)}}{\delta}\cdot\frac{120\ 000 N_{60}^{(12)}}{\bar{N}_{45} - \bar{N}_{60}} \\
&\approx \frac{0.024\ 617}{0.024\ 693}\times\frac{120\ 000\times 309\ 863.51}{387\ 226.29} \\
&\approx 95\ 729.99(\text{元})
\end{aligned}$$

上式中，

$$e^{\delta} = \left(1 - \frac{d^{(4)}}{4}\right)^{-4} = 1 + 2.5\%$$

$$\bar{N}_x \approx N_x - \frac{1}{2}D_x$$

$$N_x^{(m)} \approx N_x - \frac{m-1}{2m}D_x$$

## 7.4　两全保险保险费的分析

前面关于两全保险的分析是将两全保险视为水平定期死亡保险与纯生存保险的一种组合。两全保险的趸缴纯保险费与水平定期死亡保险的趸缴纯保险费和纯生存保险的趸缴纯保险费具有如下关系：

$$A_{x:\overline{n}|} = A_{x:\overline{n}|}^{1} + {}_nE_x$$

进一步，在等式两边同除以 $\ddot{a}_{x:\overline{n}|}$，两全保险的年缴纯保险费也是水平定期死亡保险的年缴纯保险费与纯生存保险的年缴纯保险费之和，那么

$$P_{x:\overline{n}|} = P^{1}_{x:\overline{n}|} + P_{x:\overline{n}|}^{\ \ 1}$$

本节将从另一个角度剖析两全保险，亦即视两全保险为储金保险与保额递减定期死亡保险的一种组合。相应地，两全保险的年缴纯保险费也就可以看成储金保险保险费与保额递减定期死亡保险年缴纯保险费之和。

事实上，用这种储金方法，保险人同样可以实现两全保单的承诺。具体原理分析如下：每隔一定相等的时间，由投保人提供一笔储金，目的是使每次提供的储金在保单届满时的终值等于保单届满时应提供给被保险人或受益人的约定保险金额。而且，在保险期限内的任一时刻，保单提供的保险金额与储金积累值之差，由保额递减定期死亡保险弥补。这样，若被保险人在两全保单届满时仍生存，所得保险金额完全由其储金的积累额提供，此时定期死亡保险满期；若被保险人在保险期限内死亡，因其储金积累值较小，不足以支付保险金额，从而保险金额与死亡时的储金积累值之差就由定期死亡保险来提供。

下面用定量方法证明储金保险与递减定期死亡保险保险费的结合等价于定期死亡保险保险费与纯生存保险保险费的结合。

假定：保单的保险金额为 1 元，它可能在 $n$ 年内且只能在 $n$ 年内的任一年年底支付。每年年初的储金是$\dfrac{1}{\ddot{s}_{\overline{n}|}}$。



那么，在第一年年底的储金量为$\dfrac{1+i}{\ddot{s}_{\overline{n}|}}$或$\dfrac{\ddot{s}_{\overline{1}|}}{\ddot{s}_{\overline{n}|}}$，对应的递减定期死亡保险提供的死亡保险金额为 $1-\dfrac{\ddot{s}_{\overline{1}|}}{\ddot{s}_{\overline{n}|}}$；在第二年年底的储金量为$\dfrac{\ddot{s}_{\overline{2}|}}{\ddot{s}_{\overline{n}|}}$，对应的年底递减定期死亡保险提供的死亡保险金额为 $1-\dfrac{\ddot{s}_{\overline{2}|}}{\ddot{s}_{\overline{n}|}}$；类似地，在第 $m$ 年年底的储金量为$\dfrac{\ddot{s}_{\overline{m}|}}{\ddot{s}_{\overline{n}|}}$，对应的递减定期死亡保险提供的死亡保险金额为 $1-\dfrac{\ddot{s}_{\overline{m}|}}{\ddot{s}_{\overline{n}|}}$…… 从而这种保额递减定期死亡保险的年缴纯保险费便可以决定了，这样也实现了两全保险的保障目标。

令递减定期死亡保险的年缴纯保险费为 $P$，则

$$P = \frac{E(Z)}{E(Y)} = \frac{E\left[\left(1-\dfrac{\ddot{s}_{\overline{K+1}|}}{\ddot{s}_{\overline{n}|}}\right)v^{K+1}\right]}{\ddot{a}_{x:\overline{n}|}} \quad (\text{其中}, K = 0,1,2,\cdots,n-1)$$

所以

$$P\ddot{a}_{x:\overline{n}|} = \sum_{k=0}^{n-1}\left(1-\frac{\ddot{s}_{\overline{k+1}|}}{\ddot{s}_{\overline{n}|}}\right)v^{k+1}\,{}_{k}p_{x}q_{x+k}$$

$$P = \frac{\sum\limits_{t=0}^{n-1}\left(1-\dfrac{\ddot{s}_{\overline{t+1}|}}{\ddot{s}_{\overline{n}|}}\right)C_{x+t}}{N_x - N_{x+n}}$$

$$= \frac{1}{N_x - N_{x+n}} \cdot \sum_{t=1}^{n}\left(1-\frac{\ddot{s}_{\overline{t}|}}{\ddot{s}_{\overline{n}|}}\right)C_{x+t-1}$$

$$= \frac{1}{N_x - N_{x+n}}\left\{\sum_{t=1}^{n} C_{x+t-1} - \frac{1}{d\ddot{s}_{\overline{n}|}}\sum_{t=1}^{n}[(1+i)^t - 1]C_{x+t-1}\right\}$$

$$= \frac{M_x - M_{x+n}}{N_x - N_{x+n}} - \frac{D_x - (1+i)^n D_{x+n} - (M_x - M_{x+n})}{d\ddot{s}_{\overline{n}|}(N_x - N_{x+n})}$$

$$= P^1_{x:\overline{n}|} - \frac{d(N_x - N_{x+n}) - D_{x+n}[(1+i)^n - 1]}{d\ddot{s}_{\overline{n}|}(N_x - N_{x+n})}$$

$$= P^1_{x:\overline{n}|} - \frac{1}{\ddot{s}_{\overline{n}|}} + P_{x:\overline{n}|}^{\ \ 1}$$

亦即

$$P + \frac{1}{\ddot{s}_{\overline{n}|}} = P^1_{x:\overline{n}|} + P_{x:\overline{n}|}^{\ \ 1}$$

特别地,普通保险可以视为保障期间到终极年龄 $\omega$ 岁的两全保险。这样,普通保险的保险费便可以分解为两个部分:一部分是投资部分$\frac{1}{\ddot{s}_{\overline{\omega-x}|}}$,该部分在死亡表的终极年龄所有投资的终值等于保险金额;另一部分为保额递减保险部分,在保险期限内任一时刻,该保险提供的金额等于事先约定保险金额与这一时刻已累积的储金总额之差。因此,从根本上讲,普通保险与两全保险是相同的。要说两者的区别,便是两全保险的储金在较早时期就可以累积到保险金额,而普通保险只有在终极年龄上才能累积到保险金额。

例 7.18　某 40 岁的人参加了保险金额为 100 000 元的 20 年期两全保险,保险金于死亡所在年年末或期满生存时给付,将两全保险视为储金保险与保险金额递减的定期寿险的组合。以 CL1(2010—2013)2.5% 为基础,试求此递减定期死亡保险的年缴纯保险费。

解:根据题意,两全保险的年缴纯保险费为

$$\tilde{P}_{40:\overline{20}|} = 100\,000 P_{40:\overline{20}|} = 100\,000\frac{M_{40} - M_{60} + D_{60}}{N_{40} - N_{60}} \approx 3\,987.05(\text{元})$$

$$\tilde{P}_{\overline{20}|} = 100\,000\frac{1}{\ddot{s}_{\overline{20}|}} \approx 3\,819.23(\text{元})$$

$$\tilde{P} = \tilde{P}_{40:\overline{20}|} - \tilde{P}_{\overline{20}|} = 3\,987.05 - 3\,819.23 = 167.82(\text{元})$$

## 7.5　保险费返还的保单

一些人寿保险保单,常常规定着各式各样的保单选择条款,以吸引客户,满足客户的不同需要。在保单各种选择权中,有这样的保单:在被保险人死亡时,返还所有已缴纳的纯保险费。特别地,这种附返还保险费规定的保单,就称为保险费返还保单。以下分析和计算这种保单的年缴纯保险费。为论述之便,不妨假定保单签发年龄为 $x$ 岁,保险金额为 1 元,保险费采取年缴一次的均衡纯保险费,死亡保险金额于死亡发生的年末兑现。

(1) 考虑不计利息的保险费返还的保单

先以普通保单为例。设 $P$ 是该种保单的年缴纯保险费。如果被保险人在第一个保险年度死亡，那么保单将提供保险金额1元，并且返还第一次缴付的纯保险费。由于纯保险费不计利息，所以被保险人在第一个保险年度发生死亡时，保险提供的给付总额为$(1+P)$元。如果被保险人在第二个保险年度发生死亡，那么保险人将提供保险金额1元，并返还被保险人已缴纳的两次纯保险费。由于被保险人在第一个保险年度之初和第二个保险年度之初均缴纳了纯保险费$P$，且它们不计利息，所以保险人提供的给付总额为$(1+2P)$元。继续类似上述的分析，不难得到在第$k$个保险年度末，保险人提供的给付总额为$(1+kP)$元。显然，纯保险费返还额自身形成了一个递增终身死亡保险。根据纯保险费筹集的收支相等原则，令年缴纯保险费的精算现值等于给付额的精算现值，即可获得

$$P\ddot{a}_x = A_x + P(IA)_x \tag{7.64}$$

$$P = \frac{A_x}{\ddot{a}_x - (IA)_x} = \frac{M_x}{N_x - R_x} \tag{7.65}$$

再分析$n$年定期寿险费返还保单。令$P$为其年缴纯保险费。类似于普通保险的分析，$P$取决于如下公式：

$$\begin{aligned} P &= \frac{\mathrm{E}(Z_1 + Z_2)}{\mathrm{E}(Y)} \\ &= \frac{\sum_{k=0}^{n-1} v^{k+1}{}_kp_x q_{x+k} + P \cdot \sum_{k=0}^{n-1}(k+1)v^{k+1}{}_kp_x q_{x+k}}{\ddot{a}_{x:\overline{n}|}} \\ &= \frac{A^{1}_{x:\overline{n}|} + P(IA)^{1}_{x:\overline{n}|}}{\ddot{a}_{x:\overline{n}|}} \end{aligned}$$

整理得

$$P = \frac{A^{1}_{x:\overline{n}|}}{\ddot{a}_{x:\overline{n}|} - (IA)^{1}_{x:\overline{n}|}} \tag{7.66}$$

$$= \frac{M_x - M_{x+n}}{(N_x - N_{x+n}) - (R_x - R_{x+n} - nM_{x+n})} \tag{7.67}$$

上式中，$Z_1$为水平保险金额给付现值，$Z_2$为保费返还递增保险金额给付现值，$Y$为单位保险费的现值。

例7.19 ①现年30岁的人，采用限期五年缴费的方式，购买年给付额为10 000元的10年延期20年定期期末年金保险，试写出计算这种年金保险年缴纯保险费的替换函数表达式，并计算出结果。计算以CL1(2010—2013)2.5%为基础。

② 如果对于 ① 的年金保险同时规定：若被保险人在10年延期内死亡，则保险人返还不计利息的已缴纯保险费。试问该年金保险的纯保险费的替换函数表达式又该是什么形式?以CL1(2010—2013)2.5%为基础计算出结果。

解：① 设年缴纯保险费为$P_1$元，则

$$P_1 = {}_5P(10\,000 \cdot {}_{10|}a_{30:\overline{20}|}) = 10\,000 \cdot \frac{{}_{10|}a_{30:\overline{20}|}}{\ddot{a}_{30:\overline{5}|}}$$

$$= 10\,000 \cdot \frac{N_{41} - N_{61}}{N_{30} - N_{35}} \approx 24\,572.73(\text{元})$$

② 设年缴纯保险费为 $P_2$ 元，则

$$P_2 \cdot \ddot{a}_{30:\overline{5|}} = 10\ 000\ {}_{10|}a_{30:\overline{20|}} + P_2\ (IA)^{\ 1}_{30:\overline{5|}} + 5P_2 \cdot {}_{5|}A^{\ 1}_{30:\overline{5|}}$$

$$P_2 = \frac{10\ 000\ {}_{10|}a_{30:\overline{20|}}}{\ddot{a}_{30:\overline{5|}} - (IA)^{\ 1}_{30:\overline{5|}} - 5\ {}_{5|}A^{\ 1}_{30:\overline{5|}}}$$

$$= \frac{10\ 000(N_{41} - N_{61})}{N_{30} - N_{35} - (R_{30} - R_{35} - 5M_{35}) - 5(M_{35} - M_{40})}$$

$$= \frac{10\ 000(N_{41} - N_{61})}{N_{30} - N_{35} - (R_{30} - R_{35} - 5M_{40})} \approx 24\ 777.97(\text{元})$$

（2）考虑计息的保险费返还的保单

假定计算纯保险费的预定利息率为 $i$，而返还年缴纯保险费的年利息率为 $j$。以下讨论普通寿险保单年缴纯保险费的计算。

设 $P$ 表示在上述假定下的年缴纯保险费。如果投保人在第一个保险年度内死亡，那么保单除提供保险金额 1 元外，还将返还投保人第一次已缴纳的纯保险费以及产生的利息，即 $P(1+j)$。于是，保险人在第一个保险年度末总的给付额为 $1+P(1+j) = 1+P\ddot{s}_{\overline{1|}j}$。如果被保险人在第二个保险年度内死亡，那么除提供保险金额 1 元外，还要返还被保险人在第一个保险年度之初和第二个保险年度之初已缴纳的纯保险费及它们产生的利息，即返还 $1+P(1+j)^2+P(1+j)$；于是保险人在第二个保险年度末总的给付额为 $1+P(1+j)^2+P(1+j) = 1+P\ddot{s}_{\overline{2|}j}$。继续类似上述的分析，保险人在第 $t$ 个保险年度末总的给付额为 $1+P(1+j)^t+\cdots+P(1+j) = 1+P\ddot{s}_{\overline{t|}j}$。



根据纯保险费收支相等原则：

$$P\mathrm{E}(Y) = \mathrm{E}(Z_1 + Z_2)$$

上式中，$Z_1$ 为水平保险金额保险支付现值，$Z_2$ 为返还保费现值。

$P$ 由下式决定：

$$P\ddot{a}_x = \sum_{k=0}^{\infty} v^{k+1}\ {}_kp_x q_{x+k} + \sum_{k=0}^{\infty} P\ddot{s}_{\overline{k+1|}j} v^{k+1}\ {}_kp_x q_{x+k} \tag{7.68}$$

再看 $n$ 年定期死亡保险。为使问题简化，不妨假定计算纯保险费的利息率 $i$ 等于返还纯保险费的利息率 $j$，年缴纯保险费为 $P$。

类似于普通保单的分析。在 $n$ 年定期死亡保单中，保险人在第一个保险年度末提供的给付总额为 $1+P(1+i) = 1+P\ddot{s}_{\overline{1|}}$；在第二个保险年度末提供的给付总额为 $1+P(1+i)^2+P(1+i) = 1+P\ddot{s}_{\overline{2|}}$…… 在第 $n$ 个保险年度末提供的给付总额为 $1+P(1+i)^n+P(1+i)^{n-1}+\cdots+P(1+i) = 1+P\ddot{s}_{\overline{n|}}$，从而

$$P\ddot{a}_{x:\overline{n|}} = A^{\ 1}_{x:\overline{n|}} + \sum_{k=0}^{n-1} P\ddot{s}_{\overline{k+1|}} v^{k+1}\ {}_kp_x q_{x+k}$$

$$= A^{\ 1}_{x:\overline{n|}} + \frac{P}{d}\sum_{k=0}^{n-1}(1 - v^{k+1})\ {}_kp_x q_{x+k}$$

$$= A^{\ 1}_{x:\overline{n|}} + \frac{P}{d}({}_nq_x - A^{\ 1}_{x:\overline{n|}})$$

$$= A^{\ 1}_{x:\overline{n|}} + P(\ddot{a}_{x:\overline{n|}} - {}_nE_x\ddot{s}_{\overline{n|}}) \tag{7.69}$$

$$P = \frac{A^{1}_{x:\overline{n}|}}{{}_{n}E_{x}\ddot{s}_{\overline{n}|}} \tag{7.70}$$

**例 7.20** 现有一种在30岁签单、年给付额为120 000元的延期期初付生存年金。年金第一次给付从60岁开始,要求投保人在延期内每年缴费一次,限期30年缴清保险费。保单同时附有条款:若被保险人在保险费缴纳期内死亡,则保单在死亡发生的年末返还已缴纳的纯保险费以及按计算年缴纯保险费所定利息率产生的利息。问投保人在保险费缴付期内年缴纯保险费为多少?计算以CL1(2010—2013)2.5%为基础。

**解:** 设所求年缴纯保险费为 $P$ 元,则

$$P\ddot{a}_{30:\overline{30}|} = 120\ 000\ {}_{30|}\ddot{a}_{30} + P(\ddot{a}_{30:\overline{30}|} - {}_{30}E_{30}\ddot{s}_{\overline{30}|})$$

$$P = \frac{120\ 000\ {}_{30|}\ddot{a}_{30}}{{}_{30}E_{30}\ddot{s}_{\overline{30}|}} = \frac{120\ 000\ {}_{30}E_{30}\ddot{a}_{60}}{{}_{30}E_{30}\ddot{s}_{\overline{30}|}} = \frac{120\ 000\ddot{a}_{60}}{\ddot{s}_{\overline{30}|}} \approx 41\ 922.59(\text{元})$$

## 习题 7

7-1 (1) 证明: ${}_{h}P^{1}_{x:\overline{n}|} - P^{1}_{x:\overline{h}|} = {}_{h}P({}_{h|}A^{1}_{x:\overline{n-h}|})$ $(n > h)$。

(2) 证明: $A_{40} = 1 - \dfrac{(P_{20:\overline{20}|} - {}_{20}P_{20})\ddot{a}_{20:\overline{20}|}}{v^{20}\ {}_{20}p_{20}}$。

7-2 证明如下关系式是相互等价的:

(1) $\dfrac{A_x}{\ddot{a}_x}$;(2) $\dfrac{1}{\ddot{a}_x} - d$;(3) $\dfrac{dA_x}{1 - A_x}$;(4) $\dfrac{1 - d\ddot{a}_x}{\ddot{a}_x}$。

7-3 对$(x)$签发了一个保险金额为1亿元的两年期全离散型定期寿险,若按自然保费缴费,则第一年需要缴纳90元,第二年需要缴纳100元;若按照均衡保费则每年需要缴纳 $P$ 元。已知 $v = 0.95$。求 $P$。

7-4 (1) 已知 $P_{40:\overline{20}|} = 0.04$,$\ddot{a}_{40} = 24.72$,$\ddot{a}_{40:\overline{20}|} = 15.60$,求 $P_{40}$。

(2) 设 ${}_{10}P_{50} = 0.04$,$P_{50:\overline{10}|} = 0.05$,$A_{60} = 0.6$,求 $P^{1}_{50:\overline{10}|}$。

7-5 100个70岁的人每人拿出 $P$ 元来共同成立一个基金,这个基金将给在72岁前死亡的人每人10万元,在死亡所在年年末给付;对于活过72岁的人,每人将得到 $P$ 元。计算以CL1(2010—2013)2.5%为基础,求 $P$。

7-6 对一个20岁的人,有一种特殊的全离散式终身寿险,保险金额为10 000元,前20年的均衡年缴纯保险费为 $\pi$ 元,以后每年纯保险费为 $2\pi$ 元。计算以CL1(2010—2013)2.5%为基础,求 $\pi$。

7-7 两位学生使用同一个生命表来给一个保额为1 000元的全离散式的两年期两全保险定价。甲计算出非均衡纯保险费第一年为608元,第二年为350元。乙计算出年均衡纯保险费为 $\pi$ 元。已知 $d = 0.05$,求 $\pi$。

7-8 某60岁的人购买了一份保险金额为100 000元的四年延期终身寿险,保险金在死亡时立即给付。被保险人共需要缴纳五次相同年保险费,从购买保险之日开

始第一次缴费。已知$S_0(x)=1-\frac{x}{100}$,$0\leqslant x\leqslant 100$,$\delta=0.05$,试问年缴纯保险费是多少。

7-9 某人30岁投保了20年期定期寿险,保险金额为50 000元,保险金于死亡所在年年末给付。假设保险费按月均衡缴付,以CL1(2010—2013)2.5%为基础,试计算:

(1) 每月真实纯保险费;(2) 比例保险费下每月纯保险费。

7-10 王五30岁投保了30年定期寿险,若投保生效后前10年死亡给付20 000元,从40岁起死亡给付逐年增加5 000元,假设死亡所在年年末给付保险金,试求限期20年缴费的年缴均衡纯保险费,以CL1(2010—2013)2.5%为基础计算。

7-11 某40岁的人购买了一份初始保险金额为1元的终身寿险。每年保险费和保险金额都以5%的复利息率增长。保险金在死亡所在年年末给付。已知$e_{40}=35$,$i=5\%$。求此人在第一年年初所缴的纯保险费。

7-12 某25岁的人参加保险金额为1元的20年缴费的终身寿险的年缴纯保险费为0.046元,参加保险金额为1元的20年定期两全保险的年缴纯保险费为0.064元。已知$A_{45}=0.640$,求此人购买保险金额为1元的20年定期寿险每年应缴纳的纯保险费。

7-13 某40岁的男子投保了20年缴费20年期保险金额为50 000元的纯生存保险,并约定在保险期内死亡,返还已缴的纯保险费;若返还的保险费:① 不计利息;② 按年利息率2.5%计算利息,以CL1(2010—2013)2.5%为例,计算该男子每年应分别缴纳的纯保险费。

7-14 某40岁的人购买了一份保险金额为100 000元的五年延期终身寿险,保险金于死亡所在年年末给付。若在五年延期内死亡,则返还不计利息的已缴保险费。保险费限期在五年延期内缴清。以CL1(2010—2013)2.5%为基础,计算此人年缴纯保险费。

7-15 已知${}_{k|}q_x=\frac{1}{9}(0.90)^{k+1}$,$k=0,1,2,\cdots$,$i=0.08$,死亡力$\mu$为常数。计算$1\,000(\bar{P}(\bar{A}_x)-P_x)$。

# 8 均衡纯保险费准备金

## 8.1 均衡纯保险费准备金概述

从第 6 章人寿保险费的计算原理中可以知道，当死亡概率等于 $q_x$ 时，被保险人投保保险金额为 1 元的一年定期死亡保险的纯保险费为 $vq_x$ 或者 $\int_0^1 v^t {}_tp_x \mu_{x+t} \mathrm{d}t$。$\int_0^1 v^t {}_tp_x \mu_{x+t} \mathrm{d}t$，通常用 $v^{\frac{1}{2}} q_x$ 近似地计算。这样，以每年更新续保为条件，签订一年定期保险合同时，各年度的纯保险费 $vq_x$ 或者 $\int_0^1 v^t {}_tp_x \mu_{x+t} \mathrm{d}t (\approx v^{\frac{1}{2}} q_x)$ 被称为自然保险费。显然，自然保险费与死亡概率成比例，随着被保险人年龄的增长，死亡概率通常也增大，从而自然保险费也逐渐增大。对投保人或被保险人而言，当他们到老年时，保险费负担变得过于沉重，缴费变得困难。鉴于这一状况，为克服自然保险费的这种不足，保险人将长期性人寿保险的保费平衡化，这样各年纯保险费相等。像这种经平衡化的保险费称为平衡保险费或均衡保险费。特别地，平衡化的纯保险费称为平衡纯保险费或均衡纯保险费。

最先采用均衡保险费制的公司是英国的“老公平”。目前，几乎所有的人寿保险公司采用均衡保险费制。均衡保险费可以缓解投保人对保险费的负担压力。依据均衡纯保险费收入与保险金支出的差异导致了均衡保险费制下的责任准备金，均衡纯保险费责任准备金，有时简称为“均衡纯保险费准备金”，在不引起混淆的情况下，甚至直接称为“准备金”。

在保单签发生效之日，保险人未来提供保险金额的精算现值等于未来收到的纯保险费的精算现值。但是，随着保险期内时间的流逝，在保单签发之日以后的保险年度内的某个时刻，保险人提供保险金额的精算现值将发生一定的变化，表现在保险金额的精算现值并不完全等于未来纯保险费的精算现值。对于年金保单，其提供的给付额的精算现值逐渐递减；对于死亡保险保单，其提供的保险金额的精算现值逐渐增大。在保险费缴付期内，保险人未来仍将收取的纯保险费的精算现值也将随之逐渐变小。据此，在保险费缴付期内的一个时期内，可能出现保险人的保险金额支出小于投保人的纯保险费收入额的情况；而在保险费缴付期内的另一个时期，可能出现保险人的保险金额支出大于投保人的纯保险费收入额的情况。

对保险人而言，在假定投保人能够如期缴纳保险费的条件下，事前度量手中应当拥有的、确保未来责任实现的数额,便是一项十分重要的工作。而这个数额就是均衡纯保险费下的责任准备金。因此,均衡保险费责任准备金,乃保险人对全体投保人的一种负债,而非自己的资产。

未特别声明,下文将讨论的准备金均指均衡纯保险费责任准备金。整个计算所用利息率和死亡表与计算纯保险费所用利息率和死亡表相同。实务中,准备金计算采用的评估利率、评估死亡率往往与定价采用的预定利率、预定死亡率不同。

## 8.2 预期法准备金

预期法,又称将来法、前观法以及未缴保险费推算法。预期法是计算责任准备金的一种方法。其含义是:在某一时刻,从将来预期的保险金支出的精算现值中减去将来预期的保费收入的精算现值所得的金额。进一步,将来预期的保险金支出的精算现值即趸缴纯保险费,记作 $A$;设年缴纯保险费为 $P$,将来预期的保费收入的现值即精算现值,记作 $P\ddot{a}$。其中,$\ddot{a}$ 为给付额 1 的生存年金的精算现值。所以,用预期法计算在时刻 $t$ 的责任准备金,可表示为

$$ {}_tV = A - P\ddot{a} \tag{8.1} $$

不同保险形式及不同缴费方式等均产生不同的责任准备金。以下按此思路讨论计算 ${}_tV$ 的不同表达式。

### 8.2.1 在死亡所在年年末提供保险金额的保险

为统一起见,假定保单均在 $x$ 岁签单、保险金额为 1,保险费采用年缴一次的方式,以下考察不同保险在第 $t$ 年年末的准备金。

(1) 终身寿险

其在第 $t$ 年年末的准备金记作 ${}_tV_x$,且

$$ {}_tV_x = A_{x+t} - P_x\ddot{a}_{x+t} \tag{8.2} $$

当终身寿险采用限期 $h$ 年缴费时,其在第 $t$ 年年末的准备金记作 ${}_t^hV_x$,且

$$ {}_t^hV_x = \begin{cases} A_{x+t} - {}_hP_x\ddot{a}_{x+t:\overline{h-t}|} & (t < h) \\ A_{x+t} & (t \geqslant h) \end{cases} \tag{8.3} $$

两点注释:① 当 $t \geqslant h$ 时,因为不再有保险费的缴付,所以准备金可以简单地表述为到达年龄时购买的终身寿险的趸缴纯保险费;② 符号 $V$ 之前的左上标 $h$,表示保险费限期缴付的年数。

(2) $n$ 年定期保险

其在第 $t$ 年年末的准备金记作 ${}_tV^1_{x:\overline{n}|}$,且

$$ {}_tV^1_{x:\overline{n}|} = \begin{cases} A^{\ 1}_{x+t:\overline{n-t}|} - P^1_{x:\overline{n}|}\ddot{a}_{x+t:\overline{n-t}|} & (t < n) \\ 0 & (t = n) \end{cases} \tag{8.4} $$

(3) $n$ 年两全保险

其在第 $t$ 年年末的准备金记作 ${}_tV_{x:\overline{n}|}$,且

$$
{}_tV_{x:\overline{n}|} = \begin{cases} A_{x+t:\overline{n-t}|} - P_{x:\overline{n}|}\ddot{a}_{x+t:\overline{n-t}|} & (t < n) \\ 1 & (t = n) \end{cases} \tag{8.5}
$$

限期 $h$ 年缴费的 $n$ 年两全保险，在第 $t$ 年年末的准备金记作 ${}^h_tV_{x:\overline{n}|}$，且

$$
{}^h_tV_{x:\overline{n}|} = \begin{cases} A_{x+t:\overline{n-t}|} - {}_hP_{x:\overline{n}|}\ddot{a}_{x+t:\overline{h-t}|} & (t < h) \\ A_{x+t:\overline{n-t}|} & (h \leqslant t < n) \\ 1 & (t = n) \end{cases} \tag{8.6}
$$

例 8.1　某人30岁时购买了如下“两全保险”：保险期限20年，被保险人在此期限内死亡，在死亡所在年年末给付10 000元；在期限届满时存活，给付5 000元。投保人在15年内限期年缴保险费。求：① 该保单在第10年年末的责任准备金；② 该保单在第15年年末的责任准备金；③ 该保单在第20年年末的责任准备金。计算以CL1(2010—2013)2.5%为基础。

解：依题意，假定保单的限期15年缴费的年缴纯保险费为 $P$ 元，那么

$$
P\ddot{a}_{30:\overline{15}|} = 10\,000A^{\ 1}_{30:\overline{20}|} + 5\,000\,{}_{20}E_{30}
$$

$$
P = \frac{10\,000A^{\ 1}_{30:\overline{20}|} + 5\,000\,{}_{20}E_{30}}{\ddot{a}_{30:\overline{15}|}}
$$

$$
= \frac{10\,000(M_{30} - M_{50}) + 5\,000D_{50}}{N_{30} - N_{45}} \approx 254.47(\text{元})
$$

据此，保单的责任准备金分别为

① $${}_{10}V = 10\,000A^{\ 1}_{40:\overline{10}|} + 5\,000\,{}_{10}E_{40} - P\ddot{a}_{40:\overline{5}|}$$

$$
= 10\,000\frac{M_{40} - M_{50}}{D_{40}} + 5\,000\frac{D_{50}}{D_{40}} - P\frac{N_{40} - N_{45}}{D_{40}} \approx 2\,819.70(\text{元})
$$

② $${}_{15}V = 10\,000A^{\ 1}_{45:\overline{5}|} + 5\,000\,{}_5E_{45}$$

$$
= 10\,000\frac{M_{45} - M_{50}}{D_{45}} + 5\,000\frac{D_{50}}{D_{45}} \approx 4\,496.95(\text{元})
$$

③ $${}_{20}V = 5\,000(\text{元})$$

### 8.2.2　在死亡后立即提供保险金额的保险

以下将讨论的保险形式完全平行于上述在死亡所在年年末提供保险金额的保险。除保险金额于死亡后立即提供外，其余假定完全相同。像这类保险的责任准备金，通常用符号 $V$ 和趸缴纯保险费相结合来表示。

(1) 终身寿险

$$
{}_tV(\bar{A}_x) = \bar{A}_{x+t} - P(\bar{A}_x)\ddot{a}_{x+t} \tag{8.7}
$$

限期 $h$ 年缴费的终身寿险：

$$
{}^h_tV(\bar{A}_x) = \begin{cases} \bar{A}_{x+t} - {}_hP(\bar{A}_x)\ddot{a}_{x+t:\overline{h-t}|} & (t < h) \\ \bar{A}_{x+t} & (t \geqslant h) \end{cases} \tag{8.8}
$$

(2)$n$ 年定期寿险

$$ {}_tV(\bar{A}^{1}_{x:\overline{n}|}) = \begin{cases} \bar{A}^{\ 1}_{x+t:\overline{n-t}|} - P(\bar{A}^{1}_{x:\overline{n}|})\ddot{a}_{x+t:\overline{n-t}|} & (t < n) \\ 0 & (t = n) \end{cases} \tag{8.9} $$

(3)$n$ 年两全保险

$$ {}_tV(\bar{A}_{x:\overline{n}|}) = \begin{cases} \bar{A}_{x+t:\overline{n-t}|} - P(\bar{A}_{x:\overline{n}|})\ddot{a}_{x+t:\overline{n-t}|} & (t < n) \\ 1 & (t = n) \end{cases} \tag{8.10} $$

限期 $h$ 年缴费的两全保险:

$$ {}^{h}_{t}V(\bar{A}_{x:\overline{n}|}) = \begin{cases} \bar{A}_{x+t:\overline{n-t}|} - P(\bar{A}_{x:\overline{n}|})\ddot{a}_{x+t:\overline{h-t}|} & (t < h) \\ \bar{A}_{x+t:\overline{n-t}|} & (h \leqslant t < n) \\ 1 & (t = n) \end{cases} \tag{8.11} $$

### 8.2.3 年金保险

假定所讨论年金保险签单年龄为 $x$ 岁,年给付额为1元,考虑在第 $t$ 年年末的准备金,其准备金的记法用符号 $V$ 与年金精算现值相结合来表示。

以 $n$ 年延期期初终身生存年金为例,其在第 $t$ 年年末的准备金记作 ${}_tV({}_{n|}\ddot{a}_x)$,且

$$ {}_tV({}_{n|}\ddot{a}_x) = \begin{cases} {}_{n-t|}\ddot{a}_{x+t} - P({}_{n|}\ddot{a}_x)\ddot{a}_{x+t:\overline{n-t}|} & (t < n) \\ \ddot{a}_{x+t} & (t \geqslant n) \end{cases} \tag{8.12} $$

这里,年缴纯保险费限期于延长期内缴付。

限期 $h$ 年缴费的 $n$ 年延付期初终身生存年金,其在第 $t$ 年年末的准备金记作 ${}^{h}_{t}V({}_{n|}\ddot{a}_x)$,且

$$ {}^{h}_{t}V({}_{n|}\ddot{a}_x) = \begin{cases} {}_{n-t|}\ddot{a}_{x+t} - {}_{h}P({}_{n|}\ddot{a}_x)\ddot{a}_{x+t:\overline{h-t}|} & (t < h) \\ {}_{n-t|}\ddot{a}_{x+t} & (h \leqslant t < n) \\ \ddot{a}_{x+t} & (t \geqslant n) \end{cases} \tag{8.13} $$

严格来说,在讨论预期法准备金公式时,$t$ 并不只限于整数,但是为与第6章和第7章的内容衔接,讨论 $t$ 为正整数,即签单后的第 $t$ 个保单年年末的准备金。

**例 8.2** 已知 ${}_{10}V_{30} = 0.15$,${}_{10}V_{40} = 0.20$,求 ${}_{20}V_{30}$。

**解:** 因为

$$ {}_{10}V_{30} = 1 - \frac{\ddot{a}_{40}}{\ddot{a}_{30}} = 0.15,\quad {}_{10}V_{40} = 1 - \frac{\ddot{a}_{50}}{\ddot{a}_{40}} = 0.20 $$

由此可得

$$ \frac{\ddot{a}_{50}}{\ddot{a}_{30}} = 0.68; $$

所以

$$ {}_{20}V_{30} = 1 - \frac{\ddot{a}_{50}}{\ddot{a}_{30}} = 1 - 0.68 = 0.32 $$

## 8.3 追溯法准备金

追溯法,又称过去法、后观法或已缴保险费推算法。追溯法也是计算责任准备金的一种方法。追溯法准备金,就是将投保人过去缴付的纯保险费收入的精算终值,减去过去给付各死亡被保险人的保险金的精算终值所得的金额。

令 $A$ 表示保险人过去给付各死亡被保险人的保险金的精算现值或趸缴纯保险费,$s$ 表示被保险人过去缴付的纯保险费的精算终值,$P$ 代表均衡纯保险费,$E$ 代表纯生存保险的趸缴纯保险费或精算现值,那么追溯法准备金的一般计算公式可表示为

$$ {}_tV = Ps - \frac{A}{E} \text{ 或 } Ps - k \tag{8.14} $$

式中,$k$ 为趸缴纯保险费或精算现值的精算终值。

下面就主要保险形式的 ${}_tV$ 计算公式做进一步的讨论。其中有关保险的约定与本书第 8.2 节相同。

### 8.3.1 在死亡所在年年末提供保险金额的保险

(1) 终身寿险

$$ {}_tV_x = P_x \ddot{s}_{x:\overline{t}|} - \frac{A^{1}_{x:\overline{t}|}}{{}_tE_x} \tag{8.15} $$

$$ = P_x \ddot{s}_{x:\overline{t}|} - {}_tk_x \tag{8.16} $$

式中,${}_tk_x = \dfrac{A^{1}_{x:\overline{t}|}}{{}_tE_x}$ 表示在最初的 $t$ 年内,保险金额为1元的 $t$ 年期定期寿险的趸缴纯保险费累积到第 $t$ 年年末的精算终值。${}_tk_x$ 有时又称作保险累积成本或死亡给付的积存值。

限期 $h$ 年缴费的终身寿险:

$$ {}^{h}_{t}V_x = \begin{cases} {}_hP_x \ddot{s}_{x:\overline{t}|} - {}_tk_x & (t \leqslant h) \\ {}_hP_x \ddot{s}_{x:\overline{h}|} \cdot \dfrac{1}{{}_{t-h}E_{x+h}} - {}_tk_x & (t > h) \end{cases} \tag{8.17} $$

(2) $n$ 年定期寿险

$$ {}_tV^{1}_{x:\overline{n}|} = \begin{cases} P^{1}_{x:\overline{n}|}\ddot{s}_{x:\overline{t}|} - {}_tk_x & (t < n) \\ P^{1}_{x:\overline{n}|}\ddot{s}_{x:\overline{n}|} - \dfrac{A^{1}_{x:\overline{n}|}}{{}_nE_x} = 0 & (t = n) \end{cases} \tag{8.18} $$

(3) $n$ 年两全保险

$$ {}_tV_{x:\overline{n}|} = \begin{cases} P_{x:\overline{n}|}\ddot{s}_{x:\overline{t}|} - {}_tk_x & (t < n) \\ 1 & (t = n) \end{cases} \tag{8.19} $$

限期 $h$ 年缴费的 $n$ 年两全保险:

$$
{}_t^hV_{x:\overline{n}|}=\begin{cases}{}_hP_{x:\overline{n}|}\ddot{s}_{x:\overline{t}|}-\dfrac{A^{1}_{x:\overline{t}|}}{{}_tE_x} & (t\leqslant h)\\ {}_hP_{x:\overline{n}|}\ddot{s}_{x:\overline{h}|}\cdot\dfrac{1}{{}_{t-h}E_{x+h}}-\dfrac{A^{1}_{x:\overline{t}|}}{{}_tE_x} & (h<t<n)\\ 1 & (t=n)\end{cases}\tag{8.20}
$$

### 8.3.2 在死亡后立即提供保险金额的保险

(1) 终身寿险

$$
\begin{aligned}{}_tV(\bar{A}_x)&=P(\bar{A}_x)\ddot{s}_{x:\overline{t}|}-\frac{\bar{A}^{1}_{x:\overline{t}|}}{{}_tE_x}\\&=P(\bar{A}_x)\ddot{s}_{x:\overline{t}|}-{}_t\bar{k}_x\end{aligned}\tag{8.21}
$$

式中，${}_t\bar{k}_x=\dfrac{\bar{A}^{1}_{x:\overline{t}|}}{{}_tE_x}$。

限期 $h$ 年缴费的终身寿险：

$$
{}_t^hV(\bar{A}_x)=\begin{cases}{}_hP(\bar{A}_x)\ddot{s}_{x:\overline{t}|}-{}_t\bar{k}_x & (t\leqslant h)\\ {}_hP(\bar{A}_x)\ddot{s}_{x:\overline{h}|}\cdot\dfrac{1}{{}_{t-h}E_{x+h}}-{}_t\bar{k}_x & (t>h)\end{cases}\tag{8.22}
$$

(2) $n$ 年定期寿险

$$
{}_tV(\bar{A}^{1}_{x:\overline{n}|})=P(\bar{A}^{1}_{x:\overline{n}|})\ddot{s}_{x:\overline{t}|}-{}_t\bar{k}_x\qquad(t\leqslant n)\tag{8.23}
$$

(3) $n$ 年两全保险

$$
{}_tV(\bar{A}_{x:\overline{n}|})=\begin{cases}P(\bar{A}_{x:\overline{n}|})\ddot{s}_{x:\overline{t}|}-{}_t\bar{k}_x & (t<n)\\ 1 & (t=n)\end{cases}\tag{8.24}
$$

限期 $h$ 年缴费的 $n$ 年两全保险：

$$
{}_t^hV(\bar{A}_{x:\overline{n}|})=\begin{cases}{}_hP(\bar{A}_{x:\overline{n}|})\ddot{s}_{x:\overline{t}|}-{}_t\bar{k}_x & (t\leqslant h)\\ {}_hP(\bar{A}_{x:\overline{n}|})\ddot{s}_{x:\overline{h}|}\cdot\dfrac{1}{{}_{t-h}E_{x+h}}-{}_t\bar{k}_x & (h<t<n)\\ 1 & (t=n)\end{cases}\tag{8.25}
$$

### 8.3.3 年金保险

$n$ 年延付期初终身生存年金：

$$
{}_t^nV({}_{n|}\ddot{a}_x)=\begin{cases}{}_nP({}_{n|}\ddot{a}_x)\ddot{s}_{x:\overline{t}|} & (t\leqslant n)\\ {}_nP({}_{n|}\ddot{a}_x)\ddot{s}_{x:\overline{n}|}\cdot\dfrac{1}{{}_{t-n}E_{x+n}}-\dfrac{\ddot{a}_{x+n:\overline{t-n}|}}{{}_{t-n}E_{x+n}} & (t>n)\end{cases}\tag{8.26}
$$

限期 $h$ 年缴费 $n$ 年延付期初终身生存年金：

$$
{}_t^hV({}_{n|}\ddot{a}_x)=\begin{cases}{}_hP({}_{n|}\ddot{a}_x)\ddot{s}_{x:\overline{t}|} & (t\leqslant h)\\ {}_hP({}_{n|}\ddot{a}_x)\ddot{s}_{x:\overline{h}|}\cdot\dfrac{1}{{}_{t-h}E_{x+h}} & (h<t\leqslant n)\\ {}_hP({}_{n|}\ddot{a}_x)\ddot{s}_{x:\overline{h}|}\dfrac{1}{{}_{t-h}E_{x+h}}-\dfrac{\ddot{a}_{x+n:\overline{t-n}|}}{{}_{t-n}E_{x+n}} & (t>n)\end{cases}\tag{8.27}
$$

说明:在 $t=0$ 时的准备金为0,就不单独列出。

例 8.3　在例8.1的条件下,用追溯法写出保单在10年年末的责任准备金的替换函数表达式,并以 CL1(2010—2013)2.5% 为计算基础计算出结果。

解:设所求时点的责任准备金为 ${}_{10}V$ 元,则

$$
\begin{aligned}
{}_{10}V &= P\ddot{s}_{30:\overline{10}|} - 10\ 000 \cdot \frac{A^{1}_{30:\overline{10}|}}{{}_{10}E_{30}} \\
&= P \cdot \frac{N_{30}-N_{40}}{D_{40}} - 10\ 000 \cdot \frac{M_{30}-M_{40}}{D_{40}} \approx 2\ 819.70(\text{元})
\end{aligned}
$$

## 8.4　预期法与追溯法的等价性及其运用规则

### 8.4.1　预期法与追溯法的等价性

可以证明:当选用相同的生命表和利息率,以均衡纯保险费作为评估准备金的基础,在相同时刻的准备金,用预期法计算所得的值总是等于用追溯法计算所得的值。

事实上,在保单规定的缴费期间的任一时刻,过去已缴纳的和未来将缴纳的所有保险费的值必须等于该保单已提供的和承诺将在未来保险期内提供的保险金额的值。当然,这种等式的成立基于所在时刻的现值或终值而言。

约定:$P\ddot{s}_t + P\ddot{a}_t$ 表示过去和未来保险费在时刻 $t$ 的精算值。${}_tk + A_t$ 表示过去和未来给付额在时刻 $t$ 的精算值。因此,

$$P\ddot{s}_t + P\ddot{a}_t = {}_tk + A_t$$

移项得

$$P\ddot{s}_t - {}_tk = A_t - P\ddot{a}_t$$

可见,等式左边正是追溯法准备金公式,而等式右边正是预期法准备金公式。

同理,在保单规定的缴费期限以外的任一时刻,追溯法也等价于预期法。

预期法和追溯法的等价性揭示:在相同时刻的准备金,无论是用预期法计算,还是用追溯法计算,均可以得到相同的值。但是,恰当地选择预期法或者追溯法,可使计算得到极大的简化。以下是选用追溯法或者预期法的两个基本规则:

(1) 在保险费缴付期以外的时刻 $t$ 计算准备金,宜选择预期法,此时的准备金简单地等于在到达年龄时的未来给付的趸缴纯保险费或精算现值。例如,当 $t \geq n$ 时,${}^{n}_{t}V_x = A_{x+t}$,${}^{n}_{t}V({}_{n|}\ddot{a}_x) = \ddot{a}_{x+t}$。

(2) 在无须提供保险金额的期间内的时刻 $t$ 计算准备金,宜选择追溯法。此时刻的准备金简单地等于过去已缴纯保险费的精算终值。例如,当 $t < n$ 时,${}^{n}_{t}V({}_{n|}\ddot{a}_x) = {}_nP({}_{n|}\ddot{a}_x)\ddot{s}_{x:\overline{t}|}$。

例 8.4　现有两种保单:$n$ 年期两全保险和限期 $n$ 年缴费的终身寿险,均在 $x$ 岁时签单,保险金额均为1,试求两种保单在签单后的第 $h$ 年年末准备金的差额。其中,两保单按年均衡制缴费,$h$ 小于或等于两种保单规定的缴费期限的较短者,并假设在开始

的 $h$ 年内死亡保险金都为 1。在此基础上，证明关系式 $P_{x:\overline{n}|} = {}_nP_x + P_{x:\overline{n}|}^{\ 1}(1 - A_{x+n})$ 成立。

解：假设两种保单的年缴均衡纯保险费和在第 $h$ 年年末的责任准备金分别为 $P_1$、$P_2$ 和 ${}_1V$、${}_2V$，那么根据追溯法有

$$ {}_1V = P_1\ddot{s}_{x:\overline{h}|} - {}_hk_x $$

$$ {}_2V = P_2\ddot{s}_{x:\overline{h}|} - {}_hk_x $$

两式相减得

$$ {}_1V - {}_2V = (P_1 - P_2)\ddot{s}_{x:\overline{h}|} $$

这表明：准备金之差等于纯保险费之差作为给付额所构成的生存年金的精算终值或纯保险费之差在利息和遗族利益下的累计值。

进一步，对上式变形整理得

$$ P_1 - P_2 = \frac{1}{\ddot{s}_{x:\overline{h}|}}({}_1V - {}_2V) = \frac{{}_hE_x}{\ddot{a}_{x:\overline{h}|}}({}_1V - {}_2V) = P_{x:\overline{h}|}^{\ 1}({}_1V - {}_2V) $$

特别地，对于 $n$ 年期两全保险与限期 $n$ 年缴费的终身寿险而言，这里 $h = n$。

$$ \because\ {}_1V = {}_nV_{x:\overline{n}|} = 1,\ {}_2V = {}_n^nV_x = A_{x+n} $$

$$ \therefore\ P_{x:\overline{n}|} = {}_nP_x + P_{x:\overline{n}|}^{\ 1}(1 - A_{x+n}) $$

$$ P_1 = P_{x:\overline{n}|},\ P_2 = {}_nP_x $$

### 8.4.2 负准备金产生的可能性及处理对策



本小节运用预期法或追溯法，对两全保单进行分析，以解释负准备金产生的可能性，进而分析对此的处理对策。

准备金之所以存在是因为保险人采用了均衡纯保险费，为弥补随年龄不断增长的风险可能出现的不足以给付。对于大多数常见的保单，若采用均衡保险费制，则在早些年份的保险费收入能够抵补这些年份的风险责任。然而，实际中并非所有保单均如此。例如，递减保险金额的某些保单，在保险期限内的早些年份，所收取的纯保险费可能不足以补偿约定的保险金额，以至于在这些年份产生负的准备金。

回顾前面对两全保单的分析。两全保单可以分解为两种成分的结合：一种是储蓄成分，其累积总额等于保单期满给付额；另一种是保额递减定期死亡保险成分，它在任一时刻的给付额等于两全保单约定保险金额与已积累到这一时刻的储金之差额。下面以35 岁时签单的限期10 年缴费15 年期且保险金额为1 的两全保单的递减定期死亡保险为例，以 CL1(2010—2013)2.5% 为计算基础说明负准备金产生的可能性。

因为限期 10 年的储金成分的保险费为

$$ \frac{1}{(1.025)^5\ddot{s}_{\overline{10}|}} \approx 0.076\ 968 $$

而两全保单的限期 10 年缴一次纯保险费为 0.077 796，所以递减定期死亡保险成分的纯保险费为 0.077 796 - 0.076 968 = 0.000 828。

根据上述分析，就容易分析递减定期死亡保险成分在第一年年末的准备金了。在第一年末，保险人的给付额等于 1 扣除已累积的储金，其给付额即 1 - 0.076 968 ×

1.025 = 0.921 107 8。用追溯法计算的第一年年末的准备金为

$$P \cdot \ddot{s}_{35:\overline{1|}} - {}_1k_{35} = 0.000\ 828 \cdot \frac{D_{35}}{D_{36}} - 0.921\ 107\ 8 \cdot \frac{C_{35}}{D_{36}} \approx -0.000\ 175$$

上式表明递减定期保险的纯保险费在第一年不足以支付给付额。保险人如果单独发行此种保单,那么无疑会承担一定的风险。然而,在实务中,保险人一般并不单独发行这样的保单,而是往往只将其作为两全保单的一种成分。这样,保险人在根本上并未承担风险,因为递减定期保险成分的准备金为 -0.000 175,但是储金累积额为 0.078 892,所以在第一年年末两全保单的准备金为 0.078 717。

从上述分析还可以总结出如下的一般结论:签发保额递减保单,限期缴费期限越短,负准备金出现的可能性越小;反之,限期缴费期限越长,负准备金产生的可能性越大。

## 8.5 期末准备金的不同表达式

期末准备金是相对于期初准备金而言的。一般情况下,第 $t$ 个保险年度末的准备金记作${}_tV$,即第 $t$ 年期末准备金。而第 $t$ 年期初准备金,系指刚收取保险费以后的责任准备金,即 ${}_{t-1}V + P$。



以预期法和追溯法所得的基本公式为基础,可以推导出期末准备金的一系列有用的转换形式。

### 8.5.1 年缴保费一次,于死亡所在年年末提供保险金额的保险

(1) 终身寿险

预期法基本公式:

$${}_tV_x = A_{x+t} - P_x\ddot{a}_{x+t}$$

年金精算现值公式:

$${}_tV_x = 1 - \frac{\ddot{a}_{x+t}}{\ddot{a}_x} \tag{8.28}$$

趸缴纯保险费公式:

$${}_tV_x = \frac{A_{x+t} - A_x}{1 - A_x} \tag{8.29}$$

年缴纯保险费公式:

$${}_tV_x = \frac{P_{x+t} - P_x}{P_{x+t} + d} \tag{8.30}$$

(2) 两全保险

预期法基本公式:

$${}_tV_{x:\overline{n|}} = A_{x+t:\overline{n-t|}} - P_{x:\overline{n|}}\ddot{a}_{x+t:\overline{n-t|}}$$

年金精算现值公式:

$$ {}_tV_{x:\overline{n}|} = 1 - \frac{\ddot{a}_{x+t:\overline{n-t}|}}{\ddot{a}_{x:\overline{n}|}} \tag{8.31} $$

趸缴纯保险费公式：

$$ {}_tV_{x:\overline{n}|} = \frac{A_{x+t:\overline{n-t}|} - A_{x:\overline{n}|}}{1 - A_{x:\overline{n}|}} \tag{8.32} $$

年缴纯保险费公式：

$$ {}_tV_{x:\overline{n}|} = \frac{P_{x+t:\overline{n-t}|} - P_{x:\overline{n}|}}{P_{x+t:\overline{n-t}|} + d} \tag{8.33} $$

### 8.5.2 年缴连续纯保险费，于死亡后立即提供保险金额的保险

(1) 终身寿险

$$ {}_t\bar{V}(\bar{A}_x) = \bar{A}_{x+t} - \bar{P}(\bar{A}_x)\bar{a}_{x+t} \quad \text{（预期法公式）} $$

$$ = 1 - \frac{\bar{a}_{x+t}}{\bar{a}_x} \quad \text{（年金精算现值公式）} \tag{8.34} $$

$$ = \frac{\bar{A}_{x+t} - \bar{A}_x}{1 - \bar{A}_x} \quad \text{（趸缴纯保险费公式）} \tag{8.35} $$

$$ = \frac{\bar{P}(\bar{A}_{x+t}) - \bar{P}(\bar{A}_x)}{\bar{P}(\bar{A}_{x+t}) + \delta} \quad \text{（年缴纯保险费公式）} \tag{8.36} $$

(2) 两全保险

$$ {}_t\bar{V}(\bar{A}_{x:\overline{n}|}) = \bar{A}_{x+t:\overline{n-t}|} - \bar{P}(\bar{A}_{x:\overline{n}|})\bar{a}_{x+t:\overline{n-t}|} \quad \text{（预期法公式）} $$

$$ = 1 - \frac{\bar{a}_{x+t:\overline{n-t}|}}{\bar{a}_{x:\overline{n}|}} \quad \text{（年金精算现值公式）} \tag{8.37} $$

$$ = \frac{\bar{A}_{x+t:\overline{n-t}|} - \bar{A}_{x:\overline{n}|}}{1 - \bar{A}_{x:\overline{n}|}} \quad \text{（趸缴纯保险费公式）} \tag{8.38} $$

$$ = \frac{\bar{P}(\bar{A}_{x+t:\overline{n-t}|}) - \bar{P}(\bar{A}_{x:\overline{n}|})}{\bar{P}(\bar{A}_{x+t:\overline{n-t}|}) + \delta} \quad \text{（年缴纯保险费公式）} \tag{8.39} $$

其余保险形式，如定期寿险、延期寿险等准备金的转换形式，均可用类似的方法获得。只是这些保险的准备金的表达形式并不像终身保险和两全保险那样规范。

**例 8.5** 证明：$\bar{P}(\bar{A}_{x:\overline{m+n}|}) = \bar{P}(\bar{A}^{1}_{x:\overline{m}|}) + \bar{P}^{1}_{x:\overline{m}|}\,{}_m\bar{V}(\bar{A}_{x:\overline{m+n}|})$。

**证明：** 根据追溯法公式

$$ {}_m\bar{V}(\bar{A}_{x:\overline{m+n}|}) = \bar{P}(\bar{A}_{x:\overline{m+n}|})\bar{s}_{x:\overline{m}|} - \frac{\bar{A}^{1}_{x:\overline{m}|}}{{}_mE_x} $$

$$ = \bar{P}(\bar{A}_{x:\overline{m+n}|})\frac{\bar{a}_{x:\overline{m}|}}{{}_mE_x} - \frac{\bar{A}^{1}_{x:\overline{m}|}}{{}_mE_x} $$

$$ {}_mE_x\,{}_m\bar{V}(\bar{A}_{x:\overline{m+n}|}) = \bar{P}(\bar{A}_{x:\overline{m+n}|})\bar{a}_{x:\overline{m}|} - \bar{A}^{1}_{x:\overline{m}|} $$

两边同除以 $\bar{a}_{x:\overline{m}|}$，得

$$ \bar{P}^{1}_{x:\overline{m}|}\,{}_m\bar{V}(\bar{A}_{x:\overline{m+n}|}) = \bar{P}(\bar{A}_{x:\overline{m+n}|}) - \bar{P}(\bar{A}^{1}_{x:\overline{m}|}) $$

亦即

$$\bar{P}(\bar{A}_{x:\overline{m+n}|}) = \bar{P}(\bar{A}^{1}_{x:\overline{m}|}) + \bar{P}_{x:\overline{m}|}^{\ \ 1}\ {}_{m}\bar{V}(\bar{A}_{x:\overline{m+n}|})$$

从本例中还可推出，期末准备金的表达式依采用方法不同而有多种表达式。从本例中还可得到准备金的另一种形式：

根据等式

$$\begin{aligned}
{}_{m}\bar{V}(\bar{A}_{x:\overline{m+n}|}) &= \bar{P}(\bar{A}_{x:\overline{m+n}|})\frac{\bar{a}_{x:\overline{m}|}}{{}_{m}E_{x}} - \frac{\bar{A}^{1}_{x:\overline{m}|}}{{}_{m}E_{x}} \\
&= \left[\bar{P}(\bar{A}_{x:\overline{m+n}|}) - \frac{\bar{A}^{1}_{x:\overline{m}|}}{\bar{a}_{x:\overline{m}|}}\right]\frac{\bar{a}_{x:\overline{m}|}}{{}_{m}E_{x}} \\
&= \left[\bar{P}(\bar{A}_{x:\overline{m+n}|}) - \bar{P}(\bar{A}^{1}_{x:\overline{m}|})\right]\frac{1}{\bar{P}(A_{x:\overline{m}|}^{\ \ 1})} \\
&= \frac{\bar{P}(\bar{A}_{x:\overline{m+n}|}) - \bar{P}(\bar{A}^{1}_{x:\overline{m}|})}{\bar{P}(A_{x:\overline{m}|}^{\ \ 1})}
\end{aligned}$$

例 8.6　某 30 岁的人投保全连续型终身寿险，已知 $\mu_x = \begin{cases} 0.05, & 30 < x < 40 \\ 0.06, & x \geqslant 40 \end{cases}$，$\delta = 0.1$，求 ${}_{10}\bar{V}(\bar{A}_{30})$。

解：$$\bar{a}_{30} = \int_0^{\infty} v^t\,{}_tp_{30}\,\mathrm{d}t = \int_0^{10} \mathrm{e}^{-0.1t}\mathrm{e}^{-0.05t}\mathrm{d}t + {}_{10}E_{30}\int_0^{\infty}\mathrm{e}^{-0.1t}\mathrm{e}^{-0.06t}\mathrm{d}t$$

$$= \int_0^{10}\mathrm{e}^{-0.15t}\mathrm{d}t + \mathrm{e}^{-1.5}\int_0^{\infty}\mathrm{e}^{-0.16t}\mathrm{d}t \approx 6.57$$

$$\bar{a}_{40} = \frac{1}{\mu+\delta} = \frac{1}{0.06+0.1} = 6.25$$

$${}_{10}\bar{V}(\bar{A}_{30}) = 1 - \frac{\bar{a}_{40}}{\bar{a}_{30}} \approx 0.05$$

## 8.6　相邻年度期末准备金之间的关系与法克勒准备金累积公式

### 8.6.1　相邻年度期末准备金之间的关系

根据预期法准备金公式，终身死亡保险的准备金公式如下：

$${}_tV_x = A_{x+t} - P_x\ddot{a}_{x+t} = A_{x+t} - P_x(1 + a_{x+t})$$

在两边同时加上 $P_x$，得

$${}_tV_x + P_x = A_{x+t} - P_x a_{x+t}$$

再代入变换式

$$A_{x+t} = vq_{x+t} + vp_{x+t}A_{x+t+1}$$

$$a_{x+t} = vp_{x+t}\ddot{a}_{x+t+1}$$

从而

$${}_tV_x + P_x = (vq_{x+t} + vp_{x+t}A_{x+t+1}) - P_x(vp_{x+t}\ddot{a}_{x+t+1})$$

$$= vq_{x+t} + vp_{x+t}(A_{x+t+1} - P_x\ddot{a}_{x+t+1})$$
$$= vq_{x+t} + vp_{x+t}\ {}_{t+1}V_x$$

即

$$ {}_tV_x + P_x = vq_{x+t} + vp_{x+t}\ {}_{t+1}V_x \tag{8.40}$$

该式说明：第 $t$ 年年末的准备金 ${}_tV_x$ 与第 $t+1$ 年年初应付的纯保险费之和，亦即第 $t+1$ 年年初的期初准备金（${}_tV_x + P_x$），能够提供次年保险金额为 1 的定期寿险的给付和次年保险金额为 ${}_{t+1}V_x$ 的纯生存保险的给付。

在等式 ${}_tV_x + P_x = vq_{x+t} + vp_{x+t}\ {}_{t+1}V_x$ 的两边同乘以 $(1+i)l_{x+t}$，适当整理即可得

$$l_{x+t}({}_tV_x + P_x)(1+i) = d_{x+t} + l_{x+t+1} \cdot {}_{t+1}V_x \tag{8.41}$$

这个等式的含义是：第 $t$ 年年末的 $l_{x+t}$ 人的准备金总额 $l_{x+t}\,{}_tV_x$ 与第 $t+1$ 年年初应缴付的所有纯保险费 $l_{x+t}P_x$ 之和，累积一年的终值能够提供：① 当年死亡者每人 1 元的保险金额，共计 $d_{x+t}$ 元；② 为当年存活者每人留下 ${}_{t+1}V_x$ 元，共计（$l_{x+t+1} \cdot {}_{t+1}V_x$）元。

进一步，在等式(8.40) 中，用 $1-q_{x+t}$ 代替 $p_{x+t}$，又可得如下等式：

$$P_x = (v\,{}_{t+1}V_x - {}_tV_x) + (1 - {}_{t+1}V_x)vq_{x+t} \tag{8.42}$$

在该等式中，第一项 $(v\,{}_{t+1}V_x - {}_tV_x)$ 是这样一个量：年初 ${}_tV_x$ 在利息且仅在利息的作用下，在当年年底可以累积到 ${}_{t+1}V_x$，需要开支 $(v\,{}_{t+1}V_x - {}_tV_x)$，因此称 $(v\,{}_{t+1}V_x - {}_tV_x)$ 为储蓄保险费；第二项 $(1 - {}_{t+1}V_x)vq_{x+t}$ 代表保险给付额为 $(1 - {}_{t+1}V_x)$ 的一年定期死亡保险的纯保险费。式中 $(1 - {}_{t+1}V_x)$ 亦即保险金额减去保单在第 $t+1$ 年所积累的责任准备金的差额，称为第 $t+1$ 年的危险保险金额。而保险人提供危险保险金额的期望值为 $(1 - {}_{t+1}V_x)q_{x+t}$，即第 $t+1$ 年以危险保险金额为基础的保险成本。进一步，以危险保险金额为基础的自然保险费 $(1 - {}_{t+1}V_x)vq_{x+t}$ 称为危险保险费。所以，年缴纯保险费可以分解为储蓄保险费和危险保险费之和。

例 8.7　试证：终身死亡保险期末准备金可以用保险成本表达如下：

$${}_nV_x = P_x\ddot{s}_{\overline{n}|} - \sum_{t=0}^{n-1}(1+i)^{n-t-1}K_{x+t}$$

这里，$K_{x+t} = q_{x+t}(1 - {}_{t+1}V_x)$ 为保险成本，$P_x$ 为终身死亡保险均衡纯保险费。

证明：将 $({}_tV_x + P_x)(1+i) = {}_{t+1}V_x + q_{x+t}(1 - {}_{t+1}V_x)$ 变形得

$${}_{t+1}V_x - (1+i)\ {}_tV_x = P_x(1+i) - q_{x+t}(1 - {}_{t+1}V_x)$$

在等式两边同乘以 $(1+i)^{n-t-1}$，再求和：

$$\sum_{t=0}^{n-1}[(1+i)^{n-t-1}\ {}_{t+1}V_x - (1+i)^{n-t}\ {}_tV_x]$$
$$= \sum_{t=0}^{n-1}P_x(1+i)^{n-t} - \sum_{t=0}^{n-1}(1+i)^{n-t-1}K_{x+t}$$

经简化得

$${}_nV_x = P_x\ddot{s}_{\overline{n}|} - \sum_{t=0}^{n-1}(1+i)^{n-t-1}K_{x+t}$$

该等式表明：第 $n$ 年年末的准备金等于纯保险费在一定利息率条件下的终值扣减

以各年危险保险金额为基础的保险成本的终值后的余额。

终身寿险在相邻年度的期末准备金之间的关系，完全可以推广到其他保险类型。相邻年度的期末准备金之间的一般关系可概括如下：

$$({}_tV+P)(1+i)=b_{t+1}q_{x+t}+p_{x+t\,t+1}V \tag{8.43}$$

或者

$$({}_tV+P)(1+i)={}_{t+1}V+q_{x+t}(b_{t+1}-{}_{t+1}V) \tag{8.44}$$

整理可得

$$P=(v_{t+1}V-{}_tV)+(b_{t+1}-{}_{t+1}V)vq_{x+t} \tag{8.45}$$

上式中，$b_{t+1}$ 代表第 $t+1$ 年的保险金额。

例 8.8　在 $x$ 岁时签发的某种保险，其保险的满期值为 1。若被保险人在 $n$ 年内死亡，则保单提供的给付额为 1 与死亡所在年年末的均衡纯保险费准备金之和。试给出计算这种保险的年缴均衡纯保险费公式。

解：设年缴均衡化保险费为 $P$，第 $t$ 年年末的责任准备金为 ${}_tV$，由题意知 $b_{t+1}={}_{t+1}V+1$ 则

$$\begin{aligned}P&=(v_{t+1}V-{}_tV)+(b_{t+1}-{}_{t+1}V)vq_{x+t}\\&=v_{t+1}V-{}_tV+vq_{x+t}\end{aligned}$$

整理得

$$v_{t+1}V-{}_tV=P-vq_{x+t}$$



两边同乘以 $v^t$，然后再求和，即

$$\sum_{t=0}^{n-1}(v^{t+1}{}_{t+1}V-v^t{}_tV)=\sum_{t=0}^{n-1}(v^tP-v^{t+1}q_{x+t})$$

$$v^n{}_nV=P\ddot{a}_{\overline{n}|}-\sum_{t=0}^{n-1}v^{t+1}q_{x+t}$$

因为

$${}_nV=1,$$

所以

$$P=\frac{v^n+\sum_{t=0}^{n-1}v^{t+1}q_{x+t}}{\ddot{a}_{\overline{n}|}}$$

### 8.6.2　法克勒(Fackler)准备金累积公式

相邻年度的期末准备金之间的关系的一种重要形式，就是法克勒准备金累积公式。

对以下相邻年度的期末准备金的一般关系进行整理：

$$({}_tV+P)(1+i)=b_{t+1}q_{x+t}+p_{x+t\,t+1}V$$

得到如下法克勒准备金累积公式：

$${}_{t+1}V=({}_tV+P)\cdot\frac{1+i}{p_{x+t}}-b_{t+1}\cdot\frac{q_{x+t}}{p_{x+t}} \tag{8.46}$$

上式中的$\frac{1+i}{p_{x+t}}$和$\frac{q_{x+t}}{p_{x+t}}$均被称为法克勒函数。

法克勒准备金累积公式的意义在于它形成了比较准备金的基础。当可以运用所有年龄对应的$\frac{1+i}{p_{x+t}}$和$\frac{q_{x+t}}{p_{x+t}}$的值时，从${}_0V=0$出发，在已知保单纯保险费的条件下，便可以产生各年末准备金的值。

例 8.9　运用法克勒准备金累积公式计算保险金额为 100 000 元、在 25 岁签发的十年期两全保单在前五年中各年的期末准备金，并用预期法验证第五年年末的准备金。计算以 CL1(2010—2013)2.5% 为基础。

解：先计算年缴保险费：

$$P=\frac{100\,000A_{25:\overline{10}|}}{\ddot{a}_{25:\overline{10}|}}=\frac{100\,000(M_{25}-M_{35}+D_{35})}{N_{25}-N_{35}}\approx 8\,742.079(\text{元})$$

再计算前五年各年末准备金：

$${}_1V_{25:\overline{10}|}=P\cdot\frac{1+i}{p_{25}}-100\,000\frac{q_{25}}{p_{25}}\approx 8\,904.61(\text{元})$$

$${}_2V_{25:\overline{10}|}=({}_1V_{25:\overline{10}|}+P)\cdot\frac{1+i}{p_{26}}-100\,000\frac{q_{26}}{p_{26}}\approx 18\,035.07(\text{元})$$

类似地

$${}_3V_{25:\overline{10}|}\approx 27\,397.57(\text{元})$$

$${}_4V_{25:\overline{10}|}\approx 36\,998.34(\text{元})$$

$${}_5V_{25:\overline{10}|}\approx 46\,844.01(\text{元})$$

以预期法验证的第五年年末的准备金为

$${}_5V_{25:\overline{10}|}\approx 100\,000A_{30:\overline{5}|}-P\ddot{a}_{30:\overline{5}|}\approx 46\,844.02(\text{元})$$

## 8.7　年缴数次的纯保险费准备金

### 8.7.1　年缴数次的真实纯保险费准备金

将年缴 $m$ 次的真实纯保险费 $P^{(m)}$ 的保单在第 $t$ 年年末的准备金记作${}_tV^{(m)}$或${}_tV^{(m)}(\bar{A})$。前者对应于在死亡所在年年末提供保险金额的保险，后者对应于在死亡后立即提供保险金额的保险。

(1) 有关保险的${}_tV^{(m)}$的表达式

① 终身寿险，其第 $t$ 年年末的准备金记作${}_tV_x^{(m)}$，且

$${}_tV_x^{(m)}=A_{x+t}-P_x^{(m)}\ddot{a}_{x+t}^{(m)}\tag{8.47}$$

代入近似公式

$$P_x^{(m)}=P_x+\frac{m-1}{2m}P_x^{(m)}(P_x+d)$$

以及

$$\ddot{a}_{x+t}^{(m)} = \ddot{a}_{x+t} - \frac{m-1}{2m}$$

可得

$$\begin{aligned}
{}_tV_x^{(m)} &= A_{x+t} - P_x^{(m)}\ddot{a}_{x+t}^{(m)} \\
&= A_{x+t} - P_x^{(m)}\left(\ddot{a}_{x+t} - \frac{m-1}{2m}\right) \\
&= (A_{x+t} - P_x\ddot{a}_{x+t}) + \frac{m-1}{2m}P_x^{(m)}[1-(P_x+d)\ddot{a}_{x+t}] \\
&= \left(1+\frac{m-1}{2m}P_x^{(m)}\right){}_tV_x \qquad (8.48)\\
&= {}_tV_x + \frac{m-1}{2m}P_x^{(m)}\ {}_tV_x \qquad (8.49)
\end{aligned}$$

显然，${}_tV_x^{(m)}$ 大于${}_tV_x$。这是因为当死亡发生在所有应付分期纯保险费缴纳完毕之前时，在死亡发生年度将损失一定的纯保险费，其平均值近似为$\frac{m-1}{2m}P_x^{(m)}$，所以${}_tV_x^{(m)}$近似地等于保险金额为 1 与$\frac{m-1}{2m}P_x^{(m)}$ 之和的相同保险在相同年末的准备金，亦即$\left(1+\frac{m-1}{2m}P_x^{(m)}\right){}_tV_x$。



②$n$ 年两全保险，其在第 $t$ 年年末的准备金记作${}_tV_{x:\overline{n}|}^{(m)}$，且

$${}_tV_{x:\overline{n}|}^{(m)} = A_{x+t:\overline{n-t}|} - P_{x:\overline{n}|}^{(m)}\ddot{a}_{x+t:\overline{n-t}|}^{(m)}$$

代入近似公式

$$P_{x:\overline{n}|}^{(m)} = P_{x:\overline{n}|} + \frac{m-1}{2m}P_{x:\overline{n}|}^{(m)}(P_{x:\overline{n}|}^{1} + d)$$

及

$$\ddot{a}_{x:\overline{n}|}^{(m)} = \ddot{a}_{x:\overline{n}|} - \frac{m-1}{2m}(1-{}_nE_x)$$

于是

$$\begin{aligned}
{}_tV_{x:\overline{n}|}^{(m)} &= A_{x+t:\overline{n-t}|} - P_{x:\overline{n}|}^{(m)}\ddot{a}_{x+t:\overline{n-t}|}^{(m)} \\
&= (A_{x+t:\overline{n-t}|} - P_{x:\overline{n}|}\ddot{a}_{x+t:\overline{n-t}|}) + \frac{m-1}{2m}P_{x:\overline{n}|}^{(m)}[1 - {}_{n-t}E_{x+t} - (P_{x:\overline{n}|}^{1} \\
&\quad + d)\ddot{a}_{x+t:\overline{n-t}|}] \\
&= {}_tV_{x:\overline{n}|} + \frac{m-1}{2m}P_{x:\overline{n}|}^{(m)}\ {}_tV_{x:\overline{n}|}^{1} \qquad (8.50)
\end{aligned}$$

其他保险在第 $t$ 年末的准备金可类似地获得。

(2) 有关保险的${}_tV^{(m)}(\bar{A})$ 的表达式

① 终身寿险，其在第 $t$ 年年末的准备金记作${}_tV^{(m)}(\bar{A}_x)$，且

$${}_tV^{(m)}(\bar{A}_x) = \bar{A}_{x+t} - P^{(m)}(\bar{A}_x)\ddot{a}_{x+t}^{(m)}$$

代入近似公式

$$P^{(m)}(\bar{A}_x) = P(\bar{A}_x) + \frac{m-1}{2m}(P_x + d)P^{(m)}(\bar{A}_x)$$

以及

$$\ddot{a}_x^{(m)} = \ddot{a}_x - \frac{m-1}{2m}$$

从而

$$\begin{aligned} {}_tV^{(m)}(\bar{A}_x) &= \bar{A}_{x+t} - \left[P(\bar{A}_x) + \frac{m-1}{2m}(P_x + d)P^{(m)}(\bar{A}_x)\right]\ddot{a}_{x+t} + \frac{m-1}{2m}P^{(m)}(\bar{A}_x) \\ &= \left[(\bar{A}_{x+t} - P(\bar{A}_x)\ddot{a}_{x+t})\right] + \frac{m-1}{2m}P^{(m)}(\bar{A}_x)\left[1 - (P_x + d)\ddot{a}_{x+t}\right] \\ &= {}_tV(\bar{A}_x) + \frac{m-1}{2m}P^{(m)}(\bar{A}_x)\,{}_tV_x \end{aligned} \tag{8.51}$$

②$n$ 年两全保险，其在第 $t$ 年年末的准备金记作 ${}_tV^{(m)}(\bar{A}_{x:\overline{n}|})$，类似于终身保险的准备金，且

$${}_tV^{(m)}(\bar{A}_{x:\overline{n}|}) = {}_tV(\bar{A}_{x:\overline{n}|}) + \frac{m-1}{2m}P^{(m)}(\bar{A}_{x:\overline{n}|})\ {}_tV^1_{x:\overline{n}|} \tag{8.52}$$

特别地，令 $m\to\infty$，上述年缴 $m$ 次的真实纯保险费准备金即连续缴费准备金。

终身保险的连续缴费准备金：

$${}_t\bar{V}(\bar{A}_x) = {}_tV(\bar{A}_x) + \frac{1}{2}\bar{P}(\bar{A}_{x:\overline{n}|})\,{}_tV_x \tag{8.53}$$

$n$ 年两全保险的连续缴费准备金：

$${}_t\bar{V}(\bar{A}_{x:\overline{n}|}) = {}_tV(\bar{A}_{x:\overline{n}|}) + \frac{1}{2}\bar{P}(\bar{A}_{x:\overline{n}|})\,{}_tV^1_{x:\overline{n}|} \tag{8.54}$$

### 8.7.2 年缴数次的年赋纯保险费准备金

在死亡后立即提供保险金额的保单，年缴数次的年赋纯保险费准备金，与年缴一次的年赋纯保险费准备金或其他纯保险费准备金之间，并不存在明显的联系。因此，年缴数次的年赋纯保险费准备金，通常只讨论于死亡所在年年末提供保险金额的情形。一般地，年缴 $m$ 次的年赋纯保险费保单在第 $t$ 年年末的准备金记作 ${}_tV^{[m]}$。

(1) 终身寿险

其在第 $t$ 年年末的准备金具体表示为 ${}_tV_x^{[m]}$。因为保险费是年赋的，所以相应的保险金额近似为 $(1 - \frac{m-1}{2m}P_x^{[m]})$，于是

$$\begin{aligned} {}_tV_x^{[m]} &= \left(1 - \frac{m-1}{2m}P_x^{[m]}\right)A_{x+t} - P_x^{[m]}\ddot{a}_{x+t}^{(m)} \\ &= A_{x+t} - \frac{m-1}{2m}P_x^{[m]}(1 - d\ddot{a}_{x+t}) - P_x^{[m]}\left(\ddot{a}_{x+t} - \frac{m-1}{2m}\right) \\ &= A_{x+t} - \ddot{a}_{x+t}P_x^{[m]}\left(1 - \frac{m-1}{2m}d\right) \\ &= A_{x+t} - P_x\ddot{a}_{x+t} \end{aligned}$$

$$= {}_tV_x \tag{8.55}$$

在年赋纯保险费方式下，在死亡发生的年末没有纯保险费的损失，从而也就不存在准备金的调整问题。具体表现为${}_tV_x^{[m]} = {}_tV_x$。

(2)$n$ 年两全保险

其在第 $t$ 年年末的准备金记作${}_tV_{x:\overline{n}|}^{[m]}$。类似于终身寿险的推导过程，有

$$\begin{aligned}
{}_tV_{x:\overline{n}|}^{[m]} &= \left(1 - \frac{m-1}{2m}P_{x:\overline{n}|}^{[m]}\right)A_{x+t:\overline{n-t}|} - P_{x:\overline{n}|}^{[m]}\ddot{a}_{x+t:\overline{n-t}|}^{(m)} \\
&= A_{x+t:\overline{n-t}|} - \frac{m-1}{2m}P_{x:\overline{n}|}^{[m]}(1 - d\ddot{a}_{x+t:\overline{n-t}|}) - P_{x:\overline{n}|}^{[m]}\left[\ddot{a}_{x+t:\overline{n-t}|} - \frac{m-1}{2m}(1 - {}_{n-t}E_{x+t})\right] \\
&= A_{x+t:\overline{n-t}|} - P_{x:\overline{n}|}^{[m]}\ddot{a}_{x+t:\overline{n-t}|}\left(1 - \frac{m-1}{2m}d\right) - \frac{m-1}{2m}P_{x:\overline{n}|}^{(m)}{}_{n-t}E_{x+t} \\
&= (A_{x+t:\overline{n-t}|} - P_{x:\overline{n}|}\cdot\ddot{a}_{x+t:\overline{n-t}|}) - \frac{m-1}{2m}P_{x:\overline{n}|}^{[m]}{}_{n-t}E_{x+t} \\
&= {}_tV_{x:\overline{n}|} - \frac{m-1}{2m}P_{x:\overline{n}|}^{[m]}{}_{n-t}E_{x+t}
\end{aligned} \tag{8.56}$$

### 8.7.3 年缴数次的比例纯保险费准备金

(1) 在死亡所在年年末提供保险金额的年缴 $m$ 次的比例纯保险费保单

其在第 $t$ 年年末的准备金记作${}_tV^{\{m\}}$。

① 终身寿险，其在第 $t$ 年年末的准备金记作${}_tV_x^{\{m\}}$。由于在死亡年度的平均保险费损失为$\frac{1}{2m}P_x^{\{m\}}$，而保险金额的估计值为 $1 + \frac{1}{2m}P_x^{\{m\}}$，于是

$${}_tV_x^{\{m\}} = \left(1 + \frac{1}{2m}P_x^{\{m\}}\right)A_{x+t} - P_x^{\{m\}}\ddot{a}_{x+t}^{(m)}$$

将 $P_x^{\{m\}} = \dfrac{P_x}{1 - \frac{m-1}{2m}d - \frac{1}{2}P_x}$，$\ddot{a}_{x+t}^{(m)} = \ddot{a}_{x+t} - \frac{m-1}{2m}$ 代入上式可得

$${}_tV_x^{\{m\}} = A_{x+t}\left(1 + \frac{1}{2}P_x^{\{m\}}\right) - P_x\left(1 + \frac{1}{2}P_x^{\{m\}}\right)\ddot{a}_{x+t} = {}_tV_x\left(1 + \frac{1}{2}P_x^{\{m\}}\right) \tag{8.57}$$

除终身寿险外，也可以获得其他保险形式的准备金公式。应注意的是，只有在保险费缴付期内才可能出现保险费的损失，从而附加的调整准备金是相应的定期寿险准备金。

②$n$ 年两全保险

$${}_tV_{x:\overline{n}|}^{\{m\}} = {}_tV_{x:\overline{n}|} + \frac{m-1}{2m}P_{x:\overline{n}|}^{\{m\}}{}_tV_{x:\overline{n}|}^{1} \tag{8.58}$$

③ 限期 $h$ 年缴费的终身寿险

$${}_t^hV_x^{\{m\}} = \begin{cases} {}_t^hV_x + \frac{m-1}{2m}{}_hP_x^{\{m\}}{}_tV_{x:\overline{n}|}^{1} & (t < h) \\ {}_t^hV_x & (t \geqslant h) \end{cases} \tag{8.59}$$

(2) 在死亡后立即提供保险金额的年缴 $m$ 次的比例纯保险费保单

其在第 $t$ 年年末的准备金记作 ${}_tV^{\{m\}}(\bar{A})$。

① 终身寿险

$$
\begin{aligned}
{}_tV^{\{m\}}(\bar{A}_x) &= \bar{A}_{x+t} - P^{\{m\}}(\bar{A}_x)\ddot{a}_{x+t}^{\{m\}} \\
&= \bar{A}_{x+t} - \frac{d^{\{m\}}}{\delta}\bar{P}(\bar{A}_x)\cdot \bar{a}_{x+t}\frac{\delta}{d^{(m)}} = {}_t\bar{V}(\bar{A}_x)
\end{aligned} \tag{8.60}
$$

② 限期 $h$ 年缴费的 $n$ 年两全保险

$$
\begin{aligned}
{}_t^hV^{\{m\}}(\bar{A}_{x:\overline{n}|}) &= \bar{A}_{x+t:\overline{n-t}|} - {}_hP^{\{m\}}(\bar{A}_{x:\overline{n}|})\ddot{a}_{x+t:\overline{n-t}|}^{\{m\}} \qquad (t < h) \\
&= \bar{A}_{x+t:\overline{n-t}|} - \frac{d^{\{m\}}}{\delta}\,{}_h\bar{P}(\bar{A}_{x:\overline{n}|})\cdot\frac{\delta}{d^{(m)}}\bar{a}_{x+t:\overline{n-t}|} \\
&= \bar{A}_{x+t:\overline{n-t}|} - {}_h\bar{P}(\bar{A}_{x:\overline{n}|})\bar{a}_{x+t:\overline{n-t}|} = {}_t^h\bar{V}(\bar{A}_{x:\overline{n}|})
\end{aligned} \tag{8.61}
$$

**例 8.10** 某 $x$ 岁的人购买了保险金额为 $b_k$ 全离散型终身寿险，限期 $n$ 年内支付均衡纯保险费 $\pi$，保险金额满足 $b_k = \begin{cases} {}_kV & (0 < k < n) \\ 1 & (k \geqslant n) \end{cases}$，当 $k < n$，求 ${}_kV$。

**解：** 对于 $h \leqslant n-1$，$b_{h+1} = {}_{h+1}V$

$$ {}_{h+1}V = ({}_hV + \pi)(1+i) - (b_{k+1} - {}_{h+1}V)q_{x+h} $$

$$ \therefore \pi = v\,{}_{h+1}V - {}_hV $$

等式两边同乘 $v^h$ 得

$$ v^h\pi = v^{h+1}\,{}_{h+1}V - v^h\,{}_hV $$

两边关于 $h = 0,1,2,\cdots,n-1$ 求和得

$$ \pi\ddot{a}_{\overline{n}|} = v^n\,{}_nV - v^0\,{}_0V $$

又因为 ${}_0V = 0$，${}_nV = A_{x+n}$，因此

$$ \pi = \frac{v^nA_{x+n}}{\ddot{a}_{\overline{n}|}} = \frac{A_{x+n}}{\ddot{s}_{\overline{n}|}} $$

两边关于 $h = 0,1,2,\cdots,k-1$ 求和得

$$ \pi\ddot{a}_{\overline{k}|} = v^k\,{}_kV - v^0\,{}_0V $$

所以

$$ {}_kV = \frac{\pi\ddot{a}_{\overline{k}|}}{v^k} = \frac{A_{x+n}\ddot{s}_{\overline{k}|}}{\ddot{s}_{\overline{n}|}} $$

## 8.8 非整数年龄准备金

至此所讨论的准备金 ${}_tV$、${}_tV(\bar{A})$、${}_tV^{(m)}(\bar{A})$ 等，均意指第 $t$ 年年末的准备金。确切地说，它们都是第 $t$ 个保险年度末的准备金。但是，为配合会计核算的需要，有时少不了要对非整数年龄或零头期间的准备金进行匡算。例如，保险人要对保单责任做总体的评估，可视在第 $t$ 年年末与第 $t+1$ 年年末中间任何一天签发的所有保单为集中于

$t+\frac{1}{2}$ 年处签发，这样，所要评估的责任便转化为计算 ${}_{t+\frac{1}{2}}V$ 的值。在 ${}_{t+\frac{1}{2}}V$ 中，$t+\frac{1}{2}$ 为非整数，计算 ${}_{t+\frac{1}{2}}V$ 就属于非整数年时点的准备金的计算。

### 8.8.1 年缴纯保险费的非整数年龄准备金

首先，看终身寿险在非整数年龄的准备金。假定终身寿险在 $x$ 岁时签单，保险金额为 1 元，于死亡所在年的年末提供，那么该终身寿险在第 $t+h$ 年年末的准备金记作 ${}_{t+h}V_x$，其中 $t$ 为正整数，$0<h<1$。

根据预期法，${}_{t+h}V_x$ 的表达式为

$$ {}_{t+h}V_x = v^{1-h}({}_{1-h}q_{x+t+h} + {}_{1-h}p_{x+t+h}A_{x+t+1}) - P_{x\,1-h|}\ddot{a}_{x+t+h} \tag{8.62}$$

式(8.62)右端第一项的括号内，不能简单地写作 $A_{x+t+h}$。这是因为 $A_{x+t+h}$ 总是为获取死亡保险金额而缴纳的趸缴纯保险费，且这一保险金额是 $t+h$ 年开始以年为单位度量的，而非从签单开始以保险年度为单位进行度量的。

对上述 ${}_{t+h}V_x$ 进行化简，不难得到

$$ {}_{t+h}V_x = v^{1-h}\,{}_{t+1}V_x + v^{1-h}\,{}_{1-h}q_{x+t+h}(1-{}_{t+1}V_x)。\tag{8.63}$$

在这个等式中，考虑到死亡概率 ${}_{1-h}q_{x+t+h}$ 不能直接从生命表中查到，所以它的值往往是在一定死亡假定条件下的近似值。

但是，在实际中，关于 ${}_{t+h}V_x$ 的计算并不完全按上述方法进行。相反，更多的情形是采用线性插值法计算 ${}_{t+h}V_x$，亦即

$$ {}_{t+h}V_x = (1-h)({}_tV_x + P_x) + h\,{}_{t+1}V_x \tag{8.64}$$

$$ = [(1-h)\,{}_tV_x + h\,{}_{t+1}V_x] + (1-h)P_x \tag{8.65}$$

计算 ${}_{t+h}V_x$ 的原理和方法完全适用于一般的保险类型，亦即对于年缴纯保险费为 $P$、保险金额为 1 的保险，在 $t+h$ 年的准备金 ${}_{t+h}V$ 为

$$ {}_{t+h}V = (1-h)({}_tV + P) + h\,{}_{t+1}V \tag{8.66}$$

$$ = [(1-h)\,{}_tV + h\,{}_{t+1}V] + (1-h)P \tag{8.67}$$

其次，作为该公式的一个应用，年缴纯保险费为 $P(\bar{A}_x)$，保险金额为 1，于死亡后立即提供保险金额的保险在 $t+h$ 年的准备金是

$$ {}_{t+h}V(\bar{A}_x) = [(1-h)\,{}_tV(\bar{A}_x) + h\,{}_{t+1}V(\bar{A}_x)] + (1-h)P(\bar{A}_x) $$

事实上，

$$ \begin{aligned} {}_{t+h}V(\bar{A}_x) &= \bar{A}_{x+t+h} - P(\bar{A}_x)\,{}_{1-h|}\ddot{a}_{x+t+h} \\ &= [(1-h)\bar{A}_{x+t} + h\bar{A}_{x+t+1}] - P(\bar{A}_x)[\ddot{a}_{x+t+h} - (1-h)] \\ &= [(1-h)\bar{A}_{x+t} + h\bar{A}_{x+t+1}] - P(\bar{A}_x)[(1-h)\ddot{a}_{x+t} + h\ddot{a}_{x+t+1} - (1-h)] \\ &= [(1-h)\,{}_tV(\bar{A}_x) + h\,{}_{t+1}V(\bar{A}_x)] + (1-h)P(\bar{A}_x) \end{aligned} \tag{8.68}$$

可见，这个表达式与上述一般公式是吻合的。

最后，在限期缴费期间以外的某个分数年龄上的准备金，因为无须调整纯保险费，所以准备金即在期末准备金之间所做插值得到的值。

### 8.8.2 分期缴纯保险费的非整数年龄准备金

(1) 年缴 $m$ 次真实纯保险费的保险在第 $t+h$ 年年末的准备金

当 $h$ 是$\frac{1}{m}$的整数倍数时，令 $h=\frac{k}{m}$，$k$ 为整数。由于期末准备金${}_tV^{(m)}$以缴费确定 $t$ 年为基础，${}_{t+1}V^{(m)}$以假定缴费确定 $t+1$ 年为基础，所以在${}_tV^{(m)}$和${}_{t+1}V^{(m)}$之间做插值时，其值与假定已缴费 $t+\frac{k}{m}$ 年所对应的准备金一致，即

$$_{t+\frac{k}{m}}V^{(m)}=\left(1-\frac{k}{m}\right){}_tV^{(m)}+\frac{k}{m}\,{}_{t+1}V^{(m)} \tag{8.69}$$

当 $h$ 不是$\frac{1}{m}$的整数倍数时，令 $h=\frac{k}{m}+r$，$0<r<\frac{1}{m}$。如果直接在${}_tV^{(m)}$与${}_{t+1}V^{(m)}$之间做插值，那么所产生的值与假定缴费 $t+\frac{k}{m}+r$ 年所对应的准备金一致。然而，保险费实际缴纳了 $t+\frac{k}{m}+\frac{1}{m}$ 年，这就有必要调整由插值法而得的值，其方法是在插值法所得值之上附加上评估或计算之日以外的纯保险费$\left(\frac{1}{m}-r\right)P^{(m)}$。于是，在 $t+\frac{k}{m}+r$ 年的准备金为

$$_{t+\frac{k}{m}+r}V^{(m)}=\left(1-\frac{k}{m}-r\right){}_tV^{(m)}+\left(\frac{k}{m}+r\right){}_{t+1}V^{(m)}+\left(\frac{1}{m}-r\right)P^{(m)} \tag{8.70}$$



**例 8.11** 试写出计算半年缴费一次，在分数年龄的准备金的公式。

**解：** 从上述一般公式中不难得到：

当 $0<r<\frac{1}{2}$ 时，

$$_{t+r}V^{(2)}=(1-r)\,{}_tV^{(2)}+r\,{}_{t+1}V^{(2)}+\left(\frac{1}{2}-r\right)P^{(2)}$$

当$\frac{1}{2}<r<1$ 时，令 $r=\frac{1}{2}+s$，

$$\begin{aligned}_{t+r}V^{(2)}&={}_{t+\frac{1}{2}+s}V^{(2)}\\&=\left(1-\frac{1}{2}-s\right){}_tV^{(2)}+\left(\frac{1}{2}+s\right){}_{t+1}V^{(2)}+\left(\frac{1}{2}-s\right)P^{(2)}\\&=(1-r)\,{}_tV^{(2)}+r\,{}_{t+1}V^{(2)}+(1-r)P^{(2)}\end{aligned}$$

(2) 年缴 $m$ 次比例纯保险费的保险在第 $t+h$ 年年末的准备金

类似于真实纯保险费准备金，年缴 $m$ 次的比例纯保险费准备金为

$$_{t+\frac{k}{m}+r}V^{\{m\}}=\left(1-\frac{k}{m}-r\right){}_tV^{\{m\}}+\left(\frac{k}{m}+r\right){}_{t+1}V^{\{m\}}+\left(\frac{1}{m}-r\right)P^{\{m\}} \tag{8.71}$$

且 $0<r<\frac{1}{m}$。

**例 8.12** 运用准备金一般公式,写出 ${}_{20\frac{2}{3}}V^{\{2\}}$ 的近似表达式。

**解:** $${}_{20\frac{2}{3}}V^{\{2\}} = {}_{20+\frac{1}{2}+\frac{1}{6}}V^{\{2\}}$$

$$= \left(1-\frac{1}{2}-\frac{1}{6}\right){}_{20}V^{\{2\}} + \left(\frac{1}{2}+\frac{1}{6}\right){}_{21}V^{\{2\}} + \frac{1}{3}P^{\{2\}}$$

$$= \frac{1}{3}{}_{20}V^{\{2\}} + \frac{2}{3}{}_{21}V^{\{2\}} + \frac{1}{3}P^{\{2\}}$$

## 习题 8

8-1 为某40岁的被保险人投保了20年两全保险,保险金额为200 000元,要求按年缴一次均衡方式缴纳纯保险费,在10年内限期缴清。试用替换函数分别表示:① 投保第5年年末的责任准备金;② 投保第15年年末的责任准备金;③ 投保第20年年末的责任准备金。计算以CL1(2010—2013)2.5%为基础。

8-2 李某在25岁时为自己投保了保险金额为15 000元的终身死亡保险。计算下列不同缴费方式下的第15年年末的责任准备金,并比较它们的大小。计算以CL1(2010—2013)2.5%为基础。

(1) 保险费每年缴付一次的均衡保险费。

(2) 保险费每年均衡缴付一次,20年内缴清。

(3) 保险费每月均衡缴付一次,20年内缴清。

(4) 在比例保险费下,保险费每月均衡缴付一次,20年缴清。

8-3 已知 $P_x = 0.09$, ${}_nV_x = 0.056\ 3$, $P^{1}_{x:\overline{n}|} = 0.008\ 64$,求 $P_{x:\overline{n}|}^{\ \ 1}$。

8-4 运用准备金的一般公式,写出 ${}_{10\frac{1}{3}}V^{\{2\}}$ 的近似计算公式。

8-5 以CL1(2010—2013)2.5%为基础分别用未来法和过去法求 ${}^{20}_{10}V(\bar{A}_{35:\overline{30}|})$。

8-6 假设死亡均匀分布,证明:

$$\frac{{}_tV^{(m)}_{x:\overline{n}|} - {}_tV_{x:\overline{n}|}}{{}^{n}_{t}V^{(m)}_{x} - {}^{n}_{t}V_x} = \frac{A_{x:\overline{n}|}}{A_x}$$

8-7 已知保险金额为3、死亡所在年年末给付保险金的三年期两全保险。其年均衡纯保险费为0.94, $i = 0.20$。第一、二、三个保单年度末的纯保险费制责任准备金分别为0.66、1.56和3.00,求 $q_x$ 和 $q_{x+1}$。

8-8 已知 ${}_hV_{x:\overline{n}|} = \frac{1}{5}$, $h < \frac{n}{2}$; $\ddot{a}_{x:\overline{n}|} + \ddot{a}_{x+2h:\overline{n-2h}|} = 2\ddot{a}_{x+h:\overline{n-h}|}$,求 ${}_hV_{x+h:\overline{n-h}|}$。

8-9 年龄为20岁的人为自己购买保险金额为10万元的完全离散型终身寿险,已知 $P_{20} = 0.025$, $A_{31} = 0.44$, $q_{30} = 0.02$, $i = 0.06$,求第10年年末的责任准备金。

8-10 已知 ${}_{10}V_{20} = 0.05$, $P_{20} = 0.03$, $P_{20:\overline{10}|}^{\ \ \ \ 1} = 0.2$,求 $P^{1}_{20:\overline{10}|}$。

8-11 某30岁的人投保全离散型两年期两全保险, ${}_2\tilde{V}_{30:\overline{2}|} = 2\ 000$, $b_k = 1\ 000k + {}_k\tilde{V}_{30:\overline{2}|}(k=1,2)$, $p_{30} = p_{31} = 0.9$, $i = 0.05$, $\pi$ 为每年所缴纳保险费,求 $\pi$。

8 - 12　已知 40 岁的人投保 20 年期两全保险，保险金额为 1 万元，采用年初均衡方式缴纳保险费，已知 $A_{40:\overline{20}|}=0.3$，$d=0.05$，求 ${}_{19}V_{40:\overline{20}|}$。

8 - 13　已知 $P_{40}=0.02$，$P_{40:\overline{20}|}=0.04$，$P_{40:\overline{20}|}^{\ \ 1}=0.03$，求 ${}_{20}V_{40}$。

8 - 14　已知 $\bar{a}_{x+t}=12$，$\bar{P}(\bar{A}_x)=0.012$，$\delta=0.05$，求 ${}_t\bar{V}(\bar{A}_x)$。

8 - 15　某 30 岁的人投保全连续型终身寿险，已知 $l_x=100-x(0\leqslant x\leqslant 100)$，$\delta=0.1$，求 ${}_{10}\bar{V}(\bar{A}_{30})$。

# 9 毛保险费及其责任准备金

第5章至第8章侧重分析了年金保险和人寿保险的趸缴纯保险费、年缴纯保险费以及均衡纯保险费责任准备金等项目的计算原理和方法。由于纯保险费用于抵补保险人或保险公司所承担的保险责任,所以其计算具有如下特征:以预定死亡率和预定利息率为主要因素;按照收支平衡原则,使保险人或保险公司所承担的保险责任的精算现值等于投保人或被保险人为此而支出的代价——纯保险费的精算现值;计算模式中不含经营保险业务的费用支出;计算依年龄分别进行等。但是,保险人或保险公司作为经营风险的经济实体,其自身的经营不仅具有一定的风险,而且对经营的各项业务也需要支出费用。这些费用常见的有原始费用、代理手续费、行政管理费以及死亡调查费等。因此,保险人或保险公司既应适度地安全加成,以防止不利偏差风险;又需收取附加保险费,以弥补业务费用支出。此外,保险人或保险公司经营保险业务,还得讲究经济效益。也就是说,恰当的利润考虑也是必需的。所有这些成分,应当由投保人或被保险人来承担。这样,投保人或被保险人参加保险所缴付的保险费就是纯保险费加上满足各项费用及利润因子等项目开支的附加保费的总和。换言之,保险人或保险公司的这种经营管理中向投保人或被保险人收取的保险费称为营业保险费或毛保险费,也可以称为总保险费。在本章,首先对费用进行分析,然后介绍安全加成的一般方法,最后讨论毛保险费的计算。



## 9.1 寿险费用分析与附加保险费计算

寿险费用是指寿险经营中发生的,除保险责任(给付额)之外的一切支出。寿险经营对象是风险,确切地说,主要是与生和死相关的风险。被保险人究竟能活多久,何时发生死亡,是一个不确定事件。这决定了寿险经营费用成本发生在未来。因此对于这种发生于未来的费用必须事前进行预估。对其预估的准确性,将直接决定和影响用于补偿实际发生费用的附加保险费的计算。可见,费用分析不仅是必要的,而且是附加保险费乃至毛保险费计算的前提或基础。

### 9.1.1 寿险费用的分类

寿险经营费用项目繁多,对其进行划分并无统一标准,而且受监管和会计制度等约束,即便遵循一定标准,其费用成分也未必相同。现在介绍两种常见的分类标准:

(1)按经营过程中各环节的费用发生依据分类,可以分为以下几种:

①承保费用:为促成保单出售而发生的费用,主要包括外勤人员的薪水与津贴、代办费或代理人佣金、广告费、保单印刷费,以及危险选择费等。

②维持费用:维持保单有效而发生的费用,主要包括日常保险费收取费用、会计费用、保单管理费用、保单内容变更费用、保险人与保户沟通所耗费用等。

③一般费用:指科研费、税金、营业执照税、精算费用等。

④理赔费用:理赔过程中发生的费用,如死亡调查费、法律纠纷费、给付手续费等。

⑤投资费用:寿险资金投资所耗费用,主要有投资评估费、投资调查费等。

(2)按费用是否与保险金额、保险费相关分类,可以分为以下几种:

①与保险费相关的费用:泛指费用的大小随保险费变化而变化,如税金、代理人佣金等。这类费用一般表现为保险费的一定百分比。

②与保险金额相关的费用:指费用随保险金额变化而变化,如风险分类费、保单维持费等。这类费用通常以保险金额的一定百分比计提。

③固定不变费用:指与保险费、保险金额均无关的费用,如保单设计费用。

当然,并不排除有的费用同时与保险费、保险金额均有关,如保单内容变更费用。也不排除有的费用既含固定费用成分,但又随保险金额变化而变化,如有的理赔费用。

### 9.1.2 寿险费用预估及其分摊



寿险费用预估是对未来费用发生的一种推断、预测,其依据是同类业务过去长期实际发生的费用,是在假定未来承保业务各方面情形与过去业务非常接近的前提下进行的。

费用预估遵循两个基本原则:一是适度性原则,即预估费用足以补偿实际费用支出;二是公平性原则,即预估费用要兼顾保险人和投保人双方利益以及不同业务之间的差异。两个原则相互联系:公平性原则是基础,只有当保险人或保险公司遵循了公平性原则,适度性原则才能实现;若只强调适度性原则,则终将有失公平和适度。

费用预估往往侧重于费用总量分析,但是在实际经营业务中,寿险费用大小各年有别。一般来说,承保费用于承保初年发生并且金额较大,维持费用和一般费用各年变化不大,相对平稳,因而有必要对费用进行分摊,目的是使各年实际发生费用与预估费用的偏差缩小,避免费用“亏损”现象。

在进行费用分配或分摊时,应考虑的主要因素是:

(1)过去年度分配与实际发生费用的情况,失效率(保险单失效的比率)对费用的影响;确定分摊比例的因素及变化原因等。

(2)合理费用分摊应考虑到每年预期费差益大小。一般地,保险人经营的每年度应有一定的费差益,因为根据如下关系:

$$ {}_{h}p_{x}u(h) = \sum_{j=1}^{h}(1+i)^{h-j+1}\ {}_{j-1}p_{x}(C_{j-1}-e_{j-1}) \tag{9.1} $$

上式中,$u(h)$ 为第 $h$ 年度预期费差益,$C_{j-1}$ 为第 $j$ 年的附加保险费,$e_{j-1}$ 为第 $j$ 年费用支出,${}_{h}p_{x}$ 为 $x$ 岁的人在 $h$ 年内生存的概率,$i$ 为利息率。

不难看出,预期费差益实为各年附加保险费与各年预估分摊费用之差的累积值。预估费用及分摊不同,影响附加保险费的确定,进而决定了不同的差额,最终影响费差益。

(3) 合理的费用分配还必须顾及实际责任准备金的提存与积累。

### 9.1.3 寿险费用补偿

寿险经营所发生的一切费用必须采用一定方式进行补偿。在一般情况下,有如下补偿方式:

(1) 投资费用应由投资收益来补偿。寿险经营多属长期性业务,这决定了保险费收入中必须预先考虑利息因素。所以,寿险资金仅从业务角度就可知其必须投资生息,以弥补由预定利息率确定的利息;不仅如此,投资所花的费用及投资所冒风险,均应由投资收益补偿。

(2) 理赔费用应由纯保险费来补偿。寿险经营得以存在和发展,其根本的理由是:它作为处理人之生与死等人身风险的重要手段,具有转移风险、分摊损失的基本职能。理赔由此而必然存在,随之就得支出费用。然而,理赔费用开支伴随生死保险事故而生,无保险事故发生,也就没有对应的理赔费用。理赔费用的这种随机性特点决定了其必须由事前预估费用补偿,而这一预估费用最终由投保人或被保险人缴纳纯保险费补偿。

(3) 除投资费用、理赔费用以外,其他的一般寿险费用通常用附加保险费来补偿。

附加保险费计算的基本原则:费用的精算现值等于附加保险费的精算现值。用数学符号表示为

$$E(\text{费用}) = E(\text{附加保险费})$$

上式中的 $E(\cdot)$ 为数学期望值。

在实务中,一些费用总是以毛保险费的一定比例表示,因而要先将这种毛保险费分解为纯保险费与附加保险费之和,然后从等式两端求出附加保险费。为清楚起见,下面用一个例题来说明。

例 9.1　现有一种 10 年期两全保单,保单在 30 岁签发,保险金额为 10 000 元,于死亡所在年年末给付。保险期内每年缴付相同的保险费,费用在每一保险年度之初发生,其大小如表 9.1 所示。

表 9.1　该保单于各年发生的费用表

| 费用类型 | 时间 | | | |
|---|---|---|---|---|
| | 第一年 | | 续年 | |
| | 占保险费百分比/% | 常数/(元·千元) | 占保险费百分比/% | 常数/(元·千元) |
| 佣金 | 12 | — | 3 | — |
| 一般费用 | 4 | 2 | — | 1 |
| 保单维持费 | 1.5 | 1 | 1.5 | 1.5 |
| 签单及分类费 | 1.5 | 3 | — | — |
| 税金与其他费用 | 2 | — | 2 | — |
| 总计 | 21 | 6 | 6.5 | 2.5 |

试分别求该保险的年缴纯保险费和附加保险费，以 CL1(2010—2013)2.5% 为计算基础。

**解**：按题意，结合年缴纯保险费计算原理，可得年缴纯保险费 $P$：

$$P = 10\ 000P_{30:\overline{10}|} = \frac{10\ 000A_{30:\overline{10}|}}{\ddot{a}_{30:\overline{10}|}}$$

$$= 10\ 000 \cdot \frac{M_{30} - M_{40} + D_{40}}{N_{30} - N_{40}} \approx 875.41(\text{元})$$

由于纯保险费是均衡的并且要求每年缴纳相同的保险费，所以附加保险费也是均衡的。不妨设均衡附加保险费为 $e$ 元，按照附加保险费精算现值等于费用精算现值的原则，有

$$e\ddot{a}_{30:\overline{10}|} = 21\%(P + e) + 60 + 6.5\%(P + e)a_{30:\overline{9}|} + 25a_{30:\overline{9}|}$$

$$e = \frac{(6.5\%a_{30:\overline{9}|} + 21\%)P + 25a_{30:\overline{9}|} + 60}{\ddot{a}_{30:\overline{10}|} - 6.5\%a_{30:\overline{9}|} - 21\%} \approx 108.87(\text{元})$$

这里，$P$ 是按上述第一步所求得的年缴纯保险费。

但是，大多数保单的保险费计算，并不是像此例那样，分别去求纯保险费和附加保险费，而是运用收支平衡原则，将纯保险费和附加保险费、给付额和费用同时考虑进收支平衡关系中，直接求得毛保险费。

## 9.2 安全加成的基本方法



### 9.2.1 安全加成的必要性

第一，保险费风险的客观性，决定了安全加成的必要性。寿险保险费的计算，主要受三大因素的影响。这三大因素是：死亡率、利息率和费用率。建立在过去同类人群的死亡经验数据基础上的死亡率，汇集在死亡表或生命表之中。它是针对群体而言的，并且反映未来同类型人群的预期死亡状况，与实际死亡率有一定出入。第二，保险费存在货币时间价值，在筹集保险费时，必须考虑到这一点。就是说，保险费也应获得必要的资金报酬，其尺度由利息率度量。考虑到未来经济状况的不确定性以及市场波动不完全规则，保险费中的利息率就只有采用预定利息率。显然，预定利息率与实际的收益率总会存在一定差异。第三，至于费用率，根据本章费用分析可知，费用预估与实际发生的费用支出，也不免有偏差。综上所述，由于保险费计算中，所考虑的主要因素与实际状况有偏差，所以由此而计算的保险费，与实际发生的成本也就难免有偏差。

如果上述偏差是正偏差，亦即所收保险费足以补偿实际发生的成本，这种情形是保险人或保险公司所期望的。但是，期望并不等同于现实。上述偏差也可能出现负偏差，亦即所收保险费不足以补偿实际发生的成本。此时，保险人或保险公司就会遭遇保险费不足的风险。鉴于这种情况有时不可避免，为防止意想不到的死亡率、利息率及费用率的变动，安全加成就大有必要了。安全加成就是为预防上述因素变动而加收的保险费。

### 9.2.2　安全加成的方法

安全加成通常有两种方法：一种方法是在纯保险费的基础上附加计算安全加成，另一种方式是在附加保险费的基础上附加计算安全加成。

第一种方法的具体操作如下：

假定某保单在 $x$ 岁时签单，$X$ 是保单给付额在签单年龄 $x$ 岁时的现值，结合前述有关内容，$E(X)$ 便是保单的纯保险费。由于 $X$ 与 $E(X)$ 有偏差，所以现考虑在 $E(X)$ 的基础上安全加成，以使给付额现值不超过给付额精算现值与安全加成之和的概率几乎成为必然事件。这便是安全加成第一种方法的基本思路。

设 $Q$ 为安全加成系数或因子，$\alpha$ 为概率。安全加成 $Q$ 可以通过下列关系决定：

$$P(X \leqslant (1+Q)E(X)) = \alpha$$

$$P\left(\frac{X-E(X)}{\sqrt{\operatorname{var}(X)}} \leqslant \frac{QE(X)}{\sqrt{\operatorname{var}(X)}}\right) = \alpha \tag{9.2}$$

根据 $\alpha$ 的不同，查标准正态表，可以求得 $Q$，从而 $QE(X)$ 便为安全加成量。

**例 9.2**　现年 25 岁的被保险人，购买在死亡时立即提供给付 100 万元的终身死亡保险。被保险人的死力 $\mu = 0.04$，纯保险费形成的基金利息力 $\delta = 0.06$。如果保险公司希望在签单时，有 95% 的把握使未来死亡给付额的现值不超过初始基金，那么初始基金中应含多少安全加成？

**解：** 设 $X$、$Q$ 分别表示未来死亡给付随机变量和安全加成系数，那么

$$E(X) = 100\bar{A}_{25} = 100\int_0^{\infty} e^{-\delta t}e^{-\mu t}\mu dt = \frac{100\mu}{\mu+\delta} = 40$$

$$E(X^2) = 10\,000\int_0^{\infty} e^{-2\delta t}e^{-\mu t}\mu dt = 10\,000\frac{\mu}{\mu+2\delta} = 2\,500$$

$$\operatorname{var}(X) = E(X^2) - E^2(X) = 2\,500 - 1\,600 = 900$$

所以

$$P(X \leqslant (1+Q)E(X)) = 95\%$$

$$P\left(\frac{X-E(X)}{\sqrt{\operatorname{var}(X)}} \leqslant \frac{QE(X)}{\sqrt{\operatorname{var}(X)}}\right) = 95\%$$

$$\frac{QE(X)}{\sqrt{\operatorname{var}(X)}} = 1.645$$

$$Q = \frac{1.645\sqrt{\operatorname{var}(X)}}{E(X)} = \frac{1.645 \times 30}{40} \approx 1.234$$

安全加成量 $QE(X) \approx 49.35$（万元）

按上述方法获得的该保单的安全加成量为 49.35 万元。从单个保单来看，安全加成量较大，投保人的负担增大。实际中，考虑集合保单，每个保单的安全加成量将变小，如在例 9.2 中考虑 100 个那样的被保险人。

至于第二种方法，一般是在死亡率、利息率与实际经验数据十分接近的情形下，才予以采用。其做法可按毛保险费的一定比例附加于保险费中，也可视具体情况酌情

加成。

最后,安全加成还受公司经营策略的影响,有时只需慎选预定死亡率、预定利息率及预定费用率,而不一定使用安全加成;或能够准确地预测投资收益率较高,或加强承保工作等,同样可以减少安全加成量。

## 9.3 毛保险费的计算

毛保险费指保险人或保险公司向保户收取的保险费,是投保人或被保险人向保险人或保险公司支付的保险费。毛保险费由纯保险费和附加保险费构成。纯保险费用于支付保险金,附加保险费则负担经营上的费用。

### 9.3.1 毛保险费的计算原则

计算寿险毛保险费需要考虑的主要因素是:预定死亡率、预定利息率、预定费用率及安全加成或利润因素等。其遵循的计算原则是收支平衡原则。收支平衡原则的具体内容:毛保险费的精算现值 = 纯保险费的精算现值 + 附加保险费的精算现值。换言之,保险人或保险公司向保户收取的保险费总额,应当足以提供未来的保户给付额,同时足以抵补经营中发生的费用支出和可能出现的风险偏差以及作为风险承担者应获取的必要利润。



### 9.3.2 不同保单毛保险费计算的差异

保险按其是否参与红利分配,可分为分红保险与无分红保险。人寿保险的保险费计算基于预定率(死亡率、预定利息率及预定费用率等),而预定率与实际率之间总会有程度不同的出入,因而产生差益或差损。将差益按保单约定返还投保人或被保险人时,这种保险称作分红保险或分红保单。相反,不将实际率与预定率的差数作为红利分给投保人或被保险人的保险,便叫作无分红保险或无分红保单。

无分红保单毛保险费的确定,比分红保单毛保险费的确定更困难。这是因为:无分红保单以后实缴金额不再视为红利来调整,加之出于竞争方面的考虑,其毛保险费必须公平、充足且富有竞争性。然而,分红保单毛保险费的确定,并不要求十分精确,只需毛保险费充分足额,其结余在红利上调整即可。

鉴于无分红保单与分红保单毛保险费确定的差异,两类保单毛保险费计算上对待预定率的考虑也有差别。

(1) 对于无分红保单,死亡表倾向于选用选择表。选择表作为生命表的一种形式,是既考虑年龄,又考虑经过年数的死亡表。选择表中的生命函数,在符号规律上,只需在选择年龄上加上方括号。如 $q_{[x]+t}$ 指 $x$ 岁加入经过 $t$ 年后的人在一年内死亡的概率,又如精算值 $a_{[x]}$ 表示在选择表基础上计算的期末终身生存年金的精算现值。此外,选择期以后,选择效果几乎消失。若选择期为三年,则 $q_{[x]+4} = q_{x+4}$。

(2) 预定利息率应当是一个较为保守的利息率。如果所选择的利息率与过去类似业务投资所得收益率接近,那么在一定时期以后可以考虑适度降低预定利息率。然而,在预定利息率的考虑上,应考虑实际利息率与预定利息率之间的合理边际,以便产生一定的利差益,并作为不利偶然因素的后盾。

(3) 费用率的确定应充分补偿实际发生的费用,但是问题的关键就是在不同保险及各个年龄段如何分配总费用。尽管这个问题在 9.1 节中已做简述,但是,因各个保险人或公司费用及其分配方法不同,故前述费用分配以及下面毛保险费计算中涉及的费用,都只是为说明原理和方法所做的假设。

### 9.3.3 毛保险费计算的应用

(1) 无分红保单毛保险费的计算

为了简要说明这个问题,其中利润成分、安全加成以及其他因素均假定也包括在费用之中,费用主要表达为三类:毛保险费的一定百分比、保险金额的一定百分比以及每一保单的水平量。

例 9.3　现有一种在 $x$ 岁时签发的普通寿险保单,要求投保人每年缴纳一次保险费。如果被保险人发生死亡,那么保单立即提供保险金2 000元。假定该保单费用是:第一年年初为毛保险费的 75%,第二年年初是毛保险费的 20%,第三年年初至第六年年初各年均为毛保险费的10%。第七年年初以及以后每年年初为毛保险费的5%。此外,每1 000 元保险金额,第一年年初开支10 元,以后每年年初开支2 元。每1 000 元保险金额要花费 5 元的理赔费。根据这些条件,问该保单毛保险费为多少?写出计算表达式,并计算25 岁投保时的毛保险费,以 CL1(2010—2013)2.5% 为基础。

解:令 $G$ 表示所述保单毛保险费,那么根据收支平衡原则:

$$G\ddot{a}_x = 2\,010\bar{A}_x + 0.75G + 0.2G(\ddot{a}_{x:\overline{2}|} - \ddot{a}_{x:\overline{1}|}) + 0.1G(\ddot{a}_{x:\overline{6}|} - \ddot{a}_{x:\overline{2}|}) + 0.05G(\ddot{a}_x - \ddot{a}_{x:\overline{6}|}) + 20 + 4a_x$$

$$G = \frac{2\,010\bar{A}_x + 4a_x + 20}{0.95\ddot{a}_x - 0.05\ddot{a}_{x:\overline{6}|} - 0.1\ddot{a}_{x:\overline{2}|} - 0.55}$$

一旦 $x$ 确定,代入替换函数,查表可求其值。例如,取 $x = 25$,那么 $\bar{A}_{25} = \frac{i}{\delta}A_{25} = 0.291\,52$,$a_{25} = 28.194\,84$,$\ddot{a}_{25} = 29.194\,84$,$\ddot{a}_{25:\overline{6}|} = 5.636\,84$,$\ddot{a}_{25:\overline{2}|} = 1.975\,01$,从而算得 $G = 26.91$ 元。

例 9.4　某保险公司对35 岁的人签发的,保险金额为1 000 元的30 年两全保单,估计需要如下的费用:① 代理人佣金:第一年年初为毛保险费的 55%,第二年年初为毛保险费的 10%,第三年年初到第十年年初为毛保险费的 5%。以后的每年年初需要毛保险费的 2% 作为服务费。每年年初发生的保险费税为毛保险费的 3%。② 管理费:第一年年初为 12 元,第二年乃至以后每年年初均为 5 元。死亡时立即提供给付或满期理赔成本为 5 元。假定毛保险费采用均衡 30 年期年缴方式。试写出计算年缴毛保险费的表达式。

解:选定一种选择生命表作为计算基础。令 $G$ 是所求两全保单的年缴毛保险费,按照收支平衡原则,可建立如下等式:

$$G\ddot{a}_{[35]:\overline{30}|} = 1\,005\bar{A}_{[35]:\overline{30}|} + 0.55G + 0.1G(\ddot{a}_{[35]:\overline{2}|} - \ddot{a}_{[35]:\overline{1}|}) + 0.05G(\ddot{a}_{[35]:\overline{10}|} - \ddot{a}_{[35]:\overline{2}|}) + 0.02G(\ddot{a}_{[35]:\overline{30}|} - \ddot{a}_{[35]:\overline{10}|}) + 0.03G\ddot{a}_{[35]:\overline{30}|} + 12 + 5a_{[35]:\overline{29}|}$$

经整理，$G$ 由下式决定：

$$G = \frac{1\,005\bar{A}_{[35]:\overline{30}|} + 12 + 5a_{[35]:\overline{29}|}}{0.95\ddot{a}_{[35]:\overline{30}|} - 0.03\ddot{a}_{[35]:\overline{10}|} - 0.05\ddot{a}_{[35]:\overline{2}|} + 0.10\ddot{a}_{[35]:\overline{1}|} - 0.55}$$

(2) 分红保单毛保险费的计算

在分红保单中，由于保险费的一部分将以红利形式返还给保单持有人，所以寿险精算对于分红保单毛保险费的计算并不要求十分精确。毛保险费假定的基本原则是：使毛保险费能够充分应付死亡率、利息率的可能偏差和可能发生的费用。一般来说，不同保险公司确定分红保单毛保险费的方式有所不同。常见的方式一般有如下几种：

① 对于某种已知保单，在纯保险费之上附加一个常数，再乘以 1 与一定的百分比之和

假定毛保险费用 $G$ 表示；均衡纯保险费或趸缴纯保险费用 $P$ 表示；$C$ 和 $K$ 均为常数，它们随不同保险计划而变化，分红保单毛保险费的计算公式为

$$G = (P + C)(1 + K) \tag{9.3}$$

例 9.5　25 岁时为其出售的某种趸缴保险费保单，附如下条款：在被保险人发生死亡的年底，除保险金额 1 000 元外，还将返还不计息的毛保险费。假定毛保险费按方式 $G = (P + C)(1 + K)$ 获得，且 $C$ 为每 1 000 元保险金额 5 元，$K = 0.1$。试计算这种保单的趸缴纯保险费和趸缴毛保险费。计算以 CL1(2010—2013)2.5% 为基础。

解：令 $P$ 表示纯保险费，$G$ 表示毛保险费。因为纯保险费 $P$ 必须充分提供给付额为 $(1\,000 + G)$ 的终身寿险给付，因此，

$$P = (1\,000 + G)A_{25}$$

然而

$$G = (P + 5)(1 + 0.1)$$

联立两式求解得

$$P = \frac{1\,005.5A_{25}}{1 - 1.1A_{25}} = \frac{1\,005.5 \times 0.287\,930\,69}{1 - 1.1 \times 0.287\,930\,69} \approx 423.71(\text{元})$$

因此

$$G = \frac{1\,100A_{25} + 5.5}{1 - 1.1A_{25}} = (P + 5) \times 1.1 \approx 471.59(\text{元})$$

例 9.6　用 20 年限期缴费方式在 30 岁时购买的终身死亡保险保单，在被保险人发生死亡的年底，除了提供 1 000 元的保险金额外，还将返还不计息的已缴毛保险费。毛保险费按 $G = (P + C)(1 + K)$ 方式求解，且 $C = 5$ 元，$K = 0.09$，试证明：

首先，这种保单的纯保险费为

$$\frac{1\,000M_{30} + 5.45(R_{30} - R_{50})}{N_{30} - N_{50} - 1.09(R_{30} - R_{50})}$$

其次，这种保单的毛保险费为

$$1.09 \times \frac{1\,000M_{30} + 5(N_{30} - N_{50})}{N_{30} - N_{50} - 1.09(R_{30} - R_{50})}$$

证明：按题意，可建立如下两个关系式：

$$\begin{cases} P\ddot{a}_{30:\overline{20}|} = 1\,000A_{30} + G(I_{\overline{20}|}A)_{30} \\ G = (P + 5) \times 1.09 \end{cases}$$

求解得

$$P = \frac{1\,000A_{30} + 5.45(I_{\overline{20}|}A)_{30}}{\ddot{a}_{30:\overline{20}|} - 1.09(I_{\overline{20}|}A)_{30}} = \frac{1\,000M_{30} + 5.45(R_{30} - R_{50})}{N_{30} - N_{50} - 1.09(R_{30} - R_{50})}$$

$$G = \frac{1.09(1\,000A_{30} + 5\ddot{a}_{30:\overline{20}|})}{\ddot{a}_{30:\overline{20}|} - 1.09(I_{\overline{20}|}A)_{30}} = 1.09 \times \frac{1\,000M_{30} + 5(N_{30} - N_{50})}{N_{30} - N_{50} - 1.09(R_{30} - R_{50})}$$

② 有时用简单的比例法求毛保险费

比例法即依毛保险费的一定比例确定附加保险费，进而求得毛保险费。用符号表示为 $G = P + fG$，$f$ 为比例系数。求解此式有

$$G = \frac{P}{1 - f} \tag{9.4}$$

显然，此方式忽略了保险金额的高低、年限的长短，较为粗糙，不够精细。

③ 三元素法

三元素法考虑到各年所需附加费用差异较大，故以新契约费、维持费以及收费费用等分别计算附加费。

新契约费：承保新业务在第一年所必需的一切费用。其大小按单位保险金额的一定百分比计算，用 $\alpha$ 表示。

维持费用：维持保单效力的一切费用。其大小按单位保险金额的一定比例计提，用 $\beta$ 表示。

收费费用：第一年及续年收费及手续费用。它们一般按毛保险费的一定比例计提，第一年用 $r_1$ 表示，第二年及续年用 $r_2$ 表示。

综合上述分析，单位保险金额的某种保险的年缴毛保险费按下式决定：

$$G\ddot{a} = A + [\alpha + (r_1 - r_2)G + r_2 G\ddot{a} + \beta\ddot{a}] \tag{9.5}$$

注意：等式两边 $\ddot{a}$ 表示的年金精算现值可以有不同的具体表达式。

当然，分红保单毛保险费的计算，也可像计算无分红保单毛保险费那样，对死亡率、利息率及费用率等做更现实的假设，运用收支平衡原则计算。

例 9.7　年龄为 40 岁的人为自己购买一份保险金额为 5 万元的终身寿险保单，保险金于死亡所在年年末给付。设按年均衡缴费一次的方式购买，其费用在每个保险年度之初发生，其大小如表 9.2 所示。以 CL1(2010—2013)2.5% 为计算基础，试根据收支平衡原则求该保单的均衡纯保险费和均衡毛保险费。

表 9.2　附加费用分配表　　　　金额单位:元

| 费用类型 | 初年度 | | | 续年度 | | | |
|---|---|---|---|---|---|---|---|
| | 每张保单 | 每1 000 元保险金额 | 占保险费比例/% | 每张保单 | 每1 000 元保险金额 | 各年度的费用百分比/% 2 ~ 9 年 | 10 年以上 |
| 1. 获得费用 | 34. 5 | 4. 5 | 85 | — | — | 9. 5 | 5. 0 |
| 2. 维持费用 | 2. 0 | 0. 25 | — | 2. 0 | 0. 25 | — | — |
| 3. 一般费用 | 4. 0 | 0. 25 | 2. 0 | 4. 0 | 0. 25 | 2. 0 | 2. 0 |
| 总计(1 +2 +3 项) | 40. 5 | 5. 0 | 87 | 6. 0 | 0. 5 | 11. 5 | 7. 0 |
| 4. 理赔费用 | 每张保单 20. 0 元加上每 1 000 元保险金额 0. 10 元 | | | | | | |

解:设均衡纯保险费、均衡毛保险费分别为 $P$ 和 $G$,则由 $P\ddot{a}_{40} = 50\,000A_{40}$ 可计算得到

$$P = 834.159\,8(\text{元})$$

由于年缴均衡毛保险费 $G$ 及各年度的费用在年初发生,因而初年度费用的精算现值为

$$40.5 + 50 \times 5 + 0.87G$$

续年度费用的精算现值为

$$6a_{40} + 25a_{40} + (0.115Ga_{40:\overline{8|}} + 0.07G_{8|}a_{40})$$

根据收支平衡原则,可得

$$G\ddot{a}_{40} = 50\,025\bar{A}_{40} + (290.5 + 0.87G) + 31a_{40} + (0.115Ga_{40:\overline{8|}} + 0.07G_{8|}a_{40})$$

求解 $G$,得到

$$\begin{aligned} G &= \frac{50\,025A_{40} + 290.5 + 31a_{40}}{0.13 + 0.93a_{40} - 0.045a_{40:\overline{8|}}} \\ &= \frac{50\,025M_{40} + 290.5D_{40} + 31N_{41}}{0.13D_{40} + 0.93N_{41} - 0.045(N_{41} - N_{49})} \\ &= \frac{50\,025 \times 14\,756.89 + 290.5 \times 36\,330.94 + 31 \times 848\,205.19}{0.13 \times 36\,330.94 + 0.93 \times 848\,205.19 - 0.045(848\,205.19 - 590\,058.65)} \\ &\approx 991.21(\text{元}) \end{aligned}$$

## 9.4　毛保险费率

在实际保险费计算中,保险费通常被描述为单位保险金额的一定比率。对于寿险,这种比率最常见的是被表示为每千元保险金额的百分比;对于生存年金或年金保险,这种比率常被表示为每单位月收入的百分比。像这种以保险金额除保险费所得的比率,就是保险费率。

下面,讨论保险费率的一般公式。

假定:$G(b)$ 表示保险金额为 $b$ 的毛保险费,$R(b)$ 代表保险金额为 $b$ 的毛保险费率。$G(b)$ 和 $R(b)$ 的关系是 $R(b)=\frac{G(b)}{b}$。进一步,常数 $a$ 代表覆盖或弥补直接与保险金额变动有关的那些保险成本,其中单位保险金额纯保险费是最大的因素;常数 $c$ 代表每份保单的费用;常数 $f$ 表示用于弥补或补偿与保险费变化相关的费用占保险费的比例系数。$a$、$c$、$f$ 均为非负数,且 $f<1$。

在上述假设下,让

$$G(b)=ab+fG(b)+c$$

从而

$$G(b)=b\cdot\frac{a+\frac{c}{b}}{1-f}=bR(b)$$

$$R(b)=\frac{a+\frac{c}{b}}{1-f}=\frac{a}{1-f}+\frac{\frac{c}{b}}{1-f} \tag{9.6}$$

令

$$a'=\frac{a}{1-f},\ c'=\frac{c}{1-f}$$

那么



$$R(b)=a'+\frac{c'}{b} \tag{9.7}$$

从这个等式中不难看出:在 $R(b)$ 中包含两个部分,一部分 $a'$ 不随保险金额变化而变化,另一部分 $\frac{c'}{b}$ 随保险金额变化而变化。但是,问题的关键就是对不同保险金额的保单合理分配每张保单的费用以及确定比例系数 $f$。

有了上述基本费率公式,实际中的保险费计算采用如下三种常用的方法:

第一种方法是确切法,亦即将保单费用 $c'=\frac{c}{1-f}$ 加到 $b[a/(1-f)]=ba'$ 之中,便得到 $G(b)$。

第二种方法是带条法,就是对保险金额进行分档,在一定保险金额范围内,保险费率不变。如取该范围内的平均值作为计算保险费率的保险金额,就可运用公式 $G(b)=bR(b)$ 了。

第三种方法是近似法,就是不论保险金额高低,都采用同一保险费率。如取所讨论的保单的保险金额平均值作为计算费率的基础,就可得毛保险费率。

例 9.8　某种对 30 岁的人签发的趸缴保险费的终身寿险保单,其费用成分是:佣金为保险费的 7.5%,税金等费用为保险费的 3.5%。每张保单费用:每年年初为 3 元,每张保单理赔费为 12 元,保险金额在死亡所在年年底给付,保险金额为 10 000 元。试用 CL1(2010—2013)2.5% 求这种保单的毛保险费率。

解：运用公式 $(1-f)G(b) = ab + c$ 可得

$$(1-11\%)G(10\,000) = (10\,000+12)A_{30} + 3\ddot{a}_{30}$$

$$R(10\,000) = \frac{G(10\,000)}{10\,000} = \frac{10\,012A_{30} + 3\ddot{a}_{30}}{8\,900}$$

$$\approx \frac{3\,320.183\,9}{8\,900} = 37.31\%$$

## 9.5　毛保险费准备金

第8章讨论了均衡纯保险费准备金，也说明了为什么纯保险费采取均衡方式收取。同样，毛保险费的收取也采用均衡方式。我们知道，保险金及附加费用的支出并不是均衡的，因此，前期收取的毛保险费在完成相应的保险责任支付后，其金额会累积起来为后期保险人履行对投保人或被保险人的保险责任做准备。因为毛保险费准备金是由毛保险费计算而得的，毛保险费则是包含了费用的保险费，所以，我们将包含费用的准备金称为毛保险费准备金。

毛保险费准备金的计算原理与均衡纯保险费准备金相同，有两种基本的方法：

(1) 过去法

毛保险费准备金 = 过去毛保险费收入的精算终值 − 过去保险给付与费用支出的精算终值

(2) 未来法

毛保险费准备金 = 未来保险给付与费用支出的精算现值 − 未来毛保险费收入的精算现值

例 9.9　一份保险金额为10 000元且对30岁的人签订的两全保险，保险期限为20年，缴费期限为20年。设年缴保险费为 $G$ 元，各年度费用为 $e$ 元，求第10个保险年度末的毛保险费准备金表达式。

解：因为初年度费用未知，所以采取未来法计算。未来保险给付与费用支出的精算现值为

$$10\,000A_{40:\overline{10|}} + e\ddot{a}_{40:\overline{10|}}$$

未来保险费收入的精算现值为

$$G\ddot{a}_{40:\overline{10|}}$$

因此，第10年的毛保险费准备金为

$$10\,000A_{40:\overline{10|}} + e\ddot{a}_{40:\overline{10|}} - G\ddot{a}_{40:\overline{10|}}$$

例 9.10　某20年期两全保险，被保险人在签单时的年龄为40岁，保险金额为10 000元，于死亡所在年年末给付。设按年均衡缴费一次的方式购买，其费用在每个保险年度之初发生，其大小如表9.3所示。以CL1(2010—2013)2.5%为计算基础，试求该保单的均衡毛保险费及在第10年年末的均衡毛保险费责任准备金。

表 9.3　该保单于各年发生的费用表

| 费用类型 | 第一年 | | 续年 | |
|---|---|---|---|---|
| | 占保险费比例/% | 常数/(元·千元) | 占保险费比例/% | 常数/(元·千元) |
| 佣金 | 20 | — | 6 | — |
| 一般费用 | 4 | 8 | — | 2 |
| 保单维持费 | 3 | 4 | 2 | 2 |
| 其他费用 | 3 | — | 2 | — |
| 合计 | 30 | 12 | 10 | 4 |

**解:** 设均衡毛保险费为 $G$ 元,在第 10 年年末的均衡毛保险费责任准备金为 ${}_{10}V_{40}^{*}$ 元,由收支平衡原则有

$$G\ddot{a}_{40:\overline{20}|} = 10\,000A_{40:\overline{20}|} + 30\%G + 12\times10 + 10\%G(\ddot{a}_{40:\overline{20}|} - 1) + 4\times10(\ddot{a}_{40:\overline{20}|} - 1)$$

$$G = \frac{10\,000A_{40:\overline{20}|} + 80 + 40\ddot{a}_{40:\overline{20}|}}{90\%\ddot{a}_{40:\overline{20}|} - 20\%}$$

$$= \frac{10\,000(M_{40} - M_{60} + D_{60}) + 80D_{40} + 40(N_{40} - N_{60})}{90\%(N_{40} - N_{60}) - 20\%D_{40}}$$

$$= 500.31(\text{元})$$

$${}_{10}V_{40}^{*} = 10\,000A_{50:\overline{10}|} + 10\%G\ddot{a}_{50:\overline{10}|} + 40\ddot{a}_{50:\overline{10}|} - G\ddot{a}_{50:\overline{10}|}$$

$$= 10\,000A_{50:\overline{10}|} + (40 - 0.9G)\ddot{a}_{50:\overline{10}|}$$

$$= 4\,263.42(\text{元})$$



## 习题 9

9－1　有 1 000 单位保险金额,于死亡所在年年末给付的终身死亡保险,其费用发生情况如下:① 初始费用为 100 元;② 每年费用(包括第一年)为 $(200 + 150P_x)$ 元;③ 理赔时发生费用为每单位保险金额 0.05 元。设年均衡毛保险费 $G$ 可以写成 $aP_x + C$ 的形式,根据如上条件求 $a$ 和 $c$。

9－2　某种 10 年期两全保单,被保险人的签单年龄为 35 岁,保险金额为 15 000 元,于死亡所在年年末给付。设按年均缴费一次的方式购买,其费用在每保单年初发生,其大小如表 9.4 所示。

表 9.4　该保单于各年发生的费用表

| 费用类型 | 第一年 | | 续年 | |
|---|---|---|---|---|
| | 占保险费比例/% | 常数/元 | 占保险费比例/% | 常数/元 |
| 佣金 | 15 | — | 5 | — |
| 一般费用 | 4 | 20 000 | — | 15 000 |
| 保单维持费 | 2 | 10 000 | 2 | 20 000 |
| 其他费用 | 5 | — | 3 | — |

试求保单的均衡毛保险费,计算以 CL1(2010—2013)2.5% 为基础。

9－3 某寿险公司向30岁的被保险人发行一种保险金额10 000元到60岁为止的两全保险，保险费按年均衡缴付。假定：佣金为第1年附加保险费的30%；第2～10个保单年度续保险费佣金为附加保险费的5%；第1年维持费用为每1 000元保险金额15元，以后年度为每1 000元保险金额5元。保险金额于死亡后立刻提供。试用精算符号表示附加保险费的计算公式。

9－4 用10年限期缴费方式在40岁购买终身死亡保险，保险金额于死亡所在年年末给付。除提供50 000元保险金额外，还将返还不计息的毛保险费。毛保险费按 $G=(P+C)(1+K)$ 方式求解，其中 $C=3$，$K=0.05$。试用替换函数表达计算保单毛保险费的公式。

9－5 关于$(x)$的保险金额为50 000元的年缴保险费终身寿险，死亡给付为立即给付，保险费缴纳方式为每年年初缴纳一次。假定费用发生如下：初年度的税金与佣金等费用占总保险费的25%。保单费用：每1 000元保险金额发生2元的费用，每份保单有15元的理赔费用。续年度的税金与佣金等费用占总保险费的5%、保单费用：每1 000元保险金额发生0.5元的费用，每份保单有3元的理赔费用。已知 $\bar{A}_x=0.427$，$\ddot{a}_x=8.196$，求年缴保险费为多少。

9－6 已知某种缴费期限为20年的寿险保单，在死亡发生的情况下返还10 000元加上所有已缴的不计利息毛保险费。返还保险费条款既适用于缴费期间也适用于缴费期之后。保险费按年缴纳，受益在死亡所在年年末支付，如果年缴毛保险费是净保险费的110%加上25，$A_x=0.25$，$\ddot{a}_{x:\overline{20}|}=7.45$，$(IA)^{1}_{x:\overline{20}|}=4.95$，则保单的年缴毛保险费为多少？

9－7 现年40岁的人想为自己买一份终身寿险，希望缴费期限为20年。保险公司为其提供了这样的寿险产品：保险金额为200 000元，每年年初投保人缴纳保险费，保险公司在死亡所在年年末给付保险金。若该寿险产品的费用分布如表9.5所示，问：投保人年缴毛保险费的金额为多少？以CL1(2010—2013)2.5%为计算基础。

表9.5 保费结构

| 年度 | 第1年 | 第2～10年 | 第11年及以后年度 |
|---|---|---|---|
| 每张保单/元 | 50 | 20 | 20 |
| 占保险费比例/% | 110 | 10 | 5 |

9－8 对于保险金额为1的全离散型终身寿险保单，附加费用为：初始费用 $e_0$、每年（包括第一年）的费用 $e_1+e_2P_x$、与保险金同时支付的理赔成本为 $e_3$。已知年缴毛保险费为 $G=aP_x+c$，求 $a$ 与 $c$？

9－9 现年$x$岁的人签订了年缴保险费3年期的两全保险。保险费与保险金额的支付方式都是离散型的，保险金额在死亡所在年年末支付，保险费在每年年初缴纳。已知未来三年内的死亡率分别为 $q_x=\dfrac{1}{10}$，$q_{x+1}=\dfrac{1}{9}$，$q_{x+2}=\dfrac{1}{8}$，预定年实际利息率 $i=0.15$，保险金额为1 000元，费用分布如表9.6所示。

表 9.6　保险费结构

| 年度 | 初年度 | 续年度 |
| --- | --- | --- |
| 占保险费的比例/% | 20 | 6 |
| 固定数/元 | 8 000 | 2 000 |

根据以上条件,计算年缴保险费和各期末的责任准备金。

9-10　假设某险种每份保单金额的概率密度函数为 $f(b) = 200b^{-3}(b > 10)$,其中 $b$ 的单位是千元,若 $a = 35$, $f = 0.25$, $c = 12$。求保单费率 $R(\sqrt{200})$ 为多少。

9-11　年龄为35岁保额为1万元的终身寿险,保险金额在死亡所在年年末支付,保险费在每年年初缴纳。已知初始保单费用为60%的年缴毛保险费加100元,除第一年外,后续年份每年年初的续期费用为年缴毛保险费的5%,年缴毛保险费超过年缴纯保险费的部分为15.5元,$d = 0.04$,求年缴纯保险费。

9-12　某30岁的人购买死亡时刻立即提供50万元保险金额的终身寿险,已知 $\mu = 0.03$, $\delta = 0.07$,若保险人希望在保单签发时,有97.5%的把握使未来死亡给付额的现值不超过初始基金,应用安全加成法,求初始基金中的安全加成。如果将投保该终身寿险的30岁人的被保险人增加至50 00人,求此时初始基金中的安全加成。

# 10 实际责任准备金

## 10.1 我国责任准备金的相关规定

保险责任准备金是保险公司为了承担未到期责任和处理未决赔款而提存的一种资金准备。这种准备金来自保险费收入，但它并不是保险公司的营业收入，而是保险公司的一项负债。保险公司在提取保险责任准备金时必须遵从两个基本准则：保障被保险人利益原则和保证偿付能力原则。由于被保险人是保险活动保障的一方，保险法以保护保险活动当事人的利益为宗旨，因此保障被保险人的利益是保险公司在提取准备金时应当考虑的。保证偿付能力从根本上也是为了保障被保险人的利益，因为，保险公司必须有一定的偿付能力，才能不失信于被保险人，所以，保险公司必须提取一定的准备金以备不时之需。



中国保险业责任准备金一般分为财产保险责任准备金和人身保险责任准备金两大类。财产保险责任准备金按其用途主要分为未到期责任准备金、未决赔款责任准备金和总准备金；人身保险责任准备金也可称为人寿保险责任准备金，主要分为理论责任准备金与实际责任准备金。

在人寿保险责任准备金的分类中，按照财务报告使用目的的不同，又分为法定责任准备金、盈余准备金和税收准备金。法定责任准备金是保险公司按照保险监管机构制定的规则计算而来的，它是保险监管机构为确保保险公司偿付能力而确定的准备金数额的最小值。盈余准备金则是按一般会计准则的规定计算得到的，适用对象是一些投资者。盈余准备金侧重于盈余的真实性和与其他行业的可比性。税收准备金是按税务监管部门计算规则计算出来的准备金。为了避免逃税，税收准备金一般不允许过高。

为深化我国金融供给侧结构性改革，守住不发生系统性风险底线，原中国银保监会进一步完善了人身保险业责任准备金评估利率形成机制，并决定对人身保险业责任准备金评估利率进行调整。2019 年 8 月 30 日，《中国银保监会办公厅关于完善人身保险业责任准备金评估利率形成机制及调整责任准备金评估利率有关事项的通知》，其主要内容如下：

一是由中国保险行业协会设立人身保险业责任准备金评估利率专家咨询委员会，定期研究讨论评估利率调整的必要性及其影响，形成相关建议供监管部门决策参考。

二是优化人身保险业责任准备金评估利率形成机制。在充分考虑负债特点的基础上，基于对市场利率未来走势、行业投资收益率等因素的判断确定评估利率参考值，并结合人身保险业责任准备金评估利率专家咨询委员会的意见，适时调整评估利率水平。此通知中规定人身保险业的责任准备金评估利率的参考公式为，$i = \min\{r_t, \text{int}\}$。其中，int 为保险业近三年风险调整后的平均财务投资收益率，即将保险业近三年平均财务投资收益率扣除对信用风险及再投资风险的补偿，$r_t$ 为市场利率决定部分。$r_t$ 的计算公式如下：

$$r_t = r_{\text{floor}} + w_1[\min(r, r_{\text{cap}}) - r_{\text{floor}}] + w_2[\max(r, r_{\text{cap}}) - r_{\text{cap}}] - c$$

其中，$r$ 为基准市场利率，$r_{\text{cap}}$、$r_{\text{floor}}$ 分别为基准市场利率的上限和下限，$w_1$、$w_2$ 分别为不同的权重系数，$c$ 为红利隐性成本。以 10 年期国债 750 天移动平均值为基准市场利率，通过对基准市场利率的历史经验以及未来走势的判断，动态设定基准市场利率上下限值。基准市场利率介于上下限之间，低于下限的部分认定为常规波动，超出上限的部分认定为非常规波动，分别按不同权重计入评估利率。对分红型人身保险，扣减红利隐性成本。

三是调整部分险种的评估利率水平。具体如下：(1)2013 年 8 月 5 日及以后签发的普通型人身保险保单评估利率的上限为年复利 3.5% 和预定利率的较小者，2013 年 8 月 5 日以前签发的普通型人身保险保单评估利率继续执行原规定。(2) 分红型人身保险责任准备金的评估利率的上限为年复利 3% 和预定利率的较小者。(3) 万能型人身保险责任准备金的评估利率的上限为年复利 3%。



2019 年 11 月，中国保险行业协会正式成立人身保险业责任准备金评估利率专家咨询委员会。专家咨询委员会定期举行研讨会议，综合考虑国际、国内经济形势及利率走势等，形成人身险责任准备金评估利率政策建议供监管决策参考。

2023 年 3 月，原中国银保监会人身险部与中国保险行业协会举办围绕“降低责任准备金评估利率对保险公司的影响”以及“降低责任准备金评估利率对行业的影响”调研座谈会，国内 20 余家寿险公司代表参加。2023 年年中开始，结合经济与利率变化及趋势，为防范未来可能的风险，国内寿险公司在实际经营中对人身保险主要产品利率进行了下调：① 普通型人身保险产品的预定利率不超过 3%；② 分红型人身保险预定利率不超过 2.5%；③ 万能型人身保险保证利率不超过 2.0%。我国人身保险业责任准备金评估利率也相应有所调整。

## 10.2 实际责任准备金及其计算原理

### 10.2.1 实际责任准备金的概念

第 7 章和第 8 章关于均衡纯保险费和均衡纯保险费责任准备金的计算，包含两个假定：① 每个保险年度的纯保险费的全体是可以动用的，而且要求它们用于死亡或生存的给付，并维持一定额度的准备金；② 每个保险年度的附加保险费，当需要动用时，将能充分应付所发生的一切费用。然而,这些假定在实际的保险业务经营中并不总是有效的。因此,以两个假定为基础求得的均衡纯保险费责任准备金,就只能是一种理论上的责任准备金。

一个寿险公司在出售和签发保单中发生的主要费用必须在第一个保险年度中予以补偿。而寿险公司在第一个保险年度以后的保险年度,统称为续年,所发生的费用相对较小。在大多数情况下,第一个保险年度需要支付的费用将超过均衡纯保险费制下可动用的附加保险费。这就是说,在均衡纯保险费制下,寿险公司不能完全用第一个保险年度的附加保险费支付第一个保险年度的费用,而必须动用其盈余金以弥补这一不足。这种因动用盈余金而欠之款,应当在费用开支小于附加保险费的续年中逐年返还。

对于一个新开业不久或规模较小的寿险公司而言,因其可运用的盈余金有限,试图以此为后盾补偿费用的不足,将会遇到一定的困难,甚至当签发业务较多时,盈余金可能耗尽,从而在技术上变得无偿付能力。这样,为维持均衡纯保险费准备金,一种对策便是限制公司承保的业务量。采取这种对策,对于一个长期经营、资格较老、业务庞大、盈余充分的寿险公司而言,并不会产生较大的不利影响,然而,它对一个新公司的业务发展和生存而言,显然是不利的。

为避免出现寿险公司可能遇到的上述困境,同时考虑其他的一些因素,在法律上,往往对保险费缴付的全部期限或部分期限内的责任准备金做出最低规定,以使其额度小于相应的均衡纯保险费准备金。实现这个目的的基本方法,就是让第一个保险年度(有时选择前几个保险年度)的纯保险费小于当年的均衡纯保险费,其差额由续年的纯保险费大于均衡纯保险费加以调整。在通过这种调整后的纯保险费的基础上计算的准备金,称为修正准备金或者实际责任准备金。



### 10.2.2 均衡纯保险费的修正

在第 9 章毛保险费的计算中,各保险年度所发生的费用分摊于各保险年度的保险费之中,且毛保险费是均衡的。这样,在均衡纯保险费制下,附加保险费在整个保险费缴纳期限内也是一个常数。现在,情况发生了变化,实际费用各年有别,从而附加保险费并不完全为均一量,相应的纯保险费也就非均一量。以下考察在均衡毛保险费假定下,常见的均衡纯保险费修正法。

约定:在 $x$ 岁签单的保险类型,保险期限为 $n$ 年,保险缴费期限为 $m$ 年,保险费修正期限为 $g$ 年。其中,$0 < n < \infty$,$m \leq n$,$g \leq m$。在保险费缴付期限内,均衡毛保险费用 $G$ 表示,均衡纯保险费用 $P$ 表示。在修正期限 $g$ 年内,$\alpha$ 代表经修正后的第一个保险年度的纯保险费,$\beta$ 代表经修正后的第二个保险年度及以后各个修正年度的纯保险费。一般情况下,$\alpha < P < \beta$。

于是,在上述约定下,整个 $m$ 年缴费期内的年缴纯保险费为

$$\underbrace{P, P, \cdots P}_{g}, \underbrace{P, \cdots, P}_{m-g}$$

变成

$$\underbrace{\alpha,\beta,\cdots\beta}_{g},\underbrace{P,\cdots P}_{m-g}$$

用图 10.1 表示如下：

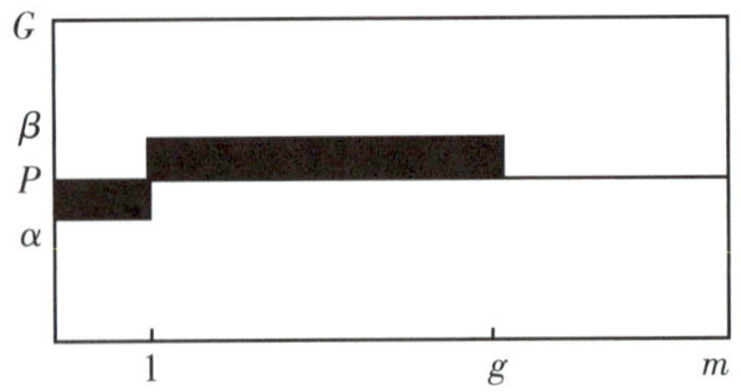


图 10.1　$m$ 年缴费期内的年缴纯保险费

容易得出修正纯保险费 $\alpha$ 和 $\beta$ 与均衡纯保险费 $P$ 之间有下列关系：

$$\alpha+\beta a_{x:\overline{g-1}|}+P\,{}_{g|}\ddot{a}_{x:\overline{m-g}|}=P\ddot{a}_{x:\overline{m}|}$$

简化得

$$\alpha+\beta a_{x:\overline{g-1}|}=P\ddot{a}_{x:\overline{g}|}$$

进一步

$$\alpha+\beta(\ddot{a}_{x:\overline{g}|}-1)=P\ddot{a}_{x:\overline{g}|}$$

$$\beta-P=\frac{\beta-\alpha}{\ddot{a}_{x:\overline{g}|}} \tag{10.1}$$

或者

$$\alpha+\beta a_{x:\overline{g-1}|}=P(1+a_{x:\overline{g-1}|})$$

$$\beta-P=\frac{P-\alpha}{a_{x:\overline{g-1}|}} \tag{10.2}$$

### 10.2.3　实际责任准备金的计算

计算实际责任准备金的方法与计算理论责任准备金的方法完全相同，亦即预期法和追溯法。只是在计算实际责任准备金时，纯保险费为修正后的纯保险费，而不是原有的均衡纯保险费。

思考：限期 $m$ 年缴费，保险金额为 1 元的 $n$ 年两全保险，纯保险费修正期是 $g$ 年，修正后的第一个保险年度和续年的纯保险费分别为 $\alpha$ 和 $\beta$，那么该保险在第 $t$ 年年末的实际责任准备金的计算公式分情况讨论如下：

记该保险在第 $t$ 年年末的实际责任准备金为 ${}_t^mV_{x:\overline{n}|}^{\text{mod}}$，那么，

① 当 $t\leqslant g\leqslant m$ 时，如图 10.2 所示：

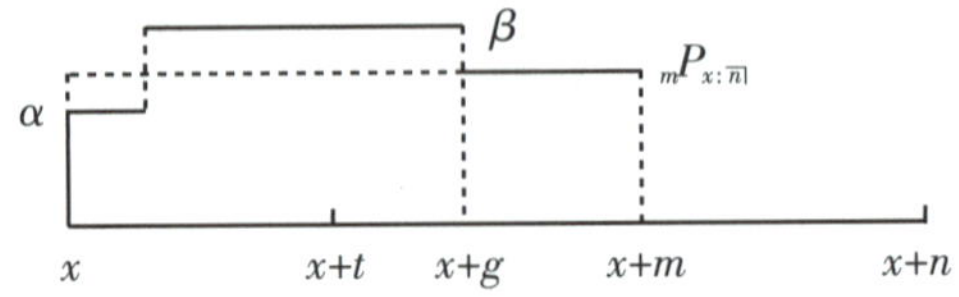


图 10.2　该保单各时间节点

预期法准备金为

$$ {}_t^m V_{x:\overline{n}|}^{\mathrm{mod}} = A_{x+t:\overline{n-t}|} - {}_m P_{x:\overline{n}|}\ddot{a}_{x+t:\overline{m-t}|} - (\beta - {}_m P_{x:\overline{n}|})\ddot{a}_{x+t:\overline{g-t}|} \tag{10.3} $$

追溯法准备金为

$$ {}_t^m V_{x:\overline{n}|}^{\mathrm{mod}} = \alpha \cdot \frac{1}{{}_t E_x} + \beta \ddot{s}_{x+1:\overline{t-1}|} - \frac{A_{x:\overline{t}|}^{1}}{{}_t E_x} \tag{10.4} $$

②当 $g \leqslant t \leqslant m$ 或 $g \leqslant t \leqslant n$ 时，

$$ {}_t^m V_{x:\overline{n}|}^{\mathrm{mod}} = {}_t^m V_{x:\overline{n}|} $$

根据前面的内容可知，均衡纯保险费在第 $t$ 年年末的理论责任准备金为

$$ {}_t^m V_{x:\overline{n}|} = A_{x+t:\overline{n-t}|} - {}_m P_{x:\overline{n}|}\ddot{a}_{x+t:\overline{m-t}|} \quad (t \leqslant g \leqslant m) $$

所以

$$ {}_t^m V_{x:\overline{n}|} - {}_t^m V_{x:\overline{n}|}^{\mathrm{mod}} = (\beta - {}_m P_{x:\overline{n}|})\ddot{a}_{x+t:\overline{g-t}|} $$

这表明，在修正期内各年末的均衡纯保险费准备金超过修正纯保险费准备金的额度，由将来缴纳的修正纯保险费与均衡纯保险费之差来补足。简言之，修正准备金或实际准备金小于均衡纯保险费准备金，是因为在修正制下续年较大的纯保险费在未来年度才对准备金有所贡献。纯保险费之差的现值就由准备金之差来度量。

明显地，$(\beta - {}_m P_{x:\overline{n}|})$ 越大，相应的准备金之差（${}_t^m V_{x:\overline{n}|} - {}_t^m V_{x:\overline{n}|}^{\mathrm{mod}}$）也越大。但是，随着 $t$ 的增加，年金值 $(\beta - {}_m P_{x:\overline{n}|})\ddot{a}_{x+t:\overline{g-t}|}$ 逐渐变小，准备金之差随之变小，直至最后，即修正期限届满时，两种准备金相等。

**例 10.1** 证明：${}_t V - {}_t V' = \left(\dfrac{\beta - \alpha}{\ddot{a}_{x:\overline{g}|}}\right)\ddot{a}_{x+t:\overline{g-t}|}$。其中，$g$ 为保险费修正期，${}_t V'$ 为修正准备金，$t < g$。

**证明：** 假设对应于 ${}_t V$ 的均衡纯保险费为 $P$；对应于 ${}_t V'$ 的纯保险费分别为 $\alpha, \beta \cdots \beta$。$A$ 为 $x$ 岁签单后 $t$ 年年末的未来保险金额的精算现值，

$$ {}_t V = A - P\ddot{a}_{x+t:\overline{g-t}|} $$

$$ {}_t V' = A - \beta\ddot{a}_{x+t:\overline{g-t}|} $$

所以

$$ {}_t V - {}_t V' = (\beta - P)\ddot{a}_{x+t:\overline{g-t}|} $$

$$ = \left(\frac{\beta - \alpha}{\ddot{a}_{x:\overline{g}|}}\right)\ddot{a}_{x+t:\overline{g-t}|} $$

**例 10.2** 某 30 岁的人为自己签订了一份保险金额为 100 000 元，限期 35 年缴费的 50 年期全离散型两全保险。责任准备金计算方法采取修正责任准备金的方法，修正期限为 20 年，且第 2 年至第 20 年的修正纯保险费为 956 元。已知：$100\,000\,{}_8^{35}V_{30:\overline{50}|} = 7\,442$，${}_{35}P_{30:\overline{50}|} = 0.006\,34$，$\ddot{a}_{38:\overline{12}|} = 8.805$。求第 8 年年末的修正责任准备金为多少。

**解：** $100\,000\,{}_8^{35}V_{30:\overline{50}|}^{\mathrm{mod}} = 100\,000\,{}_8^{35}V_{30:\overline{50}|} - \ddot{a}_{38:\overline{20-8}|}(\beta - 100\,000\,{}_{35}P_{30:\overline{50}|})$

$= 7\,442 - 8.805 \times (956 - 634)$

$= 4\,606.79$（元）

## 10.3 法定准备金标准介绍

计算修正准备金或实际准备金，涉及三个基本参数：第一个保险年度的修正纯保险费 $\alpha$、续年修正纯保险费 $\beta$ 以及修正期限 $g$。在具体的实际准备金计算中，需要附加有关这些参数的两个条件，以便决定第三个参数，进而决定出实际准备金的值。以下通过介绍美国和加拿大过去的一些修正准备金的法定标准来理解法定准备金标准的基本原理。

### 10.3.1 初年定期法

初年定期法，常简记为 FPT 法。此法由瑞士精算师泽尔默(Zillmer) 创立，故为纪念这位精算师，初年定期法又称为 Zillmer 法。

FPT 法的基本思路是：在第一个保险年度有最大的附加保险费以应付第一年较大的费用支出；或者在第一个保险年度只有危险保险费，而无储蓄保险费。其最终目的是使第一个保险年度末的责任准备金不为负值。右上标标注“F” 或“FPT”。

为实现上述目的，特假定如下两个限制条件：

$\alpha = \alpha^{F} = A^{1}_{x:\overline{1|}} = c_x; g = m$，即修正期等于整个保险缴费期限。

根据

$$\beta - P = \frac{P - \alpha}{a_{x:\overline{g-1|}}}$$

或

$$\beta = \frac{P\ddot{a}_{x:\overline{g|}} - \alpha}{a_{x:\overline{g-1|}}}$$

从而

$$\beta = \beta^{F} = \frac{P\ddot{a}_{x:\overline{m|}} - c_x}{a_{x:\overline{m-1|}}}$$

显然

$${}_1V^{F} = \alpha^{F}\ddot{s}_{x:\overline{1|}} - \frac{A^{1}_{x:\overline{1|}}}{{}_1E_x} = 0$$

以下应用 FPT 法对两全保险进行分析。

对于保险金额为 1 的 $n$ 年两全保险，其续年纯保险费 $\beta^{F}$ 的具体形式如下：

$$\beta^{F} = \frac{P\ddot{a}_{x:\overline{m|}} - c_x}{a_{x:\overline{m-1|}}} = \frac{A_{x:\overline{n|}} - c_x}{a_{x:\overline{m-1|}}}$$

$$= \frac{A_{x+1:\overline{n-1|}}}{\ddot{a}_{x+1:\overline{m-1|}}} = {}_{m-1}P_{x+1:\overline{n-1|}} \qquad (10.5)$$

对该等式的解释：已知保单初年定期制的续年纯保险费，等于相同保险类型保单的纯保险费，且该保单在原保单签单年龄长一岁的年龄上签单，但两种保单有相同的满期日。这种情形并不奇怪，也容易理解。事实上，在修正制下，初年纯保险费仅支付初年死亡索赔，这使保单持有人在一年以后的年龄上，续保一种在该年龄上签单且为均衡纯保险费的保单。

与上述两种保险相对应，续年期末修正准备金 ${}_tV^F$ 为

$$\begin{aligned} {}^{m}_{t}V^{F}_{x:\overline{n}|} &= A_{x+t:\overline{n-t}|} - \beta^{F}\ddot{a}_{x+t:\overline{m-t}|} \qquad (1 \leqslant t \leqslant n) \\ &= A_{x+t:\overline{n-t}|} - {}_{m-1}P_{x+1:\overline{n-1}|}\ddot{a}_{x+t:\overline{m-t}|} = {}^{m-1}_{t-1}V_{x+1:\overline{n-1}|} \end{aligned} \tag{10.6}$$

该式表明：在初年定期制下，第 $t$ 年年末的准备金$(1 < t \leqslant n)$ 等于这样的相同保险形式的保单在第$(t-1)$ 年年末的均衡纯保险费准备金。这种保单较原保单签单年龄大一岁，但保单满期日与原保单相同，保险费缴付期限较原保单保险费缴付期限少一年。

综上所述，一般保单的初年定期制下的修正纯保险费为

$$\alpha^{F} = A^{1}_{x:\overline{1}|} = c_x$$

$$\beta^{F} = \frac{A(1)}{\ddot{a}_{x+1:\overline{m-1}|}} \tag{10.7}$$

上式中：$A(1)$ 代表在 $x+1$ 岁签单，但保险形式、保险期限和保险金额等均与原保单相同的保单在 $x+1$ 岁时的趸缴纯保险费。

从而

$${}_1V^{F} = 0$$

$${}_tV^{F} = A(t) - \beta^{F}\ddot{a}(t) \qquad (1 < t \leqslant m)$$

因此，当同时考虑纯保险费和准备金后，初年定期法意味着每一种保单都可以被看成两种保单的结合，这两种保单是：在原保单签发年龄 $x$ 岁时签发的，第一年纯保险费为 $c_x$ 或 $vq$，第一年年末准备金为 0 的一年定期保单，以及在原保单签发年龄 $x$ 岁大一岁$(x+1)$ 的年龄上签发的，限期在原保单保险费缴纳期的剩余期限内缴费，提供原保单的保险期剩余的均衡纯保险费保单。

例 10.3　对于某一种 30 岁签单的终身寿险、修正后的首年和续年纯保险费分别为 $\alpha = A^{1}_{30:\overline{1}|}$ 和$\beta$。假定 $d = 0.03$，$\ddot{a}_{30} = 17$，$\ddot{a}_{30:\overline{12}|} = 9$，$A_{30:\overline{12}|}^{\ \ \ 1} = 2/3$ 以及 $A^{1}_{30:\overline{1}|} = 0.01$，试用 FPT 法求 $\beta$ 和 ${}_{12}V^{F}_{30}$。

解：用 FPT 法：

$$\beta = \frac{A_{31}}{\ddot{a}_{31}} = \frac{1 - d\ddot{a}_{31}}{\ddot{a}_{31}} = \frac{1}{\ddot{a}_{31}} - d$$

联立

$$\begin{cases} \ddot{a}_{30} = 1 + vp_{30}\ddot{a}_{31} \\ vq_{30} = 0.01 \end{cases}$$

得到

$$\frac{1}{\ddot{a}_{31}} = 0.06$$

从而

$$\beta = 0.06 - 0.03 = 0.03$$

所求

$$
\begin{aligned}
{}_{12}V_{30}^{\mathrm{F}} &= \beta\ddot{s}_{30:\overline{12}|} - (\beta - \alpha)\frac{1}{{}_{12}E_{30}} - \frac{A_{30:\overline{12}|}^{1}}{{}_{12}E_{30}} \\
&= \frac{\beta\ddot{a}_{30:\overline{12}|} - (\beta - \alpha) - (1 - d\ddot{a}_{30:\overline{12}|} - A_{30:\overset{1}{\overline{12}|}})}{A_{30:\overset{1}{\overline{12}|}}} \\
&= 0.28
\end{aligned}
$$

例 10.4　已知：$a_{80:\overline{19}|} = 6.158$，$a_{70:\overline{30}|} = 9.339$，$a_{70:\overline{29}|} = 9.326$，$a_{71:\overline{29}|} = 9.02$。求：$10\ 000\,{}_{10}V_{70:\overline{30}|}^{\mathrm{FPT}}$。

解：$a_{70:\overline{30}|} = vp_{70} + vp_{70}a_{71:\overline{29}|}$

$$
vp_{70} = \frac{a_{70:\overline{30}|}}{1 + a_{71:\overline{29}|}} = 0.932\ 036
$$

$$
\ddot{a}_{71:\overline{29}|} = \frac{1}{vp_{70}}a_{70:\overline{29}|} = \frac{9.326}{0.932\ 036} = 10.006
$$

$$
\ddot{a}_{80:\overline{20}|} = 1 + a_{80:\overline{19}|} = 7.158
$$

$$
10\ 000\,{}_{10}V_{70:\overline{30}|}^{\mathrm{FPT}} = 10\ 000\,{}_{9}V_{71:\overline{29}|} = 10\ 000\left(1 - \frac{\ddot{a}_{80:\overline{20}|}}{\ddot{a}_{71:\overline{29}|}}\right) = 2\ 846.29
$$

### 10.3.2　初年定期法的修正

在初年定期法下，假定第一年毛保险费全部用于支付费用和死亡索赔，该年年底无须建立准备金。也就是说，不论何种保险类型，在已知年龄上的第一年纯保险费都是相同的，而附加保险费不尽相同。对于在较大年龄以后的任何年龄上签发的普通寿险保单，附加保险费较为接近寿险公司第一年实际发生的费用，而在续年，该保单的附加保险费减少额并不大，并未从根本上减少续年的费用津贴。这说明该保单的附加保险费是合理的。



但是，进一步深入考察其他签单年龄所对应的保单，可以发现初年定期法在一些情况下使用并不总是令人满意的。对于保险费相对较高的保单，如短期两全保单，第一年的附加保险费将远远超过该年实际发生的费用。显然，倘若对此保单使用初年定期法，那么可能给保险公司造成一定的损失，而且这种保单在续年所要求增加的纯保险费相对较大，结果难免减少可用于应付续年费用的附加保险费。

鉴于上述种种原因，有一些国家在有关保险的法律中明文规定：对于低保险费的保单，采用初年定期法；对于高保险费的保单，采用其他修正法。以下以美国和加拿大曾经采用的修正准备金标准为例介绍修正准备金精算原理。

(1) 美国保险监察官准备金修正法

美国保险监察官修正法，简称 CRVM 法，用于定义新保单的法定准备金。严格说来，与其说它是一种方法，倒不如说它是一种标准或制度。CRVM 法不仅定义了修正准备金的方法，而且规定了应用的保单形式。当某种保单在初年定期法下的续年纯保险费，超过了在同一年龄上签发的、限期 20 年缴费的终身寿险在初年定期法下的续年纯保险费，这种保单便被称为高保险费保单；反之，则被称为低保险费保单。



这样，对于在 $x$ 岁时签单，且满足 $\beta^{\mathrm{F}} > {}_{19}P_{x+1}$ 的保单，准备金须采用美国保险监察官修正法。而对于在 $x$ 岁时签单，且满足 $\beta^F \leqslant {}_{19}P_{x+1}$ 的保单，仍采用初年定期法。

美国保险监察官修正法的内容是：纯保险费修正期等于保险费缴付期。美国保险监察官修正法下的第一年附加保险费超过续年附加保险费的数量等于初年定期法下限期 20 年缴费的终身寿险的第一年附加保险费超过续年附加保险费的数量。用公式表示如下：

$$\begin{cases} g = m \\ \beta^{\text{com}} - \alpha^{\text{com}} = {}_{19}P_{x+1} - c_x \quad (c_x = A^{1}_{x:\overline{1|}}) \end{cases}$$

结合修正准备金的一般原理，

$$\beta^{\text{com}} = P + \frac{{}_{19}P_{x+1} - c_x}{\ddot{a}_{x:\overline{m|}}} \tag{10.8}$$

$$\alpha^{\text{com}} = P + \frac{{}_{19}P_{x+1} - c_x}{\ddot{a}_{x:\overline{m|}}} - ({}_{19}P_{x+1} - c_x) \tag{10.9}$$

上式中，$x$ 为签单年龄，$P$ 为均衡纯保险费，$m$ 为保险费缴付期。

一旦求出 $\alpha^{\text{com}}$ 和 $\beta^{\text{com}}$ 且已知 $m$，CRVM 法准备金就可以按一般的预期法或追溯法进行计算而得。

（2）加拿大准备金修正法

加拿大准备金修正法也是一种修正初年定期法的方法，因其在加拿大实施，故得此名。早期的加拿大准备金修正法将寿险保单分成两类：凡保单的均衡纯保险费较同年龄的普通终身寿险的均衡纯保险费大者，属于加拿大准备金修正法适用的对象；而其他的保单均由初年定期法计算准备金。

早期加拿大准备金修正法的具体内容是：修正期等于保险费缴付期。均衡纯保险费超过加拿大修正法第一年纯保险费之差，等于普通终身寿险均衡纯保险费与初年定期法第一年纯保险费之差。用公式表示如下：

当 $P > P_x$ 时，

$$P - \alpha^{\text{can}} = P_x - c_x \qquad (c_x = A^{1}_{x:\overline{1|}})$$

从而

$$\alpha^{\text{can}} = P - (P_x - c_x) \tag{10.10}$$

$$\beta^{\text{can}} = P + \frac{P_x - c_x}{a_{x:\overline{m-1|}}} \tag{10.11}$$

上式中，$P$ 为均衡纯保险费，$P_x$ 为终身寿险的均衡纯保险费，$m$ 为保险费缴付期限。

随着加拿大修正法的不断完善，允许选择更加灵活，由此出现了现代加拿大修正法。其内容是：

$$\alpha^{\text{can}} = P - E^{\text{can}}$$

$E^{\text{can}}$ 代表由均衡纯保险费度量的第一年允许的额外费用。它的大小取决于 $E^{\text{can}} = \min[(a)、(b)、(c)]$，$(a)$ = 均衡纯保险费的150%，$(b)$ = 实际所需费用，$(c)$ = 第二年及以后年可恢复的费用在签单时的精算现值。于是，

$$\beta^{\text{can}} = P + \frac{E^{\text{can}}}{a_{x:\overline{m-1|}}} \tag{10.12}$$

如前所述，不同国家有不同的修正准备金标准，随着保险业的发展，修正标准也在不断地完善和发展。以上介绍了美国和加拿大的修正标准，可使学习者初步了解和掌握修正准备金的思路和基本方法。

例 10.5　对 35 岁男性签订的保险金额为 80 000 元的 30 年期全离散型两全保险，根据 CL1(2010—2013)2.5% 计算第三年年末的实际责任准备金。

解：若在一年定期修正制下有

$$\beta^{\text{FPT}}=P_{35:\overline{30}|}+\frac{P_{35:\overline{30}|}-A^{\ 1}_{35:\overline{1}|}}{a_{35:\overline{29}|}}$$

由换算表数值得到

$$P_{35:\overline{30}|}=\frac{M_{35}-M_{65}+D_{65}}{N_{35}-N_{65}}=\frac{15\ 005.45-11\ 480.20+16\ 952.93}{1\ 081\ 095.92-224\ 382.01}=0.023\ 90$$

$$a_{35:\overline{29}|}=\frac{N_{36}-N_{65}}{D_{35}}=\frac{1\ 039\ 722.28-224\ 382.01}{41\ 373.64}=19.706\ 76$$

$$A^{\ 1}_{35:\overline{1}|}=\frac{M_{35}-M_{36}}{D_{35}}=\frac{15\ 005.45-14\ 960.61}{41\ 373.64}=0.001\ 08$$

解得

$$\beta^{\text{FPT}}=0.023\ 90+\frac{0.023\ 90-0.001\ 08}{19.706\ 76}=0.025\ 06$$

所求准备金为

$$\begin{aligned}{}_3V^{\text{FPT}}_{35:\overline{30}|}&=80\ 000A_{38:\overline{27}|}-80\ 000\beta^{\text{FPT}}\ddot{a}_{38:\overline{27}|}\\&=80\ 000\left[\frac{M_{38}-M_{65}+D_{65}}{D_{38}}-\beta^{\text{FPT}}\frac{N_{38}-N_{65}}{D_{38}}\right]\\&=80\ 000(0.531\ 24-0.025\ 06\times19.218\ 97)=3\ 968.80(\text{元})\end{aligned}$$

由于

$$\beta^{\text{FPT}}=0.025\ 06>{}_{19}P_{36}=\frac{M_{36}}{N_{36}-N_{55}}=\frac{14\ 960.61}{1\ 039\ 722.28-431\ 139.89}=0.024\ 58$$

因此，该保单属于高保险费保单，其续年保险费由 $\beta^{\text{com}}$ 来确定

$$\begin{aligned}\beta^{\text{com}}&=P_{35:\overline{30}|}+\frac{{}_{19}P_{36}-A^{\ 1}_{35:\overline{1}|}}{\ddot{a}_{35:\overline{30}|}}\\&=0.023\ 90+\frac{0.024\ 58-0.001\ 08}{(1+19.706\ 76)}=0.025\ 03\end{aligned}$$

因此，所求实际责任准备金为

$$\begin{aligned}{}_3V^{\text{com}}_{35:\overline{30}|}&=80\ 000A_{38:\overline{27}|}-80\ 000\beta^{\text{com}}\ddot{a}_{38:\overline{27}|}\\&=80\ 000\times(0.531\ 24-0.025\ 03\times19.218\ 97)\approx4\ 015.13(\text{元})\end{aligned}$$

### 10.3.3　中国个人分红保险法定责任准备金的精算规定

作为一个具体应用，下面介绍我国个人分红保险责任准备金的计算和修正的有关规定。会计年度末保单法定未到期责任准备金应当用未来法逐单计算。对确实不能用

未来法逐单计算的，可采用过去法逐单计算。

(1) 法定未到期责任准备金的计算基础

① 评估利息不得高于下面两项规定的最低值：

一是国家金融监督管理总局每年公布的未到期责任准备评估利息率；

二是该险种厘定保险费所使用的预定利息。

② 评估死亡率：

评估死亡率采用《中国人寿保险业经验生命表(2000—2003)》所提供的数据。

保险公司应根据产品特征，对同一产品的全部保单整体考虑，按照审慎性原则在非养老金业务表和养老金业务表之间选择采用较为保守的评估死亡率。

(2) 未到期责任准备金的计算方法

① 未到期责任准备金的计算采用修正法：

第一，修正净保险费的确定。

修正后首年净保险费 $\alpha$ 按下列公式计算：

$$\alpha = P^{NL} - \mathrm{EA}$$

上式中，$P^{NL}$ 为根据评估基础确定的缴费期间均衡净保险费，EA 为费用扣除额。

如果 $\alpha$ 的计算结果小于根据评估基础计算的首年自然净保险费，则 $\alpha$ 取自然净保险费。

修正后续年净保险费 $\beta$ 按下列公式和法定未到期责任准备金计算基础计算：

$\alpha + \beta$ 在缴费期初的精算现值 $= P^{NL}$ 在缴费期初的精算现值

第二，费用扣除额不得高于基本死亡保险金额的 3.5%。

第三，根据上述法定未到期责任准备金的计算基础(评估基础)和修正方法计算修正准备金。

② 如果按修正方法计算的续年评估均衡净保险费高于毛保险费，还应计提保险费不足准备金。保险费不足准备金为保单在未来的缴费期间，评估净保险费与毛保险费之差在保单年度末按评估基础计算的精算现值。

③ 保险公司采用增额红利分配方式的，计算法定未到期责任准备金时，保险责任应包括已公布的增额红利部分，但不包括未来增额红利和终了红利。

④ 保单年度末，保单法定未到期责任准备金为上述修正准备金与保险费不足准备金之和。

⑤ 会计年度末，未到期责任准备金的计算，应当根据所对应的上一保单年度末的保单法定未到期责任准备金，扣除保单在上一保单年度末的生存给付金额后和该保单年度末保单法定未到期责任准备金进行插值计算，并加上未到期评估净保险费(如果评估净保险费大于评估毛保险费，则为未到期毛保险费)。会计年度未来到期责任准备金不得低于会计年度末现金价值。

⑥ 会计年度末保单未到期责任准备金数额是会计年度末保单责任准备金计提的最低标准。保险公司可采用其他合理的计算基础和评估方法计算会计年度末保单责任准备金，但要保证所提取的保单未到期责任准备金不低于按本规定所确定的会计年度末未到期责任准备金。

(3) 未决赔款准备金

人寿保险保单在会计年度末应计提已发生已报案未决赔款准备金和已发生未报案未决赔款准备金,并参照短期意外伤害保险的相关规定执行。

## 10.4 现金价值

现金价值,又称解约退还金、退保价值、解约金等。它是指投保人在缴纳了一定年数的保险费后终止合同时,保险人或保险公司应支付给保单持有人的金额。保单持有人的这一权利受有关保险法律或法规的保护,在保单中一般由“不丧失价值”条款体现出来。现金价值的处置有多种方式,既可以一次性提取现金,也可以用现金价值作为保险费去购买其他保险。在此首先讨论公平、合理地确定现金价值的方法。

确定现金价值并不是一件容易的事情。从一般意义上讲,解约的保单持有人有资格获得的值取决于他对保险基金的贡献,扣除保险费和费用成本之后的余额,亦即期末准备金扣减一定的额度。但是,这个扣减的额度随保险类型和保险期限的不同而变化,而且它的设计还须考虑到现金价值与保险人对已知保单实际累积的基金的关系。因此,长期以来,采用的这种决定现金价值的方法,不免具有一定的主观性,甚至称这种扣减额为解约费,也易引起保单持有人的误解。随着现代保险的发展和需要,现金价值的确定几乎采用调整保险费法,尤其在保险业发达的国家更是如此。



### 10.4.1 调整保险费及调整保险费法

调整保险费,是指在初年度经费的超过额中由整个缴费期间的每年附加保险费中依年缴方式获得摊还的假定下计算出来的保险费。这种保险费是纯保险费与每年摊还额之和。

调整保险费法是美国标准下不没收法或不丧失价值法所规定的决定最低现金价值的一种方法。在调整保险费法下,保单费用被分成两类:一类是在整个缴费期限内每年发生的单位保险金额的均一量$E$;另一类是第一年所需的额外附加费$E_1$。这样,第一年费用总额为$(E+E_1)$。进一步,假定毛保险费为$G$,由调整保险费$P^a$和均衡年缴附加费$E$之和构成,即$G = P^a + E$。于是

$$G\ddot{a} = (P^a + E)\ddot{a} = A + E\ddot{a} + E_1 \tag{10.13}$$

从而调整保险费为

$$P^a = \frac{A + E_1}{\ddot{a}} = \frac{A}{\ddot{a}} + \frac{E_1}{\ddot{a}} \tag{10.14}$$

由于$A$代表签单时保险金额所对应的趸缴纯保险费,$\ddot{a}$代表以保险费缴付期为保险期限的定期生存年金在签单时的精算现值,所以$\frac{A}{\ddot{a}}$代表年缴纯保险费,$\frac{E_1}{\ddot{a}}$代表每年的摊还额。

进一步,有

$$A=(P^a-E_1)+P^a a \tag{10.15}$$

这表明:在修正准备金法中,可以选用 $P^a-E_1$ 为第一年纯保险费 $\alpha$;$P^a$ 用于续年纯保险费 $\beta$。可见,确定调整保险费以后,现金价值也就可以确定了。

### 10.4.2 现金价值的决定

用调整保险费法决定现金价值,实质上是一种以 $P^a-E_1=\alpha$ 为第一年纯保险费,以 $P^a=\beta$ 为续年纯保险费的初年定期法准备金。

最低现金价值 = 将来保险金支付的精算现值 - 将来调整保险费收入的精算现值

用公式表示如下:

$${}_t\mathrm{CV}=A(k)-P^a\ddot{a}(k) \tag{10.16}$$

$$={}_tV-(P^a-P)\ddot{a}(k) \tag{10.17}$$

上式中,${}_t\mathrm{CV}$ 为第 $t$ 年年末的现金价值或解约价值,$P$ 为原保险的均衡纯保险费。

例如在 $x$ 岁签单,保险金额为 1 的普通寿险保单,在第 $t$ 年年末的现金价值可表示为

$${}_t\mathrm{CV}_x=A_{x+t}-P_x^a\ddot{a}_{x+t}\qquad(t\geqslant 1) \tag{10.18}$$

确定 $P^a$ 的关键是确定 $E_1$,而 $E_1$ 的确定和管理不是随心所欲的,相反,一般在不丧失价值法中有明确的规定。规定 $E_1$ 总的原则是有利于解约价值或现金价值的公平性和逻辑性。

1941 年和 1980 年美国保险监察官协会(NAIC)不丧失价值条款关于单位保险金额允许的第一年费用 $E_1$ 的定义如下:

①1941 年对 $E_1$ 的定义为 $0.4\min(P^a,0.04)+0.25\min(P^a,P_x^a,0.04)+0.02$。

②1980 年对 $E_1$ 的定义为 $1.25\min(P,0.04)+0.01$。

以上定义中,$P^a$ 为该保单的调整保险费,$P$ 为该保单的纯保险费,$P_x^a$ 为在 $x$ 岁签单的普通寿险的调整保险费。

例 10.6　以 1941 年和 1980 年 NAIC 不丧失价值条款为基础,确定在 $x$ 岁签单的普通保单的 $E_1$。

解:运用 1941 年条款:

$$E_1=\begin{cases}0.4P_x^a+0.25P_x^a+0.02=0.65P_x^a+0.02 & (P_x^a<0.04)\\ 0.016+0.010+0.020=0.046 & (P_x^a\geqslant 0.04)\end{cases}$$

运用 1980 年条款:

$$E_1=1.25\min(P,0.04)+0.01$$

现金价值之所以重要,是因为它是保单贷款的基础。保单质押贷款,即由保险人贷给保单持有人的借款,以保单现金价值为贷款的保证。保单质押贷款实为不丧失价值选择权的一种权利。保单质押贷款需按时收取利息,还债期限视投保人的意思而定,但当贷款本息超过责任准备金或现金价值时,合同效力即行停止。在保单持有人领取保险金或解约金时,如有保单质押贷款,保险人则先扣除贷款本息。

例 10.7　确定某种 30 岁时签单，保险金额为 1 000 元的普通寿险保单，在第三个保险年度末发生解约的最低不丧失价值。分别用传统现金价值确定法（假定公司解约费为 25 元）和调整保险费法（假定调整保险费为 12.59 元）。计算以 CL1（2010—2013）2.5% 为基础。

解：① 传统现金价值确定法

原保单在第三年年末的准备金为

$$1\,000\,{}_3V_{30} = 1\,000A_{33} - 1\,000P_{30}\ddot{a}_{33} = 34.19(\text{元})$$

现金价值 $= 1\,000\,{}_3V_{30} - 25 = 9.19$(元)

② 调整保险费法

现金价值 $= 1\,000A_{33} - 1\,000P^{a}_{30}\ddot{a}_{33} = 346.44 - 12.59 \times 26.796 \approx 9.08$(元)

### 10.4.3　我国个人分红保险最低现金价值的精算

以下以我国个人分红保险为例，介绍其最低现金价值精算原理。

(1) 保单年度末保单价值准备金

保单年度末保单价值准备金是指为计算保单年度末保单最低现金价值，按照本条所述计算基础和计算方法算得的准备金数值。

① 计算基础

死亡率和费用率采用险种报备时厘定保险费所使用的预定死亡率和预定附加费用率。

对于保险期限小于 10 年的保险产品，利息率采用预定利息率加 1%；对于保险期限等于或大于 10 年的保险产品，利息率采用预定利息率加 1.5%。

个人分红保险的附加费用率采用表 10.1 规定的数值进行计算。

表 10.1　个人分红保险的附加费用率表

| 类别 | | | 第一年 | 第二年 | 第三年 | 以后各年 |
|---|---|---|---|---|---|---|
| 趸交 | | 终身寿险 | 18% | — | — | — |
| | | 年金保险、两全保险 | 8% | — | — | — |
| 期交 | 交费期为 10 年以下 | 终身寿险 | 55% | 35% | 25% | 20% |
| | | 年金保险、两全保险 | 30% | 20% | 15% | 12% |
| | 交费期为 10 年至 19 年 | 终身寿险 | 65% | 40% | 30% | 25% |
| | | 年金保险、两全保险 | 40% | 25% | 15% | 12% |
| | 交费期为 20 年及以上 | 终身寿险 | 70% | 45% | 35% | 25% |
| | | 年金保险、两全保险 | 45% | 25% | 15% | 12% |

团体分红保险的附加费用率由公司自主确定。

② 计算方法

根据该保单的保险责任和各保单年度净保险费按上述计算基础采用未来法计算，

对确实不能用未来法计算的,可以采用过去法计算。

保单的各保单年度净保险费为该保单年度的毛保险费扣除附加费用。其中,毛保险费是指按保单年度末保单价值准备金的计算基础重新计算的保险费,附加费用为毛保险费乘以表中规定的附加费用率。

保单年度末保单价值准备金不包括该保单在保单年度末的生存给付金额。

(2) 保单年度末保单最低现金价值

保单年度末保单最低现金价值是保险公司确定人寿保险保单现金价值的最低标准,其计算公式为

$$\mathrm{MCV} = r \times \max(\mathrm{PVR}, 0) \tag{10.19}$$

上式中的系数 $r$ 按下列公式计算:

$$r = k + \frac{t \times (1 - k)}{\min(20, n)}, t < \min(20, n)$$

$$r = 1, t \geqslant \min(20, n)$$

上式中,MCV 为保单年度末保单最低现金价值;PVR 为保单年度末保单价值准备金;$n$ 为保单缴费期间(趸缴保险费时,$n = 1$);$t$ 为已经过的保单年度,$t = 1, 2, \cdots$。

参数 $k$ 的取值标准如表 10.2 所示。

表 10.2 参数 $k$ 的取值

| 业务类型 | 两全保险、年金保险中 $k$ 的取值 | 终身寿险中 $k$ 的取值 |
|---|---|---|
| 期交个人业务 | 0.9 | 0.8 |
| 期交团体业务 | 0.95 | 0.85 |
| 趸交个人业务 | 1 | 1 |
| 趸交团体业务 | 1 | 1 |

保险公司可以本规定所确定的保单年度末保单最低现金价值作为保单年度末保单现金价值,也可以按其他合理的计算基础和方法确定保单现金价值,但要保证其数值不低于保单年度末保单最低现金价值。

对于采用增额红利分配方式的分红保险,除计算基本保额现金价值外,还需计算每单位增额红利现金价值。其数值应不低于用前述计算基础和计算方法算得的现金价值数值。

保单年度中保单现金价值根据保单年度末保单现金价值按合理的方法确定。

## 10.5 保单选择权

以下主要讨论两种常见的保单选择权:缴清保险和展期保险。为说明问题的原理,保险类型限于保险金额为 1 元且于死亡所在年年末提供的情形。

### 10.5.1 缴清保险

缴清保险是指保单持有人以现金价值作为趸缴纯保险费,去购买的保险金额小于原保险的保险金额、保险期限不变的一种保险。而且整个计算服从原保单计算所用利息率和死亡表。

缴清保险的保险金额取决于下式:

$$b = \frac{{}_t\mathrm{CV}}{A(t)} \tag{10.20}$$

式中,$A(t)$ 表示在时刻 $t$ 的单位保险金额对应的趸缴纯保险费,$b$ 为缴清保险的保险金额,${}_t\mathrm{CV}$ 为第 $t$ 年年末的现金价值。

据此,以第 $t$ 年年末普通寿险保单现金价值 ${}_t\mathrm{CV}_x$ 为趸缴纯保险费,所购买的缴清保险的保险金额为

$$b = \frac{{}_t\mathrm{CV}_x}{A_{x+t}} \tag{10.21}$$

当被保险人选择缴清保险时,若保单有质押贷款,则在保单现金价值作为保险费所购买的保险生效之前,必须扣除保单所欠的款,以使缴清保险不再受负债的约束。

**例 10.8** 某人 35 岁时购买了 25 年期保险金额为 100 000 元的全离散型两全保险。在第五个保单年度末,投保人解约保单,解约时保单有保单质押贷款 10 000 元。如果解约费为 500 元,那么投保人选择购买缴清保险的保险金额为多少?用替换函数表示,然后以 CL1(2010—2013)2.5% 为基础计算出具体结果。

**解:** 首先求第五个保单年度末的责任准备金 ${}_5V$:

$$\begin{aligned}{}_5V &= 100\,000A_{40:\overline{20|}} - 100\,000\frac{A_{35:\overline{25|}}}{\ddot{a}_{35:\overline{25|}}}\cdot\ddot{a}_{40:\overline{20|}}\\ &= 100\,000\left(\frac{M_{40}-M_{60}+D_{60}}{D_{40}} - \frac{M_{35}-M_{60}+D_{60}}{N_{35}-N_{60}}\cdot\frac{N_{40}-N_{60}}{D_{40}}\right)\\ &\approx 52\,951.13(\text{元})\end{aligned}$$

其次,求第 5 年年末的现金价值 ${}_5\mathrm{CV}$:

$$\begin{aligned}{}_5\mathrm{CV} &= {}_5V - {}_5\mathrm{SC}\\ &= 52\,951.13 - 500 \approx 52\,451.13(\text{元})\end{aligned}$$

最后,求缴清保险的保险金额 $b$:

$${}_5\mathrm{CV} - 10\,000 = bA_{40:\overline{20|}}$$

$$b = \frac{{}_5\mathrm{CV} - 10\,000}{A_{40:\overline{20|}}} \approx 68\,420.03(\text{元})$$

当用第 $t$ 年年末的均衡纯保险费准备金作为第 $t$ 年年末的现金价值去购买缴清保险时,则减额保险的保险金额特别记作 ${}_tW$,且

$${}_tW = \frac{{}_tV}{A(t)} \tag{10.22}$$

对于普通寿险保单,

$$_tW_x = \frac{_tV_x}{A_{x+t}} \tag{10.23}$$

$$= \frac{A_{x+t} - P_x\ddot{a}_{x+t}}{A_{x+t}} = 1 - \frac{P_x}{P_{x+t}} \tag{10.24}$$

类似地,$n$ 年两全保单

$$_tW_{x:\overline{n}|} = \frac{_tV_{x:\overline{n}|}}{A_{x+t:\overline{n-t}|}} \tag{10.25}$$

$$= 1 - \frac{P_{x:\overline{n}|}}{P_{x+t:\overline{n-t}|}} \tag{10.26}$$

限期 $n$ 年缴费的终身保单

$$^n_tW_x = \frac{^n_tV_x}{A_{x+t}} = 1 - \frac{_nP_x}{_{n-t}P_{x+t}} \tag{10.27}$$

### 10.5.2 展期保险

展期保险是指在保单解约时不领取现金价值,而是运用现金价值去购买保险金额不变仅保险期限变化的定期寿险。

当保险金额为 1 元时,展期保险的保险期间 $n$ 由下式决定:

$$_t\text{CV} = A^{1}_{x+t:\overline{n}|} \tag{10.28}$$

运用插值法,$n$ 通常可以具体到天数。

展期保险有两种特殊情况需要注意:

(1) 两全保单在保险期限后期所具有的现金价值比较大,可能足以购买保险金额不变、从解约时刻到两全保险期满这段时期为保险期限的定期寿险。此时,现金价值超过购买此种定期寿险所需保险费的余额便可以用于购买在期满时提供给付的纯生存保险,且这种纯生存保险的保险金额取决于:

$$\frac{_tCV - A^{1}_{x+t:\overline{n}|}}{A_{x+t:\overline{n}|}^{\ \ \ \ \ 1}}$$

式中,$n$ 为两全期所剩余的年数。

(2) 如果保单具有一笔价值为 $L$ 的负债或欠款,那么这种保单通常提供的展期保险的保险金额将是 $1 - L$,这里 1 为原保单的保险金额;否则保单持有人选择这种展期保险,有可能增加保险人的风险。此时,展期保险的期限 $n$ 值由下式决定:

$$(1 - L)A^{1}_{x+t:\overline{n}|} = {_t}\text{CV} - L \tag{10.29}$$

进一步,这种方法在较长时期内提供了较小的展期保险金额,它有助于保护保险人免遭被保险人运用此条款的逆选择所造成的损失。

例 10.9　某种在 45 岁时签单、保险金额为 1 000 元的十年期两全保单,在第五年年末的现金价值为 452 元。试计算与此等价的缴清和展期保险的保险金额,以 CL1(2010—2013)2.5% 为计算基础。

解:(1) 设缴清保险的保险金额为 $b$ 元,那么

$$b = \frac{_5\text{CV}_{45:\overline{10}|}}{A_{50:\overline{5}|}} = \frac{452.00}{0.884\ 899} \approx 510.79(\text{元})$$

(2) 显然,现金价值 452 元足以购买 5 年定期寿险,因为 $452-1\ 000A_{50:\overline{5}|}^{1}=428.88$(元)。它可用于购买到两全保险期满为限的五年期纯生存保险,且这种纯生存保险金额为

$$\frac{{}_{5}CV_{45:\overline{10}|}-1\ 000A_{50:\overline{5}|}^{1}}{A_{50:\overline{5}|}^{\ \ 1}}=\frac{428.88}{{}_{5}E_{50}}=497.67(\text{元})$$

这表明:第二种保单选择权提供了保险金额1 000元的五年展期定期寿险,同时如果被保险人在两全保险期届满时仍生存,那么还提供保险金额为 497.67 元的纯生存保险。

## 10.6 “偿二代”下寿险精算责任准备金和偿付能力的精算

### 10.6.1 “偿二代”概述

这里“偿二代”是指我国保险公司偿付能力监管规划演变进入第二代的称谓,也特指偿付线监管规划(Ⅱ)。而“偿二代”概述,则简要介绍我国偿付能力监管规则的形成与变迁。

偿付能力是指保险公司履行赔偿和给付义务的能力,是保险公司经营的关键生命线,是世界各国保险监管的重要内容。保险公司会提取足够的责任准备金以保证其偿付能力。人身保险多为长期合同,人身保险公司的偿付能力对于长时期内履行对被保险人的给付义务极为重要。

原中国保监会于 2000 年颁布《保险公司管理规定》,正式引入了“偿付能力额度”这一概念;于 2003 年颁布《保险公司偿付能力额度及监管指标管理规定》;于 2008 年颁布《保险公司偿付能力管理规定》,我国正式形成了第一代针对保险公司偿付能力的监管制度,即“偿一代”。尽管该制度促进了我国偿付能力建设,但是“偿一代”存在着不能衡量保险公司的风险管理能力、资产结构、承保质量等问题。2015 年 2 月,原中国保监会正式下发《保险公司偿付能力监管规则(1-17 号)》,标志着以风险为导向的第二代偿付能力监管体系(以下简称“偿二代”)进入实施过渡期,“偿二代”监管制度于 2016 年 1 月起正式实施。与“偿二代”相匹配的《精算实践标准:人身保险内含价值评估标准》于 2016 年 11 月正式实施,同时宣布废止此前的“偿一代”有关规定。

与“偿一代”相比,“偿二代”突出了风险导向、行业实际和国际可比三个特征,以定量监管要求、定性监管要求和市场约束机制为三支柱。其中,第一支柱即定量监管要求,针对能够用资本量化的保险风险、市场风险、信用风险三类可量化风险;第二支柱即定性监管要求,综合对可量化风险的定量评价和对难以量化风险的定性评价,全面评价保险公司总体的偿付能力风险水平;第三支柱即市场约束机制,通过公开信息披露和提高透明度的手段来发挥市场监督的约束作用。

2017 年,为服务实体经济、防控金融风险、深化金融改革,进一步增强保险业偿付能力监管的科学性、有效性、针对性和适应性,原中国保监会印发《偿二代二期工程建设方案》。2021 年 12 月 30 日,原中国银保监会发布《保险公司偿付能力监管规则

(Ⅱ)》,即“偿二代”二期工程正式落地,对“偿二代”监管规则进行了全面优化升级:一是引导保险业回归保障本源、专注主业,二是促进保险业增强服务实体经济质效,三是有效防范和化解保险业风险,四是落实扩大对外开放决策部署,五是强化保险公司风险管控能力,六是引导培育市场约束机制。

### 10.6.2 “偿二代”下寿险责任准备金的精算

“偿二代”二期工程规定:寿险合同负债由未到期责任准备金和未决赔款准备金组成。其中,未决赔款准备金以财务报表账面价值为认可价值,未到期责任准备金的精算如下:

未到期责任准备金的计算公式为

$$\text{未到期责任准备金} = \text{最优估计准备金} + \text{风险边际} \tag{10.30}$$

(1) 最优估计准备金的计算

$$\text{最优估计准备金} = \text{现金流现值(PV)} + \text{选择权及保证利益的时间价值(TVOG)} \tag{10.31}$$

① 现金流现值(PV)的计算

现金流现值应以保险合同产生的预期未来净现金流为基础进行评估。预期未来净现金流等于预期未来现金流出减预期未来现金流入的差额。

预期未来现金流出是指保险公司为履行保险合同相关义务所必需的、全部的、合理的现金流出,主要包括:其一,根据保险合同对保单持有人承诺的保证利益,包括死亡给付、残疾给付、疾病给付、生存给付、期满给付、退保给付等;其二,根据保险合同构成推定义务的非保证利益,包括分红保险红利给付、万能保险结算收益中超过保证利益的部分等;其三,管理保险合同或处理相关赔付的保单维持费用,包括续期佣金、保险保障基金、监管费、流转税(如有)以及其他维持费用等;其四,履行保险合同义务的其他现金流出。

预期未来现金流入是指保险公司承担保险合同相关义务而获得的现金流入,包括保费和其他收费。

计算现金流现值(PV)所采用的折现率曲线由基础利率曲线加综合溢价形成,基础利率曲线由以下三段组成:

期望无风险收益率曲线, $0 < t \leqslant t_1$

终极利率过渡曲线, $t_1 < t \leqslant t_2$

终极利率水平线, $t > t_2$

其中,$t$ 为利率期限,$t_1$ 为过渡曲线起点,$t_2$ 为过渡曲线终点。期望无风险收益率曲线由国家金融监督管理总局综合考虑可观察的活跃市场的无风险收益率、市场的信息有效性程度和保险资产长期无风险收益率等因素确定;终极利率水平线由国家金融监督管理总局综合考虑我国经济的长期自然增长率和长期物价总水平变动等因素确定;终极利率过渡曲线连接期望无风险收益率曲线和终极利率水平线,由国家金融监督管理总局采用系统、合理的方法确定。综合溢价由国家金融监督管理总局综合考虑国债收益率的税收效应、流动性补偿及逆周期调整等因素,根据业务类型等因素分档设定。国家金融监督管理总局根据业务属性和市场环境的变化,及时调整折现率曲线。

评估寿险责任准备金的其他规定:评估万能保险最优估计准备金时,应对保险部分与投资部分的现金流合并评估,不进行拆分。评估投资连结保险最优估计准备金时,应对独立账户部分和非账户部分分别评估。独立账户负债的认可价值等于独立账户资产在评估日的市场价值。非账户部分的最优估计准备金按照本规则的相关规定进行评估。保险公司预测未来净现金流的期间应为整个保险期间。对于包含可续保选择权或年金选择权的保险合同,当保单持有人很可能执行选择权,并且保险公司不具有重新厘定保险费的权利时,保险公司应将预测期间延长至选择权终止时点。

② 选择权及保证利益的时间价值(TVOG) 的计算

保险公司应当计算分红保险、万能保险和变额年金保险等业务的选择权及保证利益的时间价值(TVOG)。计算公式为

$$\text{TVOG} = \text{PV}(\text{账户准备金}) \times \text{TVOG 因子} \tag{10.32}$$

其中,分红保险的 PV(账户准备金) 为分红保险红利给付所使用的准备金基础的现值之和; 万能保险的 PV(账户准备金) 为万能保单账户价值的现值之和;变额年金保险的 PV(账户准备金) 为变额年金保单账户价值的现值之和;计算上述现值之和时,应使用评估日及以后各年度末的账户准备金。

(2) 风险边际的计算

风险边际应采用分位点法或监管认可的其他方法计算。分位点法的计算公式为:

$$\text{RM} = \text{MC} \cdot \frac{F^{-1}(x\%)}{F^{-1}(99.5\%)} \tag{10.33}$$

其中,RM 指风险边际;MC 指评估时点寿险合同的保险风险最低资本;$F^{-1}(x\%)$ 指正态分布函数在一定概率水平下对应的分位点,$x = 85$。

### 10.3.3 “偿二代”下寿险偿付能力的精算

如前述,偿付能力是指保险人履行赔偿或给付责任的能力。保险人应具有与其业务规模相适应的最低偿付能力,对偿付能力的监管是保险监管的核心内容。衡量保险公司偿付能力的指标为偿付能力充足率,其包含两个部分:综合偿付能力充足率和核心偿付能力充足率。综合偿付能力充足率的计算公式如下:

$$\text{综合偿付能力充足率} = \text{实际资本} / \text{最低资本} \times 100\% \tag{10.34}$$

其中,实际资本等于认可资产减去认可负债。监管机构要求的综合偿付能力充足率不能低于 100% 。核心偿付能力充足率的计算公式如下:

$$\text{核心偿付能力充足率} = \text{核心资本} / \text{最低资本} \times 100\% \tag{10.35}$$

监管机构要求的核心偿付能力充足率不能低于 50% 。

认可负债是保险合同未来的偿付责任,认可资产中最典型的是注册资本金,公司的资产必须大于负债,认可资产总值与负债之间的差额就是保单所有人盈余。核心资本是金融机构可以永久使用和支配的自有资金。

在综合及核心偿付能力充足率的计算中,最低资本的计算尤为重要。最低资本是指根据监管机构的要求,保险公司为吸收资产风险、承保风险等有关风险对偿付能力

的不利影响而应当具有的资本数额，是保险公司根据监管机构要求，结合保险公司的具体可量化信息，计算得出的一个必须具有的最低资本数额。最低资本的计算方法如下。

（1）最低资本

最低资本是指基于审慎监管目的，为使保险公司具有适当的财务资源，以应对各类可资本化风险对偿付能力的不利影响，国家金融监督管理总局要求保险公司应当具有的资本数额。为保证保险公司的偿付能力充足率，对最低资本的计算变得十分重要。

《保险公司偿付能力监管规则（Ⅱ）》对最低资本的规定：保险公司应当按照偿付能力监管规则有关规定计量保险风险、市场风险和信用风险等可资本化风险的最低资本，并考虑风险分散效应和特定类别保险合同的损失吸收效应。计算公式如下：

$$MC^{*} = \sqrt{MC_{向量} \times M_{相关系数} \times MC_{向量}^{T}} - LA \tag{10.36}$$

其中，$MC^{*}$ 代表可资本化风险整体的最低资本；$MC_{向量}$ 代表保险风险、市场风险和信用风险的最低资本行向量；$M_{相关系数}$ 代表相关系数矩阵；LA 代表特定类别保险合同的损失吸收效应调整。

人身保险公司的 $MC_{向量}$ 由（$MC_{寿险保险}$，$MC_{非寿险保险}$，$MC_{市场}$，$MC_{信用}$）组成。其中，$MC_{寿险保险}$ 为寿险业务保险风险最低资本；$MC_{非寿险保险}$ 为非寿险业务保险风险最低资本；$MC_{市场}$ 为市场风险最低资本；$MC_{信用}$ 为信用风险最低资本；$M_{相关系数}$ 代表相关系数矩阵由《保险公司偿付能力监管规则（Ⅱ）》规定。

（2）寿险业务最低资本

寿险业务保险风险最低资本采用情景法计算，即分别在基础情景假设和不利情景假设下计算评估日的现金流现值。最低资本等于两种情景下的现金流现值之差，且不得为负。

各类寿险业务保险风险最低资本计算公式为

$$MC_{保险} = \max(PV_{不利情景} - PV_{基础情景}, 0) \tag{10.37}$$

其中，$MC_{保险}$ 为寿险业务保险风险各类子风险的最低资本；$PV_{基础情景}$ 为基础情景假设下，按照《保险公司偿付能力监管规则第 3 号：寿险合同负债评估》考虑再保因素后计算得到的寿险业务现金流现值；$PV_{不利情景}$ 为不利情景假设下，按照《保险公司偿付能力监管规则第 3 号：寿险合同负债评估》考虑再保因素后计算得到的寿险业务现金流现值；基础情景假设是指保险公司在计算最优估计准备金时所采用的假设；不利情景假设为基础情景假设乘以（1 + SF），SF 为不利情景因子，表示不利情景对基础情景假设上浮或者下浮一定比例，国家金融监督管理总局另有规定的除外。

保险公司寿险业务保险风险包括损失发生风险、费用风险和退保风险，这里主要研究寿险业务损失发生风险的最低资本。损失发生风险包括死亡发生率风险、死亡巨灾风险、长寿风险、疾病风险、医疗及健康赔付损失率风险、其他损失发生率风险。

本节关于损失风险发生最低资本的研究包括死亡发生率风险和长寿风险的最低资本。

死亡发生率风险是指死亡发生率的实际经验高于预期而使保险公司遭受非预期损失的风险。死亡发生率风险不利情景因子 SF 为在基础情景假设的基础上，未来剩余保险期间内死亡发生率上浮一定比例。SF 赋值为 15%，保险公司死亡发生率风险最低资本为全部寿险业务死亡发生率风险最低资本的算术加总。

长寿风险是指死亡发生率改善的实际经验高于预期而使保险公司遭受非预期损失的风险。长寿风险的不利情景因子 SF 为在基础情景假设的基础上，未来剩余保险期间内每个年度死亡发生率下浮一定比例。SF 根据评估日后的年度确定，赋值如下：

$$SF=\begin{cases}(1-3\%)^{t}-1, & 0<t\leqslant 10\\(1-3\%)^{10}(1-2\%)^{t-10}-1, & 10<t\leqslant 20\\(1-3\%)^{10}(1-2\%)^{10}(1-1\%)^{t-20}-1, & 20<t\leqslant 30\\(1-3\%)^{10}(1-2\%)^{10}(1-1\%)^{10}-1, & t>30\end{cases} \tag{10.38}$$

其中，$t$ 为整数，表示评估日后第 $t$ 年度。专属商业养老保险业务的长寿风险不利情景因子为 $SF_{长寿风险}$，$SF_{长寿风险}=SF\times 0.9$。保险公司长寿风险最低资本为全部寿险业务长寿风险最低资本的算术加总。

综合考虑寿险业务的损失风险发生，其损失发生风险最低资本的计算公式为

$$MC_{损失发生}=\sqrt{MC_{向量}\times M_{相关系数}\times MC_{向量}^{T}} \tag{10.39}$$

其中，$MC_{损失发生}$ 为保险公司损失发生风险的最低资本；$MC_{向量}$ 为一个行向量，由（$MC_{死亡}$，$MC_{死亡巨灾}$，$MC_{长寿}$，$MC_{疾病}$，$MC_{医健}$，$MC_{其他}$）组成；$MC_{死亡}$ 为保险公司死亡发生率风险最低资本；$MC_{死亡巨灾}$ 为保险公司死亡巨灾风险最低资本；$MC_{长寿}$ 为保险公司长寿风险最低资本；$MC_{疾病}$ 为保险公司疾病风险最低资本；$MC_{医健}$ 为保险公司医疗及健康赔付损失率风险最低资本；$MC_{其他}$ 为保险公司其他损失发生率风险最低资本；$M_{相关系数}$ 代表相关系数矩阵，由《保险公司偿付能力监管规则（Ⅱ）》规定。

综合考虑寿险业务损失发生风险、费用风险和退保风险，保险公司寿险业务的保险风险的最低资本计算公式为

$$MC_{寿险保险}=\sqrt{MC_{向量}\times M_{相关系数}\times MC_{向量}^{T}} \tag{10.40}$$

其中，$MC_{寿险保险}$ 为保险公司寿险业务保险风险的最低资本；$MC_{向量}$ 为一个行向量，由（$MC_{损失发生}$，$MC_{费用}$，$MC_{退保}$）组成；$MC_{损失发生}$ 为保险公司损失发生风险最低资本；$MC_{费用}$ 为保险公司费用风险最低资本；$MC_{退保}$ 为保险公司退保风险最低资本；$M_{相关系数}$ 代表相关系数矩阵，由《保险公司偿付能力监管规则（Ⅱ）》规定。

## 习题 10

10－1　某 35 岁的人签单了保险金额为 10 万元的全离散型终身寿险，年缴均衡保费 1 次，以 CL1（2010—2013）2.5% 为计算基础，在 FPT 方法下，求修正后的首年纯保险费 $\alpha$、续年纯保险费 $\beta$ 以及第 15 年年末的纯保费责任准备金 ${}_{15}V^{FPT}$。

10－2　证明：初年定期修正法下，${}_{t}^{n}V_{x:\overline{m}|}^{F}={}_{t-1}^{n-1}V_{x+1:\overline{m-1}|}$。

10－3　张某 30 岁时投保了 20 年限期缴费、保险金额 10 000 元 30 年期两全保险。试用保险监察官修正法，计算该保险在第 5 年年末的责任准备金（用替换函数表示所求结果）。

10－4 证明：${}_{10}V^{\mathrm{F}}_{30:\overline{20|}} = 1 - \dfrac{\ddot{a}_{40:\overline{10|}}}{\ddot{a}_{31:\overline{19|}}}$。

（$V^{\mathrm{F}}$ 表示一年定期修正法责任准备金。）

10－5 35岁的人购买保险金额10 000元的10年期死亡保险。他决定在第5个保险年度退保。试用传统现金价值决定法（设退保费用为100元），求退保时的最低现金价值。

10－6 30岁的人购买保险金额为1 000元、于死亡所在年年末给付的30年期全离散型两全保险，缴费期30年。调整保险费法下第 $t$ 年年末的现金价值 ${}_{t}CV$ 按 $A_{x+t:\overline{n-k|}} - P^{\alpha}_{x:\overline{n|}}\ddot{a}_{x+k:\overline{n-k|}}$ 计算。已知调整纯保险费为均衡纯保险费的110%，用第 $t$ 年年末的均衡纯保险费责任准备金作为第 $t$ 年年末的现金价值，购买缴清保险时可购买的保险金额用 ${}_{t}W$ 表示。进一步还已知，${}_{10}W_{30:\overline{30|}} = 0.5$，${}_{5}W_{40:\overline{20|}} = 0.3$，求第15年年末调整保险费法下的最低的现金价值可购买的缴清保险的保险金额。

10－7 已知 ${}_{5}V^{\mathrm{FPT}}_{x:\overline{10|}} = 0.25$，$\beta^{\mathrm{FPT}} = 0.05$，$d = 0.06$，$q_{x+4} = 0.01$。求 $100\,000\,{}_{3}V_{x+1:\overline{9|}}$。

10－8 老王为其现年15岁的孙子投了全离散型的保险金额为100 000元的30年期两全保险。已知：$100\,000A_{17:\overline{28|}} = 26\,507$，$100\,000A^{1}_{35:\overline{1|}} = 86.7$，$\ddot{a}_{15:\overline{30|}} = 15.924$，$\ddot{a}_{17:\overline{28|}} = 15.434$，$100\,000P_{15:\overline{30|}} = 1\,517.8$，$100\,000P_{16:\overline{29|}} = 1\,613.7$。修正年限为 $g = 30$ 年，$\alpha^{\mathrm{mod}} = 5\alpha^{\mathrm{FPT}}$。试用一年定期修正法计算第2年年末的责任准备金。

10－9 35岁男性签订的保险金额为20 000元的30年定期离散型生死两全保险，已知替换函数：$P_{35:\overline{30|}} = 0.013\,65$，$A_{38:\overline{7|}} = 0.228\,23$，$a_{35:\overline{29|}} = 13.234\,13$，$\ddot{a}_{38:\overline{7|}} = 13.634\,65$，$A^{1}_{35:\overline{1|}} = 0.001\,13$。在FPT法下，求第3年年末的准备金。

10－10 对30岁的投保人签发的1单位保险金额、连续型20年期两全保险，在第10年年末中止，并且那时还有一笔以 ${}_{10}CV$ 为抵押的贷款额 $L$ 尚未清偿，用趸缴净保险费表示：①在保险金额为 $1-L$ 的展期保险可展延到原期满时的情况下，期满时生存给付额为 $E$。②转为第①小题中展期保险与生存保险后5年时的责任准备金。

10－11 简述保单现金价值的含义。在现金价值设计中，现金价值为何小于或等于准备金？简要说明这样设计的主要理由。

10－12 某35岁的人投保了20年期全离散型两全保险，保险金额10万元于死亡所在年年末给付，保险费在每年年初缴纳。第10年年末的现金价值为4.7万元，以CL1（2010—2013）2.5%为计算基础，求与此等价的缴清保险和展期保险的保险金额。

# 11 多元风险模型

本章之前所涉及的内容属于一元风险模型的范畴，即同时进入观察的一批人只在死亡因素的影响下逐渐减少。但在实际中，影响未来存续时间的因素往往不止死亡一个。例如，保险公司在做长期保险的时候，除了要考虑死亡率之外，还要考虑退保因素的影响；在制订企业养老金计划时，需要综合考虑企业员工受死亡、残疾、离职、退休等因素的影响。因此，为研究同时进入观察的一批人在受两个或两个以上风险影响下逐渐减少的规律而建立的精算数学模型称为多元风险模型，也可称为多减因模型。

与一元风险模型的表现形式相似，多元风险模型也可以表格形式来表示，这个表格我们称之为多元风险生命表，简称"多元风险表"，即通过一张统计表反映出同一年龄参加同一事件的一批人受两个及两个以上因素影响而陆续减少的规律。

此外，多元风险生命表还具有更广泛的含义。一批人属于某个集合或者具有某些特征时，我们称之为"生存"；而当其离开这一个集合时，我们称之为"死亡"。如企业所有单身在职员工构成一个集合，该集合的特征是"单身"和"在职"，具备这两个特征的个体被称为状态"生存"，否则就被称为状态"死亡"。该集合中的人数会因为以下原因而减少，即状态"死亡"：①结婚；②离职；③死亡。当然，这里的状态之间可以转换，比如"已婚"向"单身"变换，就从"死亡"变成"生存"。为了分析方便起见，在本章中我们假定所研究的多元风险生命表中的状态"死亡"不可以转换为状态"生存"。



## 11.1 多元风险函数与多元风险生命表

### 11.1.1 多元风险函数

多元风险函数指的是随时间变化而变化，反映单个风险或全部风险作用下"生存"与"死亡"规律的函数关系。这些函数关系反映的是多元风险生命表中数字之间的内在联系，是多元风险生命表编制和多元风险情形下寿险精算的基础。表 11.1 是某三元风险表的一部分，表示退休、死亡和离职三个风险的作用状况。

表 11.1　某三元风险表的一部分

| $x$ | $q_x^{(1)}$ | $q_x^{(2)}$ | $q_x^{(3)}$ | $q_x^{(\tau)}$ | $l_x^{(\tau)}$ | $d_x^{(1)}$ | $d_x^{(2)}$ | $d_x^{(3)}$ | $d_x^{(\tau)}$ |
|---|---|---|---|---|---|---|---|---|---|
| 30 | 0.002 2 | 0.005 5 | 0.004 2 | 0.011 9 | 85 432 | 188 | 470 | 359 | 1 017 |
| 31 | 0.002 5 | 0.006 4 | 0.005 4 | 0.014 3 | 84 415 | 211 | 540 | 456 | 1 207 |
| 32 | 0.003 1 | 0.007 1 | 0.006 1 | 0.016 3 | 83 208 | 258 | 591 | 508 | 1 356 |
| 33 | 0.003 5 | 0.008 2 | 0.006 6 | 0.018 3 | 81 852 | 286 | 671 | 540 | 1 498 |
| 34 | 0.003 7 | 0.008 3 | 0.007 0 | 0.019 0 | 80 354 | 297 | 667 | 562 | 1 527 |
| 35 | 0.004 3 | 0.008 7 | 0.007 4 | 0.020 4 | 78 827 | 339 | 686 | 583 | 1 608 |

(1) 基本风险函数

①$l_x^{(\tau)}$ 表示同时参加同一事件的一批个体，暴露在全部风险条件下，在 $x$ 岁时平均仍然“存活”的人数。

②$d_x^{(j)}$ 表示同时参加同一事件的一批个体，由于风险 $j(j=1,2,\cdots,m)$ 的作用，该群体在 $x$ 到 $x+1$ 岁间减少或“死亡”的个体平均数量；${}_nd_x^{(j)}$ 表示由于风险 $j$ 的作用，在 $x$ 到 $x+n$ 岁间减少或“死亡”的个体平均数量。$d_x^{(\tau)}$ 表示同时参加同一事件的一批个体，在全部风险的作用下，该群体在 $x$ 到 $x+1$ 岁间减少或“死亡”的个体平均数量；${}_nd_x^{(\tau)}$ 表示由于全部风险的作用，在 $x$ 到 $x+n$ 岁间减少或“死亡”的个体平均数量。显然有

$$d_x^{(\tau)} = \sum_{j=1}^{m} d_x^{(j)} \tag{11.1}$$

$${}_nd_x^{(\tau)} = \sum_{j=1}^{m} {}_nd_x^{(j)} \tag{11.2}$$

$$l_x^{(\tau)} - d_x^{(\tau)} = l_{x+1}^{(\tau)} \tag{11.3}$$

$$l_x^{(\tau)} - {}_nd_x^{(\tau)} = l_{x+n}^{(\tau)} \tag{11.4}$$

$$l_x^{(\tau)} = \sum_{y=x}^{+\infty} d_y^{(\tau)} \tag{11.5}$$

严格来讲，这里的 $+\infty$ 指的是 $\omega-1$，其中 $\omega$ 为终极年龄，即 $l_\omega^{(\tau)}=0$。

③$q_x^{(j)}$ 表示 $x$ 岁的人在未来一年内由于风险 $j$ 作用而减少或“死亡”的概率，${}_nq_x^{(j)}$ 表示 $x$ 岁的人在未来 $n$ 年内由于风险 $j$ 作用而减少或“死亡”的概率。

$$q_x^{(j)} = \frac{d_x^{(j)}}{l_x^{(\tau)}} \tag{11.6}$$

$${}_nq_x^{(j)} = \frac{{}_nd_x^{(j)}}{l_x^{(\tau)}} \tag{11.7}$$

④$q_x^{(\tau)}$ 表示 $x$ 岁的人在未来一年内由于全部风险作用而减少或“死亡”的概率，${}_nq_x^{(\tau)}$ 表示 $x$ 岁的人在未来 $n$ 年内由于全部风险作用而减少或“死亡”的概率。

$$q_x^{(\tau)} = \frac{d_x^{(\tau)}}{l_x^{(\tau)}} = \frac{\sum_{j=1}^{m} d_x^{(j)}}{l_x^{(\tau)}} = \sum_{j=1}^{m} q_x^{(j)} \tag{11.8}$$

$$ {}_nq_x^{(\tau)}=\frac{{}_nd_x^{(\tau)}}{l_x^{(\tau)}}=\frac{\sum_{j=1}^{m}{}_nd_x^{(j)}}{l_x^{(\tau)}}=\sum_{j=1}^{m}{}_nq_x^{(j)} \tag{11.9} $$

⑤$p_x^{(\tau)}$ 表示 $x$ 岁的人在未来一年内在全部风险作用下仍然存活的概率，${}_np_x^{(\tau)}$ 表示 $x$ 岁的人在未来 $n$ 年内在全部风险作用下仍然存活的概率。

$$ p_x^{(\tau)}=\frac{l_{x+1}^{(\tau)}}{l_x^{(\tau)}}=1-q_x^{(\tau)} \tag{11.10} $$

$$ {}_np_x^{(\tau)}=\frac{l_{x+n}^{(\tau)}}{l_x^{(\tau)}}=1-{}_nq_x^{(\tau)} \tag{11.11} $$

⑥ ${}_{s|t}q_x^{(j)}$ 表示 $x$ 岁的人在活过 $s$ 年后的 $t$ 年时间里由于风险 $j$ 作用而减少或"死亡"的概率。显然有

$$ {}_{s|t}q_x^{(j)}={}_sp_x^{(\tau)}\,{}_tq_{x+s}^{(j)}=\frac{{}_td_{x+s}^{(j)}}{l_x^{(\tau)}} \tag{11.12} $$

**例 11.1** 利用表 11.1 的数据计算 ${}_4p_{30}^{(\tau)}$、${}_3q_{32}^{(3)}$、${}_{2|}q_{32}^{(2)}$、${}_{2|2}q_{32}^{(2)}$。

**解：** $$ {}_4p_{30}^{(\tau)}=\frac{l_{34}^{(\tau)}}{l_{30}^{(\tau)}}\approx 0.940\ 561 $$

$$ {}_3q_{32}^{(3)}=\frac{{}_3d_{32}^{(3)}}{l_{32}^{(\tau)}}=\frac{d_{32}^{(3)}+d_{33}^{(3)}+d_{34}^{(3)}}{l_{32}^{(\tau)}}=\frac{1\ 610}{83\ 208}\approx 0.019\ 349 $$

$$ {}_{2|}q_{32}^{(2)}=\frac{d_{34}^{(2)}}{l_{32}^{(\tau)}}=\frac{667}{83\ 208}\approx 0.008\ 016 $$

$$ {}_{2|2}q_{32}^{(2)}={}_2p_{32}^{(\tau)}\,{}_2q_{34}^{(2)}=\frac{d_{34}^{(2)}+d_{35}^{(2)}}{l_{32}^{(\tau)}}=\frac{1\ 353}{83\ 208}\approx 0.016\ 260 $$

(2) 随机变量 $T$ 与 $J$

我们把 $x$ 岁的人在未来存续的时间记作 $T(x)$ 或简记为 $T$，即表示 $(x)$ 从开始直到因某种风险而终止所经历的时间，是一个连续型随机变量，取值为 $[0,+\infty)$。导致 $x$ 岁的人终止的风险记作 $J(x)$ 或简记为 $J$，显然，$J=1,2,\cdots,m$，$J$ 是一个离散型随机变量。

构造存续时间随机变量 $T$ 与风险随机变量 $J$ 的联合密度函数 $f(t,j)$，那么可以获得如下概率表示形式：

风险 $j$ 导致 $x$ 岁的人在时间 $[0,n]$ 内"死亡"的概率即 ${}_nq_x^{(j)}$，它可表示为

$$ {}_nq_x^{(j)}=\mathrm{P}(0<T\leqslant n,J=j)=\int_0^n f(t,j)\,\mathrm{d}t \tag{11.13} $$

$x$ 岁的人在时间 $[0,n]$ 内不论因何种风险而"死亡"的概率即 ${}_nq_x^{(\tau)}$，它可表示为

$$ \begin{aligned} {}_nq_x^{(\tau)}&=\mathrm{P}(0<T\leqslant n)=\sum_{j=1}^{m}\mathrm{P}(0<T\leqslant n,J=j)\\ &=\sum_{j=1}^{m}\int_0^n f(t,j)\,\mathrm{d}t \end{aligned} \tag{11.14} $$

$x$ 岁的人在时刻 $n$ 仍然"存活"的概率即 ${}_np_x^{(\tau)}$，它可表示为

$$ {}_{n}p_{x}^{(\tau)} = 1 - {}_{n}q_{x}^{(\tau)} \tag{11.15} $$

$x$ 岁的人因风险 $j$ 而终止的概率即 ${}_{\infty}q_{x}^{(j)}$，它可表示为

$$ {}_{\infty}q_{x}^{(j)} = \mathrm{P}(T \leqslant \infty, J = j) = \int_{0}^{\infty} f(t,j)\,\mathrm{d}t \tag{11.16} $$

上式中，$j = 1,2,\cdots,m$。

根据联合密度函数与边际密度函数的关系，记风险随机变量 $J$ 的边际密度函数为 $h(j)$，于是

$$ h(j) = {}_{\infty}q_{x}^{(j)} = \int_{0}^{\infty} f(t,j)\,\mathrm{d}t, \quad j = 1,2,\cdots,m \tag{11.17} $$

显然有

$$ \sum_{j=1}^{m} h(j) = 1 $$

记随机变量 $T$ 的边缘密度函数为 $g(t)$，由于 $J$ 是离散型随机变量，于是有

$$ g(t) = \sum_{j=1}^{m} f(t,j) \tag{11.18} $$

显然

$$ \int_{0}^{+\infty} g(t)\,\mathrm{d}t = 1 \tag{11.19} $$

记随机变量 $T$ 的边缘分布函数为 $G(t)$，那么

$$ \begin{aligned} G(t) &= \int_{0}^{t} g(s)\,\mathrm{d}s = \int_{0}^{t} \sum_{j=1}^{m} f(s,j)\,\mathrm{d}s \\ &= \sum_{j=1}^{m} \int_{0}^{t} f(s,j)\,\mathrm{d}s = {}_{t}q_{x}^{(\tau)} \end{aligned} \tag{11.20} $$

$G(t)$ 就是 $x$ 岁的人在时刻 $t$ 前终止的概率。

(3) 终止力函数

在多元风险模型中，终止力反映了同一批人由于某个或全部风险而减少的力度或“死亡”的力度，描述了某一瞬间风险的作用水平。类似于一元风险模型中死亡力的定义，我们将受全部风险作用的 $x$ 岁的人在 $x+t$ 岁的终止力定义为

$$ \mu_{x+t}^{(\tau)} = -\frac{1}{{}_{t}p_{x}^{(\tau)}} \cdot \frac{\mathrm{d}}{\mathrm{d}t}\,{}_{t}p_{x}^{(\tau)} = \frac{1}{{}_{t}p_{x}^{(\tau)}} \cdot \frac{\mathrm{d}}{\mathrm{d}t}\,{}_{t}q_{x}^{(\tau)} \tag{11.21} $$

由上式可得

$$ {}_{t}p_{x}^{(\tau)} = \exp\left(-\int_{0}^{t} \mu_{x+s}^{(\tau)}\,\mathrm{d}s\right) \tag{11.22} $$

此外还可以表示为

$$ \mu_{x+t}^{(\tau)} = -\frac{\mathrm{d}}{\mathrm{d}t}\ln {}_{t}p_{x}^{(\tau)} \tag{11.23} $$

$$ \mu_{x+t}^{(\tau)} = -\frac{(l_{x+t}^{(\tau)})'}{l_{x+t}^{(\tau)}} \tag{11.24} $$

$$ \mu_{x+t}^{(\tau)} = \frac{G'(t)}{1 - G(t)} = \frac{g(t)}{1 - G(t)} \tag{11.25} $$

风险 $j$ 导致 $x$ 岁的人在 $x+t$ 岁时终止的终止力可以定义为

$$\mu_{x+t}^{(j)}=\frac{1}{{}_tp_x^{(\tau)}}\cdot\frac{\mathrm{d}}{\mathrm{d}t}{}_tq_x^{(j)} \tag{11.26}$$

此外还可以表示为

$$\mu_{x+t}^{(j)}=\frac{f(t,j)}{1-G(t)}=\frac{f(t,j)}{{}_tp_x^{(\tau)}} \tag{11.27}$$

因此,联合概率密度函数可以表示为

$$f(t,j)={}_tp_x^{(\tau)}\mu_{x+t}^{(j)} \tag{11.28}$$

由于

$${}_tq_x^{(\tau)}=\sum_{j=1}^{m}{}_tq_x^{(j)} \tag{11.29}$$

两边同时对 $t$ 进行求导并除以 ${}_tp_x^{(\tau)}$,可得

$$\mu_{x+t}^{(\tau)}=\sum_{j=1}^{m}\mu_{x+t}^{(j)} \tag{11.30}$$

因此,$h(j)$ 和 $g(t)$ 也可以表示为

$$h(j)=\int_0^{\infty}f(t,j)\mathrm{d}t=\int_0^{\infty}{}_tp_x^{(\tau)}\mu_{x+t}^{(j)}\mathrm{d}t \tag{11.31}$$

$$\begin{aligned}g(t)&=\sum_{j=1}^{m}f(t,j)=\sum_{j=1}^{m}{}_tp_x^{(\tau)}\mu_{x+t}^{(j)}\\&={}_tp_x^{(\tau)}\sum_{j=1}^{m}\mu_{x+t}^{(j)}={}_tp_x^{(\tau)}\mu_{x+t}^{(\tau)}\end{aligned} \tag{11.32}$$



**例 11.2** 三元风险模型中,已知 $\mu_x^{(j)}=0.01j\ (j=1,2,3)$,求 $q_x^{(1)}$、$q_x^{(2)}$ 和 $q_x^{(3)}$。

**解:** 根据已知,有

$$\begin{aligned}\mu_{x+t}^{(\tau)}&=\mu_{x+t}^{(1)}+\mu_{x+t}^{(2)}+\mu_{x+t}^{(3)}\\&=\mu_x^{(1)}+\mu_x^{(2)}+\mu_x^{(3)}=0.01+0.02+0.03=0.06\end{aligned}$$

$${}_tp_x^{(\tau)}=\exp\left(-\int_0^t 0.06\mathrm{d}t\right)=\mathrm{e}^{-0.06t}$$

$$\begin{aligned}q_x^{(1)}&=\int_0^1 f(t,1)\ \mathrm{d}t=\int_0^1{}_tp_x^{(\tau)}\mu_{x+t}^{(1)}\mathrm{d}t=0.01\int_0^1\mathrm{e}^{-0.06t}\mathrm{d}t\\&=\frac{0.01}{0.06}\cdot(1-\mathrm{e}^{-0.06})\approx 0.009\ 706\end{aligned}$$

同理可得

$$q_x^{(2)}\approx 0.019\ 412,q_x^{(3)}\approx 029\ 118。$$

**例 11.3** 已知 $\mu_{x+t}^{(1)}=\dfrac{1}{100}$,$\mu_{x+t}^{(2)}=\dfrac{t}{100}$,其中 $t\geqslant 0$。求 $f(t,j)$、$g(t)$ 及 $h(j)$。

**解:** $\because\ \mu_{x+t}^{(\tau)}=\mu_{x+t}^{(1)}+\mu_{x+t}^{(2)}=\dfrac{1}{100}+\dfrac{t}{100}=\dfrac{t+1}{100}$

$$\therefore\ {}_tp_x^{(\tau)}=\exp\left(-\int_0^t\frac{s+1}{100}\mathrm{d}s\right)=\exp\left(-\frac{t^2+2t}{200}\right)$$

$$f(t,j)=\begin{cases}\dfrac{1}{100}\exp\left(-\dfrac{t^2+2t}{200}\right) & (t\geqslant 0, j=1)\\ \dfrac{t}{100}\exp\left(-\dfrac{t^2+2t}{200}\right) & (t\geqslant 0, j=2)\end{cases}$$

$$g(t)=f(t,1)+f(t,2)=\frac{t+1}{1\ 000}\exp\left(-\frac{t^2+2t}{2\ 000}\right)$$

$$h(1)=\int_0^{\infty}\frac{1}{100}\exp\left(-\frac{t^2+2t}{200}\right)\mathrm{d}t\approx 0.115\ 926$$

$$h(2)=1-h(1)\approx 0.884\ 074$$

(4) 中心终止力

中心终止力,又称中心"死亡"率,是指一年内减少的人数与平均"存活"人数之比。

全部风险的中心终止力为

$$m_x^{(\tau)}=\frac{d_x^{(\tau)}}{L_x^{(\tau)}}=\frac{\int_0^1 l_{x+t}^{(\tau)}\mu_{x+t}^{(\tau)}\mathrm{d}t}{\int_0^1 l_{x+t}^{(\tau)}\mathrm{d}t}=\frac{\int_0^1 {}_tp_x^{(\tau)}\mu_{x+t}^{(\tau)}\mathrm{d}t}{\int_0^1 {}_tp_x^{(\tau)}\mathrm{d}t} \tag{11.33}$$

风险 $j$ 的中心终止力为

$$m_x^{(j)}=\frac{d_x^{(j)}}{L_x^{(\tau)}}=\frac{\int_0^1 l_{x+t}^{(\tau)}\mu_{x+t}^{(j)}\mathrm{d}t}{\int_0^1 l_{x+t}^{(\tau)}\mathrm{d}t}=\frac{\int_0^1 {}_tp_x^{(\tau)}\mu_{x+t}^{(j)}\mathrm{d}t}{\int_0^1 {}_tp_x^{(\tau)}\mathrm{d}t} \tag{11.34}$$

显然有

$$m_x^{(\tau)}=\sum_{j=1}^{m}m_x^{(j)} \tag{11.35}$$

此外,当假设各年龄段总减少人数服从均匀分布时,有

$$l_{x+t}^{(\tau)}=l_x^{(\tau)}-td_x^{(\tau)}\ (0\leqslant t\leqslant 1) \tag{11.36}$$

$$L_x^{(\tau)}=\int_0^1 l_{x+t}^{(\tau)}\mathrm{d}t=\int_0^1\left(l_x^{(\tau)}-td_x^{(\tau)}\right)\mathrm{d}t$$

$$=l_x^{(\tau)}-\frac{1}{2}d_x^{(\tau)}=\frac{l_x^{(\tau)}+l_{x+1}^{(\tau)}}{2} \tag{11.37}$$

$$m_x^{(\tau)}=\frac{d_x^{(\tau)}}{L_x^{(\tau)}}=\frac{d_x^{(\tau)}}{l_x^{(\tau)}-\frac{1}{2}d_x^{(\tau)}}=\frac{2q_x^{(\tau)}}{2-q_x^{(\tau)}} \tag{11.38}$$

$$m_x^{(j)}=\frac{d_x^{(j)}}{L_x^{(\tau)}}=\frac{d_x^{(j)}}{l_x^{(\tau)}-\frac{1}{2}d_x^{(\tau)}}=\frac{2q_x^{(j)}}{2-q_x^{(\tau)}} \tag{11.39}$$

由上面两式可解得

$$q_x^{(\tau)}=\frac{2m_x^{(\tau)}}{2+m_x^{(\tau)}} \tag{11.40}$$

$$q_x^{(j)}=\frac{2m_x^{(j)}}{2+m_x^{(\tau)}} \tag{11.41}$$

例 11.4　考虑一个多元风险模型，已知：①${}_tp_x^{(\tau)} = 1 - 0.03t, 0 \leqslant t \leqslant 1$；②$\mu_{x+t}^{(1)} = 0.02t, 0 \leqslant t \leqslant 1$。求 $m_x^{(1)}$。

解：根据已知，有

$$m_x^{(1)} = \frac{\int_0^1 {}_tp_x^{(\tau)} \mu_{x+t}^{(1)} \mathrm{d}t}{\int_0^1 {}_tp_x^{(\tau)} \mathrm{d}t}$$

$$\int_0^1 {}_tp_x^{(\tau)} \mu_{x+t}^{(1)} \mathrm{d}t = \int_0^1 (1 - 0.03t)(0.02t) \mathrm{d}t = 0.009\,8$$

$$\int_0^1 {}_tp_x^{(\tau)} \mathrm{d}t = \int_0^1 (1 - 0.03t) \mathrm{d}t = 0.985$$

$$m_x^{(1)} = \frac{0.009\,8}{0.985} \approx 0.009\,95$$

### 11.1.2　多元风险生命表

多元风险生命表是一张反映同一年龄参加同一事件的一批人受两个及两个以上因素影响而陆续减少的统计表，是多元风险模型的精算基础，它对于多元风险情形下的寿险精算具有重要意义。与简单生命表的编制类似，下面将给出多元风险生命表的编制方法和基本步骤。

通过实际的人口调查统计，有关人员可以获得以下资料：某时期受全部风险作用，在年龄段（$x$ 岁时）“存活”的人数分别为 $\tilde{P}_x^{(\tau)}$，在年龄段（$x$ 岁时）受各风险影响减少的人数为 $\tilde{D}_x^{(j)}$。那么，可以按照如下步骤编制多元风险生命表：

第一步，计算该时期各年龄段平均“存活”人数 $\bar{P}_x^{(\tau)}$：

$$\bar{P}_x^{(\tau)} = \frac{\tilde{P}_x^{(\tau)} + \tilde{P}_{x+1}^{(\tau)}}{2} \tag{11.42}$$

第二步，计算出各年龄段实际中心终止率 $\tilde{M}_x^{(j)}$、$\tilde{M}_x^{(\tau)}$：

$$\tilde{M}_x^{(j)} = \frac{\tilde{D}_x^{(j)}}{\bar{P}_x^{(\tau)}} \tag{11.43}$$

$$\tilde{M}_x^{(\tau)} = \frac{\tilde{D}_x^{(\tau)}}{\bar{P}_x^{(\tau)}} \tag{11.44}$$

第三步，以实际中心终止率 $\tilde{M}_x^{(j)}$、$\tilde{M}_x^{(\tau)}$ 去分别估计多元风险生命表中的中心终止率 $m_x^{(j)}$、$m_x^{(\tau)}$，且各年龄段总减少人数服从均匀分布假设，根据式（11.40）和式（11.41）计算出各风险概率 $q_x^{(j)}$、$q_x^{(\tau)}$：

$$q_x^{(j)} = \frac{2m_x^{(j)}}{2 + m_x^{(\tau)}} = \frac{2\tilde{M}_x^{(j)}}{2 + \tilde{M}_x^{(\tau)}} \tag{11.45}$$

$$q_x^{(\tau)} = \frac{2m_x^{(\tau)}}{2 + m_x^{(\tau)}} = \frac{2\tilde{M}_x^{(\tau)}}{2 + \tilde{M}_x^{(\tau)}} \tag{11.46}$$

第四步，假设多元风险生命表基数（例如 $l_a^{(\tau)} = 100\,000$），由下面的公式就可以编制出多元生命风险表：

$$d_x^{(\tau)} = l_x^{(\tau)} q_x^{(\tau)} \tag{11.47}$$

$$l_{x+1}^{(\tau)} = l_x^{(\tau)} - d_x^{(\tau)} \tag{11.48}$$

$$d_x^{(j)} = l_x^{(\tau)} q_x^{(j)} \tag{11.49}$$

# 11.2 联合单风险模型

## 11.2.1 联合单风险模型的概念及其特征

在多元风险模型中，由于各种风险同时发生作用，因此某种风险导致状态终止的可能性会因其他风险的存在而发生改变，我们称这些影响状态终止且相互作用的风险为竞争性风险。在竞争性风险环境中，我们只能看到这些风险对状态终止产生的总作用，难以看到某个风险的单独作用。例如员工保险计划，由于退休、残疾和自愿解约的存在而不能直接知道死亡率对此有多大的影响。为了考虑各种风险的单独作用对存续函数${}_tp_x^{(\tau)}$和终止概率${}_tq_x^{(\tau)}$造成的影响，我们就某个特定的风险定义单风险模型，该模型只依赖于该特定的风险，多个单风险的总和称为联合单风险模型。

在考虑风险$j$的单独作用时，我们以其终止力$\mu_x^{(j)}$为基础，对其他函数进行定义，并在函数的右上角加“ * ”号或者“′”号与多元风险函数进行区分。因此，

$$p_x^{*(j)} = \exp(-\int_0^1 \mu_{x+t}^{(j)} \mathrm{d}t) \tag{11.50}$$

$$q_x^{*(j)} = 1 - p_x^{*(j)} \tag{11.51}$$

更一般的情形下，对于任意正数$t$，有

$${}_tp_x^{*(j)} = \exp(-\int_0^t \mu_{x+s}^{(j)} \mathrm{d}s) \tag{11.52}$$

$${}_tq_x^{*(j)} = 1 - {}_tp_x^{*(j)} \tag{11.53}$$

${}_tq_x^{*(j)}$称为风险$j$的独立终止率，它不同于风险$j$的终止概率${}_tq_x^{(j)}$。前者仅与风险$j$的终止力有关，与其他终止力无关，即仅考虑在风险$j$的作用下而减少的概率。后者则考虑在全部风险作用下风险$j$所导致的终止概率。

由

$${}_tp_x^{(\tau)} = \exp(-\int_0^t \mu_{x+s}^{(\tau)} \mathrm{d}s) = \exp(-\int_0^t \sum_{j=1}^{m} \mu_{x+s}^{(j)} \mathrm{d}s) = \prod_{j=1}^{m} {}_tp_x^{*(j)} \tag{11.54}$$

可得

$${}_tp_x^{*(j)} \geqslant {}_tp_x^{(\tau)} \tag{11.55}$$

所以

$${}_tp_x^{*(j)} \mu_{x+t}^{(j)} \geqslant {}_tp_x^{(\tau)} \mu_{x+t}^{(j)} \tag{11.56}$$

上式两端从 0 到 1 积分可得

$$q_x^{*(j)} = \int_0^1 {}_tp_x^{*(j)} \mu_{x+t}^{(j)} \mathrm{d}t \geqslant \int_0^1 {}_tp_x^{(\tau)} \mu_{x+t}^{(j)} \mathrm{d}t = q_x^{(j)} \tag{11.57}$$

即风险$j$导致的独立终止率会因其他原因的作用（先于风险$j$发生）而变小。

此外，显然

$$q_x^{*(j)} = 1 - p_x^{*(j)} \leqslant 1 - p_x^{(\tau)} = q_x^{(\tau)} \tag{11.58}$$

这说明风险 $j$ 导致的独立终止率会因该风险之外其他风险的作用而增大至 $q_x^{(\tau)}$。

在联合单风险模型中，定义风险 $j$ 的独立中心终止力为

$$m_x^{*(j)} = \frac{\int_0^1 {}_tp_x^{*(\tau)} \mu_{x+t}^{(j)} \mathrm{d}t}{\int_0^1 {}_tp_x^{*(\tau)} \mathrm{d}t} \tag{11.59}$$

例 11.5　假设 $m_{20}^{(\tau)} = 0.4$，$q_{20}^{*(1)} = 0.1$，在多元风险模型中各风险所导致的减少人数服从均匀分布假设，计算 $q_{20}^{*(2)}$。

解：∵ 多元风险模型中各风险所导致的减少人数服从均匀分布假设，且 $m_{20}^{(\tau)} = 0.4$

$$\therefore q_{20}^{(\tau)} = \frac{2m_{20}^{(\tau)}}{2 + m_{20}^{(\tau)}} = \frac{2 \times 0.4}{2 + 0.4} \approx 0.333\ 333$$

$$\therefore p_{20}^{(\tau)} = 1 - q_{20}^{(\tau)} = 0.666\ 667$$

$$\because p_{20}^{(\tau)} = p_{20}^{*(1)} p_{20}^{*(2)}$$

$$\therefore p_{20}^{*(2)} = \frac{p_{20}^{(\tau)}}{p_{20}^{*(1)}} \approx 0.740\ 741$$

$$q_{20}^{*(2)} = 1 - p_{20}^{*(2)} = 0.259\ 259$$



### 11.2.2　特殊假设下 $q_x^{(j)}$ 和 $q_x^{*(j)}$ 的相互转换

（1）假设在多元风险模型中，各终止力在各年龄段内均为常数

在该假设下，

$$\mu_{x+t}^{(j)} = \mu_x^{(j)} \quad (0 \leqslant t < 1, j = 1,2,\cdots,m) \tag{11.60}$$

从而可得

$$\mu_{x+t}^{(\tau)} = \mu_x^{(\tau)} \tag{11.61}$$

因此

$$\begin{aligned} q_x^{(j)} &= \int_0^1 {}_tp_x^{(\tau)} \mu_{x+t}^{(j)} \mathrm{d}t = \int_0^1 {}_tp_x^{(\tau)} \mu_x^{(j)} \mathrm{d}t = \frac{\mu_x^{(j)}}{\mu_x^{(\tau)}} \int_0^1 {}_tp_x^{(\tau)} \mu_x^{(\tau)} \mathrm{d}t \\ &= \frac{\mu_x^{(j)}}{\mu_x^{(\tau)}} \int_0^1 {}_tp_x^{(\tau)} \mu_{x+t}^{(\tau)} \mathrm{d}t = \frac{\mu_x^{(j)}}{\mu_x^{(\tau)}} q_x^{(\tau)} \end{aligned} \tag{11.62}$$

$$p_x^{(\tau)} = \exp\left(-\int_0^1 \mu_{x+t}^{(\tau)} \mathrm{d}t\right) = \exp\left(-\mu_x^{(\tau)}\right) \tag{11.63}$$

$$\mu_x^{(\tau)} = -\ln p_x^{(\tau)} \tag{11.64}$$

同理可得

$$\mu_x^{(j)} = -\ln p_x^{*(j)} \tag{11.65}$$

因此

$$q_x^{(j)} = \frac{\ln p_x^{*(j)}}{\ln p_x^{(\tau)}} q_x^{(\tau)} \tag{11.66}$$

$$q_x^{*(j)} = 1 - (1 - q_x^{(\tau)})^{(q_x^{(j)}/q_x^{(\tau)})} \tag{11.67}$$

(2) 假设在多元风险模型中,各风险的终止概率所导致的减少人数在各年龄段内服从均匀分布

在该假设下,

$$_tq_x^{(j)} = tq_x^{(j)}(0 \leqslant t \leqslant 1, j = 1,2,\cdots,m) \tag{11.68}$$

$$_tq_x^{(\tau)} = tq_x^{(\tau)}(0 \leqslant t \leqslant 1) \tag{11.69}$$

由于

$$\mu_{x+t}^{(j)} = \frac{1}{_tp_x^{(\tau)}} \cdot \frac{\mathrm{d}}{\mathrm{d}t}{_tq_x^{(j)}} = \frac{q_x^{(j)}}{1 - tq_x^{(\tau)}} \tag{11.70}$$

因此可得

$$\begin{aligned} q_x^{*(j)} &= 1 - \exp(-\int_0^1 \mu_{x+t}^{(j)}\mathrm{d}t) = 1 - \exp(-\int_0^1 \frac{q_x^{(j)}}{1 - tq_x^{(\tau)}}\mathrm{d}t) \\ &= 1 - \exp\left[\frac{q_x^{(j)}}{q_x^{(\tau)}}\ln(1 - q_x^{(\tau)})\right] = 1 - (1 - q_x^{(\tau)})^{(q_x^{(j)}/q_x^{(\tau)})} \end{aligned} \tag{11.71}$$

由此可见,在终止力为常数假设与减少人数均匀分布的假设下有相等的 $q_x^{(j)}$ 或 $q_x^{*(j)}$。

(3) 假设在联合单风险模型中,各风险的独立终止率所导致的减少人数在各年龄段内服从均匀分布

在该假设下,

$$_tq_x^{*(j)} = tq_x^{*(j)} \tag{11.72}$$

从而有

$$_tp_x^{*(j)} = 1 - {_tq_x^{*(j)}} = 1 - tq_x^{*(j)}(0 \leqslant t \leqslant 1, j = 1,2,\cdots,m) \tag{11.73}$$

$$\mu_{x+t}^{(j)} = -\frac{1}{_tp_x^{*(j)}} \cdot \frac{\mathrm{d}}{\mathrm{d}t}{_tp_x^{*(j)}} = \frac{q_x^{*(j)}}{1 - tq_x^{*(j)}} \tag{11.74}$$

$$_tp_x^{*(j)}\mu_{x+t}^{(j)} = q_x^{*(j)}$$

$$\begin{aligned} q_x^{(j)} &= \int_0^1 {_tp_x^{(\tau)}}\mu_{x+t}^{(j)}\mathrm{d}t \\ &= \int_0^1 {_tp_x^{*(1)}}\,{_tp_x^{*(2)}}\cdots{_tp_x^{*(m)}}\mu_{x+t}^{(j)}\mathrm{d}t \end{aligned} \tag{11.75}$$

特别地,当 $m = 2$ 时,

$$\begin{aligned} q_x^{(1)} &= \int_0^1 {_tp_x^{*(1)}}\,{_tp_x^{*(2)}}\mu_{x+t}^{(1)}\mathrm{d}t \\ &= q_x^{*(1)}\int_0^1 (1 - tq_x^{*(2)})\mathrm{d}t \\ &= q_x^{*(1)}(1 - \frac{1}{2}q_x^{*(2)}) \end{aligned} \tag{11.76}$$

同理可得

$$q_x^{(2)} = q_x^{*(2)}(1 - \frac{1}{2}q_x^{*(1)}) \tag{11.77}$$

当 $m = 3$ 时,

$$
\begin{aligned}
q_x^{(1)} &= \int_0^1 {}_tp_x^{*(1)}\, {}_tp_x^{*(2)}\, {}_tp_x^{*(3)}\, \mu_{x+t}^{(1)} \mathrm{d}t \\
&= q_x^{*(1)} \int_0^1 (1 - tq_x^{*(2)})(1 - tq_x^{*(3)}) \mathrm{d}t \\
&= q_x^{*(1)} \left[1 - \frac{1}{2}(q_x^{*(2)} + q_x^{*(3)}) + \frac{1}{3} q_x^{*(2)} q_x^{*(3)}\right] \qquad (11.78)
\end{aligned}
$$

同理可得

$$
q_x^{(2)} = q_x^{*(2)} \left[1 - \frac{1}{2}(q_x^{*(1)} + q_x^{*(3)}) + \frac{1}{3} q_x^{*(1)} q_x^{*(3)}\right] \qquad (11.79)
$$

$$
q_x^{(3)} = q_x^{*(3)} \left[1 - \frac{1}{2}(q_x^{*(1)} + q_x^{*(2)}) + \frac{1}{3} q_x^{*(1)} q_x^{*(2)}\right] \qquad (11.80)
$$

**例 11.6** 考虑一个二元风险模型，假设各年龄段上各风险所导致的减少人数均匀分布，已知 $q_{21}^{(1)} = 0.04$，$q_{21}^{(2)} = 0.08$，求 $q_{21}^{*(2)}$。

**解：** $\because q_{21}^{(\tau)} = q_{21}^{(1)} + q_{21}^{(2)} = 0.04 + 0.08 = 0.12$

$$
\begin{aligned}
\therefore q_{21}^{*(2)} &= 1 - (1 - q_{21}^{(\tau)})^{(q_{21}^{(2)}/q_{21}^{(\tau)})} \\
&= 1 - 0.88^{0.08/0.12} \approx 0.081\ 692
\end{aligned}
$$

**例 11.7** 在联合单风险模型中，$q_{20}^{*(1)} = 0.25$，且风险 1 的独立终止率在各年龄段上导致人数的减少均匀分布；$q_{20}^{*(2)} = 0.3$，风险 2 所导致的事件终止发生在时刻 0.6，计算 $q_{20}^{(2)}$。



**解：** $\because q_{20}^{(1)} = \int_0^1 {}_tp_{20}^{(\tau)} \mu_{20+t}^{(1)} \mathrm{d}t = \int_0^1 {}_tp_{20}^{*(1)}\, {}_tp_{20}^{*(2)} \mu_{20+t}^{(1)} \mathrm{d}t$

$${}_tp_{20}^{*(1)} \mu_{20+t}^{(1)} = q_{20}^{*(1)}$$

$$\therefore q_{20}^{(1)} = q_{20}^{*(1)} \int_0^1 {}_tp_{20}^{*(2)} \mathrm{d}t$$

$$\because {}_tp_{20}^{*(2)} = \begin{cases} 1 & (0 < t < 0.6) \\ 1 - q_{20}^{*(2)} & (0.6 \leqslant t \leqslant 1) \end{cases}$$

$$\therefore q_{20}^{(1)} = q_{20}^{*(1)} \int_0^{0.6} 1 \mathrm{d}t + q_{20}^{*(1)} \int_{0.6}^1 (1 - q_{20}^{*(2)})\ \mathrm{d}t = 0.22$$

$$\because q_{20}^{(\tau)} = 1 - p_{20}^{(\tau)} = 1 - p_{20}^{*(1)} p_{20}^{*(2)} = 0.475$$

$$\therefore q_{20}^{(2)} = q_{20}^{(\tau)} - q_{20}^{(1)} = 0.255$$

## 11.3 多元风险模型下的趸缴纯保险费

在人身保险中，当保险金的给付需要根据被保险人终止保险的原因而确定时，就要用到多元风险模型对被保险人所缴纳的保险费进行计算。比如，以残疾和死亡作为保险终止的原因时，纯保险费的计算就应以残疾和死亡构成的二元风险生命表作为基础。以下主要探讨在多元风险模型条件下，应用多元风险生命表计算人身保险的趸缴纯保险费。

### 11.3.1 立即给付保险金的趸缴纯保险费

(1) 终身寿险

$x$ 岁的人参加一项终身寿险，若其在 $x+t$ 岁时因风险 $j$ 的作用而终止或死亡时可立即获得保险金 $B_{x+t}^{(j)}$，其中 $j=1,2,\cdots,m$，则 $(x)$ 岁的人因风险 $J$ 所应缴纳的趸缴纯保险费为

$$\bar{A}_x^{(j)} = \int_0^{+\infty} B_{x+t}^{(j)} v^t {}_tp_x^{(\tau)} \mu_{x+t}^{(j)} \mathrm{d}t\ , \quad (j=1,2,\cdots,m) \tag{11.81}$$

因全部风险作用而缴纳的趸缴纯保险费为

$$\bar{A}_x^{(\tau)} = \sum_{j=1}^{m} \bar{A}_x^{(j)} = \sum_{j=1}^{m} \int_0^{+\infty} B_{x+t}^{(j)} v^t {}_tp_x^{(\tau)} \mu_{x+t}^{(j)} \mathrm{d}t \tag{11.82}$$

(2) 定期寿险

$x$ 岁的人参加一项 $n$ 年期定期寿险，若其在 $x+t$ 岁时因风险 $j$ 的作用而终止或死亡时可立即获得保险金 $B_{x+t}^{(j)}$，其中 $j=1,2,\cdots,m$，$0\leqslant t\leqslant n$，那么因全部风险作用而缴纳的趸缴纯保险费为

$$\bar{A}_{x:\overline{n}|}^{1(\tau)} = \sum_{j=1}^{m} \bar{A}_{x:\overline{n}|}^{1(j)} = \sum_{j=1}^{m} \int_0^{n} B_{x+t}^{(j)} v^t {}_tp_x^{(\tau)} \mu_{x+t}^{(j)} \mathrm{d}t \tag{11.83}$$

### 11.3.2 年末给付保险金的趸缴纯保险费

(1) 终身寿险

$x$ 岁的人参加一项终身寿险，规定被保险人因风险 $j$ 的作用而终止或死亡时可在年末获得 1 单位的保险金给付，那么 $x$ 岁的人应缴纳的趸缴纯保险费为

$$\begin{aligned} A_x^{(j)} &= vq_x^{(j)} + v^2{}_{1|}q_x^{(j)} + v^3{}_{2|}q_x^{(j)} + \cdots \\ &= v\frac{d_x^{(j)}}{l_x^{(\tau)}} + v^2\frac{d_{x+1}^{(j)}}{l_x^{(\tau)}} + v^3\frac{d_{x+2}^{(j)}}{l_x^{(\tau)}} + \cdots \end{aligned} \tag{11.84}$$

因全部风险作用而缴纳的趸缴纯保险费为

$$A_x^{(\tau)} = \sum_{j=1}^{m} A_x^{(j)} \tag{11.85}$$

(2) 定期寿险

$x$ 岁的人参加一项 $n$ 年期定期寿险，若被保险人因风险 $j$ 的作用而终止或死亡，则可在年末获得 1 单位的保险金给付，那么全部风险作用下的趸缴纯保险费为

$$\begin{aligned} A_{x:\overline{n}|}^{1(\tau)} &= \sum_{j=1}^{m} A_{x:\overline{n}|}^{1(j)} \\ &= \sum_{j=1}^{m} \left( vq_x^{(j)} + v^2{}_{1|}q_x^{(j)} + v^3{}_{2|}q_x^{(j)} + \cdots + v^n{}_{n-1|}q_x^{(j)} \right) \end{aligned} \tag{11.86}$$

(3) 两全保险

$x$ 岁的人参加一项 $n$ 年期两全保险，若被保险人因全部风险的作用而终止或死亡，则可在年末获得 1 单位的保险金给付，$n$ 年期满仍然“生存”则可获得 1 单位的生存金给付，那么 $(x)$ 岁的人应缴纳的趸缴纯保险费为

$$
\begin{aligned}
A_{x:\overline{n}|}^{(\tau)} &= A_{x:\overline{n}|}^{1(\tau)} + v^n {}_np_x^{(\tau)} \\
&= \left(\sum_{j=1}^{m} A_{x:\overline{n}|}^{1(j)}\right) + v^n {}_np_x^{(\tau)} \\
&= \left[\sum_{j=1}^{m} \left(vq_x^{(j)} + \cdots + v^n {}_{n-1|}q_x^{(j)}\right)\right] + v^n {}_np_x^{(\tau)} \qquad (11.87)
\end{aligned}
$$

**例 11.8** 某 25 年期定期寿险产品对两种风险支付保险金。风险 1 为意外伤害造成的死亡，风险 2 为其他原因造成的死亡。若被保险人因意外伤害死亡，保险人立即支付保险金 400 000 元；此外，无论被保险人何因何时死亡，保险人都须立即支付额外的 100 000 元。风险 1 和风险 2 的终止力均为常数，分别为 0.02 和 0.07。设利息力 $\delta = 0.1$，求该保险的趸缴纯保险费。

**解：** $\because \delta = 0.1,\ \mu_{x+t}^{(1)} = 0.02,\ \mu_{x+t}^{(2)} = 0.07$

$\therefore v = e^{-0.1},\ \mu_{x+t}^{(\tau)} = 0.09$

$\therefore {}_tp_x^{(\tau)} = e^{-\int_0^t \mu_{x+s}^{(\tau)} ds} = e^{-0.09t}$

那么，因意外伤害死亡而给付保险金的精算现值为

$$
\begin{aligned}
\bar{A}_{x:\overline{25}|}^{1(1)} &= 400\,000 \int_0^{25} v^t {}_tp_x^{(\tau)} \mu_{x+t}^{(1)} dt \\
&= 400\,000 \int_0^{25} e^{-0.1t} e^{-0.09t} 0.02 dt \approx 41\,740.982(\text{元})
\end{aligned}
$$

不论何因何时死亡给付的保险金的精算现值为

$$
\begin{aligned}
\bar{A}_{x:\overline{25}|}^{1(\tau)} &= 100\,000 \int_0^{25} v^t {}_tp_x^{(\tau)} \mu_{x+t}^{(\tau)} dt \\
&= 100\,000 \int_0^{25} e^{-0.1t} e^{-0.09t} 0.09 dt \approx 46\,958.604(\text{元})
\end{aligned}
$$

因此，该保险的趸缴纯保险费为

$$41\,740.982 + 46\,958.604 \approx 88\,699.59(\text{元})$$

**例 11.9** 某保险公司推出一款 3 年期的定期寿险产品，规定若被保险人因风险 1 终止或死亡，则可在年末获得 10 000 元的保险金；若因风险 2 终止或死亡，则可在年末获得 20 000 元的保险金；若因风险 3 终止或死亡，则可在年末获得 30 000 元的保险金。现有一个 30 岁的人投保该产品，其面临的三元风险生命表如表 11.2 所示，年利息率为 2.5%，那么其趸缴纯保险费为多少？

表 11.2　某三元风险生命表

| $x$ | $q_x^{(1)}$ | $q_x^{(2)}$ | $q_x^{(3)}$ |
|---|---|---|---|
| 30 | 0.028 691 | 0.038 136 | 0.107 051 |
| 31 | 0.029 463 | 0.040 755 | 0.113 571 |
| 32 | 0.034 573 | 0.047 642 | 0.127 103 |

**解：** 根据题意，

$$A^{1(\tau)}_{30:\overline{3}|} = 10\,000A^{1(1)}_{30:\overline{3}|} + 20\,000A^{1(2)}_{30:\overline{3}|} + 30\,000A^{1(3)}_{30:\overline{3}|}$$
$$= 10\,000(vq^{(1)}_{30} + v^2{}_{1|}q^{(1)}_{30} + v^3{}_{2|}q^{(1)}_{30}) + 20\,000(vq^{(2)}_{30} + v^2{}_{1|}q^{(2)}_{30} + v^3{}_{2|}q^{(2)}_{30})$$
$$+ 30\,000(vq^{(3)}_{30} + v^2{}_{1|}q^{(3)}_{30} + v^3{}_{2|}q^{(3)}_{30})$$

根据表 11.2 给出的数据可以得到

$$p^{(\tau)}_{30} = 1 - (q^{(1)}_{30} + q^{(2)}_{30} + q^{(3)}_{30}) = 0.826\,122$$
$$p^{(\tau)}_{31} = 1 - (q^{(1)}_{31} + q^{(2)}_{31} + q^{(3)}_{31}) = 0.816\,211$$
$${}_2p^{(\tau)}_{30} = p^{(\tau)}_{30}p^{(\tau)}_{31} = 0.674\,290$$

因此

$$A^{1(\tau)}_{30:\overline{3}|} = 10\,000(vq^{(1)}_{30} + v^2p^{(\tau)}_{30}q^{(1)}_{31} + v^3{}_2p^{(\tau)}_{30}q^{(1)}_{32}) + 20\,000(vq^{(2)}_{30} + v^2p^{(\tau)}_{30}q^{(2)}_{31} +$$
$$v^3{}_2p^{(\tau)}_{30}q^{(2)}_{32}) + 30\,000(vq^{(3)}_{30} + v^2p^{(\tau)}_{30}q^{(3)}_{31} + v^3{}_2p^{(\tau)}_{30}q^{(3)}_{32})$$
$$\approx 10\,909.54(\text{元})$$

**例 11.10** 某终身寿险产品，若被保险人$(x)$因意外而死亡[减因(1)]，则可立即获得 10 万元保险金；若因其他原因[减因(2)]而死亡，则可立即获得 5 万元保险金，$\delta = 0.08$，$\mu^{(1)}_{x+t} = 0.03$，$\mu^{(2)}_{x+t} = 0.1$，求该保险的趸缴纯保险费。

**解：** 所求的趸缴纯保险费为

$$\text{NSP} = 100\,000\int_0^{\infty} v^t{}_tp^{(\tau)}_x\mu^{(1)}_{x+t}\,\mathrm{d}t + 50\,000\int_0^{\infty} v^t{}_tp^{(\tau)}_x\mu^{(2)}_{x+t}\,\mathrm{d}t$$
$$= 100\,000 \times \frac{0.03}{0.13 + 0.08} + 50\,000 \times \frac{0.1}{0.13 + 0.08}$$
$$\approx 14\,285.714 + 23\,809.524 \approx 38\,095.24(\text{元})$$

## 习题 11

11－1 已知下表，在三元风险模型中，求 ${}_2q^{(3)}_{20}$。

| $x$ | $l^{(\tau)}_x$ | $d^{(1)}_x$ | $d^{(2)}_x$ |
|---|---|---|---|
| 20 | 100 | 5 | 6 |
| 21 | 85 | 4 | 3 |
| 22 | 70 | 6 | 4 |

11－2 对于某三元风险生命表，$\mu^{(1)}_{x+t} = 0.1$，$\mu^{(2)}_{x+t} = 0.2$，$\mu^{(3)}_{x+t} = 0.4$，其中 $t > 0$，求 $q^{(1)}_x$、$q^{(2)}_x$、$q^{(3)}_x$、$q^{(\tau)}_x$。

11－3 对于某三元风险生命表，$\mu^{(1)}_{x+t} = 0.1$，$\mu^{(2)}_{x+t} = 0.2$，$\mu^{(3)}_{x+t} = 0.4$，其中 $t > 0$，求 $q^{*(1)}_x$、$q^{*(2)}_x$、$q^{*(3)}_x$。

11－4 某二元风险模型，假设各年龄段上各终止力导致的终止人数服从均匀分布，$m^{(\tau)}_x = 0.2$，$q^{*(1)}_x = 0.1$，求 $q^{*(2)}_x$。

11－5 某三元风险模型，假设各年龄段上各终止力为常数，$q_x^{(1)}=q_x^{(3)}$，$q_x^{(2)}=2q_x^{(1)}$，$\mu_{x+t}^{(1)}=\ln 2$，其中 $0<t<1$，求 $10\,000q_x^{*(2)}$。

11－6 在一个二元风险模型中，假设每个风险在各年龄段内的终止力为常数，$q_x^{*(1)}=0.15$，$q_{x+1}^{*(2)}=0.2$，$\mu_x^{(2)}=0.15$，$\mu_{x+1}^{(1)}=0.2$，求 ${}_{1|1}q_x^{(2)}$。

11－7 某二元风险模型，假设在联合单风险模型中各年龄段上各独立终止率导致的减少人数均匀分布，$l_{30}^{(\tau)}=100\,000$，$q_{30}^{*(1)}=0.2$，$q_{30}^{*(2)}=0.25$，${}_{1|}q_{30}^{(1)}=0.075$，$l_{32}^{(\tau)}=47\,895$，求 $q_{31}^{(2)}$。

11－8 已知 $q_x^{*(1)}=0.025$，$q_x^{*(2)}=0.04$。在联合单风险模型中，风险1的独立终止率导致的减少人数服从均匀分布假设，风险2只在年中发生作用，试求 $p_x^{(\tau)}$ 和 $q_x^{(2)}$。

11－9 某 $x$ 岁的人签订了一份终身寿险保单，规定在第一年死亡时立即给付50 000元，以后死亡为100 000元。保单还规定，若被保险人死于意外事故则增加20 000元的保险金给付。已知：① 意外事故死亡的终止力为 $\mu_{x+t}^{(1)}=0.005$，$t\geqslant 0$；② 全部风险的终止力为 $\mu_{x+t}^{(\tau)}=0.04$，$t\geqslant 0$；③ $\delta=0.06$。求该保险的趸缴纯保险费。

11－10 某二元风险模型，一个是意外死亡，另一个是其他原因死亡。已知：① 考虑对 $(x)$ 因意外死亡支付2，其他原因死亡支付1的完全连续型终身寿险；② 意外死亡的终止力为 $\mu_{x+t}^{(1)}=\delta$，其他原因死亡的终止力为 $\mu_{x+t}^{(2)}=3\delta$。求该保险的趸缴纯保险费。

11－11 有A、B两份终身寿险，都规定在 $x$ 岁的人死亡时立即支付10。此外，A保险还规定若 $x$ 岁的人死于意外事故，则增加10单位给付，其趸缴纯保险费为 $S$；B保险则规定在 $x$ 岁的人死于意外事故时增加20单位给付，其趸缴纯保险费为 $T$。若意外事故死亡的终止力为 $\mu$，其他原因死亡的终止力为 $4\mu$，求 $T-S$。（结果用含有 $S$ 的式子表示。）

11－12 某50岁的人签订的终身寿险，在死亡时立即支付1，若80岁前由于意外事故死亡，额外给付1单位。令(1)表示意外事故导致死亡，(2)表示其他原因导致的死亡，$\mu_x^{(1)}=0.005$，$\mu_x^{(2)}=0.1$，$\delta=0.06$，求该保险的趸缴纯保险费。

# 12 简单多生命函数

在前面已讨论过的寿险保单中,保险事故限于生存或死亡两种状态,保险事故发生的主体即被保险人,也只规定为单个人或个别人,与此相应的保单称为单生命寿险保单。关于单生命寿险保单,我们已经建立和发展了保险费和责任准备金等项目的精算原理和方法。本章将以已经建立的原理和方法为基础,讨论涉及多个被保险人,于常见生死组配下,提供约定保险金额的寿险保单的保险费及有关项目的精算原理和方法。

寿险保单中,被保险人的人数除常见的限于一个人外,还可以有多个被保险人。当按被保险人的人数对寿险保单进行划分时,一般可分为单生寿险保单和连生寿险保单两类。本书前面几章已讨论的寿险保单都属于单生寿险保单。连生寿险保单又可细分为连生年金保单和连生保险保单。连生年金保单通常是以两个或两个以上被保险人的生死为考察对象,只要被保险人中的某人生存,便提供给付;相反,只要被保险人中的某人发生死亡,便停止给付。有时也以所有被保险人共同生存作为给付条件,只要有一个被保险人死亡,则年金即行停止给付。连生保险保单是以两个或两个以上被保险人的生命为一个保险标的,约定在某种死亡组配之下给付保险金的保单。不难看出,无论是连生年金保单,还是连生保险保单,生死的组配都纷繁多样,视具体情形有相应的连生保单。特别地,在连生保险保单中,被保险人中发生第一件死亡时即予赔付的保单被称为连生死亡保险;被保险人中的最后生存者死亡时才赔付的保单被称为最后生存者连生死亡保单,常简称为“最后生存者保单”。



## 12.1 连生状态的年金和保险函数

在分析和讨论连生年金保单与连生保险保单的保险费及其他项目的计算之前,我们有必要先弄清连生状态的概念以及相应的连生概率的表达式。

所谓连生状态,确切地说,是指生命群体或多个生命的一种连续生存状态。当且仅当群体中所有成员或每个生命均生存,这种状态存在;反之,这种状态不存在。连生状态一般用 $(x_1x_2\cdots x_m)$ 表示,其中 $m$ 表示群体中的成员数,$x_i$ 代表群体中的成员 $i$ 的年龄(其中 $i=1,2,\cdots,m$)。

在实际的保险和年金应用中,结合在保险和年金问题中的多个生命或生命群体,通常以一些共同的约定来维持,如他们之间具有血缘关系或姻缘关系,而且所有成员的活动可能同时遭遇相同的风险。但是，在连生理论中，一般假定多个生命之间多成员的生存概率是相互独立的。

下面在连生状态概念及生存概率的相互独立性的基础上，就相应的连生概率进行讨论。

(1) 连生状态$(x_1x_2\cdots x_m)$在$t$年内生存的概率。精算中，通常用符号${}_tp_{x_1x_2\cdots x_m}$表示这一概率，则

$$\begin{aligned}{}_tp_{x_1x_2\cdots x_m} &= 1-\mathrm{P}(T\leqslant t)(T\text{ 为连生状态消失的时间})\\ &= 1-\mathrm{P}[\min(T(x_1),T(x_2),\cdots,T(x_m))\leqslant t]\\ &= 1-[1-\mathrm{P}(T(x_1)>t\text{ 且 }T(x_2)>t\text{ 且}\cdots\text{且 }T(x_m)>t)]\\ &= \mathrm{P}(T(x_1)>t)\mathrm{P}(T(x_2)>t)\cdots\mathrm{P}(T(x_m)>t)\\ &= {}_tp_{x_1}\,{}_tp_{x_2}\cdots{}_tp_{x_m} \qquad (12.1)\end{aligned}$$

(2) 连生状态$(x_1x_2\cdots x_m)$在$t$年内消失的概率。当我们用${}_tq_{x_1x_2\cdots x_m}$表示它时，有如下表达式：

$$\begin{aligned}{}_tq_{x_1x_2\cdots x_m} &= 1-{}_tp_{x_1x_2\cdots x_m} \qquad (12.2)\\ &= 1-{}_tp_{x_1}\,{}_tp_{x_2}\cdots{}_tp_{x_m} \qquad (12.3)\end{aligned}$$

(3) 连生状态$(x_1x_2\cdots x_m)$在第$t+1$年内消失的概率记作${}_{t|}q_{x_1x_2\cdots x_m}$。结合上述概率关系，不难得到

$$\begin{aligned}{}_{t|}q_{x_1x_2\cdots x_m} &= \mathrm{P}(t<T\leqslant t+1)=\mathrm{P}(T\leqslant t+1)-\mathrm{P}(T\leqslant t)\\ &= {}_{t+1}q_{x_1x_2\cdots x_m}-{}_tq_{x_1x_2\cdots x_m} \qquad (12.4)\\ &= {}_tp_{x_1x_2\cdots x_m}-{}_{t+1}p_{x_1x_2\cdots x_m} \qquad (12.5)\\ &= {}_tp_{x_1x_2\cdots x_m}\,q_{x_1+t:x_2+t:\cdots:x_m+t} \qquad (12.6)\end{aligned}$$

这里，$q_{x_1+t:x_2+t:\cdots:x_m+t}$表示连生状态$(x_1+t,x_2+t,\cdots,x_m+t)$在次年内消失的概率，其值等于

$$\begin{aligned}1-p_{x_1+t}p_{x_2+t}\cdots p_{x_m+t} &= 1-(1-q_{x_1+t})(1-q_{x_2+t})\cdots(1-q_{x_m+t})\\ &= \sum_{s=1}^{m}q_{x_s+t}-\sum_{1\leqslant i<j\leqslant m}q_{x_i+t}q_{x_j+t}+\cdots+(-1)^{m+1}q_{x_1+t}q_{x_2+t}\cdots q_{x_m+t} \qquad (12.7)\end{aligned}$$

(4) 连生状态$(x_1x_2\cdots x_m)$在时刻$t$的死力或瞬时死亡率，记作$\mu_{x_1+t:x_2+t:\cdots:x_m+t}$，且

$$\begin{aligned}\mu_{x_1+t:x_2+t:\cdots:x_m+t} &= \lim_{\Delta t\to 0}\frac{1}{\Delta t}\mathrm{P}(t<T\leqslant \Delta t\mid T>t)=\lim_{\Delta t\to 0}\frac{1}{\Delta t}\frac{\mathrm{P}(t<T\leqslant t+\Delta t)}{\mathrm{P}(T>t)}\\ &= \frac{\frac{d}{\mathrm{d}t}(1-{}_tp_{x_1}\,{}_tp_{x_2}\cdots{}_tp_{x_m})}{{}_tp_{x_1}\,{}_tp_{x_2}\cdots{}_tp_{x_m}} \qquad (12.8)\\ &= \mu_{x_1+t}+\mu_{x_2+t}+\cdots+\mu_{x_m+t} \qquad (12.9)\end{aligned}$$

**例 12.1** 试用单生命概率${}_tp_x$和${}_tp_y$表达如下状态的概率：

(1) 生命$(x)$和生命$(y)$仅一人将在$t$年内存活的概率；

(2) 生命$(x)$和生命$(y)$至少有一人将在$t$年内死亡的概率。

**解：** 结合连生状态的含义及独立性假定，有如下概率表达式：

(1) ${}_tp_x(1-{}_tp_y)+{}_tp_y(1-{}_tp_x)={}_tp_x+{}_tp_y-2\,{}_tp_x\,{}_tp_y$

(2) ${}_tp_x\,{}_tq_y + {}_tp_y\,{}_tq_x + {}_tq_x\,{}_tq_y = 1 - {}_tp_x\,{}_tp_y$

例 12.2 试分析 Makeham 死亡法则下连生状态$(x_1x_2\cdots x_m)$的连生概率${}_tp_{x_1x_2\cdots x_m}$。

解：根据 Makeham 死亡法则，

$$ {}_tp_x = \frac{s(x+t)}{s(x)} = \frac{e^{-A(x+t)-m(C^{x+t}-1)}}{e^{-Ax-m(C^x-1)}} = e^{-At}e^{-mC^x(C^t-1)} $$

令 $e^{-A} = S$ 及 $e^{-m} = g$

$$ {}_tp_x = S^t g^{C^x(C^t-1)} $$

所以，在独立假设下，连生状态生存概率

$$ \begin{aligned} {}_tp_{x_1x_2\cdots x_m} &= {}_tp_{x_1}\,{}_tp_{x_2}\cdots\,{}_tp_{x_m} \\ &= S^{mt}g^{(C^{x_1}+C^{x_2}+\cdots+C^{x_m})(C^t-1)} \end{aligned} $$

进一步，令 $C^{x_1}+C^{x_2}+\cdots+C^{x_m} = mC^w$，从而有

$$ {}_tp_{x_1x_2\cdots x_m} = S^{mt}g^{mC^w(C^t-1)} = {}_tp_{ww\cdots w} $$

所以，涉及 $m$ 个不等年龄的连生状态$(x_1x_2\cdots x_m)$的生存概率${}_tp_{x_1x_2\cdots x_m}$可以用 $m$ 个相等年龄的连生状态$(ww\cdots w)$的生存概率${}_tp_{ww\cdots w}$取代，其中 $w$ 由 $C^{x_1}+\cdots+C^{x_m} = mC^w$ 决定。

按照连生状态生存与消失的含义，计算与年金和保险相结合的连生函数的一般方法是：在相应的单生命函数中，用恰当的连生概率取代单生概率。

### 12.1.1 连生状态的年金函数

考虑连生状态$(x_1x_2\cdots x_m)$的期末生存年金，亦即关于状态$(x_1x_2\cdots x_m)$签发的年金保单。如果状态$(x_1x_2\cdots x_m)$在每年年底生存，那么保单提供年给付金额 1。像这样的保单在签单时的精算现值或趸缴纯保险费记作 $a_{x_1x_2\cdots x_m}$，且

$$ a_{x_1x_2\cdots x_m} = \sum_{t=1}^{\infty} v^t\,{}_tp_{x_1x_2\cdots x_m} \tag{12.10} $$

又如连生状态$(xyz)$的连续生存年金，年给付额为 1，只要状态$(xyz)$存在，便连续地提供给付。该年金在签单之日的精算现值记作 $\bar{a}_{xyz}$，且

$$ \bar{a}_{xyz} = \int_0^{\infty} v^t\,{}_tp_{xyz}\mathrm{d}t \tag{12.11} $$

例 12.3 某一连生状态$(xy)$的连续生存年金的年给付额为 1 万元，且假设两人的生存时间相互独立，已知 $\delta = 0.05$，$\mu_x = 0.05$，$\mu_y = 0.1$，则趸缴纯保险费是多少？

解：$P = 10\,000\bar{a}_{xy} = 10\,000\int_0^{\infty} v^t\,{}_tp_{xy}\mathrm{d}t$

$$ = 10\,000\int_0^{\infty} e^{-0.05t}e^{-0.05t}e^{-0.1t}\mathrm{d}t = 50\,000(\text{元}) $$

### 12.1.2 连生状态的保险函数

如关于连生状态$(x_1x_2\cdots x_m)$的某种保险约定：在状态$(x_1x_2\cdots x_m)$消失的年末，提供保险金额 1。该保险在签发时一次性应趸缴纯保险费为 $A_{x_1x_2\cdots x_m}$，且

$$A_{x_1x_2\cdots x_m} = \sum_{t=0}^{\infty} v^{t+1}\ {}_{t|}q_{x_1x_2\cdots x_m}$$

又如连生状态($wxyz$)的递增寿险,若状态在第一年消失,则在该年年末提供给付额1;若状态在第二年消失,则在该年年末提供给付额2…… 每年给付额递增1。这样的递增寿险的趸缴纯保险费记作$(IA)_{wxyz}$,且

$$(IA)_{wxyz} = \sum_{t=0}^{\infty}(t+1)v^{t+1}\ {}_{t|}q_{wxyz}$$

### 12.1.3 Makeham 死亡法则下的连生状态的年金和保险函数

结合前述分析,Makeham 死亡法则下的任何连生函数,不论其涉及怎样的年龄,均可由相等年龄的连生函数来评价或计算。这样,

$$a_{x_1x_2\cdots x_m} = a_{ww\cdots w}$$
$$A_{x_1x_2\cdots x_m} = A_{ww\cdots w}$$

上式中,$w$ 取决于 $mC^w = C^{x_1} + C^{x_2} + \cdots + C^{x_m}$。

进一步,有

$$a_{ww\cdots w} = \sum_{t=1}^{\infty} v^t\ {}_tp_{ww\cdots w}$$

$$A_{ww\cdots w} = \sum_{t=1}^{\infty} v^{t+1}\ {}_{t|}q_{ww\cdots w}$$



${}_tp_{ww\cdots w}$ 及 ${}_tq_{ww\cdots w}$ 均可转化为整数年龄生命函数或在整数年龄生命函数中进行线性插值而得到。

例 12.4 在 Makeham 假设下有 $C = 2^{0.2}$,且 $\ddot{a}_{56:56} = 10.22$,$\ddot{a}_{57:57} = 9.97$,在线性插值方法下求 $\ddot{a}_{50:60}$。

解:先根据 Makeham 假设求 $w$。

由 $C^{50} + C^{60} = 2C^w$ 可解得 $w \approx 56.61$,

从而解得

$$\ddot{a}_{50:60} = \ddot{a}_{56.61:56.61} = (1-0.61)\ddot{a}_{56:56} + 0.61\ddot{a}_{57:57}$$
$$= 0.39 \times 10.22 + 0.61 \times 9.97 \approx 10.07$$

## 12.2 最后生存者状态的年金和保险函数

作为一般多生命状态的另一种情形就是最后生存者状态。最后生存者状态是指这样一种状态:只要状态中至少有一个成员生存,该状态就存在;而只有状态中的最后一个生存者死亡,该状态才消失。通常情况下,最后生存者状态表示为($\overline{x_1x_2\cdots x_m}$),其中,$m$ 代表状态的成员数,$x_i$ 表示状态中成员 $i$ 的年龄。据此,最后生存者状态可另外描述为($x_1$),($x_2$),…,($x_m$)中至少有一个成员生存,状态($\overline{x_1x_2\cdots x_m}$)便生存;反之,($x_1$),($x_2$),…,($x_m$)中的最后生存者死亡,状态($\overline{x_1x_2\cdots x_m}$)就消失。

下面是最后生存者状态的有关概率的表达式：

(1) 最后生存者状态 $(\overline{x_1x_2\cdots x_m})$ 在 $t$ 年内生存的概率记作 ${}_tp_{(\overline{x_1x_2\cdots x_m})}$，且

$$
\begin{aligned}
{}_tp_{(\overline{x_1x_2\cdots x_m})} &= 1 - \mathrm{P}(T \leqslant t)\ (T\ \text{为最后生存者状态消失的时间}) \\
&= 1 - \mathrm{P}[\max(T(x_1), T(x_2)\cdots, T(x_m)) \leqslant t] \\
&= 1 - \mathrm{P}[T(x_1) \leqslant t\ \text{且}\ T(x_2) \leqslant t\ \text{且}\ \cdots\ \text{且}\ T(x_m) \leqslant t] \\
&= 1 - \mathrm{P}(T(x_1) \leqslant t)\mathrm{P}(T(x_2) \leqslant t)\cdots\mathrm{P}(T(x_m) \leqslant t) \\
&= 1 - (1 - {}_tp_{x_1})(1 - {}_tp_{x_2})\cdots(1 - {}_tp_{x_m}) \\
&= \sum_{i=1}^{m} {}_tp_{x_i} - \sum_{1 \leqslant i < j \leqslant m} {}_tp_{x_ix_j} + \cdots + (-1)^{m+1}\,{}_tp_{x_1x_2\cdots x_m}
\end{aligned}
\tag{12.12}
$$

式(12.12)表明：最后生存者状态的生存概率可转化为单生命状态概率和连生状态生存概率的混合运算。

(2) 最后生存者状态 $(\overline{x_1x_2\cdots x_m})$ 在 $t$ 年内消失的概率记作 ${}_tq_{\overline{x_1x_2\cdots x_m}}$，显然，

$$
{}_tq_{\overline{x_1x_2\cdots x_m}} = 1 - {}_tp_{\overline{x_1x_2\cdots x_m}}
$$

(3) 最后生存者状态 $(\overline{x_1x_2\cdots x_m})$ 在第 $t+1$ 年消失的概率记作 ${}_{t|}q_{\overline{x_1x_2\cdots x_m}}$，且

$$
\begin{aligned}
{}_{t|}q_{\overline{x_1x_2\cdots x_m}} &= \mathrm{P}(t < T \leqslant t+1) \\
&= {}_tp_{\overline{x_1x_2\cdots x_m}} - {}_{t+1}p_{\overline{x_1x_2\cdots x_m}} \\
&= {}_{t+1}q_{\overline{x_1x_2\cdots x_m}} - {}_tq_{\overline{x_1x_2\cdots x_m}} \\
&= {}_tp_{\overline{x_1x_2\cdots x_m}}\,q_{\overline{x_1+t:x_2+t:\cdots:x_m+t}}
\end{aligned}
$$

例 12.5 写出 ${}_np_{\overline{xy}}$、${}_np_{\overline{xyz}}$、${}_nq_{\overline{xy}}$ 及 ${}_nq_{\overline{xyz}}$ 的具体表达式。

**解：**

$$
{}_np_{\overline{xy}} = {}_np_x + {}_np_y - {}_np_{xy}
$$

$$
\begin{aligned}
{}_np_{\overline{xyx}} &= \sum_{t=1}^{\infty} {}_np_{x_i} - \sum {}_np_{x_ix_j} + (-1)^{3+1}\,{}_np_{xyz} \\
&= {}_np_x + {}_np_y + {}_np_z - {}_np_{xz} - {}_np_{yz} - {}_np_{xy} + {}_np_{xyz}
\end{aligned}
$$

$$
\begin{aligned}
{}_nq_{\overline{xy}} &= 1 - {}_np_{\overline{xy}} \\
&= 1 - ({}_np_x + {}_np_y - {}_np_{xy}) \\
&= {}_nq_x + {}_nq_y - {}_nq_{xy}
\end{aligned}
$$

$$
\begin{aligned}
{}_{n|}q_{\overline{xyz}} &= {}_np_{\overline{xyz}} - {}_{n+1}p_{\overline{xyz}} \\
&= ({}_np_x + {}_np_y + {}_np_z - {}_np_{xy} - {}_np_{xz} - {}_np_{yz} + {}_np_{xyz}) \\
&\quad - ({}_{n+1}p_x + {}_{n+1}p_y + {}_{n+1}p_z - {}_{n+1}p_{xy} - {}_{n+1}p_{xz} - {}_{n+1}p_{yz} + {}_{n+1}p_{xyz}) \\
&= {}_{n|}q_x + {}_{n|}q_y + {}_{n|}q_z - {}_{n|}q_{xy} - {}_{n|}q_{yz} - {}_{n|}q_{xz} + {}_{n|}q_{xyz}
\end{aligned}
$$

类似于连生状态下的年金和保险函数的一般方法，最后生存者状态下的年金和保险函数的计算，只需将相应的单生命年金和保险函数中的概率函数换成最后生存者状态下的概率函数即可。

### 12.2.1 最后生存者状态的年金函数

如最后生存者状态 $(\overline{xyz})$ 的期末生存年金，是指关于状态 $(\overline{xyz})$ 签发的年金保单，

若$(\overline{xyz})$中有一个人在每年年底生存,则保单提供保险金额1,直至最后生存者死亡停止支付为止。这种年金保单在签单时的精算现值记作$a_{\overline{xyz}}$,且

$$\begin{aligned} a_{\overline{xyz}} &= \sum_{t=1}^{\infty} v^t {}_tp_{\overline{xyz}} \\ &= \sum_{t=1}^{\infty} v^t ({}_tp_x + {}_tp_y + {}_tp_z - {}_tp_{xy} - {}_tp_{xz} - {}_tp_{yz} + {}_tp_{xyz}) \\ &= a_x + a_y + a_z - a_{xy} - a_{xz} - a_{yz} + a_{xyz} \end{aligned} \tag{12.13}$$

又如最后生存者状态$(\overline{xyz})$连续生存年金,年给付额为1,只要$(\overline{xyz})$存在,便连续地提供给付额,这样的年金函数记作$\bar{a}_{\overline{xyz}}$,且

$$\begin{aligned} \bar{a}_{\overline{xyz}} &= \int_0^{\infty} v^t {}_tp_{\overline{xyz}} \mathrm{d}t \\ &= \bar{a}_x + \bar{a}_y + \bar{a}_z - \bar{a}_{xy} - \bar{a}_{xz} - \bar{a}_{yz} + \bar{a}_{xyz} \end{aligned} \tag{12.14}$$

其余的年金函数可按相同原理获得。

### 12.2.2 最后生存者状态的保险函数

关于最后生存者状态$(\overline{xy})$签发的某种保险,在状态$(\overline{xy})$消失的年末提供保险金额1。这种保险的趸缴纯保险费,一般记作$A_{\overline{xy}}$,且

$$\begin{aligned} A_{\overline{xy}} &= \sum_{t=0}^{\infty} v^{t+1} {}_{t|}q_{\overline{xy}} \\ &= \sum_{t=0}^{\infty} v^{t+1} ({}_{t|}q_x + {}_{t|}q_y - {}_{t|}q_{xy}) \\ &= A_x + A_y - A_{xy} \end{aligned} \tag{12.15}$$

可见,$A_{\overline{xy}}$可以转化为单生命保险函数和连生保险函数来计算,而且单生命保险函数与连生状态的保险函数及最后生存者状态的保险函数的关系是

$$A_{\overline{xy}} + A_{xy} = A_x + A_y \tag{12.16}$$

再看关于$(\overline{xyz})$的递增寿险:若状态$(\overline{xyz})$在第一年消失,则在该年年末提供保险金额1;状态$(\overline{xyz})$在第二年消失,在该年年末提供保险金额2……以后每推迟一年消失保险金额增加1。其趸缴纯保险费为$(IA)_{\overline{xyz}}$,且

$$\begin{aligned} (IA)_{\overline{xyz}} &= \sum_{t=0}^{\infty} (t+1) v^{t+1} {}_{t|}q_{\overline{xyz}} \\ &= \sum_{t=0}^{\infty} (t+1) v^{t+1} ({}_{t|}q_x + {}_{t|}q_y + {}_{t|}q_z - {}_{t|}q_{xy} - {}_{t|}q_{xz} - {}_{t|}q_{yz} + {}_{t|}q_{xyz}) \\ &= (IA)_x + (IA)_y + (IA)_z - (IA)_{xy} - (IA)_{xz} - (IA)_{yz} + (IA)_{xyz} \end{aligned} \tag{12.17}$$

例 12.6 年龄25岁和30岁的两人共同作为被保险人,购买如下连生十年定期死亡保险:在十年内,在25岁和30岁的被保险人中的最后一个生存者发生死亡的年末,保单提供50 000元给付;在第十年年末,只要有一个人存活,保单不进行任何给付。试计算保单签单时趸缴纯保险费(只要求写出计算表达式)。

解：设所求趸缴纯保险费为 NSP，结合例 12.5 的结论，得

$$\begin{aligned}\text{NSP} &= 50\ 000A_{\overset{1}{\overline{25:30}}:\overline{10}|}\\&= 50\ 000\sum_{t=0}^{9}v^{t+1}{}_{t|}q_{\overline{25:30}}\\&= 50\ 000\sum_{t=0}^{9}v^{t+1}({}_{t|}q_{25}+{}_{t|}q_{30}-{}_{t|}q_{25:30})\\&= 50\ 000(A^{1}_{25:\overline{10}|}+A^{1}_{30:\overline{10}|}-A_{\overset{1}{\overline{25:30}}:\overline{n}|})\end{aligned}$$

上式中，$A_{\overset{1}{\overline{25:30}}:\overline{n}|}$ 为连生状态下的趸缴纯保险费。

例 12.7　$(x)$ 与 $(y)$ 投保了最后生存者终身寿险，即在最后生存者死亡时立即支付 14 000 元，已知他们的余命相互独立，$\mu_x=\mu_y=0.02$，$\delta=0.05$。保费在两人都生存时连续地缴纳，求该保险的年缴均衡纯保费。

解：由已知条件可以得到

$$\mu_{xy}=\mu_x+\mu_y=0.04$$

$$\bar{A}_x=\bar{A}_y=\frac{0.02}{0.02+0.05}=\frac{2}{7}$$

$$\bar{A}_{xy}=\frac{0.04}{0.04+0.05}=\frac{4}{9}$$

$$\bar{A}_{\overline{xy}}=\bar{A}_x+\bar{A}_y-\bar{A}_{xy}=\frac{2}{7}+\frac{2}{7}-\frac{4}{9}=\frac{8}{63}$$

$$\bar{a}_{xy}=\frac{1}{0.04+0.05}=\frac{100}{9}$$

因此，所求的年缴均衡纯保费为

$$P=14\ 000\cdot\frac{\bar{A}_{\overline{xy}}}{\bar{a}_{xy}}=14\ 000\times\frac{\frac{8}{63}}{\frac{100}{9}}\approx 160$$

## 12.3　复合状态的年金和保险函数

前面针对单个生命组成的团体，定义了连生状态和最后生存者状态。现在，进一步考察由个别状态组成的团体的生存和消失的概念及其有关计算。这里的个别状态不仅指单生状态，而且可以是多生命组成的状态。像这种以单生命或多生命状态为个别成员所组成的新的状态，通常称为复合状态。

复合状态的生存和消失，取决于该复合状态的具体构成。

例如：复合状态$(\overline{wx}:\overline{yz})$是一种其个别成员为最后生存者状态组成的连生状态。因此，$(\overline{wx}:\overline{yz})$生存，当且仅当最后生存者状态$(\overline{wx})$和最后生存者状态$(\overline{yz})$均生存；$(\overline{wx}:\overline{yz})$消失，只要最后生存者状态$(\overline{wx})$和最后生存者状态$(\overline{yz})$先发生消失。

又如复合状态$(\overline{wx:\overline{yz}})$是一种其个别成员为连生状态$(wx)$和最后生存者状态

$(\overline{yz})$ 组成的最后生存者状态。复合状态 $(\overline{wx:\overline{yz}})$ 生存，当且仅当连生状态 $(wx)$ 和最后生存者状态 $(\overline{yz})$ 中有一个状态生存；状态 $(\overline{wx:\overline{yz}})$ 消失，当且仅当连生状态 $(wx)$ 和最后生存者状态 $(\overline{yz})$ 中最后生存的状态发生消失。

### 12.3.1 复合状态的年金函数

关于复合状态的年金函数的计算，一般有两种方法：

方法一：从复合状态的定义出发，将结果转化为单生年金函数和简单连生年金函数。

例 12.8 求在最后生存者 $(w)$ 和 $(x)$ 与最后生存者 $(y)$ 和 $(z)$ 共同生存的期间，提供年给付额为 1 的期末年金的精算现值。

解：这种年金的精算现值可表示为 $a_{\overline{wx}:\overline{yz}}$，有

$$
\begin{aligned}
a_{\overline{wx}:\overline{yz}} &= \sum_{t=1}^{\infty} v^t {}_tp_{\overline{wx}:\overline{yz}} = \sum_{t=1}^{\infty} v^t {}_tp_{\overline{wx}}\, {}_tp_{\overline{yz}} \\
&= \sum_{t=1}^{\infty} v^t ({}_tp_w + {}_tp_x - {}_tp_{wx})({}_tp_y + {}_tp_z - {}_tp_{yz}) \\
&= \sum_{t=1}^{\infty} v^t ({}_tp_{wy} + {}_tp_{wz} + {}_tp_{xy} + {}_tp_{xz} - {}_tp_{wyz} - {}_tp_{xyz} - {}_tp_{wxy} - {}_tp_{wxz} + {}_tp_{wxyz}) \\
&= a_{wy} + a_{wz} + a_{xy} + a_{xz} - a_{wyz} - a_{xyz} - a_{wxy} - a_{wxz} + a_{wxyz}
\end{aligned}
$$

方法二：运用最后生存者状态的年金函数与连生状态的年金函数之间的确定关系式，简化复合状态。

常用的两组确定关系式是

$$a_{\overline{uv}} = a_u + a_v - a_{uv} \tag{12.18}$$

$$a_{u:\overline{vw}} = a_{uv} + a_{uw} - a_{uvw} \tag{12.19}$$

上式中，$u$、$v$ 和 $w$ 可以代表任一类型的状态：单生状态、连生状态、最后生存者状态，以及由这些状态形成的复合状态等。

关于式(12.18)和式(12.19)的解释：

(1) 关于 $a_{\overline{uv}} + a_{uv} = a_u + a_v$。一方面，$a_{\overline{uv}}$ 代表在生存较长状态所决定的时期内提供年给付额 1 的期末年金的值；另一方面，$a_{uv}$ 表示在生存较短状态所存在的时期内提供年给付额 1 的期末年金的值。因此，$a_{\overline{uv}}$ 提供的年金给付取决于状态 $(u)$ 和 $(v)$ 有一个存在；而 $a_{uv}$ 提供的年金给付，依赖于状态 $(u)$ 和 $(v)$ 有一个消失。这表明：$a_{\overline{uv}} + a_{uv} = a_u + a_v$。

(2) 关于 $a_{u:\overline{vw}} + a_{u:vw} = a_{uv} + a_{uw}$。一方面，$a_{u:\overline{vw}}$ 提供的年金给付取决于 $(u)$ 生存，同时，$(v)$ 和 $(w)$ 生存较长者仍生存；另一方面，$a_{uvw}$ 提供的年金给付取决于 $(u)$ 生存，同时，$(v)$ 和 $(w)$ 生存较短者仍生存。据此，$a_{u:\overline{vw}}$ 代表在 $(uv)$ 和 $(uw)$ 之一的生存期间，提供给付额为 1 的期末年金值；$a_{uvw}$ 代表在 $(uv)$ 和 $(uw)$ 之一的消失期间，提供给付额为 1 的期末年金值，从而 $a_{u:\overline{vw}} + a_{u:vw} = a_{uv} + a_{uw}$。

例 12.9 运用基本关系式，化简年金函数 $a_{\overline{wx}:\overline{yz}}$。

解：$a_{\overline{wx:\overline{yz}}} = a_{\overline{wx}:y} + a_{\overline{wx}:z} - a_{\overline{wx}:yz}$

$= (a_{wy} + a_{xy} - a_{wxy}) + (a_{wz} + a_{xz} - a_{wxz}) - (a_{wyz} + a_{xyz} - a_{wxyz})$

在式(12.18)和式(12.19)中，当其中的个别状态涉及确定期限时，关系式仍成立。

例 12.10　求在直至 $x$ 岁的人死亡为止，或者 $y$ 岁的人活到 $y+n$ 岁为止的较长时间，提供年给付额为 1 的期末年金的表达式。

解：所求年金值为 $a_{\overline{(x)(y:\overline{n}|)}}$，其表达式为

$$a_{\overline{(x)(y:\overline{n}|)}} = a_x + a_{y:\overline{n}|} - a_{xy:\overline{n}|}$$

例 12.11　求在 $x$ 岁的人到达 $x+n$ 岁为止，或者确定的 $m$ 年的较长期限内，提供年给付额为 1 的期末年金的值(仅写出表达式)。

解：所求年金值为 $a_{\overline{(x:\overline{n}|)(\overline{m}|)}}$，且，$a_{\overline{(x:\overline{n}|)(\overline{m}|)}} = a_{x:\overline{n}|} + a_{\overline{m}|} - a_{x:\overline{n}|:\overline{m}|}$，当 $m < n$ 时，状态 $(\overline{m}|)$ 在状态 $(\overline{n}|)$ 之前已消失，从而状态 $(x:\overline{n}|:\overline{m}|)$ 与状态 $(x:\overline{m}|)$ 相同，所以 $a_{\overline{(x:\overline{n}|)(\overline{m}|)}} = a_{x:\overline{n}|} + a_{\overline{m}|} - a_{x:\overline{m}|} (m < n)$。

### 12.3.2　复合状态的保险函数

类似于复合状态的年金函数，复合状态的保险函数的表达可以有两种方法。

方法一：从复合状态的定义出发，将结果转化为单生保险函数和简单连生保险函数。

例 12.12　求在连生状态 $(wx)$ 和最后生存者状态 $(\overline{yz})$ 中发生第二件消失的年末，提供保险金额为 1 的连生保险的趸缴纯保险费。

解：所求趸缴纯保险费是 $A_{\overline{wx:\overline{yz}}}$，且

$$\begin{aligned}
A_{\overline{wx:\overline{yz}}} &= \sum_{t=0}^{\infty} v^{t+1}\ {}_{t|}q_{\overline{wx:\overline{yz}}} \\
&= \sum_{t=0}^{\infty} v^{t+1}({}_{t}p_{\overline{wx:\overline{yz}}} - {}_{t+1}p_{\overline{wx:\overline{yz}}}) \\
&= \sum_{t=0}^{\infty} v^{t+1}({}_{t|}q_{y} + {}_{t|}q_{x} - {}_{t|}q_{yz} + {}_{t|}q_{wx} - {}_{t|}q_{wxy} - {}_{t|}q_{wxz} + {}_{t|}q_{wxyz}) \\
&= A_y + A_z - A_{yz} + A_{wx} - A_{wxy} - A_{wxz} + A_{wxyz}
\end{aligned}$$

方法二：运用最后生存者状态的保险函数与连生状态的保险函数之间的确定关系式，简化复合状态。

两组常用关系式是

$$A_{\overline{uv}} = A_u + A_v - A_{uv} \tag{12.20}$$

$$A_{u:\overline{vw}} = A_{uv} + A_{uw} - A_{uvw} \tag{12.21}$$

上式中，状态 $u$、$v$、$w$ 可以是任一类型的状态。

例 12.13　运用基本关系式，简化保险函数 $A_{\overline{wx:\overline{yx}}}$。

解：$A_{\overline{wx:\overline{yz}}} = A_{wx} + A_{\overline{yz}} - A_{wx:\overline{yz}}$

$= A_{wx} + (A_y + A_z - A_{yz}) - (A_{wxy} + A_{wxz} - A_{wxyz})$

$= A_y + A_z - A_{yz} + A_{wx} - A_{wxy} - A_{wxz} + A_{wxyz}$

例 12.14 求在 $x$ 岁时签发的，在 $x$ 岁的人死亡年末，或者活到 $x+n$ 岁为止，两者中第二个状态消失时提供保险金额为 1 的保险的趸缴纯保险费。

解：依题意，所求趸缴纯保险费为

$$A_{\overline{x:\overline{n|}}} = A_x + A_{\overline{n|}} - A_{x:\overline{n|}}$$

$$= A_x - A_{x:\overline{n|}} + v^n$$

其中，$A_{\overline{n|}} = v^n$。

## 12.4 简单条件保险函数

在本章前几个部分，虽然对常见多生命状态及有关计算做了讨论，但是在所有的讨论过程中，并没有严格区分组成状态的生命发生死亡的先后次序。例如，只要发生第一个生命的死亡，状态 $(xyz)$ 消失，但未指明究竟是 $(x)$、$(y)$ 还是 $(z)$ 先死亡。又如最后生存者状态中，其消失也未特别指明某个个别成员是最后生存者。可是，在很多情况下，不仅需要考虑死亡次序，而且还要决定相应的有关函数。显然地，这类函数与前述函数存在着差异。这类依赖于某种具体的死亡次序的函数，称为条件函数。

### 12.4.1 多生命条件概率及其计算



以下分情况进行讨论：

(1) 年龄均相同，服从相同死亡表的一群生命的条件概率

对于满足这些条件的每个生命，发生死亡的机会是相同的，从而 $m$ 个生命中的某个具体的生命在 $n$ 年内将先死亡的概率记作 ${}_nq^{1}_{xx\cdots x}$，且

$$ {}_nq^{1}_{xx\cdots x} = \frac{1}{m}\,{}_nq_{xx\cdots x} \tag{12.22}$$

式(12.22)中，${}_nq_{xx\cdots x}$ 表示连生状态在 $n$ 年内消失的机会；$\frac{1}{m}$ 表示这个具体生命的死亡导致连生状态消失的机会。

(2) 年龄互不相同，服从相同死亡表的一群生命的条件概率

首先，考虑两生命 $(x)$ 和 $(y)$ 组成的群体的条件概率。特别地，$(x)$ 将在一年内先于 $(y)$ 发生死亡的概率，记作 $q^{1}_{xy}$。$q^{1}_{xy}$ 本质上是指 $(x)$ 先死亡从而导致连生状态消失的机会，所以

$$q^{1}_{xy} = \int_0^1 {}_tp_{xy}\,\mu_{x+t}\,\mathrm{d}t \tag{12.23}$$

式(12.23)中，微分 ${}_tp_{xy}\,\mu_{x+t}\mathrm{d}t$ 表示 $x$ 岁的人活到年龄 $x+t$ 岁的瞬时发生死亡，而 $y$ 岁的人此时仍生存的概率。

类似推导，可以定义 ${}_nq^{1}_{xy}$、${}_\infty q^{1}_{xy}$ 和 ${}_{n|}q^{1}_{xy}$，其值分别是

$${}_nq^{1}_{xy} = \int_0^n {}_tp_{xy}\,\mu_{x+t}\,\mathrm{d}t \tag{12.24}$$

$$
{}_{\infty}q_{xy}^{1} = \int_0^{\infty} {}_tp_{xy}\mu_{x+t}\mathrm{d}t \tag{12.25}
$$

$$
{}_{n|}q_{xy}^{1} = \int_n^{n+1} {}_tp_{xy}\mu_{x+t}\mathrm{d}t \tag{12.26}
$$

关于两生命的条件概率,进一步还可定义$(x)$将迟于$(y)$发生死亡的概率。

例如:$(x)$在$n$年内迟于$(y)$发生死亡的概率,记作${}_nq_{xy}^{2}$。因为${}_nq_{xy}^{2}$不仅表明$(y)$在$n$年内将死亡,而且$(x)$也死亡,还必须是第二个发生死亡,所以

$$
{}_nq_{xy}^{2} = \int_0^n {}_tp_x(1 - {}_tp_y)\mu_{x+t}\mathrm{d}t \tag{12.27}
$$

从这个等式出发,还可以获得一个有趣的结论:

$$
\begin{aligned}
{}_nq_{xy}^{2} &= \int_0^n {}_tp_x(1 - {}_tp_y)\mu_{x+t}\mathrm{d}t \\
&= \int_0^n {}_tp_x\mu_{x+t}\mathrm{d}t - \int_0^n {}_tp_{xy}\mu_{x+t}\mathrm{d}t \\
&= {}_nq_x - {}_nq_{xy}^{1}
\end{aligned} \tag{12.28}
$$

即

$$
{}_nq_x = {}_nq_{xy}^{1} + {}_nq_{xy}^{2} \tag{12.29}
$$

其次,考虑三生命$(x)$、$(y)$和$(z)$组成的群体的条件概率。类似于两生命的情形,关于$(xyz)$的条件概率的几个关系是

$$
{}_nq_{xyz}^{1} = \int_0^n {}_tp_{xyz}\mu_{x+t}\mathrm{d}t \tag{12.30}
$$

$$
{}_nq_{xyz}^{2} = \int_0^n {}_tp_x\,{}_tp_{\overset{[1]}{yz}}\mu_{x+t}\mathrm{d}t \tag{12.31}
$$

式(12.31)中,${}_tp_{\overset{[1]}{yz}}$表示有确定的一个生命在$t$年内生存的概率,且

$$
\begin{aligned}
{}_nq_{xyz}^{3} &= \int_0^n (1 - {}_tp_y)(1 - {}_tp_z)\,{}_tp_x\mu_{x+t}\mathrm{d}t \\
&= {}_nq_x - {}_nq_{xy}^{1} - {}_nq_{xz}^{1} + {}_nq_{xyz}^{1}
\end{aligned} \tag{12.32}
$$

再次,关于单生命组成的状态的条件概率,可以推广到多生命组成的状态的条件概率。

例如:${}_nq_{\overset{1}{xy}:z}$代表状态$(xy)$在$n$年内先于$z$消失的概率,且

$$
\begin{aligned}
{}_nq_{\overset{1}{xy}:z} &= \int_0^n {}_tp_{xy}\,{}_tp_z\mu_{x+t}\mathrm{d}t + \int_0^n {}_tp_{xy}\,{}_tp_z\mu_{y+t}\mathrm{d}t \\
&= {}_nq_{xyz}^{1} + {}_nq_{x\overset{1}{y}z}
\end{aligned} \tag{12.33}
$$

又如:${}_nq_{x,\overline{yz}}^{1}$表示$x$岁的人在$n$年内将比$y$岁和$z$岁两人的残存者先死亡的概率,且

$$
\begin{aligned}
{}_nq_{x:\overline{yz}}^{1} &= \int_0^n {}_tp_{x:\overline{yz}}\mu_{x+t}\mathrm{d}t \\
&= \int_0^n {}_tp_x({}_tp_y + {}_tp_z - {}_tp_{yz})\mu_{x+t}\mathrm{d}t \\
&= {}_nq_{xy}^{1} + {}_nq_{xz}^{1} - {}_nq_{xyz}^{1}
\end{aligned} \tag{12.34}
$$

再如:${}_nq_{\overset{2}{xy}:z}$表示$x$岁与$y$岁的两个残存者在$n$年内将迟于$z$岁的人发生死亡的概率,且

$$ {}_{n}q_{\overset{2}{xy}:z} = \int_0^n [\,{}_tp_x(1 - {}_tp_y)\mu_{x+t} + {}_tp_y(1 - {}_tp_x)\mu_{y+t}](1 - {}_tp_z)\mathrm{d}t \tag{12.35} $$

**例 12.15** 假定(60)和(65)都服从 $\omega = 100$ 的 de Moivre 分布，且其余命相互独立，求 ${}_{\infty}q^{2}_{60:65}$。

**解：** $$ {}_{\infty}q^{1}_{60:65} = \int_0^{35} {}_tp_{60:65}\mu_{60+t}\mathrm{d}t $$

$$ = \int_0^{35}\left(\frac{40-t}{40}\cdot\frac{35-t}{35}\cdot\frac{1}{40-t}\right)\mathrm{d}t = 0.437\ 5 $$

$$ {}_{\infty}q^{2}_{60:65} = 1 - {}_{\infty}q^{1}_{60:65} = 0.562\ 5 $$

### 12.4.2 条件保险函数

(1) 关于两生命的条件保险函数

① 条件终身寿险。对$(x)$和$(y)$签发的保单，只要$(x)$先于$(y)$死亡，便在$(x)$死亡发生年度的年末，提供保险金额1；反之，如$(y)$先于$(x)$死亡，则分文不给。其趸缴纯保险费记作 $A^{1}_{xy}$，且它由下式决定：

$$ A^{1}_{xy} = \sum_{t=0}^{\infty} v^{t+1}\,{}_{t|}q^{1}_{xy} \tag{12.36} $$

② 条件定期寿险。对$(x)$和$(y)$签发的保单，在未来的 $n$ 年内，若$(x)$先于$(y)$死亡，则在死亡发生的年末提供保险金额1；反之，$n$ 年后，如$(x)$先于$(y)$或$(y)$先于$(x)$死亡，均不进行任何给付。这种保险的趸缴纯保险费用 $A^{1}_{xy:\overline{n|}}$ 表示，它取决于：

$$ A^{1}_{xy:\overline{n|}} = \sum_{t=0}^{n-1} v^{t+1}\,{}_{t|}q^{1}_{xy} \tag{12.37} $$

在上述的条件终身寿险和条件定期寿险中，用在死亡时即刻给付取代在死亡年末给付，其余条件全然不变，其相应的趸缴纯保险费是

$$ \bar{A}^{1}_{xy} = \int_0^{\infty} v^t\,{}_tp_{xy}\,\mu_{x+t}\mathrm{d}t \tag{12.38} $$

$$ \bar{A}^{1}_{xy:\overline{n|}} = \int_0^{n} v^t\,{}_tp_{xy}\,\mu_{x+t}\mathrm{d}t \tag{12.39} $$

当条件保险的给付依赖于某种具体状态发生死亡时，也可用类似前述的方法进行分析和计算。

例如，对$(x)$和$(y)$签发的保单约定：只要$(x)$发生死亡，且$(y)$先于$(x)$死亡，便在$(x)$死亡发生的年末提供保险金额1。这种保险的趸缴纯保险费记作 $A^{2}_{xy}$，它取决于：

$$ \begin{aligned} A^{2}_{xy} &= \sum_{t=0}^{\infty} v^{t+1}\,{}_{t|}q^{2}_{xy} \\ &= \sum_{t=0}^{\infty} v^{t+1}(\,{}_{t|}q_x - {}_{t|}q^{1}_{xy}) \\ &= A_x - A^{1}_{xy} \end{aligned} \tag{12.40} $$

(2) 关于三生命的条件保险函数

类似于两生命的条件保险函数，可以用定积分形式写出三生命的条件保险函数表达式。例如：

$$\bar{A}_{\overset{1}{x}yz} = \int_0^{\infty} v^t {}_tp_{xyz}\mu_{x+t}\mathrm{d}t \tag{12.41}$$

$$\begin{aligned}\bar{A}^{\ 1}_{\overline{xy}:z} &= \int_0^{\infty} v^t {}_tp_{xyz}\mu_{x+t:y+t}\mathrm{d}t \\ &= \int_0^{\infty} v^t {}_tp_{xyz}(\mu_{x+t}+\mu_{y+t})\mathrm{d}t \\ &= \bar{A}_{\overset{1}{x}yz} + \bar{A}_{x\overset{1}{y}z}\end{aligned} \tag{12.42}$$

$$\begin{aligned}\bar{A}_{\overset{3}{x}yz} &= \int_0^{\infty} v^t(1-{}_tp_z)(1-{}_tp_y)\ {}_tp_x\mu_{x+t}\mathrm{d}t \\ &= \bar{A}_x - \bar{A}_{\overset{1}{x}y} - \bar{A}_{\overset{1}{x}z} + \bar{A}_{\overset{1}{x}yz}\end{aligned} \tag{12.43}$$

$$\begin{aligned}\bar{A}^{\ 2}_{\overline{xy}:z} &= \int_0^{\infty} v^t(1-{}_tp_z)\ {}_tp_{xy}\mu_{x+t:y+t}\mathrm{d}t \\ &= \bar{A}_{xy} - \bar{A}_{x\overset{1}{y}z} - \bar{A}_{xy\overset{1}{z}}\end{aligned} \tag{12.44}$$

**例 12.16** 已知$(x)$与$(y)$的余命相互独立,且$\mu_x=0.01$,$\mu_y=0.08$,$\delta=0.1$,求$\bar{A}_{\overset{1}{x}y}$、$\bar{A}_{\overset{2}{x}y}$。

**解:** 由已知条件可得

$$\begin{aligned}\bar{A}_{\overset{1}{x}y} &= \int_0^{\infty} e^{-\delta t}{}_tp_x\mu_{x+t}\ {}_tp_y\mathrm{d}t \\ &= \int_0^{\infty} e^{-0.1t}e^{-0.01t}0.01e^{-0.08t}\mathrm{d}t \approx 0.052\ 632\end{aligned}$$

$$\begin{aligned}\bar{A}_{\overset{2}{x}y} &= \int_0^{\infty} e^{-\delta t}{}_tp_x\mu_{x+t}\ {}_tq_y\mathrm{d}t \\ &= \int_0^{\infty} e^{-0.1t}e^{-0.01t}0.01(1-e^{-0.08t})\mathrm{d}t \approx 0.038\ 278\end{aligned}$$

## 12.5 复合条件保险函数

除前述介绍的简单条件概率和条件保险函数外,实际中有时还要求这样的条件函数,函数中不仅要考虑一定的死亡条件,而且这种死亡条件还不只涉及单个生命或某一个状态。当条件函数中的死亡次序涉及多种生命或状态时,这样的条件函数就称为复合条件函数。

很显然,两生命状态的条件函数,不存在复合条件函数,因为限制其中一个生命的次序,另一个生命的次序便自动决定。因此,谈及复合条件函数时,状态涉及两个以上的生命,且死亡次序关系到两个或两个以上的条件。

以下仅列举几例,以说明复合条件概率的意义及表达。

例如:${}_{\infty}q_{\underset{1}{x}\overset{2}{y}z}$ 表示关于状态$(xyz)$消失的概率,其中概率值的决定,取决于$(y)$第二个发生死亡,但$(x)$比$(y)$先死亡。一般来说,在后缀上方的数字,说明函数的决定依赖于它,而在后缀下方的数字,表明其他生命发生死亡的次序。这种有关符号标示的约定以下相同。

$_{\infty}q_{\overset{2}{\underset{1}{xyz}}}$ 有以下多种表达方式：

$$_{\infty}q_{\overset{2}{\underset{1}{xyz}}} = \int_0^{\infty} {}_tp_{xyz}\,\mu_{x+t}\,{}_{\infty}q_{\overset{1}{y+t}:z+t}\,\mathrm{d}t \tag{12.45}$$

或者

$$_{\infty}q_{\overset{2}{\underset{1}{xyz}}} = \int_0^{\infty} {}_tq_x\,{}_tp_{yz}\,\mu_{y+t}\,\mathrm{d}t \tag{12.46}$$

或者

$$_{\infty}q_{\overset{2}{\underset{1}{xyz}}} = \int_0^{\infty} {}_tq_{x\overset{2}{y}}\,{}_tp_z\,\mu_{z+t}\,\mathrm{d}t \tag{12.47}$$

又如：$_{\infty}q_{\underset{1\,2}{wx}\overset{3}{y}z}$ 表示状态由于$(y)$ 第三个发生死亡而消失的概率。$(y)$ 死亡之前，$(w)$ 先于$(x)$，且$(w)$、$(x)$ 均已死亡。同样，这个概率可以有如下几种表达方式：

$$_{\infty}q_{\underset{1\,2}{wx}\overset{3}{y}z} = \int_0^{\infty} {}_tq_{w}\,{}_tp_{xyz}\,\mu_{x+t}\,{}_{\infty}q_{\overset{1}{y+t}:z+t}\,\mathrm{d}t \tag{12.48}$$

或者

$$_{\infty}q_{\underset{1\,2}{wx}\overset{3}{y}z} = \int_0^{\infty} {}_tq_{w\overset{2}{x}}\,{}_tp_{yz}\,\mu_{y+t}\,\mathrm{d}t \tag{12.49}$$

由于在一群生命之间死亡次序不同，有不同的保险函数，所以同样的生命群体，难以就不同排列一一列举保险函数。下面仅举例来说明复合条件保险函数的原理。

**例 12.17** 关于状态$(xyz)$ 签发的保单，有如下规定：若$(y)$ 第二个发生死亡，且$(y)$ 死亡之前，$(x)$ 已经死亡，但$(z)$ 仍生存，则在$(y)$ 死亡以后立刻提供保险金额 1。求这种保单的趸缴纯保险费的表达式。

**解：** 所求趸缴纯保险费记作 $\bar{A}_{\overset{2}{\underset{1}{xyz}}}$，且

$$\bar{A}_{\overset{2}{\underset{1}{xyz}}} = \int_0^{\infty} v^t\,{}_tq_x\,{}_tp_{yz}\,\mu_{y+t}\,\mathrm{d}t$$

**例 12.18** 关于$(xyz)$ 的某种保单，如果$(z)$ 第三个发生死亡，而且$(z)$ 死亡时，$(x)$ 与$(y)$ 均已死亡，且$(x)$ 比$(y)$ 先死亡，那么在$(z)$ 死亡后立刻提供保险金额 1。求这种保单趸缴纯保险费的表达式。

**解：** 趸缴纯保险费为 $\bar{A}_{\overset{3}{\underset{1}{xyz}}}$，且

$$\bar{A}_{\overset{3}{\underset{1}{xyz}}} = \int_0^{\infty} v^t\,{}_tq_x\,{}_tp_{yz}\,\mu_{y+t}\,\bar{A}_{z+t}\,\mathrm{d}t$$

## 习题 12

12－1 写出如下连生状态的概率表达式：
(1) $_{10|}q_{(20)(30)(40)}$；(2) 状态$(xy)$ 在 $t$ 年内失效的概率；(3) $_{t|}q_{\overline{xy}}$；(4) $_tp_{\overline{wx}:\overline{yz}}$。

12－2 试用单生命或多生命状态年金函数，表达(20) 和(25) 的最后生存者与(30) 和(35) 的最后生存者共同生存的期间，提供年给付额为 1 000 元的期末年金的精算现值。

12－3 求$(x)$ 与$(y)$ 中至少有一个在第 $n+1$ 年死亡的概率。这个概率是否就是 $_{n|}q_{\overline{xy}}$？请解释。

12－4 设$\mu_x = \dfrac{1}{100-x}$，$0 \leqslant x < 100$，计算：① ${}_5p_{30:40}$；② ${}_{10}p_{\overline{40:50}}$；③ $\overset{0}{e}_{40:50}$。

12－5 在$(t)$死亡年年末且此时$(s)$存活就给付一单位保险金额的终身寿险的趸缴纯保费是否可以表达为$vp_s\ddot{a}_{t:s+1} - a_{st}$？

12－6 设(20)和(60)相互独立，且死亡力均恒定。已知$\mu_{20+t} = 0.02$，$\mu_{60+t} = 0.05$，$t > 0$，$\delta = 0.03$，求$\bar{A}^2_{20:60}$。

12－7 给定两个独立群体的期望生存人数：

群体1：$l_x^A = 100 - x$，$0 \leqslant x \leqslant 100$

群体2：$l_x^B = 10\ 000 - x^2$，$0 \leqslant x \leqslant 100$

已知个体(40)来自群体1，个体(50)来自群体2，求${}_{30}q^2_{40:50}$。

12－8 设$\mu_x = \dfrac{1}{100-x}$，$0 \leqslant x < 100$，求${}_{10}q^2_{40:20}$。

12－9 假定(70)和(75)都服从$\omega = 110$的de Moivre分布，且相互独立，求$\overset{0}{e}_{70:75}$。

12－10 假定(60)和(65)都服从$\omega = 100$的de Moivre分布，且相互独立，且$\delta = 0.05$，分别求$\bar{A}_{60:65}$、$\bar{A}_{\overline{60:65}}$。

12－11 已知$(x)$与$(y)$的余命相互独立，且$(x)$的死亡服从均匀分布假设，$(y)$的死力为常数0.2，$q^1_{xy} = 0.15$，求$q_x$。

12－12 $(x)$与$(y)$投保了连续型终身寿险，已知他们的余命相互独立，且$\mu_x = 0.04$，$\mu_y = 0.03$，$\delta = 0.1$，在第一个死亡发生时支付1，在第二个死亡发生时支付2，求该保险的趸缴纯保费。

# 13 资产份额与利源分析

不论是均衡纯保险费的计算,还是均衡纯保险费责任准备金的评估,或者毛保险费的厘定,无不以一定的预定率为基础,以实现收与支的平衡,或符合法定或其他某些规定的要求。但是,以死亡表或经济形势或公司实际等为依据的预定死亡率、预定利息率以及预定费用率等,与实际死亡率、实际利息率或收益率以及实际费用率等总会存在程度不同的偏差。这些预定率与实际率之间产生的差额,构成了寿险公司盈余或亏损的主要来源。本章正是围绕这个问题,研究下面四个问题:①评估不同计算基础下所产生的盈余或亏损的大小,并分析盈亏的原因;②当法定计算基础与寿险公司所选择的计算基础不同时,考察寿险公司的资产是否符合法定准备金要求;③揭示一种寿险公司立足于现在便能洞察或判定寿险公司某笔业务预期是盈还是亏的分析工具;④通过利源分析讨论寿险公司对待利源问题的常用措施或对策。



## 13.1 资产份额

### 13.1.1 资产份额及其说明

资产份额是指同一种类大量相同保单,根据预定死亡率、预定利息率、预定费用率以及预定失效率等计算所累积的基金净额,按照每千元或每单位保险金额的比例基础加以分配时,每一个别有效保单预估所能配置或均摊的数额。资产份额是利源分析的重要工具。

关于资产份额的概念,几点进一步说明:

(1)资产份额是同类大量相同保单中每一有效保单事先预估均摊的数额。其中同类大量相同保单,一般要求保险类型、承保或签单年龄以及保险金额等均相同。

(2)寿险合同通常系长期性合同。保险人的收入主要来源于保险费和投资所得,支出主要是死亡保险金额给付,解约现金价值的给付以及业务经营活动中所花的费用。毛保险费收入受竞争的影响。解约现金价值不仅受竞争的影响,而且要符合法律对最低现金价值的规定。资产份额正是为保险人评估各种收支的精算现值的结余状况而安排和设计的一种分析工具。

(3)资产份额与责任准备金既有联系也有区别。联系表现在:资产份额离不开责任准备金,并以此为基础。责任准备金作为一种对全体投保人的负债,迟早将返还给被保险人。这一点在法律上体现为保险人应按特定死亡表和利息率计算最低责任准备金,并将其予以提留。但是,保险人往往按照自身需要,选择适当的死亡表和利息率,计算毛保险费和责任准备金等项目。因此,保险人既要履行保单责任,又要取得效益,最基本的目标就是使其按自身选择的计算基础所得资产份额和责任准备金大于或等于法定最低责任准备金。两者的区别在于:前者是一种特定资产,后者是一种负债。此外,它们各自的计算所考虑的因素及其他方面也有一定的不同。

### 13.1.2 资产份额的评估

对于不同的保险类型的资产份额的计算,只是在表述上有形式上的差异,其计算的原理和方法并没有什么两样。因此,以下不妨以某种约定条件下的保单的资产份额的计算为例。

假定:所考察保单在$x$岁时签单,毛保险费为$G$,保单持有人共计$l_x$人,死亡保险金额1于死亡发生的年末兑现,现金价值CV于解约发生的年末支付。

${}_k\mathrm{AS}$:保单签发后的第$k$年年末的每一有效保单的预期资产份额。

$c_k$:保单签发后的第$k$年年末的费用占毛保险费的比例。

$e_k$:保单签发后的第$k$年年末的每张保单的费用。

$q_{x+k}^{(d)}$:现年$x+k$岁的被保险人在到达$x+k+1$岁之前死亡的概率,从而现年$x+k$岁的被保险人在未来一年内的死亡人数$d_{x+k}^{(d)}=l_{x+k}q_{x+k}^{(d)}$。

$q_{x+k}^{(w)}$:现年$x+k$岁的被保险人在到达$x+k+1$岁之前解约或退保的概率,从而现年$x+k$岁的被保险人在未来一年内的退保人数$d_{x+k}^{(w)}=l_{x+k}q_{x+k}^{(w)}$。

$i$:预定利息率。

$n$:考察的年数,其可能取值为$0,1,2,\cdots,\omega-x$。其中,$\omega$为终极年龄。

在上述假定下,

第一个保险年度末的预期资产份额为

$$ {}_1\mathrm{AS}=\frac{l_x[{}_0\mathrm{AS}+G(1-c_0)-e_0](1+i)-d_x^{(d)}-d_x^{(w)}\ {}_1\mathrm{CV}}{l_{x+1}} $$

上式中,${}_0\mathrm{AS}=0$。

第二个保险年度末的预期资产份额为

$$ {}_2\mathrm{AS}=\frac{l_{x+1}[{}_1\mathrm{AS}+G(1-c_1)-e_1](1+i)-d_{x+1}^{(d)}-d_{x+1}^{(w)}\ {}_2\mathrm{CV}}{l_{x+2}} \tag{13.1} $$

……

第$k+1$个保险年度末的预期资产份额为

$$ {}_{k+1}\mathrm{AS}=\frac{l_{x+k}[{}_k\mathrm{AS}+G(1-c_k)-e_k](1+i)-d_{x+k}^{(d)}-d_{x+k}^{(w)}\ {}_{k+1}\mathrm{CV}}{l_{x+k+1}} $$

……

在上面所有式子的两端分别乘以$v^{t+1}l_{x+t}$,$t=0,1,2,\cdots,k$,再做差分变换可得第$n$个保险年度末的预期资产份额为

$$ {}_n\mathrm{AS}=\sum_{k=0}^{n-1}\frac{[G(1-c_k)-e_k]l_{x+k}(1+i)^{n-k}-[d_{x+k}^{(d)}+d_{x+k}^{(w)}\ {}_{k+1}\mathrm{CV}](1+i)^{n-k-1}}{l_{x+n}} \tag{13.2} $$

该式表明:在选定死亡表和利息率,而且应收毛保险费、未来将支出的费用以及解约价值等项目均固定的条件下,同类大量保单中的每一个有效保单的预估的资产份额。

例 13.1 已知某 3 年期全离散型两全保险,保险金额为 10 000 元,毛保险费 $G=$ 3 878 元,$i=5\%$,另外有表 13.1 的条件:

表 13.1 有关该保单的各项信息

| $k$ | $q_{x+k}$ | $q_{x+k}^{(d)}$ | $q_{x+k}^{(w)}$ | $c_k$ | $e_k$ | $_{k+1}(CV)$ |
|---|---|---|---|---|---|---|
| 0 | 0.5 | 0.1 | 0.4 | 0.2 | 80 | 2 300 |
| 1 | 0.4 | 0.15 | 0.25 | 0.06 | 20 | 5 600 |
| 2 | 0.5 | 0.5 | 0 | 0.06 | 20 | 10 000 |

计算各年年末的资产份额。

解: 由上面的公式得

$$_{k+1}AS=\frac{l_{x+k}[_{k}AS+G(1-c_k)-e_k](1+i)-d_{x+k}^{(d)}-d_{x+k}^{(w)}\,_{k+1}CV}{l_{x+k+1}}$$

分子分母同时除以 $l_{x+k}$ 得

$$_{k+1}AS=\frac{[_{k}AS+G(1-c_k)-e_k](1+i)-q_{x+k}^{(d)}-q_{x+k}^{(w)}\,_{k+1}CV}{p_{x+k}}$$

代入题目中所给数据得

$$_{1}AS=\frac{[0+3\,878(1-0.2)-80](1+5\%)-10\,000\times0.1-0.4\times2\,300}{0.5}$$

$$\approx2\,507.04(\text{元})$$

$$_{2}AS=\frac{[2\,507.04+3\,878(1-0.06)-20](1+5\%)-10\,000\times0.15-0.25\times5\,600}{0.6}$$

$$\approx5\,898.30(\text{元})$$

$$_{3}AS=\frac{[5\,898.3+3\,878(1-0.06)-20](1+5\%)-10\,000\times0.5-0\times10\,000}{0.5}$$

$$\approx10\,000(\text{元})$$

### 13.1.3 资产份额的计算实例

以下用一个假设的例题说明资产份额计算的方法和原理。

例 13.2 求满足以下条件的保单在各个保险年度末的预估资产份额。

保险类型为三年期两全保险;签单年龄为 $x$ 岁;死亡给付时刻为死亡发生的年末;缴费方式为每年年初缴费一次;保险金额为 1 000 元;年内死亡率 $q_x=0.1$,$q_{x+1}=0.111\,1$,$q_{x+2}=0.5$;实际年利息率 $i=0.15$;费用于每年年初发生,第一年年初费用占毛保险费的比例为 20%,每保单费为 8 元;第二年与第三年年初费用占毛保险费的比例均为 6%,每保单费为 2 元。

**解：** 第一步：费用分析及毛保险费计算。

根据题意，单位保险金额的年缴纯保险费为

$$P_{x:\overline{3}|} = \frac{A_{x:\overline{3}|}}{\ddot{a}_{x:\overline{3}|}}$$

上式中，

$$\begin{aligned} A_{x:\overline{3}|} &= A^{1}_{x:\overline{3}|} + A_{x:\overline{3}|}^{\ \ 1} \\ &= vq_x + v^2 p_x q_{x+1} + v^3 {}_2p_x q_{x+2} + v^3 {}_3p_x \\ &= 0.688\ 58 \end{aligned}$$

$$\begin{aligned} \ddot{a}_{x:\overline{3}|} &= \frac{1 - A_{x:\overline{3}|}}{d} \\ &= 2.387\ 5 \end{aligned}$$

因此，保险金额为 1 000 元的年缴纯保险费为

$$1\ 000P_{x:\overline{3}|} = 288.41(\text{元})$$

设年缴毛保险费为 $G$，它满足如下等式：

$$G\ddot{a}_{x:3} = 1\ 000A_{x:\overline{3}|} + (0.2G + 8) + (0.06G + 2)a_{x:\overline{2}|}$$

$$\therefore\ G = 332.35(\text{元})$$

第二步：决定解约价值。

不妨假定：${}_k\text{CV} = 1\ 000\ {}_kV_{x:\overline{3}|} - 10, k = 1,2, {}_3\text{CV} = 1\ 000$。运用责任准备金计算原理可以求得

$$1\ 000\ {}_0V_{x:\overline{3}|} = 0.00$$

$$1\ 000\ {}_1V_{x:\overline{3}|} = 257.41$$

$$1\ 000\ {}_2V_{x:\overline{3}|} = 581.16$$

从而

$${}_1\text{CV} = 1\ 000\ {}_1V_{x:\overline{3}|} - 10 = 247.41$$

$${}_2\text{CV} = 1\ 000\ {}_2V_{x:\overline{3}|} - 10 = 571.16$$

$${}_3\text{CV} = 1\ 000$$

第三步：决定各年年末预期的资产份额。

假定：当各年度同时考虑死亡和解约两因素时，死亡概率和解约概率如表 13.2 所示。

表 13.2　死亡率及解约率

| $k$ | $p_{x+k} = \frac{l_{x+k}}{l_x}$ | $q^{(d)}_{x+k} = \frac{d^{(d)}_{x+k}}{l_{x+k}}$ | $q^{(w)}_{x+k} = \frac{d^{(w)}_{x+k}}{l_{x+k}}$ |
|---|---|---|---|
| 0 | 0.54 | 0.08 | 0.38 |
| 1 | 0.62 | 0.09 | 0.29 |
| 2 | 0.50 | 0.50 | 0.00 |

那么，

第一个保险年度末的资产份额为

$$
\begin{aligned}
{}_1\mathrm{AS} &= \frac{[{}_0\mathrm{AS} + G(1-c_0) - e_0](1+i) - 1\,000q_{x+t}^{(d)} - {}_1\mathrm{CV}\cdot q_x^{(w)}}{p_x} \\
&= \frac{(0.00 + 332.35 \times 0.8 - 8)(1.15) - 80 - 247.41 \times 0.38}{0.54} \\
&\approx 226.94(\text{元})
\end{aligned}
$$

第二个保险年度末的资产份额为

$$
\begin{aligned}
{}_2\mathrm{AS} &= \frac{[{}_1\mathrm{AS} + G(1-c_1) - e_1](1+i) - 1\,000q_{x+1}^{(d)} - {}_2\mathrm{CV}\cdot q_{x+1}^{(w)}}{p_{x+1}} \\
&= \frac{(226.94 + 332.35 \times 0.94 - 2) \times 1.15 - 90 - 571.16 \times 0.29}{0.62} \\
&\approx 584.38(\text{元})
\end{aligned}
$$

第三个保险年度末的资产份额为

$$
\begin{aligned}
{}_3\mathrm{AS} &= \frac{[{}_2\mathrm{AS} + G(1-c_2) - e_2](1+i) - 1\,000q_{x+2}^{(d)} - {}_3\mathrm{CV}\cdot q_{x+2}^{(w)}}{p_{x+2}} \\
&= \frac{(584.38 + 332.35 \times 0.94 - 2) \times 1.15 - 500 - 1\,000 \times 0}{0.5} \\
&\approx 1\,058.01(\text{元})
\end{aligned}
$$



通过这个例题，我们可以归纳出资产份额计算的基本步骤：

① 决定毛保险费（纯保险费和附加保险费）；

② 计算现金价值（既符合公司自身经营要求，又不违反政府规定的最低要求）；

③ 选择合适或运用恰当的死亡概率和解约概率；

④ 代入资产份额计算公式，求出各年度预估资产份额。整个关于资产份额的计算，最好用计算机运算，以减少工作量。

## 13.2 利源分析

对盈余分别按各种计算基础分析其产生原因，分析结果可以作为了解寿险经营的现状与趋势的重要参考，这样的分析称为利源分析。

### 13.2.1 盈亏的判定

从人寿保险原理中知道，人寿保险合同一般是长期合同，合同期限短则几年，长则几十年。而未来变化情况难以确切把握，这就是说，某种同类大量相同寿险保单的营运结果是盈是亏，只有等到这些合同的责任全部终止才能进行准确评定。显然，这样的核算既没必要，也无现实意义。在实际中，尽管以预定死亡率、预定利息率、预定费用率以及预定解约率等为基础计算的各个项目，与实际死亡率、实际利息率、实际费用率以及实际解约率等为基础计算的各个项目有出入，但是，除非发生重大异常情况，以慎选的死亡表和利息率作为未来实际发生率的拟合值是可以的。这样,至少可以在预定率基础之上对未来盈亏做一定的预测和判定。资产份额就是盈亏判定的一个重要分析工具。

首先,分析和计算预估资产份额:

$$ {}_{k+1}AS = [{}_{k}AS + G(1 - c_{k}) - e_{k}](1 + i) - q_{x+k}^{(d)}(1 - {}_{k+1}AS) - q_{x+k}^{(w)}({}_{k+1}CV - {}_{k+1}AS) \tag{13.3} $$

上式中,$k = 0,1,2,\cdots$。

其次,对资产份额做经验调整。

假定:

$i'_{k+1}$代表第 $k+1$ 年的实际利息率;

$c'_{k}$代表第 $k$ 年费用占毛保险费的实际比例;

$e'_{k}$代表第 $k$ 年每一保单实际费用;

$q'^{(d)}_{x+k}$ 代表 $x+k$ 岁的人在一年内实际死亡概率;

$q'^{(w)}_{x+k}$ 代表 $x+k$ 岁的人在一年内实际解约概率;

${}_{k+1}AS'$ 代表第 $k+1$ 年年末的实际资产份额。

那么,资产份额的经验值为

$$ {}_{k+1}AS' = [{}_{k}AS + G(1 - c'_{k}) - e'_{k}](1 + i'_{k+1}) - q'^{(d)}_{x+k} \cdot (1 - {}_{k+1}AS') - q'^{(w)}_{x+k}({}_{k+1}CV - {}_{k+1}AS') \tag{13.4} $$

最后,利用资产份额进行盈亏判定。

第 $k+1$ 年年末实际资产份额${}_{k+1}AS'$与第 $k+1$ 年年末预期资产份额之差为

$$ \begin{aligned} {}_{k+1}AS' - {}_{k+1}AS = & ({}_{k}AS + G)(i'_{k+1} - i) + [(Gc_{k} + e_{k})(1 + i) - (Gc'_{k} + e'_{k})(1 + i'_{k+1})] \\ & + [q_{x+k}^{(d)}(1 - {}_{k+1}AS) - q'^{(d)}_{x+k}(1 - {}_{k+1}AS)] + [q_{x+k}^{(w)}({}_{k+1}CV - {}_{k+1}AS) \\ & - q'^{(w)}_{x+k}({}_{k+1}CV - {}_{k+1}AS)] \end{aligned} \tag{13.5} $$

显然,${}_{k+1}AS' - {}_{k+1}AS$ 的结余就是保单在第 $k+1$ 个保险年度的盈亏额。具体地,${}_{k+1}AS' > {}_{k+1}AS$,其差额为盈余;${}_{k+1}AS' < {}_{k+1}AS$,其差额为亏损;${}_{k+1}AS' = {}_{k+1}AS$,其差额为0,不亏不盈。

### 13.2.2 盈亏的原因及防止亏损的基本对策

由于每一有效保单在 $k+1$ 年年末的盈亏大小取决于(${}_{k+1}AS' - {}_{k+1}AS$)的大小,所以盈亏的原因在于决定(${}_{k+1}AS' - {}_{k+1}AS$)的各项因素,而这些因素主要有如下四项:

(1)$({}_{k}AS + G)(i'_{k+1} - i)$ 表示资产实际运用收益率与责任准备金计算所采用的预定利息率的利差产生的利差益或利差损,因此,利差益或利差损影响业务的盈亏。

(2)$[(Gc_{k} + e_{k})(1 + i) - (Gc'_{k} + e'_{k})(1 + i'_{k+1})]$ 表示附加保险费中的预定费用按预定利息率在年末的数值,扣除年内实际支出的费用按实际利息率在年末的数值所产生的费差益或费差损。同样,费差益或费差损影响着整个业务的经营状况。

(3)$[q_{x+k}^{(d)}(1 - {}_{k+1}AS) - q'^{(d)}_{x+k}(1 - {}_{k+1}AS')]$ 表示保险费计算所用预定死亡率与实际死亡率的差距产生的利益或亏损,亦即该年度内收入的危险保险费总额与所支付的危险保险费总额之差。这个差额称作死差益或死差损。

(4) $[q_{x+k}^{(w)}({}_{k+1}\mathrm{CV}-{}_{k+1}\mathrm{AS})-q'^{(w)}_{x+k}({}_{k+1}\mathrm{CV}-{}_{k+1}\mathrm{AS}')]$ 表示预期退保率与实际退保率之差所产生的退保或解约收益、退保或解约亏损。由于预计的退保价值为 ${}_{k+1}\mathrm{CV}$，而保单经过一定年份也具有一定的资产份额，所以保险人的退保支付净额将是 ${}_{k+1}\mathrm{CV}$ 与资产份额之差额。

综上所述，利差益（损）、费差益（损）、死差益（损）、解约收益（亏损）等均是寿险经营形成利润（亏损）的主要源泉。同时，导致盈亏的直接原因，也就是这四个因素为主要因素并相互影响、相互制约的结果。

但是，之所以会产生利差益（损）、费差益（损）、死差益（损）、解约收益（亏损）等，从精算角度看，更根本的原因在于费率计算基础与现实计算基础存在一定的差距，也就是预定率与实际率之间总会有偏差。费率的制定基础准确与否将最终关系到业务经营的盈或亏。

鉴于对盈亏原因的分析，为使某项业务产生必要的盈余，就得从费率计算基础的可靠性和稳定性方面下功夫。具体的措施是：① 确定较为保守的预定利息率；或者增加有效投资，提高实际投资收益率。② 增大保险金额、减少费用成本或降低每保单费用。③ 降低死亡概率。④ 加强保险宣传及采取其他措施，维持有效保单的数额，减少保单解约概率。此外，考虑到死差、利差、费差以及解约差之间的相互制约关系，应从总体盈余的角度考虑，而并不一定要求死差、利差、费差以及解约差等每项均有盈余。从综合平衡出发，评估总体效益也是经营中的重要策略之一。



## 13.3 资产份额的应用

利源分析是资产份额的一个应用。考虑到利源分析的重要性，特在本书 13.2 节中单独进行了介绍。然而资产份额的应用远非只有利源分析，它在寿险经营中有着广泛的用途：① 检验费率的合理性；② 验证退保率是否合理；③ 决定分红额度及其合理性；④ 评估投资收益率的高低等。

以下讨论资产份额在检验和确定合理的保险费以及决定红利分配额度中的应用。

### 13.3.1 检验和确定合理的保险费

以一定的生命表为基础，按照收支平衡原则决定的毛保险费 $G$ 由下列关系式决定：

$$G\ddot{a}=A(\text{或}\bar{A})+\sum_{k=0}^{\infty}(Gc_k+e_k)\,{}_kE_x$$

上式中，等式左端表示保险人的保费收入总额，右端表示保险人的支出总额。

不难发现，上述关于 $G$ 的计算，忽略了保单解约的发生或者假定保单中途无解约。

但是,保单解约系投保人的一项权利,在实务中,保险人不能避免或阻止保单的退保,这就是说,保单无解约的假定是不现实的。现在取消这一假设,而考虑保单解约在内时毛保险费 $G$ 的完整的计算。此时,决定 $G$ 的更一般的等式为

$$G\ddot{a} = A(\text{或}\bar{A}) + \sum_{k=0}^{\infty}(Gc_k + e_k)_k E_x + \sum_{k=0}^{\infty} {}_k p_x q_{x+k}^{(w)} {}_{k+1}\mathrm{CV}$$

在费用和解约价值等确定的条件下,由上式计算的毛保险费就随之确定。

但是,由上式计算的毛保险费 $G$ 是否合理?怎样判定 $G$ 合理与否,判断标准又是什么?一般来说,毛保险费本身以及投资收益能够支付保险金额、费用开支以及解约价值等项目,其就是合理的。换言之,毛保险费对应的预期资产份额应确保法定最低准备金和最低解约价值的给付,并在同业竞争中适度获取利润。

如果毛保险费 $G$ 对应的第 $k+1$ 年年末的资产份额为 ${}_{k+1}\mathrm{AS}_G(k=0,1,2\cdots)$,法定准备金为 ${}_{k+1}V_T$,最低解约价值为 ${}_{k+1}\mathrm{CV}_T$,那么合理的毛保险费 $G$ 的基本判断标准是

$$ {}_{k+1}\mathrm{AS}_G \geqslant {}_{k+1}V_T \geqslant {}_{k+1}\mathrm{CV}_T \tag{13.6}$$

据此可得到检验和确定合理毛保险费的方法和步骤:若 ${}_{k+1}\mathrm{AS}_G \geqslant {}_{k+1}V_T$,则 $G$ 基本符合要求;否则,$G$ 不尽合理,应做一定的调整。给予毛保险费一个试验值 $H_1$,它所对应的资产份额是 ${}_{k+1}\mathrm{AS}_{H_1}$。若 ${}_{k+1}\mathrm{AS}_{H_1} \geqslant {}_{k+1}V_T$,则 $H_1$ 是合理的毛保险费;否则,$H_1$ 不合理。此时,再给毛保险费一个试验值 $H_2$,它所对应的资产份额是 ${}_{k+1}\mathrm{AS}_{H_2}$,若 ${}_{k+1}\mathrm{AS}_{H_2} \geqslant {}_{k+1}V_T$,则 $H_2$ 是合理的;否则,$H_2$ 不合理。再给毛保险费一个试验值 $H_3$,重复上述步骤,直至找到一个毛保险费 $H$,它所对应的资产份额 ${}_{k+1}\mathrm{AS}_H$ 满足 ${}_{k+1}\mathrm{AS}_H \geqslant {}_{k+1}V_T$ 为止。此时确定的毛保险费 $H$,才是实际应收取的合理毛保险费。

当然,确定合理毛保险费的标准并不是绝对的、唯一的,视具体情况可以有不同的形式。如一方面为简化试验法的繁琐,另一方面考虑到资产份额对应的毛保险费易决定,常可确定资产目标为:资产份额不低于第 $n$ 年年末的责任准备金。若满足这一目标的毛保险费为 $G$,其所对应的资产份额为 ${}_n\mathrm{AS}_G$,任给一个毛保险费试验值 $H$,其所对应的资产份额为 ${}_n\mathrm{AS}$,则毛保险费 $G$ 由下式决定:

$$G = H + \frac{({}_n\mathrm{AS}_G - {}_n\mathrm{AS})v^n {}_n p_x}{\sum_{k=0}^{n-1}(1-c_k)v^k {}_k p_x} \tag{13.7}$$

上式中,${}_n p_x$、$v^n$、$c_k$ 等的含义与前面约定的含义相同。

此外,无论是采用一般标准,还是运用具体的办法,满足资产目标的毛保险费可能不止一个。遇到这种情形,毛保险费的确定和选择应当综合考虑经营状况、被保险人的承受能力以及宏观政策目标等因素。

我们引用沃尔特·门格(Walter O. Menge)的一个例题,看看运用资产份额对毛保险费的合理性判断的应用。

例 13.3　试计算如下保险的毛保险费,并判断该保单的毛保险费是否合理,进而

决定合理的毛保险费：假定保单在35岁签发，保险金额10万元，30年期且30年均衡缴费的两全保险。其保单费用估计如下：第一年年初发生代理人佣金占毛保险费的55%，第二年为10%，第三年年初到第十年年初为5%，以后每年年初还需毛保险费的2%作为服务费。每年年初发生保险费税为毛保险费的3%。第一年年初发生管理费1 200元，第二年乃至以后每年年初均为500元。在死亡时立即提供给付或满期理赔成本是500元。进一步假定，该保单期末准备金的计算以美国保险监察官准备金修正法（CRVM）和CL1（2010—2013）2.5%为基础。最低不丧失价值以CL1（2010—2013）2.5%为计算基础。毛保险费以安达逊选择表（Anderson's $X_{18}$ 选择表 $3\frac{3}{4}\%$）为基础（见附录2）。

**解：** 首先，根据上述已知条件，所示保单在35岁起的均衡毛保险费 $G$ 的计算如下：

$$G=\frac{100\ 500\bar{A}^{1}_{[35]:\overline{30|}}+100\ 500A_{[35]:\overset{\ 1}{\overline{30|}}}+1\ 200+300a_{[35]:\overline{29|}}}{0.95\ddot{a}_{[35]:\overline{30|}}-0.03\ddot{a}_{[35]:\overline{10|}}-0.05\ddot{a}_{[35]:\overline{2|}}+0.10\ddot{a}_{[35]:\overline{1|}}-0.55}$$

$$=\frac{100\ 500\ (1.037\ 5)^{0.5}A^{1}_{[35]:\overline{30|}}+100\ 500A_{[35]:\overline{30|}}+120+50a_{[35]:\overline{29|}}}{0.95\ddot{a}_{[35]:\overline{30|}}-0.03\ddot{a}_{[35]:\overline{10|}}-0.05\ddot{a}_{[35]:\overline{2|}}+0.10\ddot{a}_{[35]:\overline{1|}}-0.55}$$

$$=3\ 057.77（元）$$

其次，确定资产份额并以此检验毛保险费的合理性。

由于寿险公司保持法定准备金基于CRVM和CL1（2010—2013）2.5%，这些生命表与计算毛保险费所用死亡表不同，所以要验证所求毛保险费是否合理，就要判断毛保险费所对应的资产份额能否应付法定准备金和最低解约价值。为使问题论述方便，又不失一般原理，本例的资产份额的计算中不考虑解约价值。最低不丧失价值以CL1（2010—2013）2.5%为基础，采用调整保险费法计算。

毛保险费 $G=3\ 057.77$ 元所对应的预期资产份额如下：

第一年年末：

$$(3\ 057.77-58\%\times 3\ 057.77-1\ 200)\ddot{s}_{[35]:\overline{1|}}-100\ 000\cdot\frac{\bar{A}^{1}_{[35]:\overline{1|}}}{{}_1E_{[35]}}$$

$$=84.26\times\frac{\ddot{a}_{[35]:\overline{1|}}}{{}_1E_{[35]}}-100\ 000\times(1.037\ 5)^{0.5}\cdot\frac{A^{1}_{[35]:\overline{1|}}}{{}_1E_{[35]}}$$

$$=1\ 013.12\times 1.026\ 32-(1.037\ 5)^{0.5}\times 129.17\approx -45.09（元）$$

第二年年末：

$$(-45.09+3\ 057.77-300-13\%\times 3\ 057.77)\ddot{s}_{[36]:\overline{1|}}-100\ 000\cdot\frac{\bar{A}^{1}_{[36]:\overline{1|}}}{{}_1E_{[36]}}$$

$$=(-45.09+2\ 360.26)\times 1.026\ 43-(1.037\ 5)^{0.5}\times 139.694\ 3$$

$$\approx 2\ 234.08（元）$$

第三年年末以及保险期间的其他年末的资产份额可以类似地获得。表13.3列举了从第一年年末到第十年年末的资产份额，以 CRVM 和 CL1(2010—2013)2.5% 为基础的期末准备金，以及以 CL1(2010—2013)2.5% 为基础的调整保险费法最低解约价值。

表 13.3 资产份额、期末准备金和最低解约价值的比较

(30 年期两全保单、毛保险费 3 057.77 元，签单年龄 35 岁) 单位:元

| 保单年末 | 资产份额 (Anderson's $X_{18}$ 选择表 $3\frac{3}{4}\%$) | 期末准备金 [以 CRVM 和 CL1 (2010—2013)2.5% 为基础] | 差额 | 最低解约价值 [以 CL1 (2010—2013)2.5% 为基础] | 差额 |
|---|---|---|---|---|---|
| 1 | -45.09 | 0.00 | -45.09 | -125.17 | 80.08 |
| 2 | 2 234.08 | 2 525.83 | -291.76 | 2 329.98 | -95.91 |
| 3 | 4 561.81 | 5 109.21 | -547.40 | 4 840.58 | -278.77 |
| 4 | 6 938.41 | 7 751.15 | -812.74 | 7 407.54 | -469.13 |
| 5 | 9 364.28 | 10 452.45 | -1 088.17 | 10 031.55 | -667.27 |
| 6 | 11 839.60 | 13 213.97 | -1 374.37 | 12 713.33 | -873.73 |
| 7 | 14 364.75 | 16 036.70 | -1 671.95 | 15 453.75 | -1 089.00 |
| 8 | 16 939.94 | 18 921.51 | -1 981.57 | 18 253.51 | -1 313.58 |
| 9 | 19 565.54 | 21 869.47 | -2 303.93 | 21 113.52 | -1 547.98 |
| 10 | 22 242.04 | 24 881.68 | -2 639.64 | 24 034.69 | -1 792.65 |

从表 13.3 可知，每年期末准备金均超过该年年末的资产份额，且差额呈递增变化。进一步，在后五年的最低解约价值超过资产份额，其差额也呈递增变化。显然，仅比较前十年资产份额、期末准备金和最低解约价值，不能说明问题并判断毛保险费是否合理。所以，需重复上述步骤，求出整个保险期限的资产份额、期末准备金和最低解约价值，再进行比较。这些工作可以说明毛保险费 3 057.77 元并不是令人满意的毛保险费。

再次，对毛保险费进行调整，以确定合理的毛保险费。

现对毛保险费做适度调整，在毛保险费 3 057.77 元基础上，增加毛保险费 200 元，使调整后的毛保险费为 3 257.77 元。调整后的前十年毛保险费所对应的资产份额以及在约定准备金方法和调整保险费法下的期末准备金和最低解约价值的数据的计算类似于表 13.3，计算结果如表 13.4 所示。

表 13.4　资产份额、期末准备金和最低解约价值的比较

（30 年期两全保单、毛保险费 3 257.77 元，签单年龄 35 岁）　　单位:元

| 保单年末 | 资产份额（Anderson's $X_{18}$ 选择表 $3\frac{3}{4}\%$） | 期末准备金［以 CRVM 和 CL1（2010—2013）2.5% 为基础］ | 差额 | 最低解约价值［以 CL1（2010—2013）2.5% 为基础］ | 差额 |
|---|---|---|---|---|---|
| 1 | 41.12 | 0.00 | 41.12 | −125.17 | 166.29 |
| 2 | 2 501.16 | 2 525.83 | −24.67 | 2 329.98 | 171.18 |
| 3 | 5 014.60 | 5 109.21 | −94.61 | 4 840.58 | 174.02 |
| 4 | 7 581.93 | 7 751.15 | −169.22 | 7 407.54 | 174.40 |
| 5 | 10 203.75 | 10 452.45 | −248.70 | 10 031.55 | 172.21 |
| 6 | 12 880.47 | 13 213.97 | −333.50 | 12 713.33 | 167.14 |
| 7 | 15 612.70 | 16 036.70 | −424.00 | 15 453.75 | 158.95 |
| 8 | 18 400.92 | 18 921.51 | −520.58 | 18 253.51 | 147.41 |
| 9 | 21 245.83 | 21 869.47 | −623.63 | 21 113.52 | 132.31 |
| 10 | 24 148.24 | 24 881.68 | −733.44 | 24 034.69 | 113.55 |

在表 13.4 基础上，我们继续比较 30 年期的后 20 年每年的资产份额、期末准备金和最低解约价值。通过比较，我们可以发现，毛保险费 3 257.77 元所对应的资产份额非常接近期末准备金和最低解约价值。因此，可以认为毛保险费 3 257.77 元是合理的。



### 13.3.2　决定红利分配的额度

红利来源于盈余。视保险公司为相互公司和股份公司的结合体，红利一般也有保单红利和股东红利之分。在寿险保单中，通常标明保险基金份额或保单现值。保险基金份额是在考虑大量同类保单的基础上事前建立的一个量。一方面，这些同类保单未来保险费和投资收入、应付保单给付和费用有较大的关联。保险基金份额一般局限于考虑死亡差、利息率差、费用差和解约差，它较资产份额范围窄一些。另一方面，保险基金份额又是资产份额的重要的等价部分，它的最大限额不会超过资产份额。这些表明了保险基金份额可以用类似于资产份额的公式进行评估。

假设：${}_kF$ 表示第 $k$ 年年末的基金份额。$G$、$c_k$、$e_k$、$q_{x+k}^{(d)}$、$q_{x+k}^{(w)}$ 以及 ${}_{k+1}\mathrm{CV}$ 均已知，且它们的含义与讨论资产份额时的含义相同。

那么，保险金额为 1 的保单在第 $k+1$ 年年末的基金份额为

$$ {}_{k+1}F = [{}_kF + G(1-c_k) - e_k](1+i) - q_{x+k}^{(d)}(1 - {}_{k+1}F) - q_{x+k}^{(w)}({}_{k+1}\mathrm{CV} - {}_{k+1}F) \tag{13.8} $$

进一步，假定 ${}_{k+1}D$ 表示第 $k+1$ 年年末的红利，且对死亡者和解约者不分红利，那么保单在第 $k+1$ 年年末的经验基金份额为

$$ \begin{aligned} {}_{k+1}F' = {} & [{}_kF + G(1-c'_k) - e'_k](1+i'_{k+1}) - q'^{(d)}_{x+k}(1 - {}_{k+1}F - {}_{k+1}D) \\ & - q'^{(w)}_{x+k}({}_{k+1}\mathrm{CV} - {}_{k+1}F - {}_{k+1}D) \end{aligned} \tag{13.9} $$

从而

$$
\begin{aligned}
{}_{k+1}D &= {}_{k+1}F' - {}_{k+1}F \\
&= ({}_kF + G)(i'_{k+1} - i) + [E_k(1+i) - E'_k(1+i'_{k+1})] + (1 - {}_{k+1}F)(q^{(d)}_{x+k} - q'^{(d)}_{x+k}) \\
&\quad + ({}_{k+1}\mathrm{CV} - {}_{k+1}F)(q^{(w)}_{x+k} - q'^{(w)}_{x+k}) + {}_{k+1}D(q'^{(d)}_{x+k} + q'^{(w)}_{x+k}) \qquad (13.10)
\end{aligned}
$$

上式中，$E_k = Gc_k + e_k$；$E'_k = Gc'_k + e'_k$；${}_{k+1}D(q'^{(d)}_{x+k} + q'^{(w)}_{x+k})$ 表示死亡者、解约者丧失的红利额，它仅分配给生存者，即有效保单持有人。

如果对死亡者、解约者分配红利额，那么保单第 $k+1$ 年年末的经验基金份额为

$$
\begin{aligned}
{}_{k+1}F' &= [{}_kF + G(1 - c'_k) - e'_k](1 + i'_{k+1}) - q'^{(d)}_{x+k}(1 - {}_{k+1}F + {}_{k+1}D) \\
&\quad - q'^{(w)}_{x+k}({}_{k+1}\mathrm{CV} - {}_{k+1}F + {}_{k+1}D) \qquad (13.11)
\end{aligned}
$$

从而

$$
\begin{aligned}
{}_{k+1}F' - {}_{k+1}F &= {}_{k+1}D \\
&= ({}_kF + G)(i'_{k+1} - i) + [E_k(1+i) - E'_k(1+i'_{k+1})] \\
&\quad + (1 - {}_{k+1}F)(q^{(d)}_{x+k} - q'^{(d)}_{x+k}) + ({}_{k+1}\mathrm{CV} - {}_{k+1}F)(q^{(w)}_{x+k} - q'^{(w)}_{x+k}) \\
&\quad + {}_{k+1}D(q^{(d)}_{x+k} - q'^{(d)}_{x+k}) + {}_{k+1}D(q^{(w)}_{x+k} - q'^{(w)}_{x+k}) \qquad (13.12)
\end{aligned}
$$

可见，保单红利的分析与资产份额的分析极为相似。当保单红利对保单有效者实行分配以后，总的盈余扣除保单红利，就是可用于股东的红利分配额以及其他用途的额度。

**例 13.4** 在例 13.1 的基础上，如果红利也分配给死亡和退保的被保险人，计算各年红利及来源。假设 ${}_0F = {}_0\mathrm{AS} = 0$，${}_1F = {}_1\mathrm{AS} = 2\ 507.04$，${}_2F = {}_2\mathrm{AS} = 5\ 898.30$，${}_3F = {}_3\mathrm{AS} = 10\ 000$；$i'_1 = 5\%$，$i'_2 = 6\%$，$i'_3 = 4\%$；$q'^{(d)}_x = 0.09$，$q'^{(d)}_{x+1} = 0.1$，$q'^{(d)}_{x+2} = 0.4$；$q'^{(w)}_x = 0.5$，$q'^{(w)}_{x+1} = 0.2$，$q'^{(w)}_{x+2} = 0.1$；$c'_k = c_k (k = 0,1,2)$，$e'_0 = 100$，$e'_1 = 10$，$e'_2 = 10$。

**解：** 各年红利及来源如表 13.5 所示。

表 13.5 各年红利及来源 单位：元

| 利润来源 | 第1年 | 第2年 | 第3年 |
|---|---|---|---|
| 利差损益<br>$({}_kF+G)(i'_{k+1}-i)$ | $(0+3\ 878)\times$<br>$(0.05-0.05)$<br>$=0$ | $(2\ 507.04+3\ 878)$<br>$\times(0.06-0.05)$<br>$\approx 63.85$ | $(5\ 898.3+3\ 878)$<br>$\times(0.04-0.05)$<br>$\approx -97.76$ |
| 费差损益<br>$E_k(1+i)-E'_k(1+i'_{k+1})$ | $(3\ 878\times0.2+80)\times1.05$<br>$-(3\ 878\times0.2+100)\times1.05$<br>$=-21$ | $(3\ 878\times0.06+20)\times1.05$<br>$-(3\ 878\times0.06+10)\times1.06$<br>$\approx -8.07$ | $(3\ 878\times0.06+20)\times1.05$<br>$-(3\ 878\times0.06+10)\times1.04$<br>$\approx -12.93$ |
| 死差损益<br>$(10\ 000-{}_{k+1}F)(q^{(d)}_{x+k}-q^{(d)}_{x+k})$ | $(10\ 000-2\ 507.04)$<br>$\times(0.1-0.09)$<br>$\approx 74.93$ | $(10\ 000-5\ 898.3)$<br>$\times(0.15-0.1)$<br>$\approx 205.09$ | $(10\ 000-10\ 000)$<br>$\times(0.5-0.4)$<br>$=0$ |
| 退保损益<br>$({}_{k+1}\mathrm{CV}-{}_{k+1}F)(q^{(w)}_{x+k}-q^{(w)}_{x+k})$ | $(2\ 300-2\ 507.04)$<br>$\times(0.4-0.5)$<br>$\approx 20.70$ | $(5\ 600-5\ 898.3)$<br>$\times(0.25-0.2)$<br>$\approx -14.92$ | $(10\ 000-10\ 000)$<br>$\times(0-0.1)$<br>$=0$ |
| 合计 | 33.23 | 245.95 | −110.69 |

红利分配是一个较为复杂的问题，如分配多少给保单持有人、分配多少给股东、用什么方法分配等。在国外，主要由精算师和其他专业人员承担分配中所涉及的技术性处理，最终由公司高层决策者或董事会共同决定。

总之，在运用资产份额作为分析工具解决实际问题时，有几项工作必须要做：① 合理地对保单进行分类整理，以满足资产份额要求的同类大量性；② 对于资产份额的计算，应编制软件，运用电脑计算，以节约人力、物力和时间，更重要的是提高运算准确度，增强决策的科学性；③ 在资产份额的具体分析和计算中，应视情况，酌情灵活运用，切忌机械照搬公式，尤其应收集、整理和保存经验资料，使经验率更接近预期率。计算时，最好按年龄大小分布分数组计算，按保险金额大小分布分数组计算，按险别、年期别分开计算，这样，可以使分析和计算更有说服力。

### 13.3.3　个人分红保险的盈余分配方式方法

（1）个人分红保险盈余分配的规定

红利的分配应当满足公平性原则和可持续性原则。

保险公司每一会计年度向保单持有人实际分配盈余的比例不低于当年可分配盈余的 70%。

可分配盈余的确定应当有一个客观的标准，遵循一贯性原则。

保险公司应对分红保险账户提取分红保险特别储备。

分红保险特别储备是分红保险账户逐年累积的，用于平滑未来的分红水平。保险公司计提的分红保险特别储备不得为负，分红保险账户的任何准备金科目也不得为负。

（2）红利分配方式

① 现金红利

分配现金红利是指直接以现金的形式将盈余分配给保单持有人。

保险公司可以提供多种红利领取方式，比如现金、抵缴保险费、累积生息以及购买缴清保险金额等。

② 增额红利

分配增额红利是指在整个保险期限内每年以增加保险金额的方式分配红利，增加的保险金额一旦作为红利公布，则不得取消。

采用增额红利方式的保险公司可在合同终止时以现金方式给付终了红利。

（3）红利计算方法

保险公司可以选择现金红利方式或增额红利方式分配盈余。

① 采用现金红利分配方式的保险公司应根据贡献法计算红利

贡献法是指在各个保单之间根据每张保单对所产生盈余的贡献比例来分配盈余的方法，按照利差、死差、费差三种利源项目表示，其计算公式为

$$C = (V_0 + P)(i' - i) + (q - q')(S - V_1) + (\mathrm{GP} - P - e')(1 + i') \tag{13.13}$$

上式中，$C$ 指该张保单对盈余的贡献；$V_0$ 指按评估基础计算的上一保单期末准备金，其

中不包括上一保单期末的生存给付金金额；$V_1$ 指按评估基础计算的保单期末准备金；$P$ 指按评估基础计算的净保险费；$i'$ 指实际投资收益率；$i$ 指评估利息率；$q'$ 指实际经验死亡率；$q$ 指评估死亡率；$S$ 指死亡保险金；GP 指保险费；$e'$ 指实际经验费用支出。

保险公司采用贡献法分配盈余时，可以减少或增加上述公式所包括的利源项目，但对于特定产品选用的利源项目在保险期间不得改变。

保险公司应按照下列公式计算每张保单实际分配的红利：

$$\frac{C}{\sum\limits_{\Omega} C} \times 可分配盈余 \times R$$

上式中，$\Omega$ 表示所有分红保单，$R$ 为保险公司确定的不低于 70% 的比例。

② 采用增额红利分配方式的保险公司应当根据下列要求计算增额红利和终了红利

增额红利成本应当按照评估基础计算，每张保单增额红利成本的计算公式为

$$\mathrm{RB}_t \times A$$

上式中，$\mathrm{RB}_t$ 为该保单在 $t$ 时刻分配到的增额红利，$A$ 为按照评估基础计算的在 $t$ 时刻购买原保单责任的趸缴净保险费。

终了红利的计算应当按照每张保单对分红保险特别储备的贡献确定。

保险公司根据产品类型、缴费方式、缴费期限、保险期限等保单信息对所有分红保单分组，计算各组的资产份额，并利用各组的资产份额和责任准备金，划分各组对应的分红保险特别储备，即

每组对应的分红保险特别储备份额 = 每组的资产份额 - 每组的责任准备金

每张保单享有的终了红利应当与该保单所对应的分红保险特别储备份额中将分配给保单持有人的比例大体相当。

## 习题 13

13－1 简述个人分红保险的红利分配方式和计算方法。

13－2 简述影响资产份额的主要因子。

13－3 计算资产份额的主要用途有哪些？

13－4 哪些措施有利于保险业务产生盈余？

13－5 试述寿险保单盈余的主要来源以及它们的决定因素。

13－6 解释该公式各组成部分所表示的含义：

$$\begin{aligned} {}_{k+1}\mathrm{AS}' - {}_{k+1}\mathrm{AS} = &({}_k\mathrm{AS} + G)(i'_{k+1} - i) + [(Gc_k + e_k)(1+i) - (Gc'_k + e'_k)(1 + i'_{k+1})] \\ &+ [q^{(d)}_{x+k}(1 - {}_{k+1}\mathrm{AS}) - q'^{(d)}_{x+k}(1 - {}_{k+1}\mathrm{AS})] + [q^{(w)}_{x+k}({}_{k+1}\mathrm{CV} - {}_{k+1}\mathrm{AS}) \\ &- q'^{(w)}_{x+k}({}_{k+1}\mathrm{CV} - {}_{k+1}\mathrm{AS})] \end{aligned}$$

13－7 证明如下有关资产份额关系式的等价性：

(1) ${}_{k+1}\mathrm{AS} \cdot p^{(\tau)}_{x+k} = [{}_k\mathrm{AS} + G(1 - c_k) - e_k](1+i) - q^{(d)}_{x+k} - q^{(w)}_{x+k} \cdot {}_{k+1}\mathrm{CV}$，且 $k = 0,1,2,\cdots$

(2) ${}_{k+1}\mathrm{AS} = [{}_k\mathrm{AS} + G(1 - c_k) - e_k](1 + i) - q_{x+k}^{(d)}(1 - {}_{k+1}\mathrm{AS})$
$- q_{x+k}^{(w)}({}_{k+1}\mathrm{CV} - {}_{k+1}\mathrm{AS})$

(3) ${}_{k+1}\mathrm{AS} \cdot l_{x+k+1} = l_{x+k}[{}_k\mathrm{AS} + G(1 - c_k) - e_k](1 + i) - d_{x+k}^{(d)} - d_{x+k}^{(w)} \cdot {}_{k+1}\mathrm{CV}$

式中，$p_{x+k}^{(\tau)} = 1 - q_{x+k}^{(d)} - q_{x+k}^{(w)}$。

13－8 某人30岁购买保险金额为 $y$，于死亡所在年年末提供给付的终身死亡保险。已知：

(1) ${}_{10}\mathrm{AS} = 1\,000 = {}_{11}\mathrm{CV} + 100$；(2) ${}_{11}AS = 986.45$；(3) $q_{x+k}^{(w)} = 9q_{x+k}^{(d)} = 0.18$；(4) $i = 0.06$；(5) $C_{10} = 0.1$；(6) 每单位保险金额的固定费用 $e_{10} = 0.000\,4$；(7) $G$ 等于保险金额的1%。

求该保险的保险金额 $y$。

13－9 现有一份60岁签单的两年期两全保险，保险金额为1万元，毛保险费 $G = 5\,581.16$ 元，$i = 5\%$，$q_{60}^{(d)} = 0.1$，$q_{60}^{(w)} = 0.2$，初年度费用占毛保险费的10%，保单费用为100元，第一年年末的解约价值为6 000元，求第一年年末的资产份额 ${}_1\mathrm{AS}$。

13－10 在上一题的基础上，如果红利也分配给死亡和退保的被保险人，计算第一年的红利及来源。假设有 ${}_0F = {}_0\mathrm{AS} = 0$，${}_1F = {}_1\mathrm{AS}$，$i'_1 = 5\%$，$q'^{(d)}_{60} = 0.09$，$q'^{(w)}_{60} = 0.15$，$c'_0 = 0.12$，$e'_0 = 80$。

13－11 对于某保险金额为10 000元的全离散型两全保险，已知毛保费为 $G = 2\,500$ 元，$i = 5\%$，${}_1\mathrm{AS} = 1\,281.67$，$q_x^{(d)} = q_x^{(w)} = 0.05$，$c_0 = 0.3$，$e_0 = 80$，求第一年年末的现金价值。

13－12 对于某保险金额为10 000元的全离散型终身寿险，已知 ${}_1\mathrm{AS} = 600$，${}_2\mathrm{AS} = 1\,200$，第二年年内无退保，$q_{x+1}^{(d)} = 0.05$，$c_0 = 0.1$，$e_0 = 80$，$i = 5\%$，求该保险的毛保险费 $G$。

# 14 寿险保单的精算分析

前面几章分别分析了几种年金保险和死亡保险，如终身年金保险和终身死亡保险、定期年金保险和定期死亡保险、延付年金保险和延期死亡保险以及两全保险等的保险费和责任准备金等的精算原理。但是，任何一个试图在保险市场上立于不败之地，长期发展的保险公司，都不应当仅满足于现状，只出售单一的保险种类。相反，为满足寿险消费者的不同层次的需求，保险合同应以消费者需求市场竞合情况及公司战略策略等作为依据，积极开发新险种，签发形式多样的保单。对于由常见保险形式结合在一起的保单或者一些特殊形式的保单，原有计算公式往往不能直接地运用，这就有必要研究特殊保单有关项目的计算公式。而研究特殊保单的计算问题，离不开前面已述的常见保险的计算原理和基本结论。或者更确切地说，特殊保单的有关计算，是以前述有关计算原理和方法为基础的综合运用。

本章侧重于分析寿险精算的拓展应用和一些基础保单组合或特殊保单的精算技术。



## 14.1 确定期间年金

确定期间年金，是指在约定的一定期间，不论年金受领人生存还是死亡，均按事先约定给付方式和给付金额提供给年金受领人或指定受益人。如果年金受领人在这段时间结束时仍生存，那么在以后生存期间也将提供约定的年金给付，直至死亡发生停止给付为止。确定期间年金的实质乃返还年金的一种类型。定义中的约定期间既可以是具体的年数，如 5 年、10 年或 20 年，也可以规定到达特定的年龄。

### 14.1.1 连续给付的 $n$ 年确定期间年金

假定：年给付额为 1，于每年连续地支付。签单年龄为 $x$ 岁，趸缴毛保险费为 $G$，费用占毛保险费的比例为 $r$。$n$ 与 $G$ 无关。按照确定期间年金的定义，不难得到

$$(1-r)G=\bar{a}_{\overline{n}|}+{}_{n|}\bar{a}_x$$

$$G=\frac{\bar{a}_{\overline{n}|}+{}_{n|}\bar{a}_x}{1-r} \tag{14.1}$$

### 14.1.2 每年分期 $m$ 次给付的确定期间年金

(1) 考虑年金期间与 $G$ 无关的保单

假定：签单年龄为 $x$ 岁，年给付额为 1，分期于每 $\frac{1}{m}$ 年年末给付。趸缴毛保险费为 $G$，费用占毛保险费的比例为 $r$。$n$ 与 $G$ 无关。那么，$G$ 由下式决定：

$$(1-r)G = a_{\overline{n}|}^{(m)} + {}_{n|}a_x^{(m)}$$

$$G = \frac{a_{\overline{n}|}^{(m)} + {}_{n|}a_x^{(m)}}{1-r} \tag{14.2}$$

(2) 考虑年金期间与 $G$ 有关的保单

基本假设完全类似于前述的确定期间年金，只是现在将讨论的年金，其期间与 $G$ 有关，依赖于 $G$ 的大小。即要求年金给付期内的各项给付额之总和必须足以返还趸缴毛保险费。

① 当 $G$ 为整数时，毛保险费 $G$ 取决于：

$$(1-r)G = a_{\overline{G}|}^{(m)} + {}_{G|}a_x^{(m)}$$

② 当 $G$ 为非整数时，毛保险费 $G$ 取决于：

$$(1-r)G = a_{\overline{G}|}^{(m)} + {}_{G|}a_x^{(m)}$$

此时 $G$ 的计算如下：

$$\text{令} f(G) = a_{\overline{G}|}^{(m)} + {}_{G|}a_x^{(m)} - G(1-r)$$

通过一系列试验，确定一个整数 $n$，使 $f(n) > 0$，且 $f(n+1) < 0$，再运用线性插值法，$G$ 具体由下式决定：

$$G = n + \frac{f(n)}{f(n) - f(n+1)} \tag{14.3}$$

特别地，像这样的保证继续给付年金给受领人或指定受益人，直到给付总额等于所缴纳的年金保险费总额为止的一种年金，称为分期返还年金。

**例 14.1** 在 65 岁签单的某种分期返还年金，每月提供金额为 10 万元，附加保险费为毛保险费的 6%，求这种年金的趸缴毛保险费。

**解：** 因为在 $x$ 岁签单、年给付额为 1，分期于每月给付 $\frac{1}{12}$ 的分期返还年金的趸缴毛保险费：

$$G = n + \frac{f(n)}{f(n) - f(n+1)}$$

所以当每月给付 10 万元时，所求趸缴毛保险费为

$$120G = 120\left(\frac{f(n)}{f(n) - f(n+1)} + n\right)$$

对 $f(n) = a_{\overline{n}|}^{(12)} + {}_{n|}a_{65}^{(12)} - 0.94n$ 试验得

$$f(15) = 0.473\,9, f(16) = -0.109\,4$$

从而

$$G = 15 + \frac{0.4739}{0.4739 - (-0.1094)} = 15.8124$$

所以趸缴毛保险费为

$$120G = 120 \times 15.8124 \approx 1\,897.49(\text{万元})$$

例 14.2 关于 $x$ 岁的人签发的、年给付额为1，且可提供有 $n$ 年保证期的期末付终身生存年金保险，在 $x$ 岁时的精算现值为 $a_{\overline{n|}} + {}_{n|}a_x$。试证这一精算现值可以表示为如下形式：

$$a_x + \frac{\ddot{a}_{\overline{n|}}M_x - v^n N_{x+1} + N_{x+n+1}}{D_x}$$

证明：

$$\begin{aligned}
a_{\overline{n|}} + {}_{n|}a_x &= a_{\overline{n|}} + a_x - a_{x:\overline{n|}} \\
&= a_x + \ddot{a}_{\overline{n|}} + v^n - 1 - a_{x:\overline{n|}} \\
&= a_x + \frac{(\ddot{a}_{\overline{n|}} + v^n - 1)D_x - N_{x+1} + N_{x+n+1}}{D_x} \\
&= a_x + \frac{\ddot{a}_{\overline{n|}}D_x + v^n D_x - N_{x+1} + N_{x+n+1} - D_x}{D_x} \\
&= a_x + \frac{\ddot{a}_{\overline{n|}}D_x + v^n D_x - N_x + N_{x+n+1}}{D_x} \\
&= a_x + \frac{\ddot{a}_{\overline{n|}}D_x + v^n N_x - N_x - v^n N_{x+1} + N_{x+n+1}}{D_x} \\
&= a_x + \frac{\ddot{a}_{\overline{n|}}D_x - d\ddot{a}_{\overline{n|}}N_x - v^n N_{x+1} + N_{x+n+1}}{D_x} \\
&= a_x + \frac{\ddot{a}_{\overline{n|}}M_x - v^n N_{x+1} + N_{x+n+1}}{D_x}
\end{aligned}$$

## 14.2 退休年金型寿险

退休年金型寿险既不完全相同于寿险，又不完全等价于年金，是寿险与年金的一种结合。寿险成分体现在从签单年龄到指定的特定退休年金第一次支付所对应的年龄的那段期间，如果被保险人死亡，将提供保障。年金成分体现在提供老年生活保障的给付，通常从特定退休年龄开始，确保生存时每月定期给付。退休年金型寿险的给付期限可以是确定的年数，也可以是退休者退休后的余命。保险费的缴纳一般限于从签单年龄到退休年龄这段时期。退休年金型寿险的年金给付一般是死亡保险金额的一定百分比。

在正常情况下，退休年金型寿险的退休年金收入在退休年龄的精算现值，将超过它的寿险保险金额。这意味着，退休年金型寿险是退休年龄满期量大于寿险保险金额的一种两全保险。进一步，准备金和现金价值在退休年龄必须逼近满期量，从而在退休前的一段时期，准备金和现金价值也将超过寿险保险金额。又因为寿险保险金额小于现金价值是不现实的，所以被保险人在现金价值超过寿险保险金额的时期内发生死亡，则死亡给付额等于这一现金价值。

### 14.2.1 退休年金型寿险的年缴纯保险费的计算

假定：退休年金型寿险在 $x$ 岁时签单，保险金额为 1，在 $x+n$ 岁的满期量为 $(1+K)$。其中 $K$ 为年金收入现值超过保险金额的差额。年缴纯保险费为 $P$。

因此，这样的退休年金型寿险可视为两种保单的结合：一种是以保险金额为 $(1+K)$，在退休年龄满期的纯生存保险；另一种是从签单年龄到退休年龄的那段时期为保险期间，在死亡发生的年末以 1 或现金价值的较大者为给付额的定期寿险。若记第 $t$ 年年末的现金价值为 ${}_t\mathrm{CV}$，第一个超过保险金额 1 的那年年末的现金价值为 ${}_{a+1}\mathrm{CV}$。结合上述分析，$P$ 的决定如下所示：

$$P\ddot{a}_{x:\overline{n}|} = A^{1}_{x:\overline{a}|} + \sum_{t=a+1}^{n} {}_t\mathrm{CV} \cdot v^{t}\, {}_{t-1}p_x q_{x+t-1} + (1+K)\ {}_nE_x$$

$$P = \frac{M_x - M_{x+a} + \sum\limits_{t=a+1}^{n} ({}_t\mathrm{CV} \cdot C_{x+t+1}) + (1+K)D_{x+n}}{N_x - N_{x+n}} \tag{14.4}$$

通常情况下，现金价值与 $P$ 有关，从而由上式决定的 $P$，仅是一个 $P$ 的隐函式。要获得 $P$ 的显函式，需进一步假定。



### 14.2.2 退休年金型寿险的年缴纯保险费的显函式

在上述退休年金型寿险的年缴纯保险费中，假定在大于 $a$ 的时期里，现金价值等于均衡纯保险费准备金，而期末均衡纯保险费准备金 ${}_tV$ 从 ${}_0V=0$ 增加到 ${}_nV=1+K$。这样，${}_aV \leqslant 1$ 且 ${}_{a+1}V > 1$。

在最初的 $a$ 年期内，死亡给付额等于保险金额，于是

$$({}_tV + P)(1+i) = 1 \cdot q_{x+t} + p_{x+t} \cdot {}_{t+1}V$$

在 $a$ 年以后的 $(n-a)$ 年内，死亡给付额等于准备金，从而

$$({}_tV + P)(1+i) = {}_{t+1}V \cdot q_{x+t} + p_{x+t} \cdot {}_{t+1}V$$

即

$$({}_tV + P)(1+i) = {}_{t+1}V \tag{14.5}$$

该式说明，$a$ 年之后准备金的积累与死亡率无关，不存在风险净量，也就没有保险成分。第 $a$ 年末的预期法准备金为

$${}_aV = (1+K)v^{n-a} - P\ddot{a}_{\overline{n-a}|} \tag{14.6}$$

又因追溯法准备金为

$${}_aV = P\ddot{s}_{x:\overline{a}|} - {}_ak_x \tag{14.7}$$

所以

$$(1+K)v^{n-a} - P\ddot{a}_{\overline{n-a}|} = P\ddot{s}_{x:\overline{a}|} - {}_ak_x$$

解出 $P$：

$$P = \frac{{}_a k_x + (1+K)v^{n-a}}{\ddot{s}_{x:\overline{a}|} + \ddot{a}_{\overline{n-a}|}} \tag{14.8}$$

$$= \frac{M_x - M_{x+a} + (1+K)v^{n-a}D_{x+a}}{N_x - N_{x+a} + \ddot{a}_{\overline{n-a}|}D_{x+a}} \tag{14.9}$$

这里,$a$ 依赖于 $P$。一般情况下,可以通过试验误差过程决定。当然不排除用独立的决定 $a$ 的尺度。

当采用连续年缴保险费购买于死亡后立即提供给付额的退休年金型寿险时,纯保险费的分析和计算与前述情形类似。特别地,在大于 $a$ 的时期,当现金价值等于均衡纯保险费准备金时,连续年缴纯保险费为

$$\bar{P} = \frac{{}_a \bar{k}_x + (1+K)v^{n-a}}{\bar{s}_{x:\overline{a}|} + \bar{a}_{\overline{n-a}|}} \tag{14.10}$$

$$= \frac{(\bar{M}_x - \bar{M}_{x+a}) + (1+K)v^{n-a}D_{x+a}}{\bar{N}_x - \bar{N}_{x+a} + \bar{a}_{\overline{n-a}|}D_{x+a}} \tag{14.11}$$

## 14.3 家庭收入保险

家庭收入保险是人寿保险的一种变形保险形式,它本质上由普通终身寿险与递减定期保险搭配而成。被保险人死亡时,除给付保单保险金额外,倘若被保险人死亡发生于保户所选定的期间时,保险公司还另外按一定方式和金额给付受益人,直至选定期间期满。被保险人在选定期间以外死亡,保险公司只给付保单保险金额。特别地,称家庭收入保险中的选定期间为家庭收入期。

家庭收入保险的年金给付期间的长短视被保险人死亡时期的早晚而定。就保险公司所承担的风险而言,选定期间的初期最大,到期末趋于零。搭配的递减定期保险的保险金额等于其后的年金给付额的现值。这样,家庭收入保单的趸缴纯保险费,也就是普通终身寿险趸缴纯保险费与递减定期保险的趸缴纯保险费之和。考虑到计算普通终身寿险趸缴纯保险费是前面已经解决了的问题,所以计算家庭收入保单纯保险费的关键在于计算其中的递减定期保险的纯保险费。

### 14.3.1 每期相等区间给付一次的家庭收入保单

假设所要讨论的家庭收入保单,在 $x$ 岁时签单,家庭收入期为 $n$ 年,在被保险人死亡时,除给付保险金额 1 以外,当被保险人的死亡发生在 $n$ 年家庭收入期内时,保单还将提供年收入 1,分期于每$\frac{1}{m}$年提供给付额,直至家庭收入期期满为止。

(1) 在死亡发生的$\frac{1}{m}$年年末开始第一次给付的家庭收入保险

令 ${}_nF_x$ 为所考察的家庭收入保单的递减定期保险部分在 $x$ 岁时的趸缴纯保险费,则

$$ {}_{n}F_{x} = a_{\overline{n}|}^{(m)} - a_{x:\overline{n}|}^{(m)} \tag{14.12} $$

(2) 在死亡后立即开始第一次给付，以后每隔$\frac{1}{m}$年继续提供给付，直至家庭收入期期满

由于从死亡之日到家庭收入期期满的这段时期，并不一定是$\frac{1}{m}$的倍数，所以连同零数期间的给付的家庭收入保单的递减定期保险在 $x$ 岁的现值为

$$ \int_{0}^{n} v^{t} \ddot{a}_{\overline{n-t}|}^{(m)} {}_{t}p_{x} \mu_{x+t} \mathrm{d}t = \frac{\delta}{d^{(m)}} \int_{0}^{n} v^{t} \bar{a}_{\overline{n-t}|} {}_{t}p_{x} \mu_{x+t} \mathrm{d}t $$
$$ = \frac{\delta}{d^{(m)}} (\bar{a}_{\overline{n}|} - \bar{a}_{x:\overline{n}|}) $$

(3) 死亡后连续提供年金给付的家庭收入保单

如果被保险人在家庭收入期内发生死亡，年给付 1 将连续地提供给受益人，直至家庭收入期期满。于是，家庭收入保单中的递减定期保险部分在 $x$ 岁时的趸缴纯保险费为

$$ \int_{0}^{n} v^{t} \bar{a}_{\overline{n-t}|} {}_{t}p_{x} \mu_{x+t} \mathrm{d}t \text{ 或 } \bar{a}_{\overline{n}|} - \bar{a}_{x:\overline{n}|} $$

当家庭收入保单的终身寿险部分在 $x$ 岁时的趸缴纯保险费为 $A_x$ 时，对应于上述 (1)、(2) 和 (3) 的家庭收入保单在 $x$ 岁的趸缴纯保险费分别为

$$ A_x + \begin{cases} a_{\overline{n}|}^{(m)} - a_{x:\overline{n}|}^{(m)} & (1) \\ \frac{\delta}{d^{(m)}} (\bar{a}_{\overline{n}|} - \bar{a}_{x:\overline{n}|}) & (2) \\ \bar{a}_{\overline{n}|} - \bar{a}_{x:\overline{n}|} & (3) \end{cases} $$

## 14.3.2 一般的家庭收入保单

在前述家庭收入保单纯保险费的计算中，蕴含着终身寿险纯保险费计算所需利息率，与递减定期寿险纯保险费计算所需利息率相同的假设。或者说，保险期限内的利息率与年金支付期内的利息率相同。然而，更一般的家庭收入保单，保险期限内的利息率与年金支付期内的利息率可能不同。这时，关于家庭收入保单的趸缴纯保险费的计算，也得做出相应的调整。

考察这样的保单：在 $x$ 岁时签单，死亡保险金额为 1，年金给付额也为 1，死亡后立即进行第一次给付，以后每隔$\frac{1}{m}$年提供一次给付，$n$ 年家庭收入期的家庭收入保单。进一步假定，这种家庭收入保单的保险期限内的利息率为 $i$，死亡后立即提供给付的年金期限内的利息率为 $i'$。递减定期保险部分的趸缴纯保险费为 ${}_{n}F_{x}^{i或i'}$，而且

$$ {}_{n}F_{x}^{i或i'} = \int_{0}^{n} v_{i'}^{t} {}_{t}p_{x} \mu_{x+t} \ddot{a}_{\overline{n-t}|i'}^{(m)} \mathrm{d}t \tag{14.13} $$

于是，家庭收入保单在 $x$ 岁时的趸缴纯保险费为

$$ A_x + {}_{n}F_{x}^{i或i'} $$

**例 14.3** （1）对保险金额为 100 000 元的 $m$ 年两全保单进行修正，使其在最初的 $n$ 年内发生死亡，死亡保险金额维持到第 $n$ 年年末才给付；在 $n$ 年后发生死亡，死亡后立即提供保险金额。试证经修正后的两全保单在 $x$ 岁时的趸缴纯保险费为

$$100\ 000(v^n {}_nq_x + \bar{A}_{x:\overline{m}|} - \bar{A}^{\ 1}_{x:\overline{n}|}) \qquad (n < m)$$

（2）现有一种结合（1）的 $m$ 年两全保单的每月给付 1 000 元的 $n$ 年家庭收入保单。试证：对于这样的家庭收入保单，总的趸缴纯保险费超过未经修正的 $m$ 年两全保单趸缴纯保险费 $100\ 000\bar{A}_{x:\overline{m}|}$ 的余额为

$$\left(\frac{12\ 000}{d^{(12)}} - 100\ 000\right)\bar{A}^{\ 1}_{x:\overline{n}|} - \left(\frac{12\ 000}{d^{(12)}} - 100\ 000\right)v^n {}_nq_x$$

**证明：**

（1）修正后的 $m$ 年两全保险在 $x$ 岁时的趸缴纯保险费为（$n < m$）

$$\int_0^n 100\ 000 v^n {}_tp_x \mu_{x+t} \mathrm{d}t + {}_nE_x \bar{A}_{x+n:\overline{m-n}|} 100\ 000$$

$$= 1\ 000 v^n \int_0^n {}_tp_x \mu_{x+t} \mathrm{d}t + 100\ 000(\bar{A}_{x:\overline{m}|} - \bar{A}^{\ 1}_{x:\overline{n}|})$$

$$= 100\ 000(v^n {}_nq_x + \bar{A}_{x:\overline{m}|} - \bar{A}^{\ 1}_{x:\overline{n}|})$$

（2）原 $n$ 年家庭收入保单在 $x$ 岁时的趸缴纯保险费为

$$\int_0^n 12\ 000 \ddot{a}^{(12)}_{\overline{n-t}|} v^t {}_tp_x \mu_{x+t} \mathrm{d}t + 100\ 000(v^n {}_nq_x + \bar{A}_{x:\overline{m}|} - \bar{A}^{\ 1}_{x:\overline{n}|})$$

$$= 12\ 000 \int_0^n \frac{1 - v^{n-t}}{d^{(12)}} \cdot v^t {}_tp_x \mu_{x+t} \mathrm{d}t + 100\ 000(v^n {}_nq_x + \bar{A}_{x:\overline{m}|} - \bar{A}^{\ 1}_{x:\overline{n}|})$$

$$= \left(\frac{12\ 000}{d^{(12)}}\bar{A}^{\ 1}_{x:\overline{n}|} - \frac{v^n}{d^{(12)}} \cdot {}_nq_x\right) + 100\ 000(v^n {}_nq_x + \bar{A}_{x:\overline{m}|} - \bar{A}^{\ 1}_{x:\overline{n}|})$$

扣除未修正的 $m$ 年两全保单在 $x$ 岁的趸缴纯保险费 $100\ 000\bar{A}_{x:\overline{m}|}$，即

$$\left(\frac{12\ 000}{d^{(12)}} - 100\ 000\right)\bar{A}^{\ 1}_{x:\overline{n}|} - \left(\frac{12\ 000}{d^{(12)}} - 100\ 000\right)v^n {}_nq_x$$

**例 14.4** 在 35 岁时签单的某种保单规定：如果被保险人在第 20 年年末生存，那么保单将提供 100 000 元给付额；若被保险人在签单后的 20 年内死亡，保单在死亡发生月末开始提供第一次给付 1 000 元，直至 20 年期满。签单 20 年后保单不再提供任何给付。试求出购买这种保单的限期 20 年缴费的均匀纯保险费，以 CL1（2010—2013）2.5% 为计算基础。

**解：** 设限期 20 年缴费的纯保险费为 $P$ 元，那么 $P$ 取决于

$$P\ddot{a}_{35:\overline{20}|} = 100\ 000\ {}_{20}E_{35} + 12\ 000(a^{(12)}_{\overline{20}|} - a^{(12)}_{35:\overline{20}|})$$

由

$$N^{(m)}_{x+\frac{1}{m}} = \alpha(m)N_x - \beta(m)D_x - \frac{1}{m}D_x$$

$$a^{(m)}_{x:\overline{n}|} = \frac{N_{x+\frac{1}{m}} - N_{x+n+\frac{1}{m}}}{D_x}$$

$$\ddot{a}_{x:\overline{n}|} = \frac{N_x - N_{x+n}}{D_x}$$

可得

$$P = \frac{10\ 000\ {}_{20}E_{35} + 1\ 200(\ddot{a}^{(12)}_{\overline{20}|} - \ddot{a}^{(12)}_{35:\overline{20}|})}{\ddot{a}^{(12)}_{35:\overline{20}|}} \approx 389(\text{元})$$

## 14.4 集合寿险保单的精算处理

实践中,在同一年龄上可能签发大量的相同或不同的保险形式的保单,对这些保单做出精算分析,不仅有重要的意义,而且更接近现实。

### 14.4.1 相同年龄相同寿险保单的精算分析

以如下假设保单为例予以分析:假设活到35岁的每一个人,均购买限期10年缴费、于死亡所在年年底提供保险金额1元的15年期两全保险。试以CL1(2010—2013)2.5%为基础,追踪这些保单的预期现金流动状况,并获取均衡纯保险费准备金。

根据CL1(2010—2013)2.5%,$l_{35}=98\ 188$,从而在35岁签发的98 188份保单,每一份保单的均衡纯保险费为

$$ {}_{10}P_{35:\overline{15|}}=\frac{A_{35:\overline{15|}}}{\ddot{a}_{35:\overline{10|}}}=\frac{M_{35}-M_{50}+D_{50}}{N_{35}-N_{45}}=0.077\ 796 $$

于是,在第一年年初纯保险费总额为7 639元。它形成了一笔初始基金。这笔基金在往后年份的变化,主要表现为:利息收入使基金增长,索赔赔款使基金减少、应缴纯保险费使基金增长等,到第15年年末,所有剩余保单满期。所有保单的上述变化详见表14.1。



表14.1 15年期两全保单的现金流动状况

[CL1(2010—2013)2.5%,$P={}_{10}P_{35:\overline{15|}}=0.077\ 796$]

| (1)<br>年份 | (2)<br>$l_{35+t-1}P$ | (3)<br>年初基金总额 | (4)<br>(1.025)×(3) | (5)<br>$d_{35+t-1}$ | (6)<br>(4)-(5) | (7)<br>$l_{35+t}$ | (8)<br>${}^{10}_{t}V_{35:\overline{15|}}=\frac{(6)}{(7)}$ |
|---|---|---|---|---|---|---|---|
| 1 | 7 639 | 7 639 | 7 830 | 109 | 7 721 | 98 079 | 0.078 72 |
| 2 | 7 630 | 15 351 | 15 734 | 117 | 15 617 | 97 962 | 0.159 42 |
| 3 | 7 621 | 23 238 | 23 819 | 126 | 23 693 | 97 835 | 0.242 17 |
| 4 | 7 611 | 31 304 | 32 086 | 136 | 31 950 | 97 699 | 0.327 03 |
| 5 | 7 601 | 39 551 | 40 539 | 148 | 40 391 | 97 551 | 0.414 05 |
| 6 | 7 589 | 47 980 | 49 180 | 161 | 49 019 | 97 390 | 0.503 33 |
| 7 | 7 577 | 56 595 | 58 010 | 176 | 57 835 | 97 214 | 0.594 92 |
| 8 | 7 563 | 65 397 | 67 032 | 192 | 66 840 | 97 022 | 0.688 92 |
| 9 | 7 548 | 74 388 | 76 248 | 211 | 76 037 | 96 811 | 0.785 41 |
| 10 | 7 531 | 83 568 | 85 658 | 232 | 85 426 | 96 579 | 0.884 51 |
| 11 | | 85 426 | 87 561 | 255 | 87 307 | 96 324 | 0.906 38 |
| 12 | | 87 307 | 89 489 | 281 | 89 209 | 96 044 | 0.928 83 |
| 13 | | 89 209 | 91 439 | 309 | 91 130 | 95 735 | 0.951 90 |
| 14 | | 91 130 | 93 409 | 339 | 93 070 | 95 397 | 0.975 61 |
| 15 | | 93 070 | 95 397 | 371 | 95 026 | 95 026 | 1.000 00 |

表14.1中：(1) 年份$t$；(2) 保险费总收入$l_{35+t-1}P$；(3) 每年年初基金总额；(4) 基金额及其所产生的利息(1.025)×(3)；(5) 死亡给付总额$d_{35+t-1}$；(6) 第$t$年年末的基金额(4) - (5)；(7) 存活人数$l_{35+t}$；(8) 每一个存活者的基金份额$\frac{(6)}{(7)} = {}_t^{10}V_{35:\overline{15}|}$。

进一步对上述表14.1所揭示的栏目和内容进行分析：一方面，因为年利息率为2.5%，所以在第一年年末的基金额为7 830元；另一方面，从CL1表中已知，35岁的98 188人，在第一年内有109人死亡，扣除每个死亡者1元的保险金额之后，所剩基金额为7 721元。活到36岁的有98 079人，他们在第二年年初缴纳的纯保险费总额是7 630元，从而在第二年年初的基金总额为7 721 + 7 630 = 15 351(元)。以后年份的变化情况，可以完全类似地进行分析。但是，整个现金流动变动中，有两点值得注意：一是从签单时起的10年以后，不再有新缴的纯保险费，以至于整个基金的累积只靠利息的增长；二是在第15年年末累积的基金总额，能够为活到50岁的每一个人提供事先约定的保险金额。

由于已收取的纯保险费能够充分应对到期的索赔给付额，且保险费的累积值超过索赔给付额的余额，因此基金总额逐渐增长。按追溯法的含义，纯保险费累积总额超过赔付总额的差额，就是所有这些保单的累积准备金。而每一份保单在这种累积准备金中的份额，便是准备金函数${}_t^{10}V_{35:\overline{15}|}$。

例14.5　现有年龄均为25岁、余命相互独立的1 000人，购买在死亡后立即提供给付100万元的终身寿险。被保险人的死力为$\mu = 0.04$，纯保险费形成的基金的利息力$\delta = 0.06$，如果保险公司在签单时，希望有95%的把握使未来死亡给付的现值不超过初始基金，那么初始基金中应含多少安全加成？用CL1(2010—2013)2.5%/5%生命表计算。

解：$S = X_1 + X_2 + \cdots + X_{1\,000}$

(1) 对于$X_i \quad (i = 1,2,\cdots,1\,000)$，我们有

$$E(X_i) = 100\bar{A}_{25} = 100\int_0^{\infty} e^{-\delta t} e^{-\mu t}\mu dt = \frac{100\mu}{\mu+\delta} = 40$$

$$E(X_i^2) = 10\,000\int_0^{\infty} e^{-2\delta t} e^{-\mu t}\mu dt = 10\,000\frac{\mu}{\mu+2\delta} = 2\,500$$

$$var(X_i) = E(X_i^2) - E^2(X_i) = 900$$

从而

$$E(S) = 1\,000E(X_i) = 40\,000$$

$$var(S) = 1\,000var(X_i) = 900\,000$$

令初始基金为

$$E(S) + QE(S) = (1+Q)E(S)$$

应满意

$$P(S \leqslant (1+Q)E(S)) = 95\%$$

$$P\left(\frac{S - E(S)}{\sqrt{var(S)}} \leqslant \frac{QE(S)}{\sqrt{var(S)}}\right) = 0.95$$

$$\frac{40\ 000Q}{948.68}=1.645$$

$$\therefore\quad Q=0.039$$

$$\mathrm{E}(S)+Q\mathrm{E}(S)=41\ 560.58(\text{万元})$$

因此,总的安全加成是 1 560.58 万元,占趸缴纯保险费的 3.90%,每人每单位保额附加 0.015 606,每人附加约 1.560 万元。

(2) 如果根据 CL1(2010—2013)2.5%,那么

$$\mathrm{E}(X_i)=29.152,\mathrm{E}(X_i^2)=971.077,\mathrm{var}(X_i)=127.267$$

$$\mathrm{E}(S)=29\ 151.50,\mathrm{var}(S)=121\ 267.12$$

则

$$Q=0.019\ 651$$

在这种情况下,总的安全加成是 572.85 万元,占趸缴纯保险费的 1.97%,每人每单位给付附加 0.005 728,每人附加约 0.57 万元。

### 14.4.2 相同年龄不同保险金额寿险保单的精算分析

在保险实务中,对于成千上万的寿险保单的保险费和责任准备金等项目的计算,并不是逐笔计算然后相加。因为这样不仅耗时耗力,而且不符合保险公司运行机理。实际上,在寿险精算中,通常采取对同类保单进行集合处理,亦即运用集团分类法,将寿险保单分成集团,每一集团合并计算。在同一集团中,使用它的平均值作为计算标准。例如,同一保险种类中,签单年度、投保年龄相同的保单列入同一集团处理时,签单的日期假定均在营业年度的中间,当时的年龄可假定刚好足岁。



以下以保险金额为 1、签单年龄和评估之日均相同的大量保单的责任准备金为例加以说明。

根据追溯法公式,

$${}_tV=\frac{P(N_x-N_{x+t})-(M_x-M_{x+t})}{D_{x+t}}$$

从而整个集团的准备金为

$$\sum {}_tV=\sum P\cdot\frac{N_x-N_{x+t}}{D_{x+t}}-\sum\frac{M_x-M_{x+t}}{D_{x+t}}$$

现对这个追溯法公式加以改进,以使用评估之日到达年龄的集团,代替同时考虑签单年龄和评估之日的双因素集团。

$$\begin{aligned}{}_tV&=\frac{P(N_x-N_{x+t})-(M_x-M_{x+t})}{D_{x+t}}\\&=\frac{M_{x+t}-PN_{x+t}+(P-P_x)N_x}{D_{x+t}}\\&=A_{x+t}-P\ddot{a}_{x+t}+\frac{(P-P_x)N_x}{D_{x+t}}\end{aligned}$$



上式中,$P$ 为最初签发的保险的纯保险费,$P_x$ 是在最初签单年龄的普通保险的纯保

险费。

显然,在整个保险期间,$(P-P_x)N_x$ 是一个常数,故用 $Q_x$ 表示它。但是保单不同,$P$ 就不同,$Q_x$ 也就有差异。

这样,对到达年龄的集团,当已知集团总的纯保险费($\sum P$)和总的保险金额($\sum S$)以及总的 $Q$ 因子($\sum Q$)时,集团总的准备金为

$$\sum {}_tV = \sum SA_{x+t} - \sum P\ddot{a}_{x+t} + \frac{\sum Q_x}{D_{x+t}} \qquad (14.14)$$

## 14.5　寿险精算控制循环理论及其新发展

### 14.5.1　精算控制系统简介

1985 年,杰里米 · 戈福德(Jeremy Goford)首次提出了精算控制循环(actuarial control cycle)这一在金融产品或管理计划中常用的概念。循环控制理论以定义问题、设计解决方案和监控结果三个步骤为基础。需要注意的是,这三个步骤并没有严格的开始和结束之分,相反,这三个步骤可以重复、可以迭代,从而构成一个循环系统。精算工作涉及保险公司经营的各个方面,因此精算控制循环也体现在保险公司管理和发展的各个环节之中。

在定义问题这一步骤中,要求精算师熟悉金融环境,了解行业背景,对保险产品和保险服务有专业的洞察力,能准确地识别问题和认识风险、清晰地定义问题。在设计解决方案这一步骤中,常常需要精算师设计新的保险产品或改进现有产品、提出风险保障方案、进行资产负债评估等,在这个过程中,精算师经常要运用保险、数学、统计等专业知识进行建模。在监控结果这一步骤中,要求精算师对提出的解决方案的实施情况进行追踪,并结合实际情况的发展进行及时调整,这也说明精算控制循环是一个动态的过程,而不是一劳永逸的事情。通过以上三个步骤的循环往复,精算师不断优化解决方案,更好地解决问题。

另外,精算控制循环不仅适用于整个保险公司,也同样适用于子公司、各业务部门等。虽然精算控制循环是一种非常重要的方法,但也不应该作为解决所有问题的模板,而是要具体问题具体分析。

精算控制循环并不局限于保险行业之中,往往也需要经济金融等外部信息的参与。基于精算控制循环的重要意义,精算控制循环逐渐成为精算师的一项基础技能,精算控制循环的内容也加入到精算课程或精算师考试内容中。

### 14.5.2　精算控制系统流程

精算控制循环可以具体体现为九个部分:风险评估、产品设计、费率厘定、负债评估、资产评估、资产负债管理、偿付能力、经验监控和利润分析。

（1）风险评估

保险公司是管理风险的公司，其中，评估风险是开展业务的基础。精算师评估个人和企业的风险，从而找到产品的需求点；评估潜在客户的风险水平，从而控制核保风险；评估宏观经济、社会政策、市场环境的风险，从而慎重决定某项业务是否开展。在进行风险评估时，精算师可以从定性和定量两个角度对内部和外部的风险进行全面的评估。

（2）产品设计

精算师要熟悉各种保险产品的形态，了解行业监管规定，针对潜在客户的保险需求，提供保险产品的解决方案。从识别需求点到产品最终落地，中间需要不断地修改和打磨。产品设计要考虑投保人、被保险人、保险人等多方参与者的利益，要与营销和渠道相适应，要有合理的假设和模型，要符合监管和法律法规的要求，也要关注行业已有产品和对手公司的竞争产品。

（3）费率厘定

选定的费率水平应能够满足给付要求且足以支付各项费用。费率水平应当合理，使保险公司可以获得合理的利润。同时，保险公司厘定费率时应考虑市场的接受程度，过高的费率会超过消费者的可接受水平。

（4）负债评估

保险业是高负债经营行业，保险公司收到的保费体现为对被保险人的负债，因此做好负债评估至关重要。保险公司要做好准备金的评估，提取充足的准备金以应对未来的给付；还要识别不同假设变动对准备金的影响。

（5）资产评估

保险公司除了有保险业务外，还有投资业务。保险公司有关人员要明确投资目标，选定投资领域，制定投资策略。在这个过程中，要兼顾资金的流动性、安全性和收益性。

（6）资产负债管理

精算师要统筹负债和资本，以防发生资产负债不匹配的情况，制定风险管理策略。

（7）偿付能力

精算师应掌握不同偿付能力准则下偿付能力指标以及资本充足性的计算，了解最低偿付能力要求，熟悉不同会计准则的规定。

（8）经验监控

由于实际发生率与预定率的差异，实际经营结果会与预期结果产生偏差，有效地识别这些差异所带来的影响对保险公司的经营非常重要。通过分析赔付、投资、费用、利润等方面的数据，精算师可以修正之前不合适的假设，发现实际情况的变动，追踪假设因子的变化趋势，识别产品风险点。在开展新业务时，精算师也要参考类似业务的历史经验数据。

（9）利润分析

利润来源于死差益、费差益和利差益。在本书前面的章节中已经介绍过利源分析，精算师可以通过利源分析的方法来找到业务盈亏的原因。在一定程度上，利润也是评价业务质量的一个重要方面。在进行利润分析时，精算师也应关注到利润的分配问题。

### 14.5.3 精算控制循环理论的发展

蒂莫西·莫兰特(Timothy Morant)在《关于如何将精算控制循环理论应用于快速承保的思考》(*Thoughts on How an Actuarial Control Cycle Can Apply to Accelerated Underwriting*)(2019)一文中提出,要通过精算控制循环对产品进行监控,更新定价假设。

快速承保(accelerated underwriting)是指在承保时依赖被保险人的自评健康而不是体检的承保方式。作为一种新产品,快速承保并没有可靠的历史经验。因此莫兰特提出通过回顾性研究等工具和方法,将它们作为精算控制循环的一部分,通过监控指标等来追踪和修正死亡率假设。

## 习题 14

14－1 试证如下两式的等价性:

(1) $a_{\overline{n}|} + {}_nE_x a_{x+n}$;(2) $a_x + \ddot{a}_{\overline{n}|}A_x - v^n a_x + {}_{n|}a_x$。

14－2 在35岁时签单的某种保单,如果被保险人在第20年年末生存,那么保单将提供2 000 000元的给付额;若被保险人在签单后的20年内死亡,保单在死亡发生季末开始提供第一次给付10 000元,直到20年期满。签单20年后保单不再提供任何给付。试写出购买该保单的限期20年缴费的均衡纯保险费公式。进一步,如果该保单首年佣金为毛保险费的15%,续年为5%;每年税金为毛保险费的3%;每张保单每年固定费用为2 000元,试求限期20年缴费的均衡毛保险费,以CL1(2010—2013)2.5%为计算基础。

14－3 某40岁的被保险人投保了每年给付1万元的延期25年且有10年保证期的连续型终身年金保险。但是,若被保险人在65岁之前死亡,则为其家庭提供受益至65岁且至少给付10年的确定年金。求该被保险人应该缴纳的趸缴纯保险费表达式。若以CL1(2010—2013)2.5%为计算基础,求出具体的值。

14－4 某基金建立对100名年龄为 $x$ 岁的独立生命支付年金,每名成员将以连续方式获得每年10 000元的年金,直至其死亡。已知:$\delta = 0.06$,$\bar{A}_x = 0.40$,${}^2\bar{A}_x = 0.25$。采用正态近似方法,要使得该基金以90%的可能性满足支付,则该基金需要的数额为多少万元?

14－5 对于某20年期确定期间年金,已知 $\bar{A}_{x:\overline{20}|} = 0.65$,$\bar{A}_x = 0.3$,$\delta = 0.1$,求该年金的精算现值。

14－6 100个年龄均为50岁的人购买了每年年初支付10万元的终身生存年金保险,已知 $A_{50} = 0.5$,${}^2A_{50} = 0.3$,$d = 0.05$,收到的保费大于年金支付现值的概率为0.95,求每人应趸缴的纯保费。

14－7 简述精算控制循环的作用及意义。

14－8 简述精算控制循环的各个环节。

# 15 寿险精算与现代科技

寿险经营的本质是管控经营中面对的各类风险，大数法则是保险经营的重要数理基础。精算基于大数法则开展经验分析，需要掌握各类方法和技术，并在此基础上综合运用各项知识技能，开展精算工作及其风险分析评估。大数据、区块链、云计算、人工智能以及当前热点之一的大语言模型等，都可以赋能精算或提升精算解决问题的内含价值，这也是当下或未来能够推进寿险精算发展，可资融合和使用的科技与工具。随着现代科技的发展，学习和掌握这些现代科技，尤其数字技术并赋能寿险精算，不仅可更好地发挥寿险精算在差异化经营管理中的作用，而且也使寿险精算的内涵和外延得到进一步丰富和拓展。

从目前的发展情况看，新技术的应用，是在不断地加固和促进大数法则的应用，虽然它们会给数据底层和精算技术方法等带来一定的改变或优化，进而使精算模型有所不同，但新技术的相关应用并不是对保险原理和基本规律的颠覆，而是为了更好地遵循大数法则并提供有效的技术和途径。精算的核心作用和基本逻辑尚未发生根本变化，即不论是传统寿险精算还是与现代科技相结合的精算，精算本质上是一个度量、分析、评估风险，并给予风险一个精算对价，进而达到有效风险管理目的的方法和工具。

随着客户需求的多元化、差异化，寿险产品逐步向差异化、定制化的方向发展，要求寿险经营管理更加精细化和专业化，这对精算及其专业技术能力都提出了更高的要求。因此，精算人员不仅要对数据敏感，也要具备很强的数据思维和数理分析能力，并且更有必要在掌握寿险精算的基本知识、原理、方法、工具的基础上，具备一定的包括现代科技尤其是数字技术工具在内的多学科专业知识与建模能力。本章简要探讨寿险精算与现代科技的融合，分别从大数据、人工智能、云计算以及区块链四个方面讨论现代科技，尤其是数字技术在寿险领域中的应用，目的是帮助精算学习者及精算从业人员学习和利用大数据等“原材料”，运用好人工智能、区块链等新技术和云计算的算力优势，使得寿险精算发挥 1 +1 >2 的作用，提升寿险精算的价值，更好地推进寿险业健康发展。

## 15.1 大数据与寿险精算

### 15.1.1 大数据及其赋能寿险精算的基本原理

大数据(big data)，又称巨量资料，有关的描述众多，侧重不一。从公司角度来看，大数据是用来形容一个公司创造的大量非结构化数据和半结构化数据的，其特色在于对海量数据进行分布式数据挖掘。这里,我们借鉴麦肯锡全球研究所给出的定义:大数据是一种规模大到在获取、存储、管理、分析等方面大大超出了传统数据库软件工具能力范围的数据集合,具有海量的数据规模、快速的数据流转、多样的数据类型和价值密度低这四大特征。

大数据包括结构化、半结构化和非结构化数据。结构化数据,简单来说就是数据库是具有模式的数据,可以通过固有键值获取相应信息,且数据的格式固定。半结构化数据和普通纯文本相比具有一定的结构性,但和数据库的数据相比更灵活。它是一种"无模式"的适于数据库集成的数据模型,是一种标记服务的基础模型,可以通过灵活的键值调整来获取相应信息,且数据的格式不固定。非结构化数据,是不适于由数据库二维表来表现的,并且与结构化数据相对的数据,一般指无法结构化的数据。例如,图片、文件、超媒体等典型信息,不可以通过键值获取其相应信息,其中,互联网上的信息内容大多属于这种非结构化数据。互联网数据中心(Internet Data Center,IDC)的调查报告显示:企业中80%的数据都是非结构化数据,这些数据量每年按指数增长60%。随着"互联网+"的实施,会有越来越多的非结构化数据产生,非结构化数据越来越成为数据的主要部分。

在过去的20年里,我们的社会经历了从电子医疗记录、连接设备到社交媒体、手机应用程序到物联网等新数据源的爆炸式增长。随着云时代的到来,各行各业不可避免地会产生巨量数据资源,大数据成为一种新型的生产要素,受到了越来越多的关注。对大数据的分析、处理、甄别、选择使用等,必须借助和运用新的技术。技术是大数据前进的基石,也是大数据价值体现的手段,大数据需要特殊的技术来有效地处理海量数据。由于其数据海量,大数据的处理从采集、处理、存储到形成结果的整个过程,无法用手工甚至单台计算机进行处理,必须采用分布式架构,依托云计算的分布式处理、分布式数据库、云存储、虚拟化技术和感知技术等技术手段去实现。因此,大数据技术就是对大数据进行获取、存储、分析、挖掘、处理和管理等技术的统称。大数据技术的战略意义在于对这些庞大的有意义的数据进行专业化处理,关键在于提高对数据的"加工能力",以使大数据能够更好地为寿险精算乃至社会发展服务。



大数据和大数据技术是现代科技中重要且基础的内容。大数据赋能寿险精算可从宏观和微观两个角度加以理解。

从宏观视角来看,精算是基于"大数原则"的科学。传统的精算是一种基于"样本精算"的定价方式,如寿险精算主要是基于保险行业生命表,例如在我国是基于中国人身保险业经验生命表(2010—2013),该表能够反映部分样本的死亡率等信息。而在大数据的环境下,寿险公司及外部环境都积累了大量的人口数据及信息,立足全公司范围内从销售到理赔全流程的数据,并在定价及评估时可在行业生命表的基础上加以调整和优化,使得寿险精算更加准确和稳定。

从微观视角来看,大数据通过深度学习应用于寿险精算的人脸识别等技术,对被保险人的健康状况加以预测。保险公司通过提取被保险人的人脸特征建立人脸特征和其健康状况之间的关联,并通过被保险人的脸部图片对其吸烟情况、先天性疾病等健康状况进行识别,从而可以帮助更加准确地预测风险,实现差异化定价。

### 15.1.2 大数据及技术在寿险精算中的应用

寿险业正经历着各类数据比以往任何时候都更普遍且更丰富的大数据时代，寿险精算也在这不断变化的环境中面临挑战。在数据驱动的世界，大数据与寿险业和寿险精算的关系日益密切，精算师的任务是充分使用这些数据，基于“大数法则”及大数据技术来促进寿险精算的发展。大数据及其技术在寿险精算中的应用还在不断拓展中。在此，大数据及其技术赋能寿险精算，主要体现在机器学习乃至深度学习应用在寿险欺诈风险识别、生命表函数估计和人脸识别等方面。

（1）基于机器学习的寿险欺诈风险识别

机器学习（machine learning，ML）是关于数据学习的技术，帮助机器从复杂的数据中学习规律，预测未来的结果和趋势。大数据通过机器学习后，可赋能或应用于寿险精算的场景很多，这里主要介绍对寿险欺诈风险的识别。寿险欺诈不仅可能发生在逆向选择承保阶段而且可能隐藏在索赔等方面，是对精算风险和精算平衡的破坏。为通过应用机器学习的方法来实现对寿险欺诈风险的识别，保险公司首先收集可能影响被保险人欺诈行为的重要信息，并建立数据库；其次用该数据来刻画欺诈和非欺诈人员的画像，分析各自的特征，从而找到两者的区别，而后应用决策树、随机森林、KNN 近邻、神经网络、K－Means 聚类等机器学习的分类方法对被保险人加以分类；最后识别出寿险欺诈风险的特征与可能的行为。在多种机器学习算法中，决策树更加直观，更加易于理解，且效率更高，故决策树的机器学习方法在实际中应用更加广泛。Boosting 及 XGBoost 的机器学习方法是基于决策树的梯度提升算法，可以增强预测的准确性。

大数据的来源和结构等会影响寿险精算的分析和评估。除寿险业内部的数据外，社交媒体数据对于寿险精算尤其是寿险欺诈识别也是非常重要的。尽管目前有研究或保险公司利用这些数据在未来风险评估中做了初步探索，但是大多数保险公司并没有使用这些数据作为保险产品定价的依据。此外，社交媒体数据也被保险公司普遍用于市场营销、客户服务等方面。

（2）基于机器学习的生命表函数估计

在寿险精算中，关于分数年龄生命函数的假设是极为重要的。经典主流的分数年龄生命函数假设主要包括：死亡均匀分布假设、常数死力假设以及巴尔杜其（Balducci）双曲假设。机器学习中的支持向量机（support vector machine，SVM）是一种二分类模型，原理为监督式学习，其基本模型是定义在特征空间上的间隔最大的线性分类器，现已普遍应用到各种统计回归之中。SVM 模型在 20 世纪末改进为支持向量回归机（support vector regression，SVR）。Saunders 等提出最小二乘支持向量回归机（least square support vector regression，LSSVR）模型，可解决 SVR 中存在的计算花费较大的问题。冯颖和周晓剑于 2014 年所做研究将 LSSVR 应用于寿险精算，对生命表数据加以回归，以提高对分数年龄的生存函数、死力、余命等精算统计量的预测能力。其具体的操作方式如下：与经典分数年龄生命函数假设中 UDD 假设的线性插值、常力假设的指数插值、Balducci 假设的双曲线插值相类似，LSSVR 技术倾向于一种分数年龄的插值技术，通过特征空间的映射，应用式（15.1）、式（15.2）的二次规划问题对其加以求解：

$$\min\left(\frac{1}{2}w^{T}w+\frac{C}{2}\sum_{i=1}^{N}e_{i}^{2}\right) \tag{15.1}$$

$$\text{s.t.}\quad y_{i}=w^{T}\varphi(x_{i})+b+e_{i},i=1,2,\cdots,N \tag{15.2}$$

上式中，$w$ 为法向量，$b$ 是偏移量，$\varphi(x)$ 是空间 $R^{n}$ 到特征空间 $H$ 的非线性函数，$C$ 是结构风险和经验风险两者的平衡系数，$e_i$ 为误差项。

基于 LSSVR 回归中得到分数年龄的插值结果，我们可计算出生存函数 $S(x)$、死力 $\mu_x$ 以及完全余命 $\mathring{e}_x$，而后应用于寿险的定价及准备金评估等方面。

(3)基于深度学习的人脸识别技术。

深度学习（deep learning，DL）是机器学习领域中一个新的研究方向。基于深度学习算法的人脸识别的步骤如下：第一步为基于深度学习技术的人脸检测。有关机构主要采用卷积神经网络的深度学习方法来检测图像中是否存在人脸，定位人脸的位置及大小等。第二步为对人脸加以归一化，即通过眼睛、鼻尖等人脸关键点的定位，围绕这些点旋转或缩放图像，使人脸归一化到统一的坐标系上。第三步为对人脸特征进行提取。最经典的算法包括亚尼夫·塔吉曼（Yaniv Taigman）等于 2013 年提出的 DeepFace 算法。

保险公司通过人脸识别提取面部特征之后，可通过一系列系统及应用程序基于面部特征对个体健康状况加以预测，如通过提取被保险人的人脸特征建立人脸特征和其健康状况之间的关联，以通过被保险人的脸部图片对其健康状况进行识别，精准识别个人的健康风险，从而实现寿险精算的精细化风险评估和定价等。例如，平安科技部与平安健康险部，曾联合推出人工智能（AI）医疗险产品，通过客户的照片来判断其身体状况，从而给予健康者费率优惠；亦可通过面部轮廓等细节来判断被保险人是否吸烟，从而精准定价；通过深度学习，采用多组数据来训练 AI 学习人类面部特征与先天疾病间的关系，从而判断被保险人的先天性疾病，降低逆选择风险。人脸识别不仅运用于寿险产品精准定价、核保风险自动识别等寿险精算领域，而且可应用于包含寿险个性化健康管理等寿险业务的全流程。

通过以上几个方面分析可见，大数据在风险分析评估、产品定价等寿险精算领域都有应用，并随着现代科技的发展和成熟，必将赋能寿险精算更多场景的运用和发挥更大作用。此外，在风险分析、评估及定价等方面，寿险精算如果越来越多地使用非传统数据，一方面增加了精算的功能，另一方面也可能会加剧寿险消费者对信任、透明度和数据隐私的担忧，为此寿险公司应当履职并承担更大的责任，尤其寿险公司和精算人员应该特别警惕通过机器学习而带有社会歧视或偏见的预测算法，这有损公司和消费者利益或侵犯消费者隐私。

# 15.2 人工智能与寿险精算

## 15.2.1 人工智能及其赋能寿险精算的基本原理

随着信息技术的快速发展,越来越多的前沿科技被应用到保险领域,人工智能也不例外,开始逐步应用于寿险领域的产品创新、市场营销等方面。我们可预见到,人工智能等前沿技术与保险业的结合将成为一种新趋势,并正在全球范围内掀起了一场“保险科技(InsurTech)”的浪潮。

人工智能是研发用于模拟、延伸和扩展有关人的智能的理论、方法、技术及应用系统的一门新的科学技术。人工智能属于计算机科学、人工智能哲学和认知心理学等学科的交叉领域,可以对人的意识和思维信息过程进行模拟。人工智能的核心是解放人力、实现保险业务的数字化和智能化。

目前,人工智能技术的开发、研究与应用已经受到一些大中型保险公司的高度重视。在保险与人工智能相结合的必然趋势下,可以预期的是,随着以人工智能为代表的保险科技的不断发展,人工智能将运用于整个保险行业。人工智能技术在寿险领域的应用主要体现在保险分销、承保、定价、理赔、精算等环节。人工智能的应用提升了寿险业核心环节的智能化水平,从而提高了保险公司的经营效率,同时降低了运营成本。例如,寿险公司利用智能终端收集客户数据,针对客户健康状态和风险概率信息进行分析,从而可以更准确地估算风险,定制出符合寿险客户需求的个性化保单和优惠套餐。又如,机器人客服等机器人服务的使用,可以极大地提升保险公司的效率和精度,改善客户的服务体验,并为客户提供个性化服务。而人工智能赋能寿险精算,至少(不限于)体现在以下几个方面。

(1)风险评估

传统的寿险精算对风险的评估主要依赖于被保险人所提供的有限信息,较大地受限于数据信息量、数据信息的真实性及精算方法等。基于人工智能技术下的风险评估,就是通过传感器、智能穿戴设备等取得被评估对象的第一手真实的生理数据。人工智能通过与大数据和机器学习算法相结合,对收集的医疗记录、生活习惯等海量的数据进行分类甄别和分析,能够更全面地评估风险状态,增强评估的准确性。例如:在寿险领域,针对不同个体的个性化需求,人工智能可以根据个体的特征和历史数据,为每个被保险人提供个性化的风险评估方案,使评估结果更符合实际情况,进而提升寿险精算的评估能力。

(2)定价策略

保险公司可以基于人工智能对个体风险的评估结果制定个性化的定价策略,使保费更准确地反映个体的实际风险水平,从而更精确地确定保险合同的费率。传统的寿险精算主要依赖于统计模型和经验判断,而人工智能可以利用机器学习和大数据分析技术,从而进一步提高定价的准确度和精度。

(3)风险管理

保险公司通过传感器和移动设备等技术监测被保险人的健康状况和生活方式,如体征数据、运动量、饮食习惯等变化,根据监测到的变化,通过人工智能技术及时调整个体的风险评估和定价策略,以减少风险或提供更合适的保险产品,从而更好地管理个体的风险状态,以达到实时风险管理的目的。

在应用人工智能技术时,保险公司要遵守相关的法律法规,保护被保险人的隐私和数据安全;同时,还需要不断地改进模型,结合专业人员的判断和经验,让精算结果更加准确和可靠。

### 15.2.2　人工智能在寿险精算中的应用

随着信息技术的快速发展,保险业正在迎来一场革命。人工智能等前沿科技开始不断地应用于保险领域,促进了保险行业的创新和发展。人工智能技术可以应用于风险评估、个性化定价、风险管理等多个方面,从而提高寿险精算的效率和能力水平。

(1)智能终端赋能寿险精算

智能终端在寿险业的应用正在催生寿险业和精算领域新的发展与变革。智能终端是一种以计算机系统为核心,通过结合传感器和计算机技术而开发出的微型化智能化的网络终端,能够实现信息的收集、传输和处理。在寿险领域,智能终端将助力于寿险精算的发展,并对寿险业发挥十分重要的作用。

首先,利用智能终端所获取的数据可以使保险公司更准确地管理客户和评估风险,并根据风险分析结果来定制个性化保单,还可提供符合个性化需求的优惠补贴方案。例如,随着智能终端技术的不断提高和普及,保险公司已经开始通过传感器、电量检测等智能终端功能来监测被保险人的生命体征,跟踪记录其身体的健康数据,并将这些信息传送到公司的云端处理服务中心。基于所收集的数据,保险公司可以通过智能客户端扩展业务,以更好地管理客户健康,并可据此推出更多个性化智能服务和衍生产品,提高客户的黏度和满意度。其次,保险公司通过智能终端能预测疾病风险并提供预防服务。如利用可穿戴设备收集心率、运动量和睡眠质量等信息,可以对持续的异常指标进行跟踪,并预测疾病发展趋势。通过这种方式,保险公司可以提供预防性的医疗保险服务和运营辅助支持,做出有针对性的风险管理方案,并改进及调整相应产品和服务。最后,智能终端也是保险公司评估和监测客户风险和健康的重要手段之一。如:通过内置心率传感器、运动跟踪和呼吸计数器等功能,智能手表可以监控被保险人的运动情况和健康状况,并将这些数据上传到云端处理服务中心进行分析。这些数据为保险公司提供了客户的健康状态和风险信息,从而能够为客户提供个性化、优质的医疗保险服务。

传统上,寿险产品的定价是基于整体样本和统计分析结果进行推测的,无法充分考虑个体差异。而实时获取的个体数据能够更好地反映被保险人的真实风险水平。通过结合个体风险评估的结果,寿险精算可以根据个体的风险状况,对保费价格进行个性化调整。风险较低的个体的保费可能较低,而风险较高的个体则可能面临更高的保费。一旦保险合同签订,保险公司可以继续监控被保险人的健康状况和生活习惯。

如果被保险人的风险水平发生了变化，例如改善了生活方式或存在新的健康问题，保险公司可以根据新的数据重新评估被保险人的风险，并相应地调整保费。相对于传统的平均定价方法，个性化定价可以更准确地反映被保险人的个体风险。

总之，通过实时获取被保险人的健康、生活习惯等信息，寿险精算可以更全面和准确地评估个体风险，并基于个体风险评估结果进行个性化定价。这样，可以使得保费更加公平合理，符合被保险人的实际风险状况，同时也有助于提高保险公司的风险管理能力。智能终端的广泛应用为寿险行业带来了巨大的机遇和挑战，让公司和精算能够更好地为客户提供个性化的保险服务，推动行业的创新和发展。值得注意的是，为了保护被保险人的隐私和数据安全，智能终端在数据采集、传输和处理过程中应严格遵守相关法律法规，并采取必要的安全措施。

(2)机器人赋能寿险精算

机器人在保险业尤其寿险业中的应用已成为计算机科学和人工智能技术的重要领域之一。通过使用机器人自动化技术，保险公司可以实现一系列任务的自动处理，如自动核保、客户服务和理赔等。通过机器人的应用，保险公司可以大幅提高业务效率，减少人为错误，提升销售成功率，并降低退保率，从而影响寿险精算定价中的退保因子与定价准确度。

首先，机器人客服通过智能问答获取信息，然后利用自然语言处理算法和人机交互技术来分析用户的问题，并根据语义信息生成一个或多个合适的回答，以引导客户做出正确的决策，如：高效处理寿险客户的投诉和问题，为客户提供快速、准确、有效的服务。机器人客服可使得保险公司能够更好地满足客户的需求，提高客户满意度，增加客户黏性，这有利于保险公司改进寿险产品的设计或创新出新的产品。

其次，由于机器人客服是基于经过训练的模型和算法来运行的，它的回答不受情绪、主观偏见或其他人为因素的干扰，所以机器人客服通过与客户的对话，可以自动获取客户的个人信息、健康状况、职业等关键数据和信息。机器人客服能为寿险精算提供客观、准确的数据信息，它避免了可能出现的人为误导或错误。具体来讲，一方面，根据客户的风险水平、需求和偏好，机器人客服可以推荐适合的寿险产品，提高客户满意度；另一方面，保险公司通过机器人客服获得的数据来进行分析，能够提供更个性化的定价和服务建议。

综上所述，机器人在寿险业中的应用对寿险精算尤其是精算定价有直接的影响。通过机器人客服的自然语言处理技术，保险公司能够更好地理解客户需求，并提供准确的信息和个性化的服务建议。这些优势可以显著地提高业务效率，减少错误，并影响寿险精算的模型因子与决策。值得注意的是，机器人客服在处理复杂问题时可能会受到限制，在一些情况下可能需要转接给人工客服。此外，机器人客服的应用需要注意保护客户的隐私和数据安全。

# 15.3 云计算与寿险精算

## 15.3.1 云计算及其赋能寿险精算的基本原理

云计算是指“网络 + 计算”，是一种分布式计算的演进，通过网络集合资源，向用户提供强大的计算能力，并实现资源共享。它包括了软件、数据库及计算处理技术，已经成为互联网和计算机行业的重点研究领域。

云计算技术相较于传统的计算技术有着突出的优势：一是通过云计算，企业可以使用网络所提供的计算技术和服务模式，进而有可能降低信息技术成本；二是云计算具有较好的可扩展性，具有强大的存储功能，可大幅度提高原有系统的计算水平；三是云计算具有虚拟化的特征，数据是通过网络进行储存和迁移的，计算技术是通过网络提供的，因而具有较强的灵活性。此外，在云计算的使用上，资源按需分配，用户按需购买。由于云计算的突出特点和显著优势，所以云应用、云管理逐渐成为企业的选择。

云计算包含三种服务模式：基础架构即服务（IaaS）、平台即服务（PaaS）、软件即服务（SaaS）。基础架构即服务，是指供应商向客户提供服务器等基础设施，包括储存、计算、网络等资源。客户无须自己购买价格高昂的硬件，而是通过租用的方式获得使用，进而降低资金成本。平台即服务，是指供应商提供制作和维护软件的开发环境，比如提供操作系统。该服务使得用户聚焦于应用软件的开发和管理，从而降低了时间和资金成本。软件即服务构建在 PaaS 和 IaaS 之上，供应商提供软件开发、管理和维护的服务，并将其直接供给到客户，客户只需按需取用即可。SaaS 是最为全面、使用最广的服务模式。



按服务范围对云进行分类，可以分为私有云、公有云、混合云和社区云。私有云是指某一企业单独建立和使用的云计算服务，适用于信息监管较为严格的场景。公有云是指 IT 资源可共享使用的云计算服务，并不属于某一企业，由第三方供应商进行维护。混合云是私有云和公有云的一种结合，兼顾公有云的可扩展性和私有云的安全性。社区云是指在几个组织或企业的范围内可共同使用的云计算服务。

云计算的应用已经从互联网领域扩展到传统行业中，与大数据、机器学习、人工智能等一起正在逐步深入各行各业。云会议、云视频等应用提升了生活便利性，云计算在医药行业、社区管理、智慧城市建设、环境质量监控等方面的应用提高了社会治理效率，云计算在产业融合和产业转型升级方面的应用提升了产业现代化水平。《中国互联网发展报告（2021）》指出，我国云计算市场规模在 2020 年达到了 1 781.8 亿元，正处于规模扩大的高速发展阶段。

云计算以它的包容性和便捷性促进了保险创新。保险公司可以建立更流畅的全流程管理体系，将核保、报价、理赔、财务分析等环节转移至云平台上进行，以减少处理的时间，及更快速地回复客户。保险公司的各个业务部门可以将数据和模型迁移至云端，然后通过云端在整个公司内部共享，进而公司管理层可以使用这些云端的资源对公司整体风险进行评估和管理，并建立综合的、全面的风险管理体系。具体到寿险精算领域，寿险精算与云计算的结合，可以促进精算部门数据的运用及其与其他部门的协同合作，提升寿险精算风险治理水平并提高精算分析和评估的算力。

### 15.3.2 云计算技术在寿险精算中的应用

云所具有的分布式计算可以提升模型的运行效率，且具有更高的稳定性，不会因为一个设备的故障而导致整个系统的失效。随着互联网技术和万物互联概念的发展，精算师可接触到的数据越来越庞大和多元化，不再受限于有限的资源。更多的数据意味着更高效的储存和共享方式。云数据具有可共享访问的优势，提供了更强的可连接性。云计算中无限量的储存空间为管理数据提供了思路，同时有力地支撑了寿险精算融合大数据、人工智能、区块链等技术的应用。

(1)在寿险精算定价中的应用

云计算的最大特点是具有强大的计算功能，这一点既可以为精算师的工作提供有力支持又能为更加复杂的精算模型提供算力支撑。一方面，保险公司在追求合理的差异化及个性化定价；另一方面，更为精细的定价需要更加丰富的数据信息。大数据背景下，可使用的数据维度增加、数量增加，因而可以将行为信息纳入考虑范围。在寿险领域，健康状况、生活习惯等方面的信息逐渐被探索和利用，数据由静态变为动态、由离散变为连续。数据量的增加直接给计算技术带来了压力和挑战，使用云计算可以更好地管理庞大的数据集合。保险公司在收集数据之后，可利用云计算技术对数据进行管理，更加灵活和便捷地完成数据的提取与整合，探索风险因子之间的关联，进而为调整定价提供依据。

云计算除了以强大的计算能力辅助大数据的应用、支持更多维度的数据进入定价模型以提升定价结果的准确性外，也可以为复杂的静动态定价模型提供计算支持。随着寿险产品逐渐多样化，保险责任和产品形态愈加复杂化，对于运用复杂模型或者进行复杂参数估计的精算师来说，计算技术的进步可以提高计算效率，降低时间成本。随着保险产品的创新和升级，越来越多场景定制化保险出现了，人工智能、机器学习在保险领域的应用逐渐增加，而云计算为这些复杂算法提供了实现的可能性。

(2)在寿险精算经验分析中的应用

寿险产品的设计基于对死亡率、费用率和利率的精算假设，假设是否合理决定了产品是否能够长期平稳运营，影响着寿险公司偿付能力的高低和内含价值的大小。基于寿险产品的精算原理，寿险产品设计并销售后，仍需要不断地进行业务追踪，以查验产品设计的合理性以及模型假设的合理性。这种通过追踪以往保单的核保、保费收取、理赔等信息，计算赔付率及预测赔付进展情况，实现对产品和经营情况的风险监控等，就是寿险精算经验分析的主要内容。要实现有效的寿险精算的经验分析，云计算是核心技术和工具。因为以云计算辅助大数据技术的应用可以帮助精算师收集和使用更多关于保单的实时进展数据，并与原模型假设进行对比来更新模型设定，以实现风险管理方案的优化。此外，云计算技术的海量运算能力可以满足大量保单的计算需求，从而提升经验分析的稳定性和效率。

## 15.4 区块链与寿险精算

### 15.4.1 区块链及其赋能寿险精算的基本原理

区块链是分布式数据存储、点对点传输、共识机制、加密算法等计算机技术在互联网时代的创新应用模式。狭义来说，区块链是按照时间顺序，将数据区块以顺序相连的方式组合成的一种链式数据结构，并以密码学方式保证的不可篡改和不可伪造的分布式账本。广义来说，区块链技术是利用分布式节点共识算法来验证和生成数据、利用块链式数据结构来储存数据、利用密码学的方式来保证数据传输和访问的安全、利用由自动化脚本代码组成的智能合约来编程和操作数据的一种全新的分布式基础架构与计算范式。

区块链最早运用于比特币，其核心技术是分布式技术、密码学、共识机制和时间戳，并且将这四个技术有机地结合在一起。区块链技术是一种去中心化、去信任的开放式数据维护技术。其中，分布式结构可以节省交易过程中大量的中介成本，不可篡改的时间戳特征可以解决数据追踪与信息防伪问题，从而解决了物联网技术中难以解决的信任机制问题，实现了市场秩序的稳定与透明。下面通过四个方面进一步认识和理解区块链及其特征优势。

第一，区块链是一个网络和权限对等的结构，属于去中心化的结构。数据的传输不再依赖某个节点，而是实现节点间的直接传输。全网络的每个节点都依照共识的开源协议，自由安全地传输数据，并且所有交易记录都是对全网络公开的，每个节点都可备份。在区块链中，任何参与者都是一个节点，每个节点都有对等权限，因此，去中心化是区块链的特征之一。去中心化的本质是技术民主，在整个网络中没有处于中心地位的硬件或者管理机构，任意节点之间的权利和义务都是均等的，且任意节点的损坏或者失去都不会影响整个系统的运作，因此，区块链系统具有极强的稳定性和安全性。



第二，随着科学技术的发展，共识机制已逐步从一个制度的范畴演变为技术的范畴，从一个抽象概念发展成分布式账本技术的重要支柱，并成为现代计算机科学的重要内容。区块链技术中的共识机制是指，分布式账本中大部分（或全部）网络成员就某条数据信息或拟定交易的价值达成一致，并就此对账本进行实时同步更新的机制，即为确定参与节点之间的记账规则，在管理一系列连贯事实的过程中，用以确保交易顺利达成且交易记录真实可溯的技术手段和机制。

第三，时间戳是区块链的最大创新和特点。它的基本原理是：区块（完整历史）与链（完整验证）相加便形成了时间戳（可追溯完整历史）。即每个参与者在记账并生成区块时都加盖时间戳，使得每一笔交易都具有唯一性，并广播到全网结点，让每个参与结点都能获得一份完整数据库的拷贝，一旦信息经过验证添加到区块链上，就会永久地储存起来，形成不可篡改、不可伪造、不可抵赖的数据库。这就使交易本身在区块和区块上的哪个位置发生可以被精确定位且可回溯，为与其他校验机制协同作用提供了极大的便利和确定性，也使得整个区块链网络能够验证某笔交易是否真实。

第四,安全是区块链技术的一个重要特征。区块链的安全性主要体现在两个层面:一是协作节点之间的共识机制的安全性,即在具有一定容错能力的前提下保证共识的达成,并可识别出恶意行为且能够有效应对;二是数据本身的安全性,区块链结构中应用了数字签名算法、哈希算法等多种密码学算法组合,能够保证信息(数据)的有效性、不可伪造性和不可抵赖性。区块链的安全性解决方案,具有相对彻底和维护成本相对低的特点,因此,具有巨大的应用空间和背景。

区块链的以上特性与优势,可以有很多的应用场景:区块链运用在寿险领域,可以极大地增强寿险经营的安全性,进一步可增强寿险精算中数据运用的安全性与准确性,提高寿险精算和经营的稳定性以及其与其他行业的联动性,进一步提升寿险及精算的系统安全和稳健性。

### 15.4.2 区块链在寿险精算中的应用

(1)在寿险产品开发与交易中的应用

区块链具有分布式核算与存储的特征,使得任意节点的权利和义务都是相等的。区块链可使寿险产品的开发和定价更加精准,有助于寿险产品进一步扩大市场。此外,区块链还有助于保险"脱媒",降低保险中介费用,促进直接交易。

(2)在客户信息安全与履约中的应用

区块链采用公钥和私钥的设置,除了交易主体的私有信息被加密以外,所有人都可以通过公开的接口查询区块链上的数据和开发相关运用,其系统信息公开透明。区块链用户尽管能够获得其他人的交易内容,但对不属于自己的交易记录无法了解交易者的真实身份。区块链技术保证每个人只能对自己的数据进行修改,能改善目前互联网保险对用户数据以及隐私保护不力的混乱局面,更好地保护投保人的隐私和安全。为了保护用户的隐私,保险合同的内容是受限访问的,个人合同只有当事人才能查看,并且密钥在当事人手中,合同的调阅、查询、修改等信息都会在区块中发生并记录,而保险合同完全通过智能合约自动履行。这在很大程度上保护了投保人的隐私。

比如:MedRec 是一个来自 MIT 的团队所做的去中心化的医疗数据账本管理系统。他们的系统逻辑就是将医疗记录加密之后,让医疗服务商凭客户提供的授权码读写医疗数据,并用区块链记录下所有医疗记录的上链时间和上链记录者。这样的设计,相比于直接将医疗数据记录在区块链账本上,更能保护用户的隐私。虽然 MedRec 目前还只是一个处于概念验证阶段的产品,但是它为保险行业提供了如何用区块链技术提高医疗数据管理效率的思路。

(3)在道德风险和逆向选择上的应用

保险业或保险公司的复杂流程造成了业务参与方之间的信息缺口,而这些信息缺口有时就成为不法分子进行欺诈骗保的套利武器。有时,一笔理赔业务的流程会持续很长时间,这为不法分子利用同一起事故向多家保险公司进行反复理赔创造了机会。综观全球保险行业,保险欺诈案件每年给整个行业带来的损失高达数百亿美元。保险公司被欺诈所导致的损失将会最终由投保人买单,导致家庭的户均保费支出上升。

区块链技术可以减少信息不对称,帮助寿险精算更好地识别、判断和预防风险,尤其有助于更加有效地处理保险人和投保人或被保险人间存在的道德风险和逆向选择问题。另外,区块链网络将所有的交易账本实时广播、实时分发到每个客户端中,所有人都能获悉交易内容。这提升了保险消费者的信任度,突破了互联网保险发展对信任的刚性约束,解决了制约保险需求的信任问题。此外,区块链有助于减少保险公司交易信息丢失的风险,实现更加有效的精准营销。

(4)在寿险风控与经营稳定方面的应用

在区块链中,代码即法律,其通过"脚本"的引入实现无须人为干预的自动执行程序。区块链采用基于协商一致的规范和协议,使整个系统中的所有节点能够在信任的环境中自由安全地交换数据,有利于保险公司降低人工成本,提高保险智能化程度,以及开发更多触发型赔付的保险产品。

由于区块链具有的不可篡改性,保险公司可以通过它来确保账本系统、资金和信息的安全,建立区块链的总账系统,提高财务的安全性和稳定性。此外,一旦数据经过验证并添加到区块链上,将会被永久地存储起来。区块链固有的时间戳功能可以记录创建时间,因此信息的改动需要控制住系统超过51%的节点,这将使得在开放系统下做故意或人为改动的难度非常大,而且几乎不太可能。可见,区块链用于寿险及精算领域,可以提高保险公司的内部风控能力,增强业务经营、财务和精算的联动和稳定性。

## 15.5 现代科技在寿险精算应用中的伦理问题



近年来,在现代科技迅猛发展和不断创新的同时,也伴生了如数据泄露、算法控制、人工智能误用等复杂多样的伦理问题,以及值得关注和化解的潜在风险。寿险精算是科学也是艺术,更是一门有制度约束和边界条件的技术。精算科技是结合了环境场景和理论科技而发展创造的一门现代科技与工具,并将在长期实践发展中不断地迭代优化与发展。数据科技作为科技与工具是"死"的、"静态"的,只有被精算师或精算人员使用时,它才焕发出"活"性和"动态"。在寿险精算与大数据、人工智能、云计算、区块链等的结合以及互为联动中,寿险精算借助现代科技的应用存在如何运用、怎么运用、为谁运用等基本价值观和伦理考量。因此,寿险精算师或精算人员在寿险精算与现代科技结合并运用时,要秉持以人为本、精算为基、科技为器的理念,遵循寿险业的发展趋势、寿险精算的基本逻辑,合理地进行融合与创新。除前面每节提到的值得注意的伦理问题外,在此,进一步强调现代科技在寿险精算应用中的几个认识和伦理问题。

第一,不应盲目地迷恋数据,不加批判地使用。大数据不是无所不能,只有正确、高质量、与业务场景相匹配的数据信息,才能实现预期目标,产生业务价值。

第二,绝不是数据越多,信息量越大,得到的分析结论就越正确。对大数据、人工智能的应用,随着数据维度的大幅提升,更加需要精算师去权衡和优化信息维度,降低冗余信息的干扰。绝不能盲目地追求模型的复杂性与大算力,要考虑价值链条上的各相关环节，基于精算原理统筹不同模型和业务的规则，构建完整的逻辑闭环，从而保证其应用不偏离业务本质。

第三，不是现代科技在寿险精算领域的可应用，就否认寿险精算的价值，甚至认为现代科技可以取代或替代寿险精算。不可否认，现代科技给寿险精算带来了巨大的挑战，但寿险精算可以借助现代科技得到升华，形成更强大的体系。现代科技在寿险领域的应用需要一定的逆向思维和反向推演，以确保其符合行业的正向价值、监管的规定以及伦理道德。在通过新科技开展数据分析后，有关人员必须通过大量、多维度的反向计量，对各类算法的约束量进行有效检验，从而遵循精算的普遍原理与原则，验证分析结果的科学性和合理性；同时，还要结合寿险业务的实际情况开展相关分析，以确保应用结果的科学性、合理性和可用性。

第四，现代科技与寿险精算的融合应用，不应利用新技术工具去侵犯或损害消费者的利益。在纷繁复杂、高深莫测、不断迭代的现代科技和精算领域，需充分重视数据安全，合理确定数据收集和使用的隐私边界及限度，采取有效措施确保数据资源安全共享，严防数据误用、滥用，加强数据来源管理，保证数据使用依法合规。同时，要尽力避免简单盲目地追求和炫耀“新技术”，相反需要积极并慎重地应用现代科技，尤其是涉及长期性业务的寿险和寿险精算领域。

寿险精算与现代科技的融合，促进了寿险精算的新建构和发展，是新领域和重大课题，需要不断的实践探索和深入的理论研究。

# 参考答案

## 习题 2

2 - 1　(1) 对;(2) 错;(3) 错

2 - 3　①1 092. 73;②1 196. 68;③1 128. 18

2 - 4　0. 058 216

2 - 5　1 038. 830 164

2 - 6　$i > i^{(m)} > \delta(-1 < u \neq 0, m > 1)$

2 - 7　20. 4%

2 - 8　0. 114 074;0. 102 393

2 - 9　0. 060 9;0. 059 557;0. 058 252;0. 059 118

2 - 10　(1)7. 18%;(2)14. 21 年

2 - 11　1 385. 564 4

2 - 12　71. 94 元

2 - 13　12

2 - 14　0. 709 411

2 - 15　0. 037 558

## 习题 3

3 - 1　1 888. 96

3 - 2　4 354. 92

3 - 3　(1)917 276. 11 (2)924 083. 85 (3)953 586. 36

3 - 4　3 696. 88

3 - 5　54

3 - 6　91 654. 64

3 - 7　11 466. 13

3 - 8　(1) 正确(2) 错误,正确的式子为:$\ddot{s}_{\overline{n}|}^{(m)} = s_{\overline{n+\frac{1}{m}}|}^{(m)} - \frac{1}{m}$(3) 正确(4) 正确

3 - 9　269 319.58

3 - 10　38 849.81

3 - 11　161 504.93

3 - 12　179 259.89

3 - 13　261 854.41;19 827.26

3 - 14　15 716.87

3 - 15　172 586.05

## 习题 4

4 - 1　0.875;0.125;0.125

4 - 2　0.707 107;0.014 713;0.978 337;0.007 813

4 - 3　(2)、(3)、(5)

4 - 4　0.59

4 - 5　0.1

4 - 7　(1)90; (2)91; (3)0.2; (4)0.29

4 - 8　(1)0.008 409;(2)0.008 427;(3)0.008 445

4 - 11　0.002 990

4 - 12　20

4 - 13　36.35

4 - 14　0.059

4 - 15　$\frac{a}{\omega - x}$;$\frac{\omega - x}{a + 1}$

## 习题 5

5 - 1　(1) 错误;(2) 正确;(3) 错误;(4) 正确

5 - 2　0.04

5 - 3　0.982 2

5 - 4　147 210.64

5 - 5　(1)88 370.66; (2)10 059.24

5 - 6　(1)175 700.70; (2)168 715.62

5－7 $500 \cdot \frac{S_x - 3S_{x+10} + 2S_{x+14}}{D_x} - 500$

5－8 (1)10;(2)0.54

5－9 7.159 252;7.334 686;7.633 041;7.393 761

5－10 85 230.53

5－11 1.198 6

5－12 8.706 688;8.790 057;8.934 083

5－13 1 082.25

5－14 42 218.94

5－15 12 000

## 习题 6

6－1 (1)错误,$A_{x:\overline{n}|} = v\ddot{a}_{x:\overline{n}|} - a_{x:\overline{n-1}|}$;(2)错误,$A_x = v + (v-1)a_x$;
(3)错误,$A_{x:\overline{n}|} = 1 - d\ddot{a}_{x:\overline{n}|}$;(4)错误,$(IA)_x = v(I\ddot{a})_x - (Ia)_x$;(5)正确。

6－2 4.76%

6－3 3 073.31

6－4 1 053 663.76

6－5 30 942.60

6－6 0.830 7

6－7 0.05

6－8 15 358.98

6－9 $\frac{R_{50} + 2R_{51} - 7R_{56} + 4R_{59}}{D_{50}}$ 万元

6－10 0.277 086

6－12 $\bar{A}_x > A_x^{(m)} > A_x$ ($i > 0$ 且 $m > 1$)

6－13 0.206 619,0.069 444

## 习题 7

7－3 94.85

7－4 (1)0.016 35;(2)0.025

7－5 5.39 万元

7－6 56.84

7－7 489.08

7 - 8　7 909.49

7 - 9　(1)6.91;(2)7.12

7 - 10　258.04

7 - 11　0.026 455

7 - 12　0.014

7 - 13　1 887.63;1 909.62

7 - 14　8 416.90

7 - 15　12.77

## 习题 8

8 - 1　73 599.9、177 075.09、200 000

8 - 2　2 490.958、4 800.092、4 800.584、4 800.629

8 - 3　0.085 1

8 - 4　${}_{10\frac{1}{3}}V^{\{2\}} = \frac{2}{3}\,{}_{10}V^{\{2\}} + \frac{1}{3}\,{}_{11}V^{\{2\}} + \frac{1}{6}P^{\{2\}}$

8 - 5　0.347 864

8 - 7　0.2;0.25

8 - 8　0.25

8 - 9　17 199.325

8 - 10　0.02

8 - 11　1 070.85

8 - 12　0.929 万元

8 - 13　$\frac{1}{3}$

8 - 14　0.26

8 - 15　0.027 4

## 习题 9

9 - 1　$a = 1\ 300 \quad c = 200 + 100d$

9 - 2　2 077.85

9 - 3　$e = \frac{100 + 50\ddot{a}_{30:\overline{30}|}}{\ddot{a}_{30:\overline{30}|} - 5\%\ddot{a}_{30:\overline{10}|} - 25\%}$

9 - 4　$G = 1.05\frac{5\ 000M_{40} + 3(N_{40} - N_{50})}{(N_{40} - N_{50}) - 1.05(R_{40} - R_{50})}$

9－5　2 856.040 元

9－6　1 464.46 元

9－7　6 115.644 元

9－8　$a = 1 + e_0 + e_2 + e_3 \quad c = e_1 + e_0 d$

9－9　$G = 332.35$ 元；责任准备金：0 元、218.41 元、559.16 元。

9－10　$R(\sqrt{200}) = \dfrac{35 + 12/\sqrt{200}}{1 - 0.25} = 47.798$

9－11　116.35 元

9－12　1.921 万元；0.027 万元

## 习题 10

10－2　$\beta^{com} = P_{30:\overline{20|}} + \dfrac{{}_{19}P_{31} - A^{1}_{30:\overline{1|}}}{\ddot{a}_{30:\overline{20|}}}$，$10\,000\left[\dfrac{M_{35} - M_{50} + D_{50}}{D_{35}} - \beta^{com}\dfrac{N_{35} - N_{50}}{D_{35}}\right]$

10－4　${}_{5}CV = 10\,000A^{1}_{40:\overline{5|}} - 10\,000P^{1}_{35:\overline{10|}}\ddot{a}_{40:\overline{5|}} - 100$

10－5　681.82 元

10－6　19 205

10－7　1 959.223

10－8　583.22

10－9　(1) $E = \dfrac{({}_{10}CV - L) - (1 - L)\bar{A}^{1}_{40:\overline{10|}}}{{}_{10}E_{40}}$；(2) $(1 - L)\bar{A}^{1}_{45:\overline{5|}} + E \times {}_{5}E_{45}$

10－11　108.39 元；1 438.9 元；21 225.62 元

10－12　59 917.00 元；58 046.07 元

## 习题 11

11－1　0.12

11－2　0.071 916、0.143 833、0.287 666、0.503 415

11－3　0.095 163、0.181 269、0.329 680

11－4　0.090 9

11－5　7 500

11－6　0.133

11－7　0.076 75

11－8　0.936、0.024 5

11－9　40 809.67

11 - 10　1

11 - 11　$\frac{S}{6}$

11 - 12　0. 664 5

## 习题 12

12 - 3　否

12 - 4　0. 851 2,0. 966 7,18. 06

12 - 5　是

12 - 6　0. 2

12 - 7　0. 12

12 - 8　0. 010 4

12 - 9　12. 4

12 - 10　0. 586 7,0. 317 7

12 - 11　0. 165 500

12 - 12　0. 621 202



## 习题 13

13 - 8　$y = 10\ 000$;

13 - 9　${}_1AS = 4\ 241.71$;

13 - 10　49. 29;0; - 96. 2;57. 58;87. 91

13 - 11　2 000 元

13 - 12　1 157. 67

## 习题 14

14 - 2　74 056. 06;83 245. 62

14 - 3　$\bar{a}_{\overline{25}|} - \bar{a}_{40:\overline{15}|} - \delta \bar{a}_{\overline{10}|}\ {}_{15|}\bar{a}_{40:\overline{10}|} + {}_{35|}\bar{a}_{40}$;6. 424 093

14 - 4　440. 54

14 - 5　12. 15

14 - 6　107. 36 万元

# 附录

## 附录 1　常见利息率的复利函数表

$i=2\%$

| $n$ | $v^n$ | $(1+i)^n$ | $a_{\overline{n}\rceil}$ | $s_{\overline{n}\rceil}$ | $1/s_{\overline{n}\rceil}$ |
|---|---|---|---|---|---|
| 1 | 0. 980 392 | 1. 020 000 | 0. 980 392 | 1. 000 000 | 1. 000 000 |
| 2 | 0. 961 169 | 1. 040 400 | 1. 941 561 | 2. 020 000 | 0. 495 050 |
| 3 | 0. 942 322 | 1. 061 208 | 2. 883 883 | 3. 060 400 | 0. 326 755 |
| 4 | 0. 923 845 | 1. 082 432 | 3. 807 729 | 4. 121 608 | 0. 242 624 |
| 5 | 0. 905 731 | 1. 104 081 | 4. 713 460 | 5. 204 040 | 0. 192 158 |
| 6 | 0. 887 971 | 1. 126 162 | 5. 601 431 | 6. 308 121 | 0. 158 526 |
| 7 | 0. 870 560 | 1. 148 686 | 6. 471 991 | 7. 434 283 | 0. 134 512 |
| 8 | 0. 853 490 | 1. 171 659 | 7. 325 481 | 8. 582 969 | 0. 116 510 |
| 9 | 0. 836 755 | 1. 195 093 | 8. 162 237 | 9. 754 628 | 0. 102 515 |
| 10 | 0. 820 348 | 1. 218 994 | 8. 982 585 | 10. 949 721 | 0. 091 327 |
| 11 | 0. 804 263 | 1. 243 374 | 9. 786 848 | 12. 168 715 | 0. 082 178 |
| 12 | 0. 788 493 | 1. 268 242 | 10. 575 341 | 13. 412 090 | 0. 074 560 |
| 13 | 0. 773 033 | 1. 293 607 | 11. 348 374 | 14. 680 332 | 0. 068 118 |
| 14 | 0. 757 875 | 1. 319 479 | 12. 106 249 | 15. 973 938 | 0. 062 602 |
| 15 | 0. 743 015 | 1. 345 868 | 12. 849 264 | 17. 293 417 | 0. 057 825 |
| 16 | 0. 728 446 | 1. 372 786 | 13. 577 709 | 18. 639 285 | 0. 053 650 |
| 17 | 0. 714 163 | 1. 400 241 | 14. 291 872 | 20. 012 071 | 0. 049 970 |
| 18 | 0. 700 159 | 1. 428 246 | 14. 992 031 | 21. 412 312 | 0. 046 702 |
| 19 | 0. 686 431 | 1. 456 811 | 15. 678 462 | 22. 840 559 | 0. 043 782 |
| 20 | 0. 672 971 | 1. 485 947 | 16. 351 433 | 24. 297 370 | 0. 041 157 |
| 21 | 0. 659 776 | 1. 515 666 | 17. 011 209 | 25. 783 317 | 0. 038 785 |
| 22 | 0. 646 839 | 1. 545 980 | 17. 658 048 | 27. 298 984 | 0. 036 631 |
| 23 | 0. 634 156 | 1. 576 899 | 18. 292 204 | 28. 844 963 | 0. 034 668 |
| 24 | 0. 621 721 | 1. 608 437 | 18. 913 926 | 30. 421 862 | 0. 032 871 |
| 25 | 0. 609 531 | 1. 640 606 | 19. 523 456 | 32. 030 300 | 0. 031 220 |

$i=2\%$ 附录1(续1)

| $n$ | $v^n$ | $(1+i)^n$ | $a_{\overline{n}\rceil}$ | $s_{\overline{n}\rceil}$ | $1/s_{\overline{n}\rceil}$ |
|---|---|---|---|---|---|
| 26 | 0. 597 579 | 1. 673 418 | 20. 121 036 | 33. 670 906 | 0. 029 699 |
| 27 | 0. 585 862 | 1. 706 886 | 20. 706 898 | 35. 344 324 | 0. 028 293 |
| 28 | 0. 574 375 | 1. 741 024 | 21. 281 272 | 37. 051 210 | 0. 026 990 |
| 29 | 0. 563 112 | 1. 775 845 | 21. 844 385 | 38. 792 235 | 0. 025 778 |
| 30 | 0. 552 071 | 1. 811 362 | 22. 396 456 | 40. 568 079 | 0. 024 650 |
| 31 | 0. 541 246 | 1. 847 589 | 22. 937 702 | 42. 379 441 | 0. 023 596 |
| 32 | 0. 530 633 | 1. 884 541 | 23. 468 335 | 44. 227 030 | 0. 022 611 |
| 33 | 0. 520 229 | 1. 922 231 | 23. 988 564 | 46. 111 570 | 0. 021 687 |
| 34 | 0. 510 028 | 1. 960 676 | 24. 498 592 | 48. 033 802 | 0. 020 819 |
| 35 | 0. 500 028 | 1. 999 890 | 24. 998 619 | 49. 994 478 | 0. 020 002 |
| 36 | 0. 490 223 | 2. 039 887 | 25. 488 842 | 51. 994 367 | 0. 019 233 |
| 37 | 0. 480 611 | 2. 080 685 | 25. 969 453 | 54. 034 255 | 0. 018 507 |
| 38 | 0. 471 187 | 2. 122 299 | 26. 440 641 | 56. 114 940 | 0. 017 821 |
| 39 | 0. 461 948 | 2. 164 745 | 26. 902 589 | 58. 237 238 | 0. 017 171 |
| 40 | 0. 452 890 | 2. 208 040 | 27. 355 479 | 60. 401 983 | 0. 016 556 |
| 41 | 0. 444 010 | 2. 252 200 | 27. 799 489 | 62. 610 023 | 0. 015 972 |
| 42 | 0. 435 304 | 2. 297 244 | 28. 234 794 | 64. 862 223 | 0. 015 417 |
| 43 | 0. 426 769 | 2. 343 189 | 28. 661 562 | 67. 159 468 | 0. 014 890 |
| 44 | 0. 418 401 | 2. 390 053 | 29. 079 963 | 69. 502 657 | 0. 014 388 |
| 45 | 0. 410 197 | 2. 437 854 | 29. 490 160 | 71. 892 710 | 0. 013 910 |
| 46 | 0. 402 154 | 2. 486 611 | 29. 892 314 | 74. 330 564 | 0. 013 453 |
| 47 | 0. 394 268 | 2. 536 344 | 30. 286 582 | 76. 817 176 | 0. 013 018 |
| 48 | 0. 386 538 | 2. 587 070 | 30. 673 120 | 79. 353 519 | 0. 012 602 |
| 49 | 0. 378 958 | 2. 638 812 | 31. 052 078 | 81. 940 590 | 0. 012 204 |
| 50 | 0. 371 528 | 2. 691 588 | 31. 423 606 | 84. 579 401 | 0. 011 823 |

$i=3\%$

附录1(续2)

| $n$ | $v^n$ | $(1+i)^n$ | $a_{\overline{n}\rceil}$ | $s_{\overline{n}\rceil}$ | $1/s_{\overline{n}\rceil}$ |
|---|---|---|---|---|---|
| 1 | 0. 970 874 | 1. 030 000 | 0. 970 874 | 1. 000 000 | 1. 000 000 |
| 2 | 0. 942 596 | 1. 060 900 | 1. 913 470 | 2. 030 000 | 0. 492 611 |
| 3 | 0. 915 142 | 1. 092 727 | 2. 828 611 | 3. 090 900 | 0. 323 530 |
| 4 | 0. 888 487 | 1. 125 509 | 3. 717 098 | 4. 183 627 | 0. 239 027 |
| 5 | 0. 862 609 | 1. 159 274 | 4. 579 707 | 5. 309 136 | 0. 188 355 |
| 6 | 0. 837 484 | 1. 194 052 | 5. 417 191 | 6. 468 410 | 0. 154 598 |
| 7 | 0. 813 092 | 1. 229 874 | 6. 230 283 | 7. 662 462 | 0. 130 506 |
| 8 | 0. 789 409 | 1. 266 770 | 7. 019 692 | 8. 892 336 | 0. 112 456 |
| 9 | 0. 766 417 | 1. 304 773 | 7. 786 109 | 10. 159 106 | 0. 098 434 |
| 10 | 0. 744 094 | 1. 343 916 | 8. 530 203 | 11. 463 879 | 0. 087 231 |
| 11 | 0. 722 421 | 1. 384 234 | 9. 252 624 | 12. 807 796 | 0. 078 077 |
| 12 | 0. 701 380 | 1. 425 761 | 9. 954 004 | 14. 192 030 | 0. 070 462 |
| 13 | 0. 680 951 | 1. 468 534 | 10. 634 955 | 15. 617 790 | 0. 064 030 |
| 14 | 0. 661 118 | 1. 512 590 | 11. 296 073 | 17. 086 324 | 0. 058 526 |
| 15 | 0. 641 862 | 1. 557 967 | 11. 937 935 | 18. 598 914 | 0. 053 767 |
| 16 | 0. 623 167 | 1. 604 706 | 12. 561 102 | 20. 156 881 | 0. 049 611 |
| 17 | 0. 605 016 | 1. 652 848 | 13. 166 118 | 21. 761 588 | 0. 045 953 |
| 18 | 0. 587 395 | 1. 702 433 | 13. 753 513 | 23. 414 435 | 0. 042 709 |
| 19 | 0. 570 286 | 1. 753 506 | 14. 323 799 | 25. 116 868 | 0. 039 814 |
| 20 | 0. 553 676 | 1. 806 111 | 14. 877 475 | 26. 870 374 | 0. 037 216 |
| 21 | 0. 537 549 | 1. 860 295 | 15. 415 024 | 28. 676 486 | 0. 034 872 |
| 22 | 0. 521 893 | 1. 916 103 | 15. 936 917 | 30. 536 780 | 0. 032 747 |
| 23 | 0. 506 692 | 1. 973 587 | 16. 443 608 | 32. 452 884 | 0. 030 814 |
| 24 | 0. 491 934 | 2. 032 794 | 16. 935 542 | 34. 426 470 | 0. 029 047 |
| 25 | 0. 477 606 | 2. 093 778 | 17. 413 148 | 36. 459 264 | 0. 027 428 |

$i=3\%$

附录 1(续 3)

| $n$ | $v^n$ | $(1+i)^n$ | $a_{\overline{n}\mid}$ | $s_{\overline{n}\mid}$ | $1/s_{\overline{n}\mid}$ |
|---|---|---|---|---|---|
| 26 | 0. 463 695 | 2. 156 591 | 17. 876 842 | 38. 553 042 | 0. 025 938 |
| 27 | 0. 450 189 | 2. 221 289 | 18. 327 031 | 40. 709 634 | 0. 024 564 |
| 28 | 0. 437 077 | 2. 287 928 | 18. 764 108 | 42. 930 923 | 0. 023 293 |
| 29 | 0. 424 346 | 2. 356 566 | 19. 188 455 | 45. 218 850 | 0. 022 115 |
| 30 | 0. 411 987 | 2. 427 262 | 19. 600 441 | 47. 575 416 | 0. 021 019 |
| 31 | 0. 399 987 | 2. 500 080 | 20. 000 428 | 50. 002 678 | 0. 019 999 |
| 32 | 0. 388 337 | 2. 575 083 | 20. 388 766 | 52. 502 759 | 0. 019 047 |
| 33 | 0. 377 026 | 2. 652 335 | 20. 765 792 | 55. 077 841 | 0. 018 156 |
| 34 | 0. 366 045 | 2. 731 905 | 21. 131 837 | 57. 730 177 | 0. 017 322 |
| 35 | 0. 355 383 | 2. 813 862 | 21. 487 220 | 60. 462 082 | 0. 016 539 |
| 36 | 0. 345 032 | 2. 898 278 | 21. 832 252 | 63. 275 944 | 0. 015 804 |
| 37 | 0. 334 983 | 2. 985 227 | 22. 167 235 | 66. 174 223 | 0. 015 112 |
| 38 | 0. 325 226 | 3. 074 783 | 22. 492 462 | 69. 159 449 | 0. 014 459 |
| 39 | 0. 315 754 | 3. 167 027 | 22. 808 215 | 72. 234 233 | 0. 013 844 |
| 40 | 0. 306 557 | 3. 262 038 | 23. 114 772 | 75. 401 260 | 0. 013 262 |
| 41 | 0. 297 628 | 3. 359 899 | 23. 412 400 | 78. 663 298 | 0. 012 712 |
| 42 | 0. 288 959 | 3. 460 696 | 23. 701 359 | 82. 023 196 | 0. 012 192 |
| 43 | 0. 280 543 | 3. 564 517 | 23. 981 902 | 85. 483 892 | 0. 011 698 |
| 44 | 0. 272 372 | 3. 671 452 | 24. 254 274 | 89. 048 409 | 0. 011 230 |
| 45 | 0. 264 439 | 3. 781 596 | 24. 518 713 | 92. 719 861 | 0. 010 785 |
| 46 | 0. 256 737 | 3. 895 044 | 24. 775 449 | 96. 501 457 | 0. 010 363 |
| 47 | 0. 249 259 | 4. 011 895 | 25. 024 708 | 100. 396 501 | 0. 009 961 |
| 48 | 0. 241 999 | 4. 132 252 | 25. 266 707 | 104. 408 396 | 0. 009 578 |
| 49 | 0. 234 950 | 4. 256 219 | 25. 501 657 | 108. 540 648 | 0. 009 213 |
| 50 | 0. 228 107 | 4. 383 906 | 25. 729 764 | 112. 796 867 | 0. 008 865 |

$i=4\%$

附录 1(续 4)

| $n$ | $v^n$ | $(1+i)^n$ | $a_{\overline{n}\rceil}$ | $s_{\overline{n}\rceil}$ | $1/s_{\overline{n}\rceil}$ |
|---|---|---|---|---|---|
| 1 | 0. 961 538 | 1. 040 000 | 0. 961 538 | 1. 000 000 | 1. 000 000 |
| 2 | 0. 924 556 | 1. 081 600 | 1. 886 095 | 2. 040 000 | 0. 490 196 |
| 3 | 0. 888 996 | 1. 124 864 | 2. 775 091 | 3. 121 600 | 0. 320 349 |
| 4 | 0. 854 804 | 1. 169 859 | 3. 629 895 | 4. 246 464 | 0. 235 490 |
| 5 | 0. 821 927 | 1. 216 653 | 4. 451 822 | 5. 416 323 | 0. 184 627 |
| 6 | 0. 790 315 | 1. 265 319 | 5. 242 137 | 6. 632 975 | 0. 150 762 |
| 7 | 0. 759 918 | 1. 315 932 | 6. 002 055 | 7. 898 294 | 0. 126 610 |
| 8 | 0. 730 690 | 1. 368 569 | 6. 732 745 | 9. 214 226 | 0. 108 528 |
| 9 | 0. 702 587 | 1. 423 312 | 7. 435 332 | 10. 582 795 | 0. 094 493 |
| 10 | 0. 675 564 | 1. 480 244 | 8. 110 896 | 12. 006 107 | 0. 083 291 |
| 11 | 0. 649 581 | 1. 539 454 | 8. 760 477 | 13. 486 351 | 0. 074 149 |
| 12 | 0. 624 597 | 1. 601 032 | 9. 385 074 | 15. 025 805 | 0. 066 552 |
| 13 | 0. 600 574 | 1. 665 074 | 9. 985 648 | 16. 626 838 | 0. 060 144 |
| 14 | 0. 577 475 | 1. 731 676 | 10. 563 123 | 18. 291 911 | 0. 054 669 |
| 15 | 0. 555 265 | 1. 800 944 | 11. 118 387 | 20. 023 588 | 0. 049 941 |
| 16 | 0. 533 908 | 1. 872 981 | 11. 652 296 | 21. 824 531 | 0. 045 820 |
| 17 | 0. 513 373 | 1. 947 900 | 12. 165 669 | 23. 697 512 | 0. 042 199 |
| 18 | 0. 493 628 | 2. 025 817 | 12. 659 297 | 25. 645 413 | 0. 038 993 |
| 19 | 0. 474 642 | 2. 106 849 | 13. 133 939 | 27. 671 229 | 0. 036 139 |
| 20 | 0. 456 387 | 2. 191 123 | 13. 590 326 | 29. 778 079 | 0. 033 582 |
| 21 | 0. 438 834 | 2. 278 768 | 14. 029 160 | 31. 969 202 | 0. 031 280 |
| 22 | 0. 421 955 | 2. 369 919 | 14. 451 115 | 34. 247 970 | 0. 029 199 |
| 23 | 0. 405 726 | 2. 464 716 | 14. 856 842 | 36. 617 889 | 0. 027 309 |
| 24 | 0. 390 121 | 2. 563 304 | 15. 246 963 | 39. 082 604 | 0. 025 587 |
| 25 | 0. 375 117 | 2. 665 836 | 15. 622 080 | 41. 645 908 | 0. 024 012 |

$i=4\%$

| $n$ | $v^n$ | $(1+i)^n$ | $a_{\overline{n}\rvert}$ | $s_{\overline{n}\rvert}$ | $1/s_{\overline{n}\rvert}$ |
|---|---|---|---|---|---|
| 26 | 0. 360 689 | 2. 772 470 | 15. 982 769 | 44. 311 745 | 0. 022 567 |
| 27 | 0. 346 817 | 2. 883 369 | 16. 329 586 | 47. 084 214 | 0. 021 239 |
| 28 | 0. 333 477 | 2. 998 703 | 16. 663 063 | 49. 967 583 | 0. 020 013 |
| 29 | 0. 320 651 | 3. 118 651 | 16. 983 715 | 52. 966 286 | 0. 018 880 |
| 30 | 0. 308 319 | 3. 243 398 | 17. 292 033 | 56. 084 938 | 0. 017 830 |
| 31 | 0. 296 460 | 3. 373 133 | 17. 588 494 | 59. 328 335 | 0. 016 855 |
| 32 | 0. 285 058 | 3. 508 059 | 17. 873 551 | 62. 701 469 | 0. 015 949 |
| 33 | 0. 274 094 | 3. 648 381 | 18. 147 646 | 66. 209 527 | 0. 015 104 |
| 34 | 0. 263 552 | 3. 794 316 | 18. 411 198 | 69. 857 909 | 0. 014 315 |
| 35 | 0. 253 415 | 3. 946 089 | 18. 664 613 | 73. 652 225 | 0. 013 577 |
| 36 | 0. 243 669 | 4. 103 933 | 18. 908 282 | 77. 598 314 | 0. 012 887 |
| 37 | 0. 234 297 | 4. 268 090 | 19. 142 579 | 81. 702 246 | 0. 012 240 |
| 38 | 0. 225 285 | 4. 438 813 | 19. 367 864 | 85. 970 336 | 0. 011 632 |
| 39 | 0. 216 621 | 4. 616 366 | 19. 584 485 | 90. 409 150 | 0. 011 061 |
| 40 | 0. 208 289 | 4. 801 021 | 19. 792 774 | 95. 025 516 | 0. 010 523 |
| 41 | 0. 200 278 | 4. 993 061 | 19. 993 052 | 99. 826 536 | 0. 010 017 |
| 42 | 0. 192 575 | 5. 192 784 | 20. 185 627 | 104. 819 598 | 0. 009 540 |
| 43 | 0. 185 168 | 5. 400 495 | 20. 370 795 | 110. 012 382 | 0. 009 090 |
| 44 | 0. 178 046 | 5. 616 515 | 20. 548 841 | 115. 412 877 | 0. 008 665 |
| 45 | 0. 171 198 | 5. 841 176 | 20. 720 040 | 121. 029 392 | 0. 008 262 |
| 46 | 0. 164 614 | 6. 074 823 | 20. 884 654 | 126. 870 568 | 0. 007 882 |
| 47 | 0. 158 283 | 6. 317 816 | 21. 042 936 | 132. 945 390 | 0. 007 522 |
| 48 | 0. 152 195 | 6. 570 528 | 21. 195 131 | 139. 263 206 | 0. 007 181 |
| 49 | 0. 146 341 | 6. 833 349 | 21. 341 472 | 145. 833 734 | 0. 006 857 |
| 50 | 0. 140 713 | 7. 106 683 | 21. 482 185 | 152. 667 084 | 0. 006 550 |

$i=5\%$

附录 1(续 6)

| $n$ | $v^n$ | $(1+i)^n$ | $a_{\overline{n}\rceil}$ | $s_{\overline{n}\rceil}$ | $1/s_{\overline{n}\rceil}$ |
|---|---|---|---|---|---|
| 1 | 0. 952 381 | 1. 050 000 | 0. 952 381 | 1. 000 000 | 1. 000 000 |
| 2 | 0. 907 029 | 1. 102 500 | 1. 859 410 | 2. 050 000 | 0. 487 805 |
| 3 | 0. 863 838 | 1. 157 625 | 2. 723 248 | 3. 152 500 | 0. 317 209 |
| 4 | 0. 822 702 | 1. 215 506 | 3. 545 951 | 4. 310 125 | 0. 232 012 |
| 5 | 0. 783 526 | 1. 276 282 | 4. 329 477 | 5. 525 631 | 0. 180 975 |
| 6 | 0. 746 215 | 1. 340 096 | 5. 075 692 | 6. 801 913 | 0. 147 017 |
| 7 | 0. 710 681 | 1. 407 100 | 5. 786 373 | 8. 142 008 | 0. 122 820 |
| 8 | 0. 676 839 | 1. 477 455 | 6. 463 213 | 9. 549 109 | 0. 104 722 |
| 9 | 0. 644 609 | 1. 551 328 | 7. 107 822 | 11. 026 564 | 0. 090 690 |
| 10 | 0. 613 913 | 1. 628 895 | 7. 721 735 | 12. 577 893 | 0. 079 505 |
| 11 | 0. 584 679 | 1. 710 339 | 8. 306 414 | 14. 206 787 | 0. 070 389 |
| 12 | 0. 556 837 | 1. 795 856 | 8. 863 252 | 15. 917 127 | 0. 062 825 |
| 13 | 0. 530 321 | 1. 885 649 | 9. 393 573 | 17. 712 983 | 0. 056 456 |
| 14 | 0. 505 068 | 1. 979 932 | 9. 898 641 | 19. 598 632 | 0. 051 024 |
| 15 | 0. 481 017 | 2. 078 928 | 10. 379 658 | 21. 578 564 | 0. 046 342 |
| 16 | 0. 458 112 | 2. 182 875 | 10. 837 770 | 23. 657 492 | 0. 042 270 |
| 17 | 0. 436 297 | 2. 292 018 | 11. 274 066 | 25. 840 366 | 0. 038 699 |
| 18 | 0. 415 521 | 2. 406 619 | 11. 689 587 | 28. 132 385 | 0. 035 546 |
| 19 | 0. 395 734 | 2. 526 950 | 12. 085 321 | 30. 539 004 | 0. 032 745 |
| 20 | 0. 376 889 | 2. 653 298 | 12. 462 210 | 33. 065 954 | 0. 030 243 |
| 21 | 0. 358 942 | 2. 785 963 | 12. 821 153 | 35. 719 252 | 0. 027 996 |
| 22 | 0. 341 850 | 2. 925 261 | 13. 163 003 | 38. 505 214 | 0. 025 971 |
| 23 | 0. 325 571 | 3. 071 524 | 13. 488 574 | 41. 430 475 | 0. 024 137 |
| 24 | 0. 310 068 | 3. 225 100 | 13. 798 642 | 44. 501 999 | 0. 022 471 |
| 25 | 0. 295 303 | 3. 386 355 | 14. 093 945 | 47. 727 099 | 0. 020 952 |

| $n$ | $v^n$ | $(1+i)^n$ | $a_{\overline{n}\vert}$ | $s_{\overline{n}\vert}$ | $1/s_{\overline{n}\vert}$ |
|---|---|---|---|---|---|
| 26 | 0. 281 241 | 3. 555 673 | 14. 375 185 | 51. 113 454 | 0. 019 564 |
| 27 | 0. 267 848 | 3. 733 456 | 14. 643 034 | 54. 669 126 | 0. 018 292 |
| 28 | 0. 255 094 | 3. 920 129 | 14. 898 127 | 58. 402 583 | 0. 017 123 |
| 29 | 0. 242 946 | 4. 116 136 | 15. 141 074 | 62. 322 712 | 0. 016 046 |
| 30 | 0. 231 377 | 4. 321 942 | 15. 372 451 | 66. 438 848 | 0. 015 051 |
| 31 | 0. 220 359 | 4. 538 039 | 15. 592 811 | 70. 760 790 | 0. 014 132 |
| 32 | 0. 209 866 | 4. 764 941 | 15. 802 677 | 75. 298 829 | 0. 013 280 |
| 33 | 0. 199 873 | 5. 003 189 | 16. 002 549 | 80. 063 771 | 0. 012 490 |
| 34 | 0. 190 355 | 5. 253 348 | 16. 192 904 | 85. 066 959 | 0. 011 755 |
| 35 | 0. 181 290 | 5. 516 015 | 16. 374 194 | 90. 320 307 | 0. 011 072 |
| 36 | 0. 172 657 | 5. 791 816 | 16. 546 852 | 95. 836 323 | 0. 010 434 |
| 37 | 0. 164 436 | 6. 081 407 | 16. 711 287 | 101. 628 139 | 0. 009 840 |
| 38 | 0. 156 605 | 6. 385 477 | 16. 867 893 | 107. 709 546 | 0. 009 284 |
| 39 | 0. 149 148 | 6. 704 751 | 17. 017 041 | 114. 095 023 | 0. 008 765 |
| 40 | 0. 142 046 | 7. 039 989 | 17. 159 086 | 120. 799 774 | 0. 008 278 |
| 41 | 0. 135 282 | 7. 391 988 | 17. 294 368 | 127. 839 763 | 0. 007 822 |
| 42 | 0. 128 840 | 7. 761 588 | 17. 423 208 | 135. 231 751 | 0. 007 395 |
| 43 | 0. 122 704 | 8. 149 667 | 17. 545 912 | 142. 993 339 | 0. 006 993 |
| 44 | 0. 116 861 | 8. 557 150 | 17. 662 773 | 151. 143 006 | 0. 006 616 |
| 45 | 0. 111 297 | 8. 985 008 | 17. 774 070 | 159. 700 156 | 0. 006 262 |
| 46 | 0. 105 997 | 9. 434 258 | 17. 880 066 | 168. 685 164 | 0. 005 928 |
| 47 | 0. 100 949 | 9. 905 971 | 17. 981 016 | 178. 119 422 | 0. 005 614 |
| 48 | 0. 096 142 | 10. 401 270 | 18. 077 158 | 188. 025 393 | 0. 005 318 |
| 49 | 0. 091 564 | 10. 921 333 | 18. 168 722 | 198. 426 663 | 0. 005 040 |
| 50 | 0. 087 204 | 11. 467 400 | 18. 255 925 | 209. 347 996 | 0. 004 777 |

## 附录2 Anderson's $X_{18}$选择表3 $\frac{3}{4}$%（片断表）

| 签单年龄 | 保险年度 | | | | | | 到达年龄 |
|---|---|---|---|---|---|---|---|
| | 1 | 2 | 3 | 4 | 5 | 6～ | |
| 30 | 0.78 | 0.88 | 0.19 | 1.10 | 1.25 | 1.41 | 35 |
| 31 | 0.80 | 0.91 | 1.02 | 1.17 | 1.33 | 1.53 | 36 |
| 32 | 0.82 | 094 | 1.08 | 1.24 | 1.44 | 1.68 | 37 |
| 33 | 0.84 | 0.98 | 1.14 | 1.33 | 1.57 | 1.87 | 38 |
| 34 | 0.88 | 1.03 | 1.22 | 1.45 | 1.74 | 2.10 | 39 |
| 35 | 0.92 | 1.10 | 1.33 | 1.61 | 1.95 | 2.36 | 40 |
| 36 | 0.97 | 1.19 | 1.46 | 1.79 | 2.19 | 2.64 | 41 |
| 37 | 1.04 | 1.30 | 1.62 | 2.00 | 2.44 | 2.95 | 42 |
| 38 | 1.13 | 1.40 | 1.80 | 2.22 | 2.72 | 3.28 | 43 |
| 39 | 1.24 | 1.59 | 1.99 | 2.47 | 3.01 | 3.63 | 44 |
| 40 | 1.36 | 1.74 | 2.20 | 2.72 | 3.32 | 4.02 | 45 |
| 41 | 1.48 | 1.91 | 2.41 | 2.99 | 3.67 | 4.45 | 46 |
| 42 | 1.61 | 2.09 | 2.64 | 3.29 | 4.05 | 4.92 | 47 |
| 43 | 1.74 | 2.27 | 2.89 | 3.61 | 4.46 | 5.46 | 48 |
| 44 | 1.87 | 2.46 | 3.16 | 3.97 | 4.93 | 6.06 | 49 |

## 附录3 中国人身保险业经验生命表(2010—2013)

| 年龄 | 非养老类业务一表 | | 非养老类业务二表 | | 养老类业务表 | |
|---|---|---|---|---|---|---|
| | 男(CL1) | 女(CL2) | 男(CL3) | 女(CL4) | 男(CL5) | 女(CL6) |
| 0 | 0.000 867 | 0.000 620 | 0.000 620 | 0.000 455 | 0.000 566 | 0.000 453 |
| 1 | 0.000 615 | 0.000 456 | 0.000 465 | 0.000 324 | 0.000 386 | 0.000 289 |
| 2 | 0.000 445 | 0.000 337 | 0.000 353 | 0.000 236 | 0.000 268 | 0.000 184 |
| 3 | 0.000 339 | 0.000 256 | 0.000 278 | 0.000 180 | 0.000 196 | 0.000 124 |
| 4 | 0.000 280 | 0.000 203 | 0.000 229 | 0.000 149 | 0.000 158 | 0.000 095 |
| 5 | 0.000 251 | 0.000 170 | 0.000 200 | 0.000 131 | 0.000 141 | 0.000 084 |
| 6 | 0.000 237 | 0.000 149 | 0.000 182 | 0.000 119 | 0.000 132 | 0.000 078 |
| 7 | 0.000 233 | 0.000 137 | 0.000 172 | 0.000 110 | 0.000 129 | 0.000 074 |
| 8 | 0.000 238 | 0.000 133 | 0.000 171 | 0.000 105 | 0.000 131 | 0.000 072 |
| 9 | 0.000 250 | 0.000 136 | 0.000 177 | 0.000 103 | 0.000 137 | 0.000 072 |
| 10 | 0.000 269 | 0.000 145 | 0.000 187 | 0.000 103 | 0.000 146 | 0.000 074 |
| 11 | 0.000 293 | 0.000 157 | 0.000 202 | 0.000 105 | 0.000 157 | 0.000 077 |
| 12 | 0.000 319 | 0.000 172 | 0.000 220 | 0.000 109 | 0.000 170 | 0.000 080 |
| 13 | 0.000 347 | 0.000 189 | 0.000 240 | 0.000 115 | 0.000 184 | 0.000 085 |
| 14 | 0.000 375 | 0.000 206 | 0.000 261 | 0.000 121 | 0.000 197 | 0.000 090 |
| 15 | 0.000 402 | 0.000 221 | 0.000 280 | 0.000 128 | 0.000 208 | 0.000 095 |
| 16 | 0.000 427 | 0.000 234 | 0.000 298 | 0.000 135 | 0.000 219 | 0.000 100 |
| 17 | 0.000 449 | 0.000 245 | 0.000 315 | 0.000 141 | 0.000 227 | 0.000 105 |
| 18 | 0.000 469 | 0.000 255 | 0.000 331 | 0.000 149 | 0.000 235 | 0.000 110 |
| 19 | 0.000 489 | 0.000 262 | 0.000 346 | 0.000 156 | 0.000 241 | 0.000 115 |
| 20 | 0.000 508 | 0.000 269 | 0.000 361 | 0.000 163 | 0.000 248 | 0.000 120 |
| 21 | 0.000 527 | 0.000 274 | 0.000 376 | 0.000 170 | 0.000 256 | 0.000 125 |
| 22 | 0.000 547 | 0.000 279 | 0.000 392 | 0.000 178 | 0.000 264 | 0.000 129 |
| 23 | 0.000 568 | 0.000 284 | 0.000 409 | 0.000 185 | 0.000 273 | 0.000 134 |
| 24 | 0.000 591 | 0.000 289 | 0.000 428 | 0.000 192 | 0.000 284 | 0.000 139 |
| 25 | 0.000 615 | 0.000 294 | 0.000 448 | 0.000 200 | 0.000 297 | 0.000 144 |
| 26 | 0.000 644 | 0.000 300 | 0.000 471 | 0.000 208 | 0.000 314 | 0.000 149 |
| 27 | 0.000 675 | 0.000 307 | 0.000 497 | 0.000 216 | 0.000 333 | 0.000 154 |
| 28 | 0.000 711 | 0.000 316 | 0.000 526 | 0.000 225 | 0.000 354 | 0.000 160 |
| 29 | 0.000 751 | 0.000 327 | 0.000 558 | 0.000 235 | 0.000 379 | 0.000 167 |
| 30 | 0.000 797 | 0.000 340 | 0.000 595 | 0.000 247 | 0.000 407 | 0.000 175 |
| 31 | 0.000 847 | 0.000 356 | 0.000 635 | 0.000 261 | 0.000 438 | 0.000 186 |
| 32 | 0.000 903 | 0.000 374 | 0.000 681 | 0.000 277 | 0.000 472 | 0.000 198 |
| 33 | 0.000 966 | 0.000 397 | 0.000 732 | 0.000 297 | 0.000 509 | 0.000 213 |
| 34 | 0.001 035 | 0.000 423 | 0.000 788 | 0.000 319 | 0.000 549 | 0.000 231 |

附录3(续1)

| 年龄 | 非养老类业务一表 | | 非养老类业务二表 | | 养老类业务表 | |
|---|---|---|---|---|---|---|
| | 男(CL1) | 女(CL2) | 男(CL3) | 女(CL4) | 男(CL5) | 女(CL6) |
| 35 | 0.001 111 | 0.000 454 | 0.000 850 | 0.000 346 | 0.000 592 | 0.000 253 |
| 36 | 0.001 196 | 0.000 489 | 0.000 919 | 0.000 376 | 0.000 639 | 0.000 277 |
| 37 | 0.001 290 | 0.000 530 | 0.000 995 | 0.000 411 | 0.000 690 | 0.000 305 |
| 38 | 0.001 395 | 0.000 577 | 0.001 078 | 0.000 450 | 0.000 746 | 0.000 337 |
| 39 | 0.001 515 | 0.000 631 | 0.001 170 | 0.000 494 | 0.000 808 | 0.000 372 |
| 40 | 0.001 651 | 0.000 692 | 0.001 270 | 0.000 542 | 0.000 878 | 0.000 410 |
| 41 | 0.001 804 | 0.000 762 | 0.001 380 | 0.000 595 | 0.000 955 | 0.000 450 |
| 42 | 0.001 978 | 0.000 841 | 0.001 500 | 0.000 653 | 0.001 041 | 0.000 494 |
| 43 | 0.002 173 | 0.000 929 | 0.001 631 | 0.000 715 | 0.001 138 | 0.000 540 |
| 44 | 0.002 393 | 0.001 028 | 0.001 774 | 0.000 783 | 0.001 245 | 0.000 589 |
| 45 | 0.002 639 | 0.001 137 | 0.001 929 | 0.000 857 | 0.001 364 | 0.000 640 |
| 46 | 0.002 913 | 0.001 259 | 0.002 096 | 0.000 935 | 0.001 496 | 0.000 693 |
| 47 | 0.003 213 | 0.001 392 | 0.002 277 | 0.001 020 | 0.001 641 | 0.000 750 |
| 48 | 0.003 538 | 0.001 537 | 0.002 472 | 0.001 112 | 0.001 798 | 0.000 811 |
| 49 | 0.003 884 | 0.001 692 | 0.002 682 | 0.001 212 | 0.001 967 | 0.000 877 |
| 50 | 0.004 249 | 0.001 859 | 0.002 908 | 0.001 321 | 0.002 148 | 0.000 950 |
| 51 | 0.004 633 | 0.002 037 | 0.003 150 | 0.001 439 | 0.002 340 | 0.001 031 |
| 52 | 0.005 032 | 0.002 226 | 0.003 409 | 0.001 568 | 0.002 544 | 0.001 120 |
| 53 | 0.005 445 | 0.002 424 | 0.003 686 | 0.001 709 | 0.002 759 | 0.001 219 |
| 54 | 0.005 869 | 0.002 634 | 0.003 982 | 0.001 861 | 0.002 985 | 0.001 329 |
| 55 | 0.006 302 | 0.002 853 | 0.004 297 | 0.002 027 | 0.003 221 | 0.001 450 |
| 56 | 0.006 747 | 0.003 085 | 0.004 636 | 0.002 208 | 0.003 469 | 0.001 585 |
| 57 | 0.007 227 | 0.003 342 | 0.004 999 | 0.002 403 | 0.003 731 | 0.001 736 |
| 58 | 0.007 770 | 0.003 638 | 0.005 389 | 0.002 613 | 0.004 014 | 0.001 905 |
| 59 | 0.008 403 | 0.003 990 | 0.005 807 | 0.002 840 | 0.004 323 | 0.002 097 |
| 60 | 0.009 161 | 0.004 414 | 0.006 258 | 0.003 088 | 0.004 660 | 0.002 315 |
| 61 | 0.010 065 | 0.004 923 | 0.006 742 | 0.003 366 | 0.005 034 | 0.002 561 |
| 62 | 0.011 129 | 0.005 529 | 0.007 261 | 0.003 684 | 0.005 448 | 0.002 836 |
| 63 | 0.012 360 | 0.006 244 | 0.007 815 | 0.004 055 | 0.005 909 | 0.003 137 |
| 64 | 0.013 771 | 0.007 078 | 0.008 405 | 0.004 495 | 0.006 422 | 0.003 468 |
| 65 | 0.015 379 | 0.008 045 | 0.009 039 | 0.005 016 | 0.006 988 | 0.003 835 |
| 66 | 0.017 212 | 0.009 165 | 0.009 738 | 0.005 626 | 0.007 610 | 0.004 254 |
| 67 | 0.019 304 | 0.010 460 | 0.010 538 | 0.006 326 | 0.008 292 | 0.004 740 |
| 68 | 0.021 691 | 0.011 955 | 0.011 496 | 0.007 115 | 0.009 046 | 0.005 302 |
| 69 | 0.024 411 | 0.013 674 | 0.012 686 | 0.008 000 | 0.009 897 | 0.005 943 |
| 70 | 0.027 495 | 0.015 643 | 0.014 192 | 0.009 007 | 0.010 888 | 0.006 660 |
| 71 | 0.030 965 | 0.017 887 | 0.016 106 | 0.010 185 | 0.012 080 | 0.007 460 |

| 年龄 | 非养老类业务一表 | | 非养老类业务二表 | | 养老类业务表 | |
|---|---|---|---|---|---|---|
| | 男(CL1) | 女(CL2) | 男(CL3) | 女(CL4) | 男(CL5) | 女(CL6) |
| 72 | 0.034 832 | 0.020 432 | 0.018 517 | 0.011 606 | 0.013 550 | 0.008 369 |
| 73 | 0.039 105 | 0.023 303 | 0.021 510 | 0.013 353 | 0.015 387 | 0.009 436 |
| 74 | 0.043 796 | 0.026 528 | 0.025 151 | 0.015 508 | 0.017 686 | 0.010 730 |
| 75 | 0.048 921 | 0.030 137 | 0.029 490 | 0.018 134 | 0.020 539 | 0.012 332 |
| 76 | 0.054 506 | 0.034 165 | 0.034 545 | 0.021 268 | 0.024 017 | 0.014 315 |
| 77 | 0.060 586 | 0.038 653 | 0.040 310 | 0.024 916 | 0.028 162 | 0.016 734 |
| 78 | 0.067 202 | 0.043 648 | 0.046 747 | 0.029 062 | 0.032 978 | 0.019 619 |
| 79 | 0.074 400 | 0.049 205 | 0.053 801 | 0.033 674 | 0.038 437 | 0.022 971 |
| 80 | 0.082 220 | 0.055 385 | 0.061 403 | 0.038 718 | 0.044 492 | 0.026 770 |
| 81 | 0.090 700 | 0.062 254 | 0.069 485 | 0.044 160 | 0.051 086 | 0.030 989 |
| 82 | 0.099 868 | 0.069 880 | 0.077 987 | 0.049 977 | 0.058 173 | 0.035 598 |
| 83 | 0.109 754 | 0.078 320 | 0.086 872 | 0.056 157 | 0.065 722 | 0.040 576 |
| 84 | 0.120 388 | 0.087 611 | 0.096 130 | 0.062 695 | 0.073 729 | 0.045 915 |
| 85 | 0.131 817 | 0.097 754 | 0.105 786 | 0.069 596 | 0.082 223 | 0.051 616 |
| 86 | 0.144 105 | 0.108 704 | 0.115 900 | 0.076 863 | 0.091 239 | 0.057 646 |
| 87 | 0.157 334 | 0.120 371 | 0.126 569 | 0.084 501 | 0.100 900 | 0.064 084 |
| 88 | 0.171 609 | 0.132 638 | 0.137 917 | 0.092 504 | 0.111 321 | 0.070 942 |
| 89 | 0.187 046 | 0.145 395 | 0.150 089 | 0.100 864 | 0.122 608 | 0.078 241 |
| 90 | 0.203 765 | 0.158 572 | 0.163 239 | 0.109 567 | 0.134 870 | 0.086 003 |
| 91 | 0.221 873 | 0.172 172 | 0.177 519 | 0.118 605 | 0.148 212 | 0.094 249 |
| 92 | 0.241 451 | 0.186 294 | 0.193 067 | 0.127 985 | 0.162 742 | 0.103 002 |
| 93 | 0.262 539 | 0.201 129 | 0.209 999 | 0.137 743 | 0.178 566 | 0.112 281 |
| 94 | 0.285 129 | 0.216 940 | 0.228 394 | 0.147 962 | 0.195 793 | 0.122 109 |
| 95 | 0.309 160 | 0.234 026 | 0.248 299 | 0.158 777 | 0.214 499 | 0.132 540 |
| 96 | 0.334 529 | 0.252 673 | 0.269 718 | 0.170 380 | 0.234 650 | 0.143 757 |
| 97 | 0.361 101 | 0.273 112 | 0.292 621 | 0.183 020 | 0.256 180 | 0.155 979 |
| 98 | 0.388 727 | 0.295 478 | 0.316 951 | 0.196 986 | 0.279 025 | 0.169 421 |
| 99 | 0.417 257 | 0.319 794 | 0.342 628 | 0.212 604 | 0.303 120 | 0.184 301 |
| 100 | 0.446 544 | 0.345 975 | 0.369 561 | 0.230 215 | 0.328 401 | 0.200 836 |
| 101 | 0.476 447 | 0.373 856 | 0.397 652 | 0.250 172 | 0.354 803 | 0.219 242 |
| 102 | 0.506 830 | 0.403 221 | 0.426 801 | 0.272 831 | 0.382 261 | 0.239 737 |
| 103 | 0.537 558 | 0.433 833 | 0.456 906 | 0.298 551 | 0.410 710 | 0.262 537 |
| 104 | 0.568 497 | 0.465 447 | 0.487 867 | 0.327 687 | 0.440 086 | 0.287 859 |
| 105 | 1 | 1 | 1 | 1 | 1 | 1 |

附录 4 中国人身保险业经验生命表(一类非养老金业务男子表)[CL1(2010—2013)]

| $x$ | $q_x$ | $p_x$ | $l_x$ | $d_x$ | $L_x$ | $T_x$ | $\mathring{e}_x$ | $e_x$ |
|---|---|---|---|---|---|---|---|---|
| 0 | 0. 000 867 | 0. 999 133 | 100 000 | 87 | 99 956. 65 | 7 642 014. 19 | 76. 42 | 75. 92 |
| 1 | 0. 000 615 | 0. 999 385 | 99 913 | 61 | 99 882. 58 | 7 542 057. 54 | 75. 49 | 74. 99 |
| 2 | 0. 000 445 | 0. 999 555 | 99 852 | 44 | 99 829. 64 | 7 442 174. 96 | 74. 53 | 74. 03 |
| 3 | 0. 000 339 | 0. 999 661 | 99 807 | 34 | 99 790. 50 | 7 342 345. 32 | 73. 57 | 73. 07 |
| 4 | 0. 000 280 | 0. 999 720 | 99 774 | 28 | 99 759. 62 | 7 242 554. 82 | 72. 59 | 72. 09 |
| 5 | 0. 000 251 | 0. 999 749 | 99 746 | 25 | 99 733. 13 | 7 142 795. 21 | 71. 61 | 71. 11 |
| 6 | 0. 000 237 | 0. 999 763 | 99 721 | 24 | 99 708. 79 | 7 043 062. 08 | 70. 63 | 70. 13 |
| 7 | 0. 000 233 | 0. 999 767 | 99 697 | 23 | 99 685. 36 | 6 943 353. 28 | 69. 64 | 69. 14 |
| 8 | 0. 000 238 | 0. 999 762 | 99 674 | 24 | 99 661. 89 | 6 843 667. 92 | 68. 66 | 68. 16 |
| 9 | 0. 000 250 | 0. 999 750 | 99 650 | 25 | 99 637. 57 | 6 744 006. 03 | 67. 68 | 67. 18 |
| 10 | 0. 000 269 | 0. 999 731 | 99 625 | 27 | 99 611. 71 | 6 644 368. 46 | 66. 69 | 66. 19 |
| 11 | 0. 000 293 | 0. 999 707 | 99 598 | 29 | 99 583. 72 | 6 544 756. 75 | 65. 71 | 65. 21 |
| 12 | 0. 000 319 | 0. 999 681 | 99 569 | 32 | 99 553. 25 | 6 445 173. 02 | 64. 73 | 64. 23 |
| 13 | 0. 000 347 | 0. 999 653 | 99 537 | 35 | 99 520. 10 | 6 345 619. 77 | 63. 75 | 63. 25 |
| 14 | 0. 000 375 | 0. 999 625 | 99 503 | 37 | 99 484. 17 | 6 246 099. 67 | 62. 77 | 62. 27 |
| 15 | 0. 000 402 | 0. 999 598 | 99 466 | 40 | 99 445. 52 | 6 146 615. 50 | 61. 80 | 61. 30 |
| 16 | 0. 000 427 | 0. 999 573 | 99 426 | 42 | 99 404. 30 | 6 047 169. 97 | 60. 82 | 60. 32 |
| 17 | 0. 000 449 | 0. 999 551 | 99 383 | 45 | 99 360. 77 | 5 947 765. 67 | 59. 85 | 59. 35 |
| 18 | 0. 000 469 | 0. 999 531 | 99 338 | 47 | 99 315. 16 | 5 848 404. 90 | 58. 87 | 58. 37 |
| 19 | 0. 000 489 | 0. 999 511 | 99 292 | 49 | 99 267. 59 | 5 749 089. 75 | 57. 90 | 57. 40 |
| 20 | 0. 000 508 | 0. 999 492 | 99 243 | 50 | 99 218. 10 | 5 649 822. 16 | 56. 93 | 56. 43 |
| 21 | 0. 000 527 | 0. 999 473 | 99 193 | 52 | 99 166. 76 | 5 550 604. 06 | 55. 96 | 55. 46 |
| 22 | 0. 000 547 | 0. 999 453 | 99 141 | 54 | 99 113. 51 | 5 451 437. 30 | 54. 99 | 54. 49 |
| 23 | 0. 000 568 | 0. 999 432 | 99 086 | 56 | 99 058. 25 | 5 352 323. 79 | 54. 02 | 53. 52 |
| 24 | 0. 000 591 | 0. 999 409 | 99 030 | 59 | 99 000. 85 | 5 253 265. 54 | 53. 05 | 52. 55 |
| 25 | 0. 000 615 | 0. 999 385 | 98 972 | 61 | 98 941. 15 | 5 154 264. 70 | 52. 08 | 51. 58 |
| 26 | 0. 000 644 | 0. 999 356 | 98 911 | 64 | 98 878. 87 | 5 055 323. 55 | 51. 11 | 50. 61 |
| 27 | 0. 000 675 | 0. 999 325 | 98 847 | 67 | 98 813. 66 | 4 956 444. 68 | 50. 14 | 49. 64 |
| 28 | 0. 000 711 | 0. 999 289 | 98 780 | 70 | 98 745. 18 | 4 857 631. 03 | 49. 18 | 48. 68 |
| 29 | 0. 000 751 | 0. 999 249 | 98 710 | 74 | 98 673. 00 | 4 758 885. 85 | 48. 21 | 47. 71 |
| 30 | 0. 000 797 | 0. 999 203 | 98 636 | 79 | 98 596. 62 | 4 660 212. 85 | 47. 25 | 46. 75 |
| 31 | 0. 000 847 | 0. 999 153 | 98 557 | 83 | 98 515. 58 | 4 561 616. 23 | 46. 28 | 45. 78 |
| 32 | 0. 000 903 | 0. 999 097 | 98 474 | 89 | 98 429. 38 | 4 463 100. 65 | 45. 32 | 44. 82 |
| 33 | 0. 000 966 | 0. 999 034 | 98 385 | 95 | 98 337. 40 | 4 364 671. 27 | 44. 36 | 43. 86 |

附录4(续1)

| $x$ | $q_x$ | $p_x$ | $l_x$ | $d_x$ | $L_x$ | $T_x$ | $e_x$ | $\mathring{e}_x$ |
|---|---|---|---|---|---|---|---|---|
| 34 | 0.001 035 | 0.998 965 | 98 290 | 102 | 98 239.01 | 4 266 333.87 | 43.41 | 42.91 |
| 35 | 0.001 111 | 0.998 889 | 98 188 | 109 | 98 133.60 | 4 168 094.86 | 42.45 | 41.95 |
| 36 | 0.001 196 | 0.998 804 | 98 079 | 117 | 98 020.41 | 4 069 961.26 | 41.50 | 41.00 |
| 37 | 0.001 290 | 0.998 710 | 97 962 | 126 | 97 898.57 | 3 971 940.85 | 40.55 | 40.05 |
| 38 | 0.001 395 | 0.998 605 | 97 835 | 136 | 97 767.15 | 3 874 042.27 | 39.60 | 39.10 |
| 39 | 0.001 515 | 0.998 485 | 97 699 | 148 | 97 624.90 | 3 776 275.13 | 38.65 | 38.15 |
| 40 | 0.001 651 | 0.998 349 | 97 551 | 161 | 97 470.37 | 3 678 650.23 | 37.71 | 37.21 |
| 41 | 0.001 804 | 0.998 196 | 97 390 | 176 | 97 301.99 | 3 581 179.86 | 36.77 | 36.27 |
| 42 | 0.001 978 | 0.998 022 | 97 214 | 192 | 97 118.00 | 3 483 877.87 | 35.84 | 35.34 |
| 43 | 0.002 173 | 0.997 827 | 97 022 | 211 | 96 916.44 | 3 386 759.87 | 34.91 | 34.41 |
| 44 | 0.002 393 | 0.997 607 | 96 811 | 232 | 96 695.19 | 3 289 843.43 | 33.98 | 33.48 |
| 45 | 0.002 639 | 0.997 361 | 96 579 | 255 | 96 451.92 | 3 193 148.23 | 33.06 | 32.56 |
| 46 | 0.002 913 | 0.997 087 | 96 324 | 281 | 96 184.19 | 3 096 696.31 | 32.15 | 31.65 |
| 47 | 0.003 213 | 0.996 787 | 96 044 | 309 | 95 889.60 | 3 000 512.12 | 31.24 | 30.74 |
| 48 | 0.003 538 | 0.996 462 | 95 735 | 339 | 95 565.95 | 2 904 622.52 | 30.34 | 29.84 |
| 49 | 0.003 884 | 0.996 116 | 95 397 | 371 | 95 211.33 | 2 809 056.58 | 29.45 | 28.95 |
| 50 | 0.004 249 | 0.995 751 | 95 026 | 404 | 94 824.19 | 2 713 845.24 | 28.56 | 28.06 |
| 51 | 0.004 633 | 0.995 367 | 94 622 | 438 | 94 403.11 | 2 619 021.06 | 27.68 | 27.18 |
| 52 | 0.005 032 | 0.994 968 | 94 184 | 474 | 93 946.95 | 2 524 617.94 | 26.81 | 26.31 |
| 53 | 0.005 445 | 0.994 555 | 93 710 | 510 | 93 454.86 | 2 430 670.99 | 25.94 | 25.44 |
| 54 | 0.005 869 | 0.994 131 | 93 200 | 547 | 92 926.24 | 2 337 216.13 | 25.08 | 24.58 |
| 55 | 0.006 302 | 0.993 698 | 92 653 | 584 | 92 360.80 | 2 244 289.88 | 24.22 | 23.72 |
| 56 | 0.006 747 | 0.993 253 | 92 069 | 621 | 91 758.26 | 2 151 929.09 | 23.37 | 22.87 |
| 57 | 0.007 227 | 0.992 773 | 91 448 | 661 | 91 117.21 | 2 060 170.83 | 22.53 | 22.03 |
| 58 | 0.007 770 | 0.992 230 | 90 787 | 705 | 90 434.06 | 1 969 053.62 | 21.69 | 21.19 |
| 59 | 0.008 403 | 0.991 597 | 90 081 | 757 | 89 702.88 | 1 878 619.55 | 20.85 | 20.35 |
| 60 | 0.009 161 | 0.990 839 | 89 324 | 818 | 88 915.25 | 1 788 916.67 | 20.03 | 19.53 |
| 61 | 0.010 065 | 0.989 935 | 88 506 | 891 | 88 060.69 | 1 700 001.42 | 19.21 | 18.71 |
| 62 | 0.011 129 | 0.988 871 | 87 615 | 975 | 87 127.75 | 1 611 940.73 | 18.40 | 17.90 |
| 63 | 0.012 360 | 0.987 640 | 86 640 | 1 071 | 86 104.78 | 1 524 812.98 | 17.60 | 17.10 |
| 64 | 0.013 771 | 0.986 229 | 85 569 | 1 178 | 84 980.16 | 1 438 708.20 | 16.81 | 16.31 |
| 65 | 0.015 379 | 0.984 621 | 84 391 | 1 298 | 83 742.04 | 1 353 728.04 | 16.04 | 15.54 |
| 66 | 0.017 212 | 0.982 788 | 83 093 | 1 430 | 82 378.02 | 1 269 986.00 | 15.28 | 14.78 |
| 67 | 0.019 304 | 0.980 696 | 81 663 | 1 576 | 80 874.71 | 1 187 607.98 | 14.54 | 14.04 |
| 68 | 0.021 691 | 0.978 309 | 80 086 | 1 737 | 79 217.92 | 1 106 733.27 | 13.82 | 13.32 |

附录4(续2)

| $x$ | $q_x$ | $p_x$ | $l_x$ | $d_x$ | $L_x$ | $T_x$ | $e_x$ | $\mathring{e}_x$ |
|---|---|---|---|---|---|---|---|---|
| 69 | 0. 024 411 | 0. 975 589 | 78 349 | 1 913 | 77 393. 05 | 1 027 515. 35 | 13. 11 | 12. 61 |
| 70 | 0. 027 495 | 0. 972 505 | 76 437 | 2 102 | 75 385. 94 | 950 122. 29 | 12. 43 | 11. 93 |
| 71 | 0. 030 965 | 0. 969 035 | 74 335 | 2 302 | 73 184. 24 | 874 736. 35 | 11. 77 | 11. 27 |
| 72 | 0. 034 832 | 0. 965 168 | 72 033 | 2 509 | 70 778. 81 | 801 552. 12 | 11. 13 | 10. 63 |
| 73 | 0. 039 105 | 0. 960 895 | 69 524 | 2 719 | 68 164. 90 | 730 773. 31 | 10. 51 | 10. 01 |
| 74 | 0. 043 796 | 0. 956 204 | 66 806 | 2 926 | 65 342. 62 | 662 608. 40 | 9. 92 | 9. 42 |
| 75 | 0. 048 921 | 0. 951 079 | 63 880 | 3 125 | 62 317. 18 | 597 265. 78 | 9. 35 | 8. 85 |
| 76 | 0. 054 506 | 0. 945 494 | 60 755 | 3 311 | 59 098. 91 | 534 948. 60 | 8. 81 | 8. 31 |
| 77 | 0. 060 586 | 0. 939 414 | 57 443 | 3 480 | 55 703. 04 | 475 849. 69 | 8. 28 | 7. 78 |
| 78 | 0. 067 202 | 0. 932 798 | 53 963 | 3 626 | 52 149. 70 | 420 146. 65 | 7. 79 | 7. 29 |
| 79 | 0. 074 400 | 0. 925 600 | 50 336 | 3 745 | 48 463. 98 | 367 996. 95 | 7. 31 | 6. 81 |
| 80 | 0. 082 220 | 0. 917 780 | 46 591 | 3 831 | 44 676. 08 | 319 532. 97 | 6. 86 | 6. 36 |
| 81 | 0. 090 700 | 0. 909 300 | 42 761 | 3 878 | 40 821. 51 | 274 856. 89 | 6. 43 | 5. 93 |
| 82 | 0. 099 868 | 0. 900 132 | 38 882 | 3 883 | 36 940. 76 | 234 035. 38 | 6. 02 | 5. 52 |
| 83 | 0. 109 754 | 0. 890 246 | 34 999 | 3 841 | 33 078. 56 | 197 094. 61 | 5. 63 | 5. 13 |
| 84 | 0. 120 388 | 0. 879 612 | 31 158 | 3 751 | 29 282. 39 | 164 016. 05 | 5. 26 | 4. 76 |
| 85 | 0. 131 817 | 0. 868 183 | 27 407 | 3 613 | 25 600. 53 | 134 733. 66 | 4. 92 | 4. 42 |
| 86 | 0. 144 105 | 0. 855 895 | 23 794 | 3 429 | 22 079. 75 | 109 133. 13 | 4. 59 | 4. 09 |
| 87 | 0. 157 334 | 0. 842 666 | 20 365 | 3 204 | 18 763. 24 | 87 053. 38 | 4. 27 | 3. 77 |
| 88 | 0. 171 609 | 0. 828 391 | 17 161 | 2 945 | 15 688. 66 | 68 290. 14 | 3. 98 | 3. 48 |
| 89 | 0. 187 046 | 0. 812 954 | 14 216 | 2 659 | 12 886. 62 | 52 601. 48 | 3. 70 | 3. 20 |
| 90 | 0. 203 765 | 0. 796 235 | 11 557 | 2 355 | 10 379. 61 | 39 714. 87 | 3. 44 | 2. 94 |
| 91 | 0. 221 873 | 0. 778 127 | 9 202 | 2 042 | 8 181. 30 | 29 335. 25 | 3. 19 | 2. 69 |
| 92 | 0. 241 451 | 0. 758 549 | 7 160 | 1 729 | 6 295. 99 | 21 153. 96 | 2. 95 | 2. 45 |
| 93 | 0. 262 539 | 0. 737 461 | 5 432 | 1 426 | 4 718. 55 | 14 857. 96 | 2. 74 | 2. 24 |
| 94 | 0. 285 129 | 0. 714 871 | 4 006 | 1 142 | 3 434. 50 | 10 139. 41 | 2. 53 | 2. 03 |
| 95 | 0. 309 160 | 0. 690 840 | 2 863 | 885 | 2 420. 82 | 6 704. 91 | 2. 34 | 1. 84 |
| 96 | 0. 334 529 | 0. 665 471 | 1 978 | 662 | 1 647. 31 | 4 284. 09 | 2. 17 | 1. 67 |
| 97 | 0. 361 101 | 0. 638 899 | 1 316 | 475 | 1 078. 75 | 2 636. 78 | 2. 00 | 1. 50 |
| 98 | 0. 388 727 | 0. 611 273 | 841 | 327 | 677. 59 | 1 558. 04 | 1. 85 | 1. 35 |
| 99 | 0. 417 257 | 0. 582 743 | 514 | 215 | 406. 86 | 880. 44 | 1. 71 | 1. 21 |
| 100 | 0. 446 544 | 0. 553 456 | 300 | 134 | 232. 71 | 473. 58 | 1. 58 | 1. 08 |
| 101 | 0. 476 447 | 0. 523 553 | 166 | 79 | 126. 31 | 240. 88 | 1. 45 | 0. 95 |
| 102 | 0. 506 830 | 0. 493 170 | 87 | 44 | 64. 81 | 114. 56 | 1. 32 | 0. 82 |
| 103 | 0. 537 558 | 0. 462 442 | 43 | 23 | 31. 31 | 49. 75 | 1. 16 | 0. 66 |
| 104 | 0. 568 497 | 0. 431 503 | 20 | 11 | 14. 17 | 18. 44 | 0. 93 | 0. 43 |
| 105 | 1 | 0 | 9 | 9 | 4. 27 | 4. 27 | 0. 50 | 0. 00 |

## 附录 5　中国人身保险业经验生命表的替换函数表[CL1(2010—2013)2.5%]

| $x$ | $D_x$ | $N_x$ | $S_x$ | $C_x$ | $M_x$ | $R_x$ |
|---|---|---|---|---|---|---|
| 0 | 100 000.00 | 3 439 036.85 | 94 620 963.32 | 84.59 | 16 121.05 | 1 131 208.48 |
| 1 | 97 476.39 | 3 339 036.85 | 91 181 926.47 | 58.49 | 16 036.47 | 1 115 087.42 |
| 2 | 95 040.43 | 3 241 560.46 | 87 842 889.62 | 41.26 | 15 977.98 | 1 099 050.96 |
| 3 | 92 681.11 | 3 146 520.03 | 84 601 329.16 | 30.65 | 15 936.72 | 1 083 072.97 |
| 4 | 90 389.94 | 3 053 838.92 | 81 454 809.13 | 24.69 | 15 906.07 | 1 067 136.26 |
| 5 | 88 160.62 | 2 963 448.97 | 78 400 970.22 | 21.59 | 15 881.38 | 1 051 230.19 |
| 6 | 85 988.77 | 2 875 288.36 | 75 437 521.24 | 19.88 | 15 859.79 | 1 035 348.81 |
| 7 | 83 871.60 | 2 789 299.58 | 72 562 232.89 | 19.07 | 15 839.90 | 1 019 489.03 |
| 8 | 81 806.89 | 2 705 427.98 | 69 772 933.30 | 19.00 | 15 820.84 | 1 003 649.12 |
| 9 | 79 792.60 | 2 623 621.10 | 67 067 505.32 | 19.46 | 15 801.84 | 987 828.28 |
| 10 | 77 826.98 | 2 543 828.49 | 64 443 884.23 | 20.42 | 15 782.38 | 972 026.44 |
| 11 | 75 908.34 | 2 466 001.51 | 61 900 055.73 | 21.70 | 15 761.96 | 956 244.06 |
| 12 | 74 035.21 | 2 390 093.18 | 59 434 054.22 | 23.04 | 15 740.26 | 940 482.10 |
| 13 | 72 206.44 | 2 316 057.96 | 57 043 961.04 | 24.44 | 15 717.22 | 924 741.84 |
| 14 | 70 420.86 | 2 243 851.53 | 54 727 903.08 | 25.76 | 15 692.77 | 909 024.62 |
| 15 | 68 677.51 | 2 173 430.67 | 52 484 051.55 | 26.93 | 15 667.01 | 893 331.85 |
| 16 | 66 975.52 | 2 104 753.15 | 50 310 620.89 | 27.90 | 15 640.07 | 877 664.84 |
| 17 | 65 314.07 | 2 037 777.64 | 48 205 867.73 | 28.61 | 15 612.17 | 862 024.77 |
| 18 | 63 692.43 | 1 972 463.57 | 46 168 090.09 | 29.14 | 15 583.56 | 846 412.59 |
| 19 | 62 109.81 | 1 908 771.14 | 44 195 626.52 | 29.63 | 15 554.42 | 830 829.03 |
| 20 | 60 565.31 | 1 846 661.33 | 42 286 855.38 | 30.02 | 15 524.79 | 815 274.61 |
| 21 | 59 058.09 | 1 786 096.02 | 40 440 194.05 | 30.36 | 15 494.77 | 799 749.82 |
| 22 | 57 587.28 | 1 727 037.93 | 38 654 098.03 | 30.73 | 15 464.41 | 784 255.05 |
| 23 | 56 151.98 | 1 669 450.65 | 36 927 060.10 | 31.12 | 15 433.68 | 768 790.64 |
| 24 | 54 751.31 | 1 613 298.66 | 35 257 609.46 | 31.57 | 15 402.56 | 753 356.97 |
| 25 | 53 384.34 | 1 558 547.36 | 33 644 310.80 | 32.03 | 15 370.99 | 737 954.41 |
| 26 | 52 050.25 | 1 505 163.02 | 32 085 763.44 | 32.70 | 15 338.96 | 722 583.42 |
| 27 | 50 748.03 | 1 453 112.76 | 30 580 600.42 | 33.42 | 15 306.26 | 707 244.46 |
| 28 | 49 476.86 | 1 402 364.73 | 29 127 487.66 | 34.32 | 15 272.84 | 691 938.20 |
| 29 | 48 235.78 | 1 352 887.88 | 27 725 122.93 | 35.34 | 15 238.52 | 676 665.37 |
| 30 | 47 023.96 | 1 304 652.09 | 26 372 235.05 | 36.56 | 15 203.18 | 661 426.85 |
| 31 | 45 840.47 | 1 257 628.14 | 25 067 582.96 | 37.88 | 15 166.61 | 646 223.67 |
| 32 | 44 684.53 | 1 211 787.67 | 23 809 954.82 | 39.37 | 15 128.73 | 631 057.06 |
| 33 | 43 555.30 | 1 167 103.14 | 22 598 167.15 | 41.05 | 15 089.37 | 615 928.33 |

附录 5(续 1)

| $x$ | $D_x$ | $N_x$ | $S_x$ | $C_x$ | $M_x$ | $R_x$ |
|---|---|---|---|---|---|---|
| 34 | 42 451.92 | 1 123 547.84 | 21 431 064.01 | 42.87 | 15 048.32 | 600 838.96 |
| 35 | 41 373.64 | 1 081 095.92 | 20 307 516.17 | 44.84 | 15 005.45 | 585 790.65 |
| 36 | 40 319.69 | 1 039 722.28 | 19 226 420.25 | 47.05 | 14 960.61 | 570 785.20 |
| 37 | 39 289.23 | 999 402.59 | 18 186 697.97 | 49.45 | 14 913.56 | 555 824.59 |
| 38 | 38 281.51 | 960 113.36 | 17 187 295.38 | 52.10 | 14 864.11 | 540 911.03 |
| 39 | 37 295.72 | 921 831.84 | 16 227 182.03 | 55.12 | 14 812.01 | 526 046.92 |
| 40 | 36 330.94 | 884 536.13 | 15 305 350.19 | 58.52 | 14 756.89 | 511 234.90 |
| 41 | 35 386.30 | 848 205.19 | 14 420 814.06 | 62.28 | 14 698.37 | 496 478.01 |
| 42 | 34 460.94 | 812 818.89 | 13 572 608.87 | 66.50 | 14 636.09 | 481 779.65 |
| 43 | 33 553.93 | 778 357.95 | 12 759 789.98 | 71.13 | 14 569.59 | 467 143.56 |
| 44 | 32 664.41 | 744 804.02 | 11 981 432.04 | 76.26 | 14 498.45 | 452 573.97 |
| 45 | 31 791.45 | 712 139.61 | 11 236 628.02 | 81.85 | 14 422.19 | 438 075.52 |
| 46 | 30 934.20 | 680 348.16 | 10 524 488.41 | 87.91 | 14 340.34 | 423 653.32 |
| 47 | 30 091.79 | 649 413.96 | 9 844 140.24 | 94.33 | 14 252.43 | 409 312.98 |
| 48 | 29 263.52 | 619 322.17 | 9 194 726.28 | 101.01 | 14 158.10 | 395 060.55 |
| 49 | 28 448.77 | 590 058.65 | 8 575 404.12 | 107.80 | 14 057.09 | 380 902.45 |
| 50 | 27 647.10 | 561 609.88 | 7 985 345.47 | 114.61 | 13 949.29 | 366 845.35 |
| 51 | 26 858.17 | 533 962.78 | 7 423 735.59 | 121.40 | 13 834.69 | 352 896.06 |
| 52 | 26 081.69 | 507 104.61 | 6 889 772.81 | 128.04 | 13 713.29 | 339 061.38 |
| 53 | 25 317.51 | 481 022.92 | 6 382 668.19 | 134.49 | 13 585.24 | 325 348.09 |
| 54 | 24 565.52 | 455 705.41 | 5 901 645.27 | 140.66 | 13 450.75 | 311 762.84 |
| 55 | 23 825.70 | 431 139.89 | 5 445 939.86 | 146.49 | 13 310.09 | 298 312.09 |
| 56 | 23 098.10 | 407 314.19 | 5 014 799.97 | 152.04 | 13 163.61 | 285 002.00 |
| 57 | 22 382.69 | 384 216.09 | 4 607 485.78 | 157.81 | 13 011.57 | 271 838.39 |
| 58 | 21 678.96 | 361 833.40 | 4 223 269.69 | 164.34 | 12 853.75 | 258 826.82 |
| 59 | 20 985.86 | 340 154.44 | 3 861 436.29 | 172.04 | 12 689.41 | 245 973.07 |
| 60 | 20 301.97 | 319 168.58 | 3 521 281.85 | 181.45 | 12 517.37 | 233 283.66 |
| 61 | 19 625.35 | 298 866.61 | 3 202 113.27 | 192.71 | 12 335.92 | 220 766.29 |
| 62 | 18 953.97 | 279 241.26 | 2 903 246.66 | 205.79 | 12 143.21 | 208 430.36 |
| 63 | 18 285.89 | 260 287.29 | 2 624 005.40 | 220.50 | 11 937.42 | 196 287.16 |
| 64 | 17 619.39 | 242 001.40 | 2 363 718.11 | 236.72 | 11 716.91 | 184 349.74 |
| 65 | 16 952.93 | 224 382.01 | 2 121 716.71 | 254.36 | 11 480.20 | 172 632.82 |
| 66 | 16 285.08 | 207 429.08 | 1 897 334.70 | 273.46 | 11 225.84 | 161 152.63 |
| 67 | 15 614.42 | 191 144.00 | 1 689 905.61 | 294.07 | 10 952.37 | 149 926.79 |
| 68 | 14 939.51 | 175 529.58 | 1 498 761.61 | 316.15 | 10 658.30 | 138 974.42 |

附录 5(续 2)

| $x$ | $D_x$ | $N_x$ | $S_x$ | $C_x$ | $M_x$ | $R_x$ |
|---|---|---|---|---|---|---|
| 69 | 14 258.99 | 160 590.07 | 1 323 232.03 | 339.59 | 10 342.16 | 128 316.11 |
| 70 | 13 571.62 | 146 331.08 | 1 162 641.96 | 364.05 | 10 002.57 | 117 973.96 |
| 71 | 12 876.55 | 132 759.46 | 1 016 310.88 | 389.00 | 9 638.52 | 107 971.39 |
| 72 | 12 173.49 | 119 882.91 | 883 551.42 | 413.69 | 9 249.52 | 98 332.87 |
| 73 | 11 462.89 | 107 709.41 | 763 668.51 | 437.32 | 8 835.84 | 89 083.35 |
| 74 | 10 745.99 | 96 246.52 | 655 959.10 | 459.15 | 8 398.51 | 80 247.52 |
| 75 | 10 024.74 | 85 500.53 | 559 712.58 | 478.46 | 7 939.36 | 71 849.00 |
| 76 | 9 301.77 | 75 475.79 | 474 212.06 | 494.64 | 7 460.90 | 63 909.64 |
| 77 | 8 580.27 | 66 174.02 | 398 736.26 | 507.16 | 6 966.26 | 56 448.74 |
| 78 | 7 863.83 | 57 593.75 | 332 562.25 | 515.58 | 6 459.10 | 49 482.48 |
| 79 | 7 156.45 | 49 729.93 | 274 968.50 | 519.45 | 5 943.52 | 43 023.38 |
| 80 | 6 462.45 | 42 573.48 | 225 238.57 | 518.38 | 5 424.07 | 37 079.85 |
| 81 | 5 786.44 | 36 111.03 | 182 665.10 | 512.03 | 4 905.69 | 31 655.78 |
| 82 | 5 133.28 | 30 324.58 | 146 554.07 | 500.15 | 4 393.66 | 26 750.09 |
| 83 | 4 507.93 | 25 191.30 | 116 229.48 | 482.70 | 3 893.51 | 22 356.44 |
| 84 | 3 915.29 | 20 683.37 | 91 038.18 | 459.86 | 3 410.81 | 18 462.92 |
| 85 | 3 359.94 | 16 768.08 | 70 354.81 | 432.09 | 2 950.96 | 15 052.11 |
| 86 | 2 845.89 | 13 408.15 | 53 586.73 | 400.10 | 2 518.86 | 12 101.15 |
| 87 | 2 376.37 | 10 562.25 | 40 178.59 | 364.77 | 2 118.76 | 9 582.29 |
| 88 | 1 953.65 | 8 185.88 | 29 616.33 | 327.09 | 1 753.99 | 7 463.53 |
| 89 | 1 578.91 | 6 232.23 | 21 430.46 | 288.13 | 1 426.91 | 5 709.54 |
| 90 | 1 252.28 | 4 653.32 | 15 198.23 | 248.95 | 1 138.78 | 4 282.63 |
| 91 | 972.79 | 3 401.04 | 10 544.91 | 210.57 | 889.83 | 3 143.85 |
| 92 | 738.49 | 2 428.25 | 7 143.87 | 173.96 | 679.26 | 2 254.01 |
| 93 | 546.52 | 1 689.77 | 4 715.61 | 139.98 | 505.30 | 1 574.75 |
| 94 | 393.21 | 1 143.25 | 3 025.85 | 109.38 | 365.32 | 1 069.45 |
| 95 | 274.24 | 750.04 | 1 882.60 | 82.71 | 255.94 | 704.13 |
| 96 | 184.83 | 475.81 | 1 132.56 | 60.32 | 173.23 | 448.18 |
| 97 | 120.00 | 290.98 | 656.75 | 42.28 | 112.90 | 274.96 |
| 98 | 74.80 | 170.98 | 365.77 | 28.37 | 70.63 | 162.05 |
| 99 | 44.61 | 96.18 | 194.80 | 18.16 | 42.26 | 91.43 |
| 100 | 25.36 | 51.57 | 98.62 | 11.05 | 24.10 | 49.17 |
| 101 | 13.69 | 26.21 | 47.05 | 6.37 | 13.05 | 25.06 |
| 102 | 6.99 | 12.52 | 20.84 | 3.46 | 6.69 | 12.01 |
| 103 | 3.37 | 5.52 | 8.32 | 1.76 | 3.23 | 5.32 |
| 104 | 1.52 | 2.16 | 2.80 | 0.84 | 1.47 | 2.09 |
| 105 | 0.64 | 0.64 | 0.64 | 0.62 | 0.62 | 0.62 |

# 参考文献


[1] 保险区块链项目组. 保险区块链研究[M]. 北京:中国金融出版社,2017.

[2] 丁未. 基于区块链技术的仪器数据管理创新系统[J]. 中国仪器仪,2015(10):15-17.

[3] 杜可. 精算内控系统分析[D]. 成都:西南财经大学,2006.

[4] 冯颖,周晓剑. 基于机器学习的寿险精算生命表函数估计[J]. 系统工程,2014(10):138-142.

[5] 雷宇. 寿险精算学[M]. 北京:北京大学出版社,1998.

[6] 李晓林. 精算数学[M]. 北京:中国财政经济出版社,1999.

[7] 林小驰,胡叶倩雯. 关于区块链技术的研究综述[J]. 金融市场研究,2016(2):97-109.

[8] 刘彦,范晓,杜新凯,等. 基于人脸识别技术的健康状况预测及其在健康险中的应用[J]. 保险理论与实践,2021(6):122-131.

[9] 唐玲. 大数据在健康保险欺诈识别中的应用研究[D]. 成都:西南财经大学,2020.

[10] 唐松章. 人身保险辞典[R]. 上海:国泰人寿保险公司,1980.

[11] 陶声汉. 人寿保险数学浅释讲稿[R]. 北京:中国人民保险公司,1988.

[12] 万峰. 寿险数理基础[M]. 长春:吉林科技出版社,1991.

[13] 王海巍,周霖. 区块链技术视角下的保险运营模式研究[J]. 保险研究,2017(11):92-102.

[14] 王晓军,江星,刘文卿. 保险精算学[M]. 北京:中国人民大学出版社,1995.

[15] 王祝平,万峰. 日本寿险数理与实务[M]. 北京:中国金融出版社,1987.

[16] 谢志刚. 英汉精算学词汇[M]. 上海:上海科学技术出版社,2010.

[17] 俞学励. 区块链的4大核心技术[J]. 金卡工程,2016(10):9-14.

[18] 张贝贝. 认知计算 开启未来之窗[J]. 软件和集成电路,2016(5):40-45,48-51.

[19] 张健. 区块链:定义未来金融与经济新格局[M]. 北京:机械工业出版社,2016.

[20] 张宁. 大数据背景下寿险产品定价与创新[J]. 贵州财经大学学报,2014(2):36-42.

[21] 张运刚. 利息理论与运用[M]. 3版. 成都:西南财经大学出版社,2016.

[22] 张运刚. 寿险精算理论与实验[M]. 2 版. 成都:西南财经大学出版社,2016.

[23] 章琪,朱文革. 寿险精算原理[M]. 上海:上海财经大学出版社,1997.

[24] 赵大伟,杜谦. 人工智能背景下的保险行业研究[J]. 金融理论与实践, 2020(12):10.

[25] 赵明,米海杰,王晓军. 中国人口死亡率变动趋势与长寿风险度量研究[J]. 中国人口科学,2019(3):67-79,127.

[26] 卓志. 寿险精算的理论与操作[M]. 成都:西南财经大学出版社,1993.

[27] BELLIS C,LYON R,KLUGMAN S, et al. Understanding actuarial management: the actuarial control cycle[M]. 2nd. The Institute of Actuaries of Australia and the Society of Actuaries,2010.

[28] BLACK K, SKIPPER H D. Life Insurance [M]. 12th Edition. Englewood Cliffs:Prentice Hall,1994.

[29] BOWERS N L, GERBER H V,HICKMAN J C,et al. Actuarial Mathematics [M]. Schaumburg: The Society of Actuaries,1986.

[30] CAIRNS A J G, BLAKE D, DOWD K. A two-factor for stochastic mortality with parameter uncertainty: theory and calibration[J]. Journal of Risk Insurance, 2006, 73(4):687-718.

[31] CCUTCHEON J J M, SCOTT W F. An Introduction to the Mathematics of Finance[M]. New York:Butterworth Heinemann,1988.

[32] CUMMICUS J D, DERRIY R A. Solvency—Surveys of Actuarial Studies [R]. 1993.

[33] DIACON S R. A Guide to Insurance Management[M]. London: Macmillan Publishers,1987.

[34] JORDAN C W. Life Contingencies[M]. Schaumburg: The Sociefy of Actuaries,1967.

[35] KELLISON S G. The Theory of Interest[M]. Homewood: Richard D. Irwin. Inc,1970.

[36] LEE R D,CARTER L R. Modeling and Forecasting U. S. Mortality[J]. Journal of the American Statistical Association, 1992,87(419):659-671.

[37] WALTER O M, CARL H F. Mathematics of Life Insurance[M]. 2nd Edition. New York:Macmillan Company,1965.